数字中国·数字经济创新规划教材

兰州大学"新文科"建设成果

雷亮 编著

DIGITAL MARKETING

MANAGEMENT

数字化营销管理

北京大学出版社
PEKING UNIVERSITY PRESS

图书在版编目(CIP)数据

数字化营销管理 / 雷亮编著. -- 北京：北京大学出版社，2025.9. -- (数字中国·数字经济创新规划教材). -- ISBN 978-7-301-36511-3

Ⅰ. F713.56-39

中国国家版本馆 CIP 数据核字第 2025VM8264 号

书　　　　名	数字化营销管理
	SHUZIHUA YINGXIAO GUANLI
著作责任者	雷　亮　编著
责 任 编 辑	李沁珂
策 划 编 辑	裴　蕾
标 准 书 号	ISBN 978-7-301-36511-3
出 版 发 行	北京大学出版社
地　　　　址	北京市海淀区成府路 205 号　100871
网　　　　址	http://www.pup.cn
电 子 邮 箱	编辑部 em@pup.cn　总编室 zpup@pup.cn
电　　　　话	邮购部 010-62752015　发行部 010-62750672　编辑部 010-62750667
印 刷 者	北京市科星印刷有限责任公司
经 销 者	新华书店
	720 毫米 × 1020 毫米　16 开本　27.5 印张　610 千字
	2025 年 9 月第 1 版　2025 年 9 月第 1 次印刷
定　　　　价	69.00 元

未经许可，不得以任何方式复制或抄袭本书之部分或全部内容。
版权所有，侵权必究
举报电话：010-62752024　电子邮箱：fd@pup.cn
图书如有印装质量问题，请与出版部联系，电话：010-62756370

前言

在这个技术革新与产业转型深度融合的全新时代,我们正置身于一场波澜壮阔的数字化浪潮之中。这场浪潮不仅重塑了商业世界的运作逻辑,更在深层次上改变了人类社会的组织架构与价值创造模式。而在这场浪潮中,数字技术无疑扮演着核心驱动力的角色,它正以前所未有的力量重构着营销的理论体系与实践路径。

云计算,作为数字经济的坚实基石,其重要性不仅体现在提供了强大的计算能力与巨大的存储空间上,更在于它构建了一个开放、共享、协同的数字生态系统。在这个系统中,数据流动跨越了传统的组织边界,催生出全新的价值创造逻辑。大数据技术的成熟运用,使企业能够深入洞察海量数据中的消费者行为规律,精准预测市场趋势,从而制定出高效精准的营销策略。然而,我们也必须清醒地认识到,数据应用所带来的隐私保护、算法偏见等伦理问题日益凸显,这要求我们在追求技术创新的同时,必须同步建立起完善的数据治理体系,以确保技术的健康、可持续发展。

物联网技术的广泛普及,则实现了物理世界与数字世界的深度融合。通过智能感知设备的广泛应用,企业能够实时捕捉并分析产品使用数据,进而优化用户体验,创新服务模式。这种"万物互联"的图景,不仅颠覆了传统的营销手段,更催生了"产品即服务"的全新商业模式。同时,人工智能(Artificial Intelligence,AI)技术的突破性进展,特别是生成式人工智能的迅猛发展,为营销领域带来了颠覆性的变革。生成式人工智能不仅能够高效自动化地生成营销文案、视觉设计与视频内容,显著提升内容创作效率,还能够通过深度学习精准刻画消费者行为特征,实现个性化的营销内容定制。但我们也需要警惕技术应用中的"算法黑箱"风险,确保技术应用的可解释性与可控性,以维护营销的公平性与透明性。

此外，新媒体的蓬勃发展也深刻重构了信息传播的生态格局。社交媒体、短视频平台等新型传播渠道的兴起，使得品牌传播由单向灌输转变为双向互动，由大众传播转变为精准触达的圈层传播。生成式人工智能技术的应用更是强化了这一趋势，通过智能化的内容生成与精准分发，实现了更高效的受众触达与更好的传播效果。这种变革要求营销人员必须具备跨平台整合传播的能力，同时积极应对信息过载、注意力分散等新挑战。

在这场深刻的变革中，营销学正面临着理论重构与方法创新的双重考验。

正是在这样的时代背景下，本教材应运而生。在编写过程中，我们始终秉持"立足前沿、扎根实践、面向未来"的理念，力求构建一个既反映学科前沿发展，又契合中国实践需求的数字化营销知识体系。具体而言，本教材具有以下鲜明特点。

一、数字资源与纸质内容无缝对接

本教材在纸质内容的基础上，精心融入了多样化的数字资源。这些资源不仅包括对营销环境、营销调研，以及营销计划、执行、组织和控制等内容的深度解析，还涵盖了各章节的实用案例，以及对应的思政目标，旨在使读者在深化专业知识学习的同时，也能受到思政教育的熏陶。鉴于纸质书籍的篇幅限制，以及为了向读者提供更为全面、深入且个性化的学习体验，我们特意开发了这些数字资源。读者只需扫描二维码，即可随时随地访问这些资源，获取对关键知识点的详尽解析和丰富的实践案例，从而更深刻地理解并掌握数字化营销管理的精髓。

二、价值引领与专业素养深度融合

本教材在章节内容中巧妙融入思政教育元素，每章节均设定了明确的思政目标，结合专业知识点，引导读者思考数字技术应用中的伦理问题、社会责任问题，培养具有全球视野和本土情怀的数字化营销人才。

三、理论创新与实践应用有机结合

本教材突破传统营销理论的框架束缚，系统构建了数字化营销的理论体系。通过引入"数据驱动的营销决策""数字化消费者洞察""整合营销传播"等新概念，反映了学科发展的最新趋势。特别增加了"生成式人工智能在营销中的应用"和"数字化新产品开发与市场测试"等新内容，紧跟时代前沿。

四、系统性与实用性高度融合

从整体内容的编排设计上看，本教材的知识结构科学合理，章节安排逻辑清晰，前后内容衔接紧密，形成了一套完整且连贯的知识体系。各章节通过学习目标明确知识重点，思政目标融入思政教育，思维导图构建知识体系，案例导入激发学习兴趣，知识链接拓宽前沿视野，案例分享展示实际应用，本章提要总结内容要点，本章习题与练习巩固所学知识，这样的设计使读者能够系统地掌握数字化营销管理的核心知识。同时，本教材注重理论与实践的紧密结合，通过嵌入情境案例，让读者直观感受理论在实际中的应用，真正实现了学以致用，为培养具备扎实理论基础和实战能力的数字化营销人才提供了有力支持。

五、国际视野与本土实践交相辉映

本教材在编纂时，高度重视国际前沿理论与中国本土实践的紧密结合。各章节不仅深入吸纳了国际数字化营销领域的最新理论成果，更通过"案例导入""案例分享"以及"知识链接"等丰富内容，详细剖析了中国企业在数字化转型进程中的杰出实践。这些案例与知识链接不仅展现了数字化营销在全球范围内的最新趋势，更深刻揭示了数字化营销在中国特定市场环境下的应用特点与策略。通过这样的深度融合，读者将能够全面理解并掌握数字化营销的核心知识，为未来的职业发展奠定坚实基础。

六、知识传授与思维培养并重

本教材致力于在传授数字化营销核心知识的同时，着重培养读者的批判性思维和创新能力。借助"案例分享"栏目，精心设置思考与分析题目，激励读者深入探讨企业在数字化营销领域的热点问题，促进深度思考。同时，通过"本章习题与练习"环节，巧妙引导读者运用所学知识解决实际操作中的难题，激发读者的创新思维，并有效提升其实践操作能力。如此设计，确保了知识传授与思维培养两方面的均衡发展。

本教材是兰州大学"新文科"建设的重要成果，凝聚了编写团队多年的教学研究心得和实践经验。在编写过程中，我们通过课堂讨论与交流的方式收集了大量学生反馈，这些反馈为本教材的编写提供了宝贵的启发和借鉴，确保了本教材对国内学生的适用性和针对性。本教材既可以作为营销专业和管理类专业本科生、研究生的教材，也可以作为企事业单位营销管理人员的学习和培训用书。

在编写过程中，我们借鉴了大量同行的优秀教材以及国内外营销学者的最新研究成果。在此，我们向所有在营销领域做出杰出贡献的同仁表示衷心的感谢。同时，我们也感谢一些营销专业的研究生参与了本教材的资料收集、内容编撰等工作，他们的辛勤付出和真知灼见为本教材增添了宝贵的价值。

本教材编写具体分工如下：第一至三章由雷亮、王起越、高红梅撰写；第四至六章由雷亮、王起越、王亚楠完成；第七至九章由雷亮、王起越、陆媚合作完成；第十章、第十一章由雷亮、吴佳玲、张梦撰写；第十二至十五章由雷亮、吴佳玲、陆媚撰写。

数字化营销是一个快速发展的领域，新的理论、方法和技术不断涌现。尽管我们力求全面和准确，但难免存在疏漏和不足。我们诚挚欢迎广大读者提供宝贵意见，以便在再版时不断完善。让我们共同探索数字化营销管理的未来，为推动中国企业的数字化转型和品牌全球化贡献力量。

雷 亮
于兰州大学齐云楼
2025 年 8 月

第一章 数字化营销管理概论 //1

第一节 数字化市场与营销新生态 //3
第二节 营销学的起源与数字化演进 //10
第三节 营销观念在数字化时代的演进与革新 //14
第四节 数字化营销管理的研究对象、研究内容和研究方法 //22
第五节 数字化时代的营销转型 //24

第二章 客户价值、客户满意与客户关系管理 //28

第一节 客户满意 //29
第二节 客户忠诚 //38
第三节 客户关系管理 //40
第四节 数字化客户关系管理与客户体验优化 //43

第三章 战略规划与营销管理过程 //47

第一节 企业战略 //49
第二节 规划总体战略 //50
第三节 营销管理过程 //61
第四节 数字化战略规划与执行 //66

第四章 消费者购买行为分析 //72

第一节 消费者市场 //74
第二节 消费者购买行为模式 //76

第三节　影响消费者购买行为的因素 //80

　　第四节　消费者购买决策过程 //93

　　第五节　数字化消费者洞察与行为预测 //100

第五章　组织市场与购买行为 //104

　　第一节　组织市场概述 //106

　　第二节　生产者市场购买行为分析 //109

　　第三节　中间商市场购买行为分析 //117

　　第四节　政府市场和非营利组织市场购买行为分析 //120

　　第五节　数字化B2B营销与供应链管理 //125

第六章　目标市场营销战略 //129

　　第一节　目标市场营销概述 //131

　　第二节　市场细分 //134

　　第三节　目标市场选择 //144

　　第四节　市场定位 //150

　　第五节　数字化市场细分与目标市场定位 //155

第七章　产品与服务策略 //159

　　第一节　产品整体概念 //161

　　第二节　产品组合策略 //163

　　第三节　产品品牌策略 //167

　　第四节　产品包装策略 //173

　　第五节　服务策略 //175

　　第六节　互联网背景下的服务营销 //182

第八章　产品生命周期与新产品开发 //187

　　第一节　产品生命周期 //189

　　第二节　新产品开发 //197

　　第三节　新产品的采用与扩散 //206

　　第四节　数字化新产品开发与市场测试 //208

第九章　价格策略 //212

　　第一节　价格概述 //214

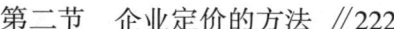

　　第二节　企业定价的方法 //222

　　第三节　企业定价的策略 //227

　　第四节　价格变动与企业对策 //235

　　第五节　数字化定价与价格优化 //239

第十章　分销渠道策略 //243

　　第一节　分销渠道概述 //245

　　第二节　分销渠道的设计与选择 //253

　　第三节　分销渠道的管理 //258

　　第四节　中间商分析 //263

　　第五节　营销物流与供应链管理 //275

　　第六节　数字化分销渠道管理与优化 //282

第十一章　促销策略 //288

　　第一节　促销与整合营销传播 //290

　　第二节　人员推销 //296

　　第三节　广　告 //301

　　第四节　营业推广 //309

　　第五节　公共关系 //313

　　第六节　数字化促销与整合营销传播 //317

第十二章　网络营销基础 //321

　　第一节　网络营销概述 //323

　　第二节　网络营销基本理论 //325

　　第三节　网络营销与传统营销 //332

　　第四节　网络营销市场调研 //333

第十三章　网络营销战略与策略 //349

　　第一节　网络营销战略 //351

　　第二节　4P网络营销策略 //355

　　第三节　多元化的网络营销策略 //365

第十四章　网络营销工具与平台 //384

　　第一节　网络营销的推广工具与平台 //386

第二节　网络营销的数据分析工具与平台　//401

第十五章　流量运营体系与生成式人工智能技术应用　//412

第一节　网络营销中的流量运营　//414

第二节　生成式人工智能在营销中的应用　//420

第一章
数字化营销管理概论

【学习目标】
1. 理解市场与营销的内涵及其在数字化时代的特征。
2. 掌握营销的核心概念及其在数字化背景下的新含义。
3. 了解营销的发展历程及数字化转型对它的影响。
4. 熟悉数字化营销管理的研究内容与方法,具备解决实际问题的能力。
5. 把握数字化营销管理的挑战与机遇,具备创新应对策略。

【思政目标】
详细内容,请扫描二维码阅读。

二维码 1-1

在全球化的浪潮中,营销学作为一门重要的应用学科,正不断融合全球视野与本土智慧。特别是在数字化时代,营销的生态环境发生了深刻变革,数字技术的应用使得营销更加高效、精准。从全球范围来看,数字化营销已成为企业竞争的新高地,它不仅改变了传统市场的交易方式和消费者行为,更推动了营销理论的创新与发展。

在中国,营销学经历了从引入到本土化的发展过程,逐渐与中国企业的实际需求相结合,为经济发展注入了新的活力。面对全球化和数字化的双重挑战,中国企业在营销中不断探索和创新,既借鉴国际先进经验,又紧密结合本土文化,形成了独具特色的营销模式。本章将深入探讨营销学的核心概念、发展历程、研究对象与方法,以及数字化时代营销的转型路径,旨在为全球视野下的中国营销实践提供理论指导和策略支持。

【思维导图】

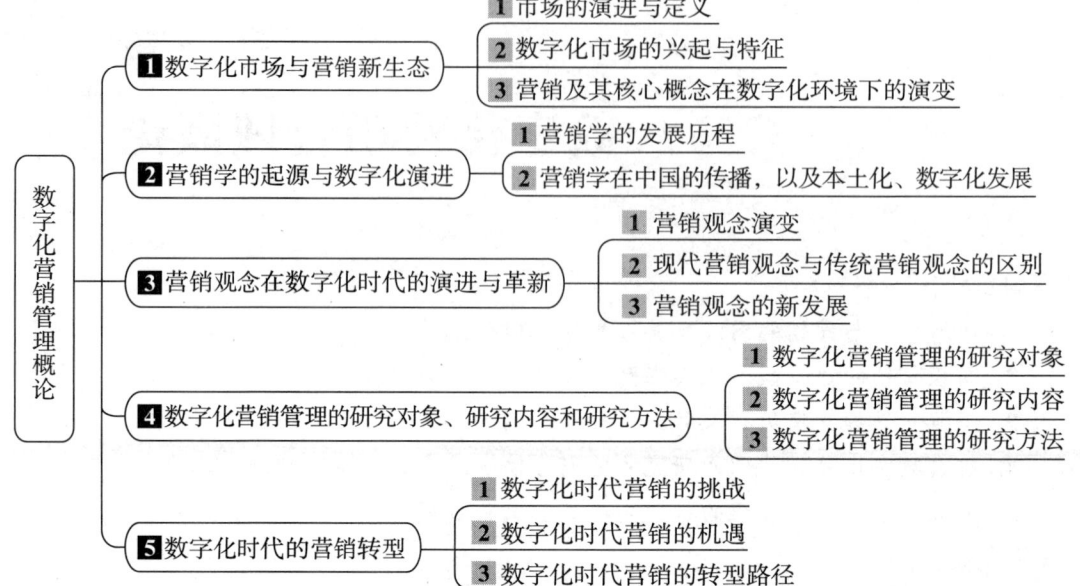

案例导入

小米营销策略方法研究：
从品牌塑造到用户体验提升

详细内容，
请扫描二维码阅读。

二维码 1-2

第一节　数字化市场与营销新生态

随着科技的飞速发展，市场形态经历了从传统到现代的深刻演进。数字化市场的兴起，不仅重新定义了市场的边界与运作机制，还赋予了营销全新的内涵与挑战。本节将探讨市场的历史演进与当代定义，剖析数字化市场的核心特征，并审视营销及其核心概念在数字化环境下的深刻演变，旨在为读者理解数字化营销管理新生态打下坚实基础。

一、市场的演进与定义

（一）市场的含义

市场是商品经济发展的产物，其含义随时代演变而不断丰富。早期，市场被狭义地理解为在规定时间内进行商品交换的场所，如小商品批发市场、服装市场等。然而，随着商品经济的深入发展，交换关系的复杂化，狭义的市场概念已难以全面涵盖现代市场的空间范围、活动内容和多种存在形式。因此，经济学家从理论层面对市场进行了高度抽象的概括，认为市场是买者和卖者之间实现商品交换关系的总和，即广义的市场概念。

营销学者则侧重从具体的交换活动及其运行规律来认识市场。从营销角度来看，市场是供需双方在共同认可的一定条件下所进行的商品或劳务的交换活动，如表 1-1 所示。

表 1-1　不同学者对市场的定义

学者	对市场的定义
沃·奥尔德森（Wore Alderson）和雷维斯·考克斯（Reavis Cox）	广义的市场概念，包括生产者和消费者之间实现商品和劳务的潜在交换的任何一种活动
菲利普·科特勒（Philip Kotler）	市场由一切具有特定欲望和需求并且愿意和能够交换来满足这些需求的潜在顾客所组成。市场规模的大小，由具有需求、拥有他人所需的资源且愿意以这些资源交换其所需的人数而定

(续表)

学者	对市场的定义
文森特·P. 巴拉巴 （Vincent P. Barabba）	市场除了顾客一方，还要再加上"拥有可售商品和服务的企业"。不将买方和卖方放在一起，就不会有市场

而我们认为：市场是商品经济中生产者与消费者之间实现产品（服务）价值，满足需求的交换关系、交换条件和交换过程，由那些具有特定需要或欲望，愿意并能够通过交换来满足这种需要或欲望的全部顾客所构成。

（二）市场的构成要素

市场的构成可用如下公式表示：

$$市场 = f（人口，购买力，购买欲望） \qquad (1-1)$$

人口，这里首先指的是人口的数量。人口数量越多，产品的市场越大。此外，还包括对某种产品具有共同需求的人群数量，即企业能够满足的目标消费者的数量，这一数量越多，市场越大，越能满足企业生存与发展的需要。

购买力，即人们购买所需产品时的货币支付能力。这种能力首先取决于人们收入的多少，其次取决于物价的高低，最后取决于人们的信贷能力。

购买欲望，即人们对某种产品的需求和欲望。这种欲望产生于需求者的生理及心理上的需要。

市场的这三个构成要素是相互统一、相互制约的。例如，一个国家（地区）虽然人口众多，但收入水平很低，购买力有限，那么市场就是狭窄的；反之，尽管一个国家（地区）居民收入水平很高，但人口很少，那么市场规模同样十分有限；只有人口众多，收入水平又达到一定标准的国家（地区），才能形成一个规模和容量很大的市场。中国就是一个人口众多的国家，改革开放以来，人民生活水平得到大幅提高，因此形成了一个庞大的市场。但如果商品货不对路，就无法引发消费者的购买欲望，购买力就不能转化为购买行为，则对卖方而言仍不能形成现实的市场。

当这三个构成要素同时存在时，这个市场可以被视为一个现实的市场；当这三个构成要素有缺失时，可以将这个市场视为一个潜在的市场，需要营销人员去创造条件，大力开发，以便使潜在的市场转化为现实的市场，满足消费者与企业的需求。

> **知识链接**
>
> **市场潜力的测算**
>
> 市场潜力，即在某个时间段和给定条件下，企业可能实现的最大销量，可用如下公式表示：
>
> $$Q = n \cdot q \cdot p \qquad (1-2)$$
>
> Q = 总市场潜力；
>
> n = 在一定的假设下特定产品（市场）的潜在购买者数量；

q = 一个购买者的平均购买数量；

p = 每一平均单位的价格。

假设你计划在一座城市开设一家咖啡馆，该城市的总人口数量是 50 000 人，年龄在 18~50 岁的咖啡爱好者占总人口的 30%，他们平均每人每个月会购买两杯咖啡，而该城市的咖啡平均价格为 18 元/杯，这座城市一年的市场潜力如何计算呢？

Q = 50 000 × 0.3（潜在购买者数量）× 2（每人每月平均购买数量）× 18（平均每杯咖啡价格）× 12（一年 12 个月）= 6 480 000（元）

所以，你开设在这座城市的咖啡馆的市场潜力为 648 万元。

二、数字化市场的兴起与特征

数字化市场不仅是对传统市场在网络空间的延伸，更是对市场结构、交易方式及消费者行为等方面的深刻变革。数字化市场可以理解为在数字技术支撑下，买卖双方通过数字化平台进行商品、服务或信息的交换活动。这些平台包括电子商务平台、社交媒体、搜索引擎等，它们打破了时间和空间的限制，使得交易更加便捷、高效。

数字化市场的构成要素主要包括数字化平台、买方、卖方以及数字产品与服务。

· 数字化平台：数字化平台是数字化市场的核心，承担着交易场所和技术支持的双重职能。它不仅具备商品、服务或信息的展示与交易功能，还通过数据分析、智能推荐等技术手段优化用户体验，促进了交易的高效与安全。

· 买方：买方是具有购买欲望和购买力的消费者或企业。

· 卖方：卖方则是提供商品、服务或信息的供应商。

· 数字产品与服务：数字产品与服务是以数字形式存在并满足买方需求的核心交易对象，包括但不限于软件、音乐、视频、电子书、在线课程及云计算服务等。

数字化市场的兴起为营销带来了新的挑战与机遇。营销人员需要适应数字化市场的特点，创新营销策略和手段，以满足消费者日益多样化的需求并推动企业持续发展。

三、营销及其核心概念在数字化环境下的演变

（一）营销的含义

对于营销，西方学者或机构已给出过上百种定义，其中较具代表性的如表 1-2 所示。

表 1-2　西方学者或机构对营销的定义

学者或机构	对营销的定义
美国全国市场营销学教师协会	营销是引导产品及劳务从生产者手中到消费者或使用者手中的一切企业经营活动

(续表)

学者或机构	对营销的定义
全球知名管理咨询公司麦肯锡	营销是引导商品和服务从生产者到消费者或使用者的企业活动，以满足顾客需求并达成企业目标
英国特许营销协会（CIM）	一家企业如果要生存、发展和盈利，就必须有意识地根据用户和消费者的需求来安排生产
美国市场营销协会（AMA）	营销是计划和执行关于商品、服务和创意的观念、定价促销和分销，以创造符合个人和组织目标的交换的一种过程
科特勒	营销是个人和集体通过创造并与他人自由交换产品和价值，以获得其所需所欲之物的一种社会过程

营销的本质，根植于企业在市场上开展的经营与销售活动之中。这些活动无时无刻不受到市场固有的需求驱动、竞争压力以及体系架构的深刻影响。随着数字化时代的到来，营销的内涵经历了前所未有的深化与拓展。它超越了传统意义上产品与服务从生产者到消费者的简单转移，步入了一个全新的阶段。

因此，不妨这样给营销下定义：**营销是指组织在深入洞察消费者需求动态及市场竞争特性的基础上，借助数字化手段精准捕捉市场需求，构建品牌与消费者之间的深度连接，并通过传递具有竞争优势的产品或服务，在有效满足消费者需求的同时，实现组织目标与价值传递的综合性经营与销售行为过程。**

（二）营销的核心概念

1. 需要、欲望和需求

需要和欲望是营销活动的起点。所谓**需要**是指没有得到某些满足的一种感受状态。如人们为了生存，有食物、衣服、房屋等生理需要。马斯洛将人类的需要划分为五个层次：生理、安全、社交、尊重和自我实现。这些需要源于人类的生理和社会属性，营销人员可以通过不同的方式满足它，但无法凭空创造。

欲望是指使某种需要得到具体满足的愿望，在不同文化和社会环境背景下，消费者欲望的满足方式不同，比如需要食物时中国人想要米饭，法国人想要面包，美国人则想要汉堡包。人的欲望受社会因素及个人因素影响，并随着社会条件的变化而变化。营销人员能够满足消费者的欲望，如建议消费者购买某种可以满足其特定需要的产品。

需求是指对于有能力购买并且愿意购买某个具体产品的欲望。在具有购买能力时，欲望便转换为需求。需求实际上也就是对某种特定产品或服务的市场需求。许多人都想拥有一辆高级轿车，但只有少数人愿意并且能够购买。因此，一家企业不仅需要估量有多少人想要本企业的产品，更应该了解有多少人真正愿意并且有能力购买。

2. 产品

人们是靠产品来满足自己的各种需要和欲望的。从营销角度对产品下的定义是，

任何能用以满足人类某种需要与欲望的东西都是产品。产品可分为有形与无形的、可触摸与不可触摸的。如手机、电脑、汽车等属于有形产品。与有形产品一同出售的服务也是产品。如人们购买洗衣机不是为了欣赏，而是因为它可以提供自动洗衣的"方便"的服务。

服务的传递还可以通过其他载体，如人、地、活动、组织和观念等。当人们感到烦闷时，可以参加演唱会欣赏歌手（人）演唱、到风景区（地）旅游、到健身房跑步（活动）、参加兴趣社团（组织），或者参加研讨会，接受一种不同的价值观（观念）。此外，知识、智慧和创意也属于产品。

产品的定义让我们认识到，产品实体是服务的外壳，营销就是提供产品实体中所包含的利益和服务，让消费者的需要得到更好的满足。营销人员须谨记销售产品是为了满足顾客需求，如果只注意产品而忽视顾客需求，就会产生"营销近视症"。

3. 价值、成本和满意

在购买决策中，产品价值与获取成本共同起着决定性作用。**价值，指产品满足消费者需求的能力与程度；成本，则是消费者为获取该效用所需付出的全部费用**。市场交换的本质在于价值与成本的权衡：当产品提供的价值显著高于成本时，消费者倾向于支付更高的价格；反之，若成本高于价值，即便价格低廉，消费者亦可能拒绝。在市场经济中，消费者追求价值最大化，价值实现程度由价值与成本之比决定。**合理成本换取适当价值带来满足；而低成本、高价值则催生高满意度，促使顾客转化为忠实客户**。因此，企业不仅要提供高质量产品，更要确保顾客感知到高价值实现，以促进交易顺畅，稳固市场地位。

4. 交换、交易和关系

交换是营销的核心，指通过提供回报以获取所需物品的行为。只有当产品通过交换满足需求时，才构成营销。自给自足、偷抢或乞求非营销行为，等价交换才是营销的本质。

一项交易通常要涉及三个方面：一是至少有两个有价值的事物；二是买卖双方所同意的交易条件；三是有法律制度来维护和迫使交易双方执行承诺。

有能力、有远见的营销人员都会重视与顾客、分销商等建立长期、信任和互利的关系，而这些关系要靠不断承诺及为对方提供高质量产品、良好服务及公平价格，或靠双方加强经济、技术及社会联系来实现。关系营销可以减少交易费用和时间，最好的交易是使协商成为惯例。

5. 宏观营销与微观营销

营销可从宏观与微观两种视角理解。宏观营销关注整个社会经济系统，研究产品或服务如何高效地从生产者转移至消费者，实现供需平衡，构建资源及产品合理分配的经济体系。微观营销聚焦单个企业，探讨如何利用有限的资源创造满足消费者需求的产品或服务，通过有效市场活动（分销与促销）实现与消费者的交换，并获取经济利益。通常，微观营销是研究重点，而宏观营销常被视为微观营销的环境因素进行研究。

(三) 数字化营销管理的职能与意义

1. 数字化营销管理的职能

数字化时代，企业的生产经营活动依然围绕着产品生产与营销这两项核心职能展开，它们共同承载着企业对顾客、社会及企业所有者的责任。生产与营销通过创造并传递价值来满足市场需求，推动企业目标的达成。在生产职能方面，企业通过数字化手段实现产品的形式效用，即将原材料和零部件高效、精准地转换成满足市场需求的产品。在这一过程中，数字技术如智能制造、物联网等发挥着关键作用。

而在营销职能方面，数字化营销管理不仅实现了传统的时间效用（确保顾客在需要时能够及时获得产品）、地点效用（在顾客需要的地点提供产品）和所有权效用（将产品所有权从营销人员手中转移到顾客手中），还进一步扩展了营销的边界和深度。数字化营销管理需要履行以下八项基本职能，以更好地满足市场需求，推动企业目标的达成，如图1-1所示。

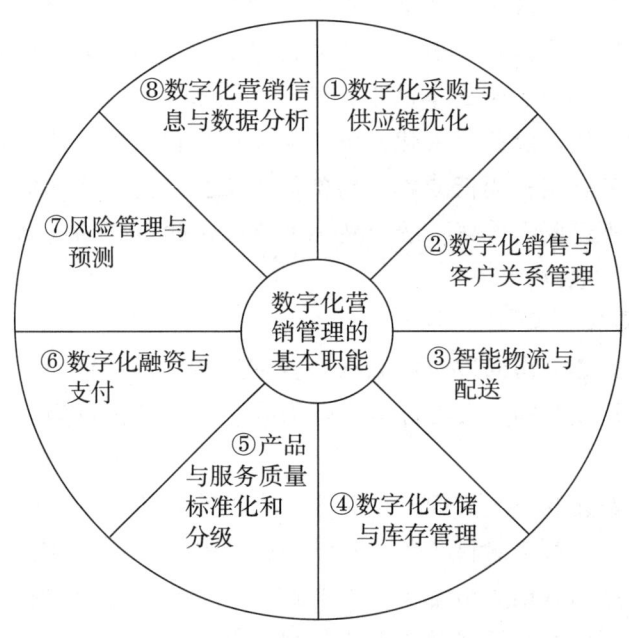

图1-1 数字化营销管理的八项基本职能

①数字化采购与供应链优化：利用数字化平台和技术，实现原材料的精准采购和供应链的透明化管理，确保产品生产的及时性。

②数字化销售与客户关系管理：通过数字化渠道和工具，如社交媒体、电商平台等，实现产品的销售和与客户的互动，建立长期稳定的客户关系。

③智能物流与配送：借助物联网、大数据等技术，实现产品的智能仓储、运输和配送，确保产品能够准时、准确地送达顾客手中。

④数字化仓储与库存管理：利用数字化手段对库存进行实时监控和智能管理，优

化库存结构，降低库存成本。

⑤产品与服务质量标准化和分级：通过数字技术和数据分析，对产品和服务进行标准化管理和合理分级，确保产品和服务的质量既符合市场需求，又能满足不同顾客的差异化需求。

⑥数字化融资与支付：利用数字化金融平台，为企业提供便捷的融资渠道和支付方式，降低融资成本，提高资金流转效率。

⑦风险管理与预测：运用大数据分析和人工智能技术，对市场风险进行预测和管理，为企业决策提供科学依据，降低经营风险。

⑧数字化营销信息与数据分析：通过数字化手段收集、整合和分析营销信息，包括顾客行为、市场趋势等，为企业制定营销策略提供数据支持。

2. 数字化营销管理的意义

数字化营销管理对于现代企业的战略发展具有不可替代的作用，其意义具体体现在以下几个方面。

①提升销售效能与促进收入增长：数字化营销管理能够精准定位目标客户，通过数据分析和个性化营销策略，有效增加销售收入，助力企业摆脱市场萎缩的困境，实现持续稳定的业绩增长。

②扩大市场与探索新机遇：借助数字化工具和平台，企业能够更高效地开拓新市场，发现新的增长点。数字化营销管理不仅能够覆盖更广泛的受众，还能通过数据分析洞察市场趋势，帮助企业抓住新兴市场的机遇。

③灵活应对顾客需求变化：在数字化时代，顾客购买形式和需求日益多样化。数字化营销管理能够实时跟踪和分析顾客行为，帮助企业及时调整经营活动以满足市场需求，提升顾客满意度和忠诚度。

④优化竞争策略与保持竞争优势：通过大数据分析和人工智能技术，数字化营销管理能够帮助企业在激烈的市场竞争中找到有效的竞争策略，如差异化营销、精准定价等，从而保持竞争优势，抵御市场冲击。

⑤控制营销成本与提升效率：数字化营销管理能够优化广告投放、促销活动等的管理和筹划，通过精准营销减少资源浪费，提高营销费用的投入产出比，实现成本控制和效率提升。

⑥连接市场与获取利润：数字化营销管理是企业连接市场、达成利润目标的关键途径。它涉及内外部管理的深度融合，直接面对市场需求，通过数字化手段提升市场响应速度和服务质量，已成为企业经营管理的重点和创新的关键。

数字化营销管理不仅关乎企业当前的业绩提升，更影响着企业的长远发展和市场竞争力。它是企业在数字化时代不可或缺的战略工具，能够助力企业实现转型升级和可持续发展。

第二节　营销学的起源与数字化演进

营销学作为一门学科，诞生于20世纪初期，形成于20世纪中叶，成熟于20世纪50年代，目前仍在不断发展之中。

一、营销学的发展历程

营销学的发展历程可以分为几个主要阶段，每个阶段都有其特点和主要理论。以下是按时间顺序划分的几个主要阶段。

（一）生产导向阶段（20世纪10—20年代）

20世纪初期，营销学尚处于萌芽状态，即生产导向阶段。当时，企业界正处于一个需求旺盛而供给相对不足的市场环境中，企业的主要关注点是如何提升生产效率和降低成本。企业界普遍认为，只要确保产品质量上乘且价格合理，就能有效满足市场需求。这种以生产为核心的经营理念，不仅为当时的企业指明了发展方向，还促进了规模经济理论的兴起，为营销学的初步形成奠定了坚实的基础。

（二）产品导向阶段（20世纪20—30年代）

随着时间的推移，营销学逐渐摆脱了生产的束缚，迎来了20世纪20—30年代的产品导向阶段。在这一阶段，企业开始将目光投向产品的改进和创新，它们深知，只有不断推陈出新，才能满足消费者日益多样化的需求。这种转变不仅促使了产品改进理论和技术革新理论的诞生，也为营销学注入了新的活力，使其开始关注消费者的需求和偏好。

（三）销售导向阶段（20世纪30—50年代）

然而，营销学的变革并未就此止步。到了20世纪30—50年代，它步入了销售导向阶段。随着市场竞争的日益激烈，企业开始意识到，仅仅依靠产品质量和创新并不足以确保在市场上获得成功。于是，它们开始注重销售和推广活动，通过大量的广告和推销手段来刺激消费者的购买欲望。这一阶段的代表理论是推销理论和广告理论，它们为营销学提供了更为实用的策略和方法，使其开始关注如何有效地与消费者进行沟通和互动。

（四）营销导向阶段（20世纪50—70年代）

20世纪50—70年代，营销学迎来了一个全新的时代——营销导向阶段。此时企业界已经深刻认识到，满足消费者需求和欲望是成功的关键。因此，它们开始注重市场调研和消费者行为分析，通过深入了解消费者的需求和偏好，来制定更为有效的营销策略。这一阶段的代表理论包括市场细分理论、消费者行为理论和"4P 理论"①。它们为营销学提供了更为系统和全面的理论框架，使其开始关注如何以消费者为中心来制定营销策略。

(五) 社会营销导向阶段（20 世纪 70 年代至今）

20 世纪 70 年代以后，营销学进入了社会营销导向阶段。在这一阶段，企业开始关注社会责任和可持续发展，它们意识到，除了追求利润，还必须注重对社会和环境的影响。这种转变促使了社会营销理论和可持续发展理论的诞生，为营销学注入了新的价值观和使命感，使其开始关注如何在达成商业目标的同时，也承担起对社会和环境的责任。（以下阶段与本阶段时间上存在重叠。）

(六) 关系营销阶段（20 世纪 80 年代至今）

在 20 世纪 80 年代至今的关系营销阶段，营销学又迎来了一次重要的变革。此时的企业开始重视建立和维护与客户的长期关系，它们深知，只有与客户建立深厚的情感纽带，才能实现长期的商业成功。通过客户关系管理（Customer Relationship Management，CRM）系统，企业努力提高客户忠诚度和满意度，以实现与客户的共赢。这一阶段的代表理论是关系营销理论和客户关系管理理论，它们为营销学提供了更为人性化的策略和方法，使其开始关注如何与客户建立长期的合作关系。

(七) 数字化营销阶段（21 世纪初至今）

进入 21 世纪初，随着互联网和信息技术的迅猛发展，营销学又迎来了数字化营销阶段。这一阶段的企业如同站在了时代的潮头，它们充分利用社交媒体营销、搜索引擎优化（Search Engine Optimization，SEO）、电子邮件营销等手段来与消费者进行互动和交流。这种全新的营销方式不仅极大地拓宽了企业的市场边界，也为消费者提供了更为便捷和个性化的购物体验。这一阶段的代表理论包括数字化营销理论、社交媒体营销理论和大数据营销理论。它们为营销学带来了更为广阔的应用前景和创新空间，使其开始关注如何利用数字技术和社交媒体来实现更为精准和有效的营销。

(八) 智能营销阶段（21 世纪 20 年代至今）

如今，在 21 世纪 20 年代的智能营销阶段，营销学又迎来了一次全新的变革。此时的企业开始充分利用数据分析和人工智能技术来制定更为精准和有效的营销策略。它们通过深入挖掘和分析消费者的数据，来洞察消费者的需求和偏好，以实现更为个性化和精准的营销。这一阶段的代表理论是大数据分析理论、人工智能营销理论和精准营销理论。它们为营销学注入了更为智能化的元素和动力，使营销学开始关注如何利用数据和技术来实现更为高效和精准的营销。

---

① 4P，即产品（Product）、价格（Price）、渠道（Place）和促销（Promotion）。

二、营销学在中国的传播，以及本土化、数字化发展

营销学在中国的发展大致可以划分为几个阶段，每个阶段都有其背景和特点。以下是按时间顺序划分的主要阶段。

（一）营销的萌芽阶段（1978年以前）

1978年以前，中国的经济体制主要以计划经济为主导。这一时期的显著特点是，企业的生产、销售及资源分配等关键环节，均受到国家计划和行政指令的严格调控。营销这一现代商业理念尚未在这一时期萌芽，企业的核心任务仅仅是完成国家所分配的生产计划指标。

在这一背景下，消费者的具体需求和个性化偏好在很大程度上被忽视，市场的活力与多样性相对匮乏。经济环境的封闭性，加上对外交流的有限性，共同导致了市场体系的不完善。企业的经营活动深受行政干预的影响，自主权受到严重制约，难以根据市场变化灵活调整经营策略。这样的市场环境，无疑限制了企业的创新与发展，也影响了消费者需求的满足与市场经济的多元化进程。

（二）营销的起步阶段（1978—1992）

改革开放初期，即1978年至1992年，是中国市场经济逐步恢复与发展的关键时期。这一阶段，营销的概念开始被引入中国，标志着企业经营理念的深刻转变。企业逐渐将目光投向市场需求与消费者行为，初步开展了市场调研活动，旨在更深入地理解消费者偏好。与此同时，产品推销也成为企业运营中重要一环，各类推销技巧如销售促进、人员推销等被广泛应用。

伴随着改革开放政策的深入实施，私营经济和外资被允许进入中国市场，这为市场经济的繁荣注入了新的活力。市场经济体制的初步建立，使得企业开始获得一定程度的自主经营权，能够更加灵活地应对市场变化。在这一背景下，广告活动逐渐兴起，并迅速发展成为企业宣传和推广产品不可或缺的重要手段。通过电视、广播、报纸等多种媒介，企业开始运用基本的广告策略和传播手段，积极塑造品牌形象，提升产品知名度。

此外，初级的市场调研方法，如问卷调查、深度访谈等，也在这一时期得到了广泛应用，为企业提供了宝贵的市场信息，有助于企业更精准地把握市场动态和消费者需求。这一系列变革，不仅推动了中国市场经济的发展，也为后续的营销理论与实践奠定了坚实基础。

（三）营销的快速发展阶段（1992—2001）

1992年至2001年，中国市场经济体制逐步确立并走向成熟，这一转变深刻影响了企业的经营策略与营销实践。随着市场经济体制的确立，企业开始系统地学习并广泛应用营销理论，以应对日益激烈的市场竞争。

1992年邓小平视察我国南方一些地区并发表重要谈话后，中国市场经济改革的步

伐加快，而市场经济体制的确立更是为企业发展提供了广阔的空间。在这一背景下，企业不仅注重提升产品质量，还开始灵活运用价格策略、促销活动等多样化的营销手段，以吸引消费者并提升市场份额。同时，品牌管理逐渐成为企业关注的焦点，企业开始意识到品牌对于塑造企业形象、提升产品附加值的重要性，因此积极运用品牌定位、品牌传播等策略来增强品牌影响力。

此外，市场细分理论也开始在这一阶段得到广泛应用。企业不再将市场视为一个整体，而是根据地理、人口统计、心理等多种因素对市场进行细分，以更精准地把握不同消费者群体的需求和偏好。这一转变不仅有助于企业制定更具针对性的营销策略，还推动了营销理论与实践的进一步发展。

在这一时期，"4P 理论"作为营销的核心框架，被广泛应用于企业的营销实践中。企业开始注重产品的差异化设计、价格的合理制定、销售渠道的优化以及促销活动的有效策划，以全面提升市场竞争力。

（四）营销的国际化阶段（2001—2010）

自 2001 年中国正式加入世界贸易组织（World Trade Organization，WTO）以来，营销领域迎来了国际化的新篇章，企业开始直面全球市场的竞争与挑战。这一时期，营销理论与实践以前所未有的速度发展，企业不仅关注产品的生产与销售，更将重心转向了品牌建设和客户关系管理的深化。

加入 WTO 后，中国市场的开放程度显著提高，吸引众多国际品牌涌入，这促使本土企业不得不加快品牌建设步伐，以提升在全球市场上的竞争力。品牌建设策略，如提升品牌忠诚度、实施品牌延伸等，成为企业提高品牌价值和市场影响力的重要手段。同时，客户关系管理系统的广泛应用，使得企业能够更精准地理解客户需求，提供个性化的服务，从而增强客户黏性，巩固市场地位。

此外，随着法律法规和市场规则的逐步完善，市场环境变得更加规范与透明。这不仅为企业提供了公平竞争的舞台，也推动了营销实践的规范化发展。在这一背景下，整合营销传播（Integrated Marketing Communication，IMC）理论逐渐受到重视，它强调将广告、公关、促销等多种营销手段进行有机整合，以实现传播效果的最大化，提升品牌的市场认知度和美誉度。

（五）数字化营销与电商崛起阶段（2010—2020）

2010 年至 2020 年，互联网包括移动互联网的迅猛发展引领了一场营销革命，电子商务与数字化营销迅速崛起，成为企业营销战略的核心组成部分。这一时期，随着网络技术的不断进步，社交媒体平台如雨后春笋般涌现，搜索引擎优化和内容营销等手段逐渐成为企业提升在线曝光度、增强与消费者互动的重要工具。

阿里巴巴、京东等电商平台的异军突起，不仅深刻改变了传统商业模式，更推动了线上购物的普及，为消费者提供了前所未有的购物便利。这些平台通过不断创新电子商务模式，如 B2B（企业对企业）、B2C（企业对消费者）、C2C（消费者对消费者）

等，进一步拓宽了市场边界，促进了商品与服务的快速流通。

在数字化营销领域，企业开始积极探索搜索引擎营销（Search Engine Marketing，SEM）、社交媒体营销等多种策略，以精准定位目标受众，提升品牌影响力。同时，内容营销和用户生成内容（User Generated Content，UGC）的重要性日益凸显，企业通过创作高质量的内容，激发用户的参与热情，促进品牌与消费者之间的深度互动。

（六）数据驱动与智能营销阶段（2020年至今）

自2020年以来，大数据与人工智能技术的飞速发展，为营销领域带来了前所未有的变革。这一时期，数据驱动与智能营销成为行业发展的新趋势，企业凭借先进的数据分析工具与智能化技术，成功开启了精准营销与个性化服务的新篇章。

一系列前沿人工智能技术的广泛应用，标志着智能营销迈入了一个崭新的发展阶段。这些技术不仅提升了营销活动的技术含量，更为企业提供了前所未有的数据洞察能力。通过大数据分析，企业能够深入挖掘用户行为模式，准确预测市场趋势，为制定科学的营销策略提供有力支持。

在人工智能营销方面，智能推荐系统、聊天机器人等工具已成为企业提升用户体验、增强客户黏性的重要手段。这些智能系统能够根据用户的偏好和历史行为，为其提供个性化的产品或服务推荐，实现精准营销。同时，企业还开始注重用户体验的优化，强调以用户为中心的产品设计和服务，致力于提升用户在营销过程中的满意度和参与度。

第三节　营销观念在数字化时代的演进与革新

数字化时代，营销观念正经历深刻变革。本节将追溯营销观念的演变历程，对比现代营销观念与传统营销观念的区别，并探索数字化驱动下的营销观念新发展。

一、营销观念演变

（一）生产观念

生产观念（Production Concept）或称生产导向，是一种传统的经营思想。流行于20世纪20年代以前的美国等西方一些发达国家及20世纪80年代以前的中国，由于当时社会生产力水平还比较低，市场上商品短缺，供不应求，完全属于卖方市场，导致生产观念在企业中广泛流行。**生产观念认为，消费者可以接受任何买得到和买得起的产品，因而企业的一切经营活动以生产为中心，生产什么卖什么，生产多少卖多少；企业应努力提高生产能力，扩大生产规模，降低产品成本，扩大销售，增加利润**。这种观念的特征是只考虑企业自身"我能生产什么就卖什么，多产多卖多获利"，而不考虑消费者的需求是否得到满足。

> 例如，美国福特汽车的创始人亨利·福特（Henry Ford）的经营哲学就是千方百计增加 T 型车（一种采用流水线装配制造且零配件通用的汽车）的产量，降低成本和价格，以占据更大的市场，获取更多的利润。至于消费者对汽车颜色及其他方面的爱好和需求，则完全不顾。亨利·福特说："不管顾客需要什么，我只生产黑色的汽车。"因为当时福特汽车供不应求，清一色的黑色汽车照样卖得出去，这就是一种生产观念。生产观念是典型的以产定销的思想，产品更新迟缓，缺乏改进和创新的动力。随着科学技术、社会生产力的发展以及市场竞争和供求形势的变化，生产观念的适用范围必然越来越小。

（二）产品观念

产品观念（Product Concept）或称产品导向，是另一种古老的经营思想。与生产观念一样，产品观念也产生于产品市场供不应求的"卖方市场"环境下。**产品观念认为，消费者最喜欢高质量、多功能和具有某种特色的产品，企业应致力于生产高质量产品，并不断加以改进**。因此，产品观念的特征是：不重产量，重质量，致力于提高产品质量，改进性能，保证特色。此时，企业最容易患上"营销近视症"，即不适当地把注意力放在产品上，而非放在市场需求上，在营销管理中缺乏远见，只看到自己的产品质量好，看不到市场需求在变化，致使企业经营陷入困境。产品观念与生产观念共同的特点是：重生产、轻营销；把市场视为生产的终点而不是起点；只从生产者角度出发，忽视了市场需求的多样性和动态性。二者的区别在于：面对消费者，生产观念的口号是"生产能生产的东西，我有你买"；产品观念的口号则是"生产高质量和有特色的产品，我好你买"。

（三）推销观念

推销观念（Selling Concept）或称推销导向，是生产观念的发展和延伸，是 20 世纪 30 年代至 50 年代许多企业所采用的一种观念，表现为"我卖什么，顾客就买什么"。**该观点认为，顾客通常表现出一种购买惰性或抗衡心理，如果任其自然发展，消费者一般不会足量购买某一企业的产品，因此，企业必须积极推销和大力促销，以刺激消费者大量购买本企业的产品**。推销观念产生于资本主义国家由"卖方市场"向"买方市场"过渡的阶段。20 世纪 20 年代末，资本主义国家市场形势发生了重大变化，特别是 1929 年的大萧条，使大批产品供过于求，堆积如山的产品卖不出去，许多企业、银行倒闭，大量工人失业，市场凋敝。面对如此严重的危机，许多企业认识到，即使产品质高价低也未必能卖出去，要在激烈的竞争中求得生存和发展，企业的管理重心必须由生产转移到促销上来，实施推销观念。

奉行这种观念的企业强调它们的产品是被"卖出去的"，而不是被"买去的"。一个典型的案例是美国皮尔斯堡面粉（Pillsbury Flour Mill）公司在此经营观念的导向下，直接提出"本企业旨在推销面粉"的口号，将销售作为核心目标。

（四）市场营销观念

市场营销观念（Marketing Concept）或称营销导向，是作为对上述诸观念的挑战而出现的一种全新的经营思想。

第二次世界大战以后，产量的迅速提高和产品的大量上市导致了西方国家的市场供需关系发生逆转，卖主之间竞争激烈。尤其是西方发达国家普遍推行"高福利、高工资、高消费"的"三高"政策，使消费需求的规模结构和消费行为也发生了根本性的变化，整个市场很快由卖方市场转变为买方市场。许多企业开始认识到，必须转变经营观念，才能求得生存和发展，达成目标的关键在于适应市场和顾客的需求。在这种情况下，一种新的企业经营指导思想即市场营销观念便应运而生了。

市场营销观念认为，企业应以顾客需求为中心，在满足顾客需求的基础上获取利润。这种新观念引发了企业在组织、管理方法和程序上的一系列变革，主要体现在：第一，企业从以生产为中心转变为以顾客需求为中心，从而确定企业经营方向；第二，企业开始进行整体营销活动，即企业中各部门活动协调一致，为生产适销对路的产品制定适当的价格、选择适当的分销渠道和促销方式，在满足顾客需求和利益的基础上达到获取经营利润的目的。

> 例如，20世纪70年代日本本田汽车要在美国推出一款雅阁系列新车，在设计新车前，本田专程派出工程技术人员到美国洛杉矶考察高速公路的情况，实地丈量路长、路宽，采集高速公路的柏油，拍摄进出口道路的设计细节。回到日本后，本田专门修了一条9英里（约14 484.1米）长的高速公路，就连路标和告示牌都与美国公路上的一模一样。通过这种全真模拟环境，工程技术人员能精确测试车辆在道路上行驶的各项性能。在设计后备厢空间时，设计人员意见有分歧，于是他们就到美国的停车场实地考察人们如何放取行李，然后将设计意见统一起来。结果，本田的雅阁汽车一在美国上市就备受欢迎。

市场营销观念的产生为企业注入了新的发展动能，显著提升了企业的竞争力和社会地位。当时，"顾客至上""顾客是上帝""顾客是企业真正的主人"和"顾客永远是正确的"等口号，成为企业的座右铭。

（五）社会营销观念

社会营销观念（Social Marketing Concept）是市场营销观念的进一步发展，它从20世纪70年代起流行于西方各国。其产生的背景是：20世纪60年代，为了抵制工商企业在营销中为牟取暴利以次充好、虚假宣传、欺骗顾客、损害消费者利益的行为，西方许多国家成立了消费者协会，以维护消费者的合法权益。在这种形势下，西方有些学者认为，消费者运动的兴起，证明某些企业并没有真正奉行市场营销观念。另外，许多学者也对市场营销观念产生了怀疑，并提出了一些问题，认为这一观念回避了消费者需求和欲望的短期满足与长远的社会福利之间的矛盾，企业奉行的市场营销观念单纯强调市场需求这种短期欲望，往往会导致环境被污染和破坏，造成资源短缺、物资浪费，损害社会和消费者的长远利益。

就是在这一社会背景下，学术界、企业界又提出了一种新的营销观念——社会营销观念。**该观念认为，企业在提供产品或服务时，不仅要真实地满足顾客的需求和欲**

望，而且要符合社会整体的长远利益，只有这样才会经营成功。这一观念强调了企业的营销活动要兼顾社会、顾客、企业三者利益并协调一致，以使社会、生产和消费的发展处于最佳状态。

通过分析以上五种营销观念可以看出，前三种观念都是以企业为中心，企业首先考虑的是产品而不是顾客，然后通过推销来出售已经生产出来的产品，要求顾客的需求符合企业的供给，把市场视为生产和销售过程的终点；而后两种观念是以顾客为中心，企业首先考虑的是顾客需求而不是企业已有的产品，然后根据顾客需求，设计、生产出符合市场需求的产品，并对营销因素进行合理有效的组合，制定出既能满足需求又有利于企业长期发展的营销策略。通常，我们把这五种营销观念归为两大类：前三种为传统营销观念；后两种为现代营销观念，如表1-3所示。

表1-3 营销观念对比

营销观念	营销出发点	营销目的	基本营销策略	侧重方法
生产观念	产品	通过大批量生产产品或改善产品获利	通过增加产量、提高质量、降低价格参与竞争	等客上门
产品观念				
推销观念		通过大量推销产品获利	以多种推销方式参与竞争	人员推销和广告宣传
市场营销观念	消费者需求	通过满足需求获利	通过发现和满足需求参与竞争	实施整体营销方案
社会营销观念		通过满足需求实现长期获利	通过获取消费者信任、兼顾社会利益来参与竞争	与消费者及利益相关方建立良好的关系

二、现代营销观念与传统营销观念的区别

第一，营销活动的程序不同。持有传统营销观念的企业，其营销活动程序是从生产到市场，即企业先开发能够生产或提供的产品或服务，然后向前推进，设法将生产出来的产品或服务提供给市场，生产是企业营销活动的出发点，市场是企业营销活动的终点。持有现代营销观念的企业，其营销活动程序是从市场到生产，即企业先进行市场调研，了解顾客需求，再开发既能够满足市场需求又有利可图的产品或服务，并采取切实可行的措施将符合顾客需求的产品推向市场，市场是企业营销活动的起点和落脚点。

第二，营销活动的中心不同。传统营销观念是以企业为中心，主动权掌握在企业手里，顾客处在从属地位；现代营销观念是以顾客为中心，顾客掌握着主动权，满足顾客的需要和需求是企业生存和发展的条件，企业处于从属地位。

第三，营销活动的手段不同。不论持有哪种营销观念的企业，都以利润最大化为

目的，但在如何获取利润这一点上却有区别。持有传统营销观念的企业是通过大量生产物美价廉的产品和扩大销售来获取利润的；持有现代营销观念的企业则是通过开展综合性的营销活动让顾客满意来获取利润的。

第四，营销活动的结果不同。持有传统营销观念的企业着眼于每次的交易活动，急功近利，缺乏长远计划，因此只能获得有限的短期利润；持有现代营销观念的企业不计较眼前的得失，而是从战略高度强调有计划地开展总体营销活动，努力满足顾客需求，以取得顾客的信任，从而能够获得稳定的长期利润。现代营销观念和传统营销观念最主要的区别在于市场导向和销售导向的区分。在企业营销管理实践中，这两种导向比较容易混淆，甚至有的企业认为，只要重视产品推销，就是贯彻了市场导向，这其实是一种误解。

现以 A、B 两家贯彻不同的营销导向的汽车企业为例，对销售导向和市场导向进行如下对比，如表 1-4 所示。

表 1-4　A、B 汽车企业不同营销导向的区别

	A 汽车企业（销售导向）	B 汽车企业（市场导向）
经营态度	本企业要出售一种汽车	消费者需要这种汽车吗
产品设计	我们的工程师懂得怎样设计产品，因此我们把设计工作交给他们	向潜在买主提出几种试验性设计方案，征求他们的意见
产品颜色	我们能够提供消费者需要的颜色	调查大部分消费者喜欢哪几种颜色
型号种类	我们只生产两种型号的产品，不愿使生产复杂化	判断消费者需要哪几种型号的产品，再看生产这些产品是否有利可图
产品价格	按照获得 20% 的利润来计算价格，以使事情简化	什么价格会吸引最多的顾客，并产生最大利润
选择销售点	使用过去 10 年用过的老销售点来销售这批产品	重新评价原有零售点，看是否对大多数消费者最方便

三、营销观念的新发展

营销观念是企业在组织和策划营销活动过程中所依据的指导思想和行为准则，它是在一定的经济基础上形成并随着社会经济的发展和市场形势的变化而不断创新发展的。营销观念在经历了生产观念、产品观念、推销观念、市场营销观念和社会营销观念之后，继续随着实践的发展而不断深化、丰富，产生了许多新的观念，这些新的观念相互交融，共同构成了现代营销观念的新特色。

（一）创造需求的营销观念

随着消费需求的多元性、多变性和求异性特征的出现，需求表现出了模糊不定的"分众化"趋势，许多企业常常难以把握市场需求及其变化趋势，适应市场变化的难度

较大。另外，完全强调按消费者购买欲望与需要组织生产，在一定程度上会抑制产品创新，而创新正是企业经营成功的关键所在。因此，在当代激烈的商战中，一些企业总结现代营销实践经验，提出了创造需求的新观念，其核心是营销活动不应仅停留在适应和刺激需求层面，更要主动创造产品需求。

（二）绿色营销观念

绿色营销观念是在环境破坏、污染加剧、生态失衡、自然灾害威胁人类生存和发展的背景下提出来的新观念。20世纪80年代以来，伴随着各国消费者环保意识的日益增强，全球掀起了一股绿色浪潮，绿色工程、绿色工厂、绿色商店、绿色商品、绿色消费等新概念应运而生。不少学者认为，我们正走向绿色时代，21世纪将是绿色世纪。在这股浪潮的冲击下，绿色营销观念也应运而生。

绿色营销观念主要强调把消费者需求与企业利益和环保利益三者有机地统一起来。它最突出的特点，就是充分顾及资源利用与环境保护问题，要求企业从产品设计、生产、销售到使用整个过程都要考虑资源的节约和环保利益，做到安全、卫生、无公害等。其目标是实现人类的共同愿望和需要——资源的可持续利用与保护和改善生态环境。因此，开发绿色产品并促进其生产与销售，发展绿色产业成为绿色营销的基础，也成为企业在绿色营销观念下成功开展营销活动的关键。

（三）文化营销观念

文化营销观念是指企业成员共同默认并在行动上付诸实施，从而使企业营销活动形成文化氛围的一种营销观念，它反映的是现代企业营销活动中，经济与文化的不可分割性。企业的营销活动不可避免地带有文化因素，企业应善于运用文化因素来实现市场制胜。

文化因素始终深刻影响着企业的营销活动。一是商品中蕴含着文化。商品不仅仅是有某种使用价值的物品，还凝聚着审美价值、知识价值、社会价值等文化价值的内容。二是经营中凝聚着文化。例如，很多日本企业的成功往往得益于其员工共同信奉和遵从的价值观、思维方式和行为准则，即所谓的企业文化。营销活动中尊重人的价值，重视文化建设，重视管理哲学及求新、求变精神，已成为当今企业经营发展的趋势。

（四）服务营销观念

美国营销专家科特勒曾给服务下过这样的定义：服务是一方能够向另一方提供的以无形性和不导致任何所有权转移为基本特征的行动和表现。它的生产既可能与某种有形产品相关联，也可能与之毫无关系。

服务营销观念是近几年来在企业经营活动中实际存在的一种全新的营销观念。服务营销观念以服务为导向，企业关心的不仅是产品能否成功售出，更注重用户在使用产品及服务过程中的体验和感受。

在服务营销观念指导下，企业营销的是服务，服务涉及企业从产品设计、生产、广告宣传、销售、安装到售后服务等经营全过程中的各个部门，甚至每一位员工。企业会更积极主动地关注售后服务、收集用户对产品的意见和建议并及时反馈给产品设计部门，以不断推出能满足甚至超出用户预期的新产品。

（五）整体营销观念

1992年，科特勒提出了跨世纪的营销新观念——整体营销。其核心是为获得长远利益，企业的营销活动应囊括构成其内外部环境的所有重要行为者，它们分别是：供应商、分销商、最终顾客、员工、金融机构、政府、合作伙伴、竞争者、媒体和公众。前四者构成微观环境，后六者组成宏观环境。企业的营销活动，就是要从这些方面进行整体营销。

- 供应商营销：视供应商为合作伙伴，通过设定高标准选择优质供应商，并促进双方合作，提升供货质量与效率。
- 分销商营销：重视分销商的地位，通过直接交流与合作（正面营销）及建立顾客偏好（侧面营销）来提升分销商的支持与合作程度。
- 最终顾客营销：通过市场调查确认并服务于特定目标顾客群。
- 员工营销（内部营销）：提升员工满意度与服务水平，强化内部沟通，激励员工发挥最大潜能，以塑造良好企业形象。
- 金融机构营销：与银行等金融机构建立良好关系，通过资信评价与业务计划等影响其看法，获取关键资金资源。
- 政府营销：积极参与政策沟通，创造有利于企业的法律环境。
- 合作伙伴营销：识别、赢得并维持与企业发展方向相契合的合作伙伴，建立互惠互利的合作关系，共同推动企业发展。
- 竞争者营销：通过适当管理竞争者，形成最佳竞争格局，最大化竞争收益，必要时可将竞争者转变为合作者。
- 媒体营销：与媒体建立良好关系，鼓励其进行有利宣传，塑造企业正面形象。
- 公众营销：广泛搜集公众意见，重视公众关注焦点，通过设计交流方案加强与公众的互动，提升企业社会声誉。

（六）数字化营销观念

数字化营销是指利用互联网、无线通信等数字技术和渠道开展的营销活动。随着互联网的普及和数字技术的飞速发展，数字化营销已成为现代企业营销的重要组成部分。它不仅仅是一种营销手段的创新，更是企业营销策略和思维方式的根本性变革。其核心思想是，企业应利用数字技术和互联网平台，通过数据分析、社交媒体营销、搜索引擎优化等，与消费者进行互动，从而开展精准营销。

数字化营销的特点与优势主要体现在多渠道整合、用户互动性强、数据驱动决策、效果可衡量、成本低效益高等方面。

（1）多渠道整合。数字化营销涵盖了社交媒体营销、搜索引擎优化、电子邮件营销、内容营销等多种方式，企业可以根据自身需求和目标受众的特点，选择最适合的方式与渠道进行营销，实现多渠道整合和协同效应。

（2）用户互动性强。数字化营销强调与用户的实时互动，通过直播等方式，企业可以及时了解用户的反馈和需求，增强用户的参与感和忠诚度。这种互动性不仅有助于提升品牌形象，还能促进产品的口碑传播。

（3）数据驱动决策。数字化营销过程中会产生大量的用户行为数据，企业可以通过数据分析工具对这些数据进行挖掘和分析，了解用户的行为习惯、偏好和需求，从而为企业决策提供更加科学和准确的依据。

（4）效果可衡量。相较于传统营销方式，数字化营销的效果更容易衡量。企业可以通过数据分析工具对营销活动的曝光量、点击率、转化率等关键指标进行实时监测和分析，从而评估营销活动的效果和投资回报率。

（5）成本低效益高。数字化营销的成本相对较低，但效果却非常显著。企业可以通过社交媒体营销、搜索引擎优化等方式以较低的成本获得较高的曝光度和用户关注度，从而提升品牌形象和销售业绩。

（七）智能营销观念

智能营销是指通过大数据和人工智能技术来优化企业营销策略，提高营销效果的过程。随着大数据技术的不断发展和应用，智能营销已成为企业营销的重要趋势。它强调以数据为核心，通过科学的方法和工具来分析消费者行为、市场趋势等信息，从而制定更加精准和有效的营销策略。其核心思想是，企业应通过大数据和人工智能技术，收集和分析大量的消费者数据，实现精准营销和个性化服务。

智能营销的特点与优势主要体现在精准定位目标客户、实时响应市场变化、个性化服务体验、效果持续优化等方面。

（1）精准定位目标客户。通过大数据分析，企业可以更准确地了解消费者的需求和偏好，识别出目标客户群体，并针对他们的特点制定个性化的营销策略。这种精准定位有助于提高营销活动的针对性和有效性。

（2）实时响应市场变化。数据驱动营销能够实现对市场变化和消费者需求变化的快速响应。企业可以通过实时监测和分析市场数据，及时调整营销策略和产品组合，以适应市场的变化和满足消费者的需求。

（3）个性化服务体验。基于数据分析结果，企业可以提供更加个性化的产品或服务体验。例如，根据用户的购买历史和浏览行为推荐相关产品；根据用户的反馈和需求改进产品或服务等。这种个性化服务有助于提高用户满意度和忠诚度。

（4）效果持续优化。数据驱动营销是一个持续优化的过程。企业可以通过不断的数据监测和分析来评估营销活动的效果和投资回报率，并据此调整营销策略和执行细节。这种持续优化有助于提高营销活动的效率和效果。

第四节　数字化营销管理的研究对象、研究内容和研究方法

在数字化浪潮席卷全球的今天，企业如何有效利用数字技术进行营销管理成为关键。数字化营销管理究竟研究什么？它涵盖哪些核心内容？又应采用哪些方法来适应这一变革？本节将通过深入探讨数字化营销管理的研究对象、研究内容和研究方法，揭示数字化时代企业营销的新策略与路径。

一、数字化营销管理的研究对象

数字化营销管理的研究对象是以满足消费者需求为中心的企业的数字化营销活动过程及其规律。具体而言，它研究在特定的数字化市场环境中，企业如何利用数字技术来识别、满足并超越消费者现实和潜在的需求。这包括通过产品策略制定、价格策略优化、数字分销渠道建设以及数字化促销手段（如社交媒体营销、搜索引擎优化、电子邮件营销等）来实施的营销活动过程及其规律。

数字化营销管理着重研究在买方市场条件下，卖方（企业）如何在数字化营销环境中识别、分析、评价、选择和利用市场机会。这涉及企业如何运用大数据、人工智能、云计算等先进技术，来精准地定位目标顾客，理解他们的需求和行为模式，从而制定有效的数字化营销策略。同时，数字化营销管理还关注企业如何在激烈竞争和不断变化的市场环境中，通过持续的创新和优化，不断提高营销活动的效率和效果，以满足目标顾客的需要，提升企业经营效益，并求得长期生存和发展。

二、数字化营销管理的研究内容

概括地说，企业的数字化营销活动主要包括以下核心环节：

- 数字化市场调研：利用大数据、社交媒体分析等手段，对企业内外部环境进行深入的数字化分析，识别潜在市场机会与风险点。
- 顾客洞察与行为分析：通过分析相关数据，深入理解顾客心理和行为模式，精准掌握顾客需求，为个性化营销提供数据支持。
- 数字化市场细分：基于顾客需求的多样性和企业资源能力，运用先进算法进行高效、精准的市场细分，识别不同细分市场的特征与价值。
- 目标市场选择：在数字化市场细分的基础上，结合企业战略目标和市场潜力，选择具有战略价值的目标市场进行重点投入。
- 市场定位：根据产品的独特优势和目标市场的特点，进行精准的市场定位，明确产品在市场中的差异化竞争地位。
- 制定数字化定价策略：利用价格优化模型和数据分析工具，制定灵活、合理的

价格策略，确保价格既能反映产品价值又能满足市场需求。

·数字化分销渠道管理：构建和优化线上分销网络，包括电商平台、社交媒体、移动应用等，实现多渠道协同，提升销售效率。

·制定数字化促销策略：运用搜索引擎优化、社交媒体营销、内容营销、电子邮件营销等数字化手段，实施高效促销，增强品牌影响力和顾客黏性。

·数字化营销的组织与控制：建立适应数字化营销需求的组织架构，实施有效的流程管理和绩效评估，确保营销活动的高效执行与持续优化。同时，加强团队培训与能力建设，提升整体数字化营销水平。

数字化营销管理主要研究与以上内容相关的理论、方法和策略，旨在通过数字技术应用和数据分析，提升营销的效率和效果，满足顾客需求，推动企业长期发展。

三、数字化营销管理的研究方法

长期以来，人们从不同的需要出发，对企业营销活动进行多角度、多方面、多层次的研究，形成了产品、机构、职能、管理、历史、系统这六种研究方法。随着数字技术的发展和数字化时代市场环境的变化，这些方法也在不断地迭代升级，以适应新的市场环境。

1. 产品研究法

产品研究法指对产品（商品）如农产品、机电产品、化工产品等分门别类地进行研究的方法。 在数字化时代，产品研究法不仅关注传统产品的特性和市场需求，还深入研究数字化产品（如软件、在线服务等）的营销问题。通过数字化手段，企业可以更加高效精准地分析各类产品的市场需求、用户行为以及竞争态势，从而制定更加有效的营销策略。

2. 机构研究法

机构研究法是对渠道系统中的各个环节（机构），如生产者、代理商、批发商、零售商的营销问题进行研究的方法。 在数字化时代，机构研究法更加关注数字化渠道系统中的各个环节，如电商平台、社交媒体平台、在线支付平台等。这些数字化平台在营销中扮演着越来越重要的角色，企业需要通过研究这些平台的运作机制、用户行为以及市场趋势，以制定更加精准的营销策略。例如通过社交媒体分析可以了解用户对于不同机构的评价和偏好。

3. 职能研究法

职能研究法指通过详细分析各种营销职能（如购买、销售、仓储等）和执行各种营销职能时所遇到的问题来研究营销的方法。 在数字化时代，职能研究法不仅关注传统营销职能的执行和优化，还深入研究数字化营销职能（如在线推广、社交媒体营销、数据分析等）的特点和作用。通过数字化手段，企业可以更加高效地执行和优化各种营销职能，提高营销效率和效果。例如通过数据分析可以了解不同营销职能对于整体销售业绩的贡献度。

4. 管理研究法（决策研究法）

管理研究法又称决策研究法，指从决策管理的视角去探究营销相关问题的方法。在数字化时代，管理研究法更加注重利用数字技术来辅助决策过程。通过大数据分析、人工智能等技术手段，企业可以更加精准地了解市场需求、用户行为以及竞争态势，从而制定更加科学的营销策略。

5. 历史研究法

历史研究法指从事物发展变化或演变的角度来分析、研究和阐述营销问题的方法。在数字化时代，历史研究法不仅关注传统营销问题的历史演变过程，还深入研究数字化营销问题的历史发展轨迹。通过回顾数字化营销的发展历程，企业可以总结成功经验、吸取失败教训，为未来的数字化营销决策提供借鉴和启示。同时，数字技术也使得历史研究更加便捷和高效，例如通过搜索引擎可以快速获取相关历史资料和文献。

6. 系统研究法

系统研究法是企业管理部门在进行营销决策时，将企业内外部环境和营销活动过程看成一个系统，统筹兼顾其营销系统中各个相互影响、相互作用的组成部分的一种研究营销问题的方法。在数字化时代，系统研究法更加注重利用数字技术来优化整个营销系统。通过数字化手段，企业可以更加全面地了解营销系统中的各个环节和组成部分之间的相互作用和影响关系，从而制定更加协同和高效的营销策略。同时，数字技术也使得系统研究更加动态和实时，企业可以根据市场变化及时调整整个营销系统的结构和运作方式。

> **知识链接**
>
> **数据驱动的营销决策流程**
>
> 详细内容，
> 请扫描二维码阅读。
>
>
>
> 二维码 1-3

第五节　数字化时代的营销转型

在数字化时代，营销领域正经历着前所未有的变革。新技术如互联网、大数据和人工智能等正在重塑营销的生态环境，带来机遇与挑战并存的局面。

一、数字化时代营销的挑战

随着信息技术的飞速发展，营销领域正经历着前所未有的变革。下面从数据安全与隐私保护、市场竞争加剧、消费者行为变化以及技术更新迅速这四个核心维度出发，对数字化时代的营销挑战进行剖析。

（1）数据安全与隐私保护。在数字化时代，数据安全与隐私保护成为营销的重要挑战。企业需要收集和分析大量的消费者数据，以提供更加精准的营销服务。然而，这些数据往往涉及消费者的个人隐私，如何保护消费者的隐私和数据安全成了企业需要面对的重要问题。

（2）市场竞争加剧。数字化时代的市场竞争更加激烈。企业之间的竞争已经不仅仅局限于产品本身，而是延伸到了营销的各个环节。企业需要不断创新和优化营销策略，才能在激烈的市场竞争中脱颖而出。

（3）消费者行为变化。数字化时代，消费者的行为发生了深刻的变化。他们更加注重个性化、便捷性和互动性，对产品的期望也更高。企业需要更加深入地了解消费者的需求和偏好，提供符合消费者期望的产品或服务。

（4）技术更新迅速。数字化时代，技术的更新速度非常快。企业需要不断跟进新技术的发展，将其应用于营销中，以提高营销的效率和效果。然而，这也带来了技术投入和人才培养的压力。

二、数字化时代营销的机遇

在数字化时代背景下，营销领域正经历着一场深刻的技术驱动的创新与转型。这场转型不仅为企业带来了前所未有的机遇，也推动了营销实践的全面升级。下面从精准营销、社交媒体营销、大数据应用以及人工智能营销这四个关键领域出发，对数字化时代营销的机遇进行解读。

（1）精准营销。数字化时代，企业可以通过数据分析来实现精准营销。通过对消费者数据的深入挖掘和分析，企业可以了解消费者的需求和偏好，制定个性化的营销策略，提高营销的针对性和效果。

（2）社交媒体营销。社交媒体成了数字化时代营销的重要渠道。企业可以通过社交媒体平台与消费者进行互动和沟通，了解消费者的反馈与意见，及时调整营销策略。同时，社交媒体也为企业提供了更加便捷、低成本的营销手段。

（3）大数据应用。大数据技术在数字化时代的营销中发挥着重要作用。企业可以通过大数据技术来收集、分析和利用消费者数据，提高营销的精准度和效率。同时，大数据技术还可以帮助企业发现潜在的市场机会和趋势，为企业的营销策略提供有力的支持。

（4）人工智能营销。人工智能技术的发展为数字化时代的营销带来了新的机遇。企业可以利用人工智能技术来实现自动化的营销流程，提高营销的效率和效果。同时，人工智能技术还可以帮助企业进行智能化的客户服务和售后支持，提升消费者的满意度和忠诚度。

三、数字化时代营销的转型路径

在数字化时代背景下,营销的转型已成为企业提升竞争力的关键所在。这一转型不仅涉及技术层面的革新,更涉及策略构建与人才驱动的全面升级。下面从构建数字化营销体系、利用数据分析与挖掘技术、优化消费者体验、创新营销策略以及培养数字化营销人才这五个关键维度出发,对数字化时代的营销转型路径进行介绍。

(1) 构建数字化营销体系。企业需要构建数字化营销体系,将数字技术应用于营销的各个环节。具体包括数字化营销渠道的拓展、数字化营销工具的应用以及数字化营销流程的优化等。通过构建数字化营销体系,企业可以提高营销的效率和效果,以提供更加精准和个性化的营销服务。

(2) 利用数据分析与挖掘技术。数据分析与挖掘技术是数字化时代营销的核心技术。企业可通过数据分析和挖掘来了解消费者的需求和偏好,发现潜在的市场机会和趋势。同时,企业还需要建立数据驱动的决策机制,将数据分析和挖掘的结果应用于营销策略的制定和优化中。

(3) 优化消费者体验。企业需要优化消费者体验,提供符合消费者期望的产品或服务。这包括提高产品的质量和性能、优化购物流程和服务体验以及加强售后支持和客户服务等。通过优化消费者体验,企业可以提高消费者的满意度和忠诚度,进而提升市场竞争力。

(4) 创新营销策略。数字化时代,营销策略需要不断创新和优化。企业需要关注市场变化和消费者行为的变化,及时调整营销策略。同时,企业还需要探索新的营销模式和渠道,如社交媒体营销、内容营销、共享经济等,以拓展营销的边界和深度。

(5) 培养数字化营销人才。数字化时代营销的转型需要数字化营销人才的支撑。企业需要加强数字化营销人才的培养和引进,提高数字化营销团队的专业素养和创新能力。同时,企业还需要建立数字化营销的激励机制和培训体系,激发数字化营销团队的积极性和创造力。

案例分享

小红书的营销策略

详细内容,

请扫描二维码阅读。

二维码1-4

本章提要

详细内容，
请扫描二维码阅读。

二维码 1–5

本章习题与练习

1. 举例说明在数字化时代，需要、欲望与需求之间的差别如何体现，并讨论它们对企业营销策略的影响。

2. 列举并解释数字化营销管理的八项基本职能，并讨论它们在现代企业中的重要性。

3. 何谓"营销近视症"？在数字化时代，企业应如何避免陷入这种状态，以确保营销策略的有效性？

4. 阐述营销观念的演进过程，并分析各种观念的核心思想及其对企业实践的指导意义。

5. 辨析"营销就是推销"这一观点的正确性，并讨论数字化时代营销与推销之间的区别与联系。

6. 结合数字化时代的特征，探讨如何实施与贯彻以顾客为中心的营销观念，并给出具体策略或案例。

7. 列举数字化时代营销面临的主要挑战，并讨论企业如何应对这些挑战。

第二章
客户价值、客户满意与客户关系管理

【学习目标】

1. 掌握客户让渡价值模型及其构成关系。
2. 理解客户满意与客户忠诚的内涵及联系。
3. 熟悉客户关系管理的含义及实施步骤。
4. 掌握数字化客户关系管理的核心内涵与实施策略。

【思政目标】

详细内容,请扫描二维码阅读。

二维码 2-1

市场竞争的本质是客户资源的竞争与较量,在过剩经济年代,客户资源弥足珍贵,发展与目标客户的长期关系至关重要。让客户满意及为目标客户提供价值,从而培养客户忠诚度,已经成为当前企业谋求市场生存与发展的基本理念和核心战略。

【思维导图】

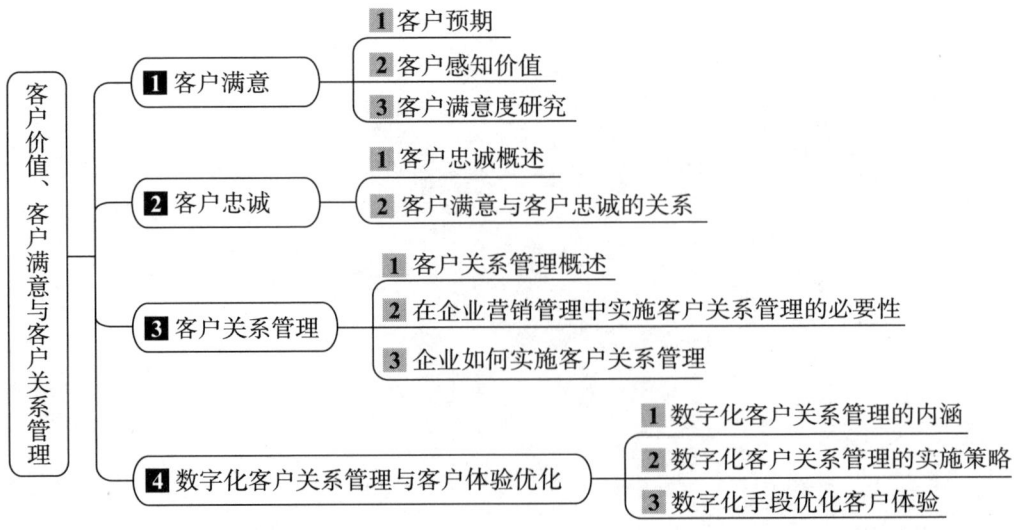

案例导入

人工智能重塑客户关系管理新生态

详细内容，请扫描二维码阅读。

二维码 2-2

第一节 客户满意

现实中，很多人认为提供好的产品或服务就能让客户满意，却忽略了成本和效益问题。让客户满意并不一定要付出巨大代价，关键在于了解影响客户满意度的因素。根据科特勒的定义，客户满意是客户预期与客户感知价值比较的结果。因此，影响客户满意与否的主要因素就是客户预期和客户感知价值。企业要在控制成本和追求效益的前提下，通过提升客户感知价值或管理客户预期，以较小的代价令客户满意。

一、客户预期

客户预期是指客户在购买、消费产品或服务之前对产品或服务的价值、品质、价格等方面的主观认识或预期。

（一）客户预期对客户满意度的影响

为什么不同的人接受同样的产品或服务，有的人感到满意，而有的人感到不满意呢？因为他们的预期不同。

为什么同一个人接受不同的产品或服务，有时好的产品或服务不能让他满意，而不够好的却能使他满意呢？因为好的产品或服务比他预期的要差，而不够好的产品或服务却比他预期的要好。

例如，客户对自己等待的时间满意与否，取决于客户对等待时间的预期值和实际等待的时间。若客户预期等待 10 分钟，而实际上却等待了半个小时，那么这很可能引起客户的极度不满意；若实际等了 10 分钟，那么预期等待 6 分钟的客户会比预期等待 30 分钟的客户更不满意。

这个例子说明了客户预期对客户满意度的重要影响。也就是说，如果企业提供的产品或服务达到或超过客户预期，那么客户就会感到满意；如果达不到客户预期，那么客户就会不满意。

（二）影响客户预期的因素

1. 客户的价值观、需求、习惯、偏好和消费阶段

不同的客户由于家庭背景、社会身份及消费能力等的差异会产生不同的价值观、需求、习惯和偏好——是与世无争还是斤斤计较，是 CEO（首席执行官）、白领还是学生——不同身份的客户面对同样的产品或服务会产生不同的预期。

同一个客户在不同消费阶段也会产生不同的预期。例如，上一次消费时客户对产品或服务提出了意见或建议，那么下一次他对产品或服务的预期就可能提高。若相关产品或服务没有改进，他就会感到失望和不满意。

2. 客户以往的消费经历、消费经验

客户在购买某种产品或服务之前往往会结合他以往的消费经历、消费经验，对即将要购买的产品或服务形成心理预期。

例如，客户过去购买一份快餐要 10 元，那么他下次再去购买快餐时可以接受的价格，即价格预期也是 10 元；如果过去购买一份快餐只要 5 元，那么他下次购买时可以接受的价格，即价格预期就是 5 元。

又如，以往播打热线电话在 10 秒之内就能够接通，这一次若超过 20 秒仍无人接听，客户就会难以接受；反之，以往热线电话很难接通，现在 1 分钟内就能被受理，客户的体验就会比较好。

也就是说，客户以往的消费经历、消费经验会影响他下次购买的预期。没有消费经历和消费经验的客户如果有消费阅历（目睹别人消费），那么也会影响他的预期——如果别人的消费经历看上去不错，客户就会形成较高的预期；如果看上去感觉不好，客户则会形成较低的预期。

3. 他人的介绍

人们的消费决定总是很容易受到他人尤其是亲朋好友的影响。他人的介绍对客户预期的影响远远超出我们的想象。

如果客户身边的人极力赞扬某企业，那么就容易让客户对该企业的产品或服务产生较高的预期；相反，如果客户身边的人对企业进行负面宣传，则会使客户对该企业的产品或服务产生较低的预期。

4. 企业的宣传

企业的宣传手段主要包括广告、产品外包装上的说明、员工的介绍和讲解等，经过这些宣传介绍，客户会在心中对企业的产品或服务产生一个预期。例如，药品的广告宣称服药后三天见效，那么药品的服用者就会预期三天内病情好转；如果广告宣称服药后三周见效，那么药品的服用者将预期三周内病情好转。

企业过分夸大宣传自己的产品或服务，会让客户产生过高的预期，而客观地宣传，就会使客户的预期比较理性。此外，如果企业预先提醒客户可能需要等待的时间，也会使客户有一个心理准备，产生一个合理的预期。一些研究表明，那些预先获得需要等待通知的客户会比那些没有获得需要等待通知的客户更满意。

5. 价格、包装、环境等有形展示线索

客户还会凭借价格、包装、环境等看得见的有形展示线索来形成对产品或服务的预期。例如，如果餐厅环境脏乱差，服务人员穿着邋遢、不修边幅，那么显然客户会将餐厅定位为低档消费场所，认为餐厅根本不可能提供好的服务；相反，较高的价格、豪华的产品包装、舒适高雅的环境等，可使客户产生较高的预期。

二、客户感知价值

1988 年，美国学者瓦拉瑞尔·A. 泽丝曼尔（Valarie A. Zeithaml）首先从客户角度提出了客户感知价值理论，她将**客户感知价值**定义为：客户将所能感知到的利得与其在获取产品或服务中所付出的成本进行权衡后，对产品或服务效用的整体评价。该理论的贡献在于提出了研究客户价值的两个重要因素：一是客户对所获取的价值的感知；二是客户对所付出成本的感知。但是，该理论没有明确分析这两个因素的具体内容以及如何权衡等问题。

1994 年，科特勒在客户感知价值理论的基础之上，深化并提出了**客户让渡价值理论**。该理论指出，客户在做出购买决策时，是以客户让渡价值为导向的，这一价值不仅决定了客户的初次购买行为，还深刻影响着其后续的复购决策。具体而言，客户让渡价值与客户满意度正相关：客户让渡价值越高，客户的满意度也随之提升；反之，若客户让渡价值为负，则会导致客户的不满。因此，企业唯有致力于提升客户让渡价值，方能有效提升客户满意度。

客户感知价值实际上就是客户的让渡价值，它等于客户购买的产品或服务所获得的总价值与客户为购买该产品或服务所付出的总成本之间的差额。

客户总价值是指客户从某一特定产品或服务中获得的一系列利益，包括产品价值、服务价值、人员价值和形象价值等；客户总成本是指客户为了购买一件产品或服务所耗费的成本，包括货币成本、时间成本、精力成本和体力成本等（见图 2-1）。

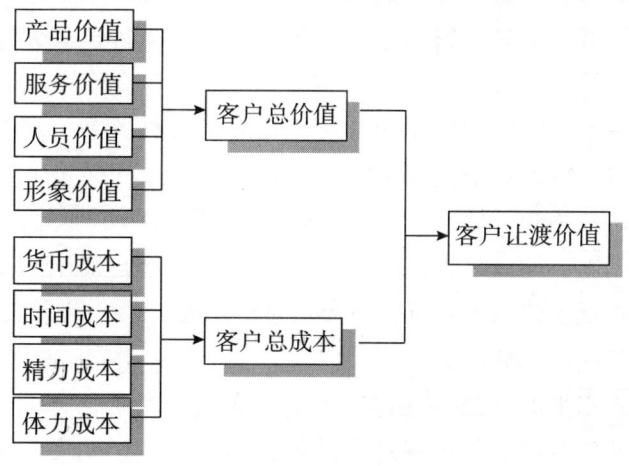

图 2-1 客户让渡价值模型

（一）客户感知价值对客户满意度的影响

假设 A、B、C 三家企业同时向一个客户供货，客户对三家企业的预期值都是 b，三家企业给客户的感知价值分别是 a、b、c，并且 $a>b>c$。

付款后，客户对 C 企业感到不满意，因为客户对 C 企业的预期价值是 b，但是 C 企业给他的实际感知价值是 c，而 $b>c$，也就是说，C 企业所提供的产品或服务没有达到客户的预期，因此使客户产生不满。

客户在收货前对 B 企业的预期价值为 b，而客户对 B 企业的产品或者服务的感知价值刚好是 b。也就是说，B 企业所提供的产品或服务刚好达到了客户的预期，所以客户对 B 企业是满意的。

客户在收货前对 A 企业的预期价值为 b，而客户对 A 企业的产品或者服务的感知价值是 a，而 $a>b$。也就是说，A 企业给客户提供的感知价值不但达到而且超过了客户的预期，从而使客户对 A 企业非常满意。

这个例子说明了客户感知价值对客户满意度的重要影响，即如果企业提供的产品或服务的感知价值达到或超过客户预期，那么客户就会感到满意或非常满意。而如果感知价值达不到客户预期，那么客户就会不满意。

（二）影响客户感知价值的因素

影响客户感知价值的因素可分为客户总价值和客户总成本两大方面：一方面是客户从消费产品或服务中所获得的总价值，包括产品价值、服务价值、人员价值和形象价值等；另一方面是客户在消费产品或服务中需要耗费的总成本，包括货币成本、时间成本、精力成本和体力成本等。也就是说，客户感知价值与产品价值、服务价值、人员价值和形象价值成正比，与货币成本、时间成本、精力成本和体力成本成反比。

1. 产品价值

产品价值是由产品的功能、特性、品质、品种、品牌和样式等因素综合决定的，它是客户需要的中心内容，也是客户选购产品的首要考量因素。一般情况下，产品价值是决定客户感知价值大小的关键因素和主要因素。产品价值高，客户的感知价值就高；反之感知价值就低。

假如产品的质量不稳定，即使企业与客户建立了某种关系，那么这种关系也是脆弱的，很难维持下去。因此，企业应保持并不断提高产品的质量，这样才能提升产品价值，进而提升客户的感知价值，使客户关系建立在坚实的基础上。

假如产品缺乏创新，样式陈旧或功能落伍，跟不上客户需求的变化，客户的感知价值就会降低，自然就会感到不满意，还会"移情别恋""另觅新欢"，转而购买新型的或者更好的同类产品或服务。

此外，随着收入水平的提高，客户的需求层次也会产生很大的变化。面对日益繁荣的市场，越来越多的客户更加重视产品品牌，同时品牌还充当着企业与客户情感联系的纽带。因此，企业可通过对品牌形象的塑造来提升产品价值，进而为客户带来更大的感知价值。

2. 服务价值

服务价值是指伴随产品实体的出售,企业向客户提供的各种附加服务,包括售前的产品介绍、售中的安装、调试、售后的维修、质量保证等,以及服务设施、服务环境、服务的可靠性和及时性等因素所产生的价值。

服务价值是构成客户总价值的重要因素,对客户的感知价值影响也较大。服务价值高,客户的感知价值就高;反之感知价值就低。

虽然再好的服务也不能使劣质的产品成为优等品,但优质的产品会因劣质服务而失去客户。例如,企业的服务意识淡薄、员工专业度低、服务效率低,或对客户草率、冷漠、粗鲁、不礼貌、不友好、不耐心;客户的问题不能得到及时解决、咨询无人理睬、投诉没人处理等都会导致客户的感知价值低。

优异的服务是提升客户感知价值的基本要素和提升产品价值不可或缺的部分。出色的售前、售中、售后服务对于增加客户总价值和减少客户的时间成本、体力成本、精力成本等具有极其重要的作用。企业只有不断提高服务质量,才能使客户的感知价值提升。

> 有着中国台湾地区"经营之神"之称的台塑集团前总裁王永庆先生,年轻时曾经开过米店。那时送货上门的服务还没有普及,但是王永庆却主动给客户送米,而且还帮客户将米倒进米缸。如果米缸里还有米,他就会将旧米倒出来,将米缸刷干净,然后将新米倒进去,把旧米放在上层,这样旧米就不至于因放置过久而变质。就是这样的举动让客户深受触动,都愿意在他的店里买米。

3. 人员价值

人员价值是企业高层管理者及全体员工所秉持的经营理念、工作效率、职业操守、专业技能以及灵活应变能力等多方面因素的综合体现。具体而言,综合素质较高的员工相较于综合素质较低的员工,在为客户创造感知价值方面表现出更为突出的能力。以我国公交行业的服务标杆李素丽为例,她通过提供温馨、细致入微且令人愉悦的服务体验,显著提升了乘客的满意度。

> 凯马特(Kmart)是美国一家知名的大型折扣连锁零售商。尽管其卖场规模庞大,商品种类繁多且价格低廉,然而顾客在购物时却常感不便。这主要归因于凯马特为了控制人工成本而只配置了数量有限的店员。顾客在购物时难以获得来自店员的引导和帮助,这使他们常常产生被忽视的感觉,即他们难以获得充足的人员价值。这一现象导致顾客对凯马特的感知价值偏低,整体满意度不高。

4. 形象价值

形象价值指的是企业及其产品在社会公众心目中树立的整体形象所带来的价值,这一价值在很大程度上受产品价值、服务价值以及人员价值三者的综合作用与影响。

它涵盖了由产品、服务、人员、技术、品牌等要素直接产生的价值，同时也包含了企业的核心价值观、管理哲学等深层次因素所孕育的价值。此外，企业高层管理者及员工在经营行为、道德操守以及工作态度与作风中所展现出的特质，也是构成形象价值不可或缺的一部分。

企业形象价值高，将有利于提升客户的感知价值，客户就会谅解企业的个别失误；相反，如果企业原有的形象不佳，那么任何细微的失误都会对客户感知价值造成很严重的影响。因此，企业形象被称为客户感知的"过滤器"。

竞争无处不在，但在竞争的过程中，企业应当避免采用诋毁、造谣中伤等不正当的竞争手段，因为这些行为最终只会导致双方受损。相反，如果能够与竞争对手建立起一种良性的竞争关系，将有助于塑造出一个独特且积极的企业形象，从而进一步提升客户对企业的感知价值。

> 在中国，海尔就采取了一项与众不同的策略：在特定情况下，他们会向客户推荐竞争对手的产品或服务。这一举动不仅赢得了广大客户的普遍赞誉，还向竞争对手展示了友好与合作的姿态。这一策略不仅极大地提升了海尔的品牌形象，还优化了其经营环境，帮助海尔的业务持续蓬勃发展。

知识链接

数字价值

在数字经济时代的客户感知价值创造过程中，数字技术为客户感知价值带来了新的增长点，即数字价值。数字技术的应用和普及为产品价值注入了新的活力，将"大智移云"（大数据、智能化、移动互联网和云计算）等数字技术嵌入传统制造业，对传统产品的物理组件进行数字创新，提升了产品价值，从而提升了客户感知价值。

5. 货币成本

货币成本是指客户在购买与消费产品或服务的过程中支付的金额。它是客户总成本的主要且基本组成部分，对于客户感知价值具有至关重要的作用，并在维护与巩固客户关系方面扮演着举足轻重的角色。当客户选购产品或服务时，无论是有意识还是无意识，他们总会将价格与所获得的消费价值进行对比，期望能够以较低的货币成本换取更多的实际利益，从而在较低的支出水平上获得最大的满足感。即便某企业的产品或服务品质卓越、形象优良，但若要求客户支付的货币成本远超其预期，客户仍可能产生抵触情绪。因此，若客户能以低于预期的货币成本获得质量上乘的产品或服务，其感知价值便会提升；反之，则客户的感知价值会相应降低。

6. 时间成本

时间成本是客户在购买、消费产品或服务时花费的时间，它包括客户等待服务的时间、等待交易的时间、等待预约的时间等方面。

激烈的市场竞争使人们更清楚地认识到了时间的宝贵,对于一些客户来说,时间可能与质量同样重要。在相同情况下,客户所花费的时间越少,总成本就越低,客户的感知价值就越高。因此,企业必须努力提高效率,在保证产品或服务质量的前提下,尽可能减少客户的时间支出,从而降低客户购买的总成本,提高客户的感知价值。以麦当劳为例,为了凸显其"快速服务"的理念,柜台服务人员须身兼数职,包括操作收银系统、开具订单以及提供食品,确保顾客仅须排一次队,即可迅速获取餐点。

7. 精力成本

精力成本是客户在购买产品或服务时耗费精力的多少。在相同情况下,精力成本越少,客户总成本就越低,客户的感知价值就越高。

一般来说,客户在不确定的情境下购买产品或服务时,常面临多重风险,包括预期风险(期望与现实不符导致的失落与不满)、形象或心理风险(如担心服装前卫损害形象、使用低价产品被嘲笑、使用高价产品被指责炫耀)、财务风险(对于产品性价比、维护费用及未来价格变动的担忧)以及人身安全风险(如驾驶交通工具可能引发的交通事故)。这些风险均会增加客户的精神压力,若企业无法有效减轻这一负担,将会直接降低客户的感知价值。

根据日本学者的相关研究,一般交易活动中买卖双方的情绪热度呈现出两条迥然不同的曲线:卖方从接触买方开始,其服务热情便不断升温,到签约时达到巅峰,等收款后便急剧降温,随后一路下滑;然而,买方的情绪热度是从签约才开始逐渐上升的,但他们总是在需要卖方服务的时候,才发现求助无门——这往往是买方产生不满的根源。若买方始终担心售后服务态度,就会犹豫是否要购买。

客户的精神负担往往源自企业的操作失误或其制度与理念层面的缺陷。以通信行业为例,部分企业为规避话费拖欠风险,采取了预交话费措施,当客户通话费用超出预交额度时,系统会自动暂停服务。这一策略虽有效降低了欠费率,但也无意间伤害了那些从未有意拖欠话费的客户,使他们感到被误解与不信任,进而加重了其心理负担,降低了对企业的感知价值。在此情境下,一旦受到外部因素影响,这些客户便可能转而寻求更加值得信赖的合作对象,导致企业客户的流失。

8. 体力成本

体力成本是客户在购买、消费产品或服务时所耗费的体力。在相同情况下,体力成本越低,客户的感知价值就越高。

在紧张的生活节奏与激烈的市场竞争中,客户对购买产品或服务的便利性要求也在提高,因为客户在购买过程的各个阶段均要付出一定的体力。如果企业能够通过多种渠道减少客户为购买产品或服务而耗费的体力,便可降低客户购买的体力成本,进而提升客户的感知价值。

总之,客户总是希望获得最大化的产品价值、服务价值、人员价值和形象价值,同时又希望把货币成本、时间成本、精力成本和体力成本降到最低限度,以获得最高的感知价值。

三、客户满意度研究

为了了解客户对企业的满意程度,企业可以通过以下四种方法进行客户满意度研究。

1. 进行客户满意度专项调查

这是一种定期的调查,其一般原则与常规的市场调查方法是一致的。通常情况下,企业会在现有的客户中随机抽取样本,向其发送问卷或打电话询问,以了解客户对企业及其竞争对手在运营中各方面的印象。

满意度专项调查的问题类型通常采用等级型封闭式问题,例如:**请问您对本企业的维修速度是否满意?(选项为完全不满意、不满意、尚可、满意、完全满意)**。有三点必须说明:第一,例子所提供的选项是五个等级,也有企业和学者主张采用六个等级,以避免结论过于向中间等级集中,缺少倾向性;第二,例子中选项用的是语义差别法,其实质是为了表达从最不满意到最满意的程度的差别,如果认为这样的表达容易引起理解上的歧义,也可以用图示法,用一根有箭头指向的横线加文字说明来表示程度的差别,这样可能更加直观;第三,在有些调查中,为了得出最终得分,以便在不同受调查企业间做出比较,可以以1~5分来区别5个等级。

2. 建立投诉和建议制度

企业可以为客户的抱怨、投诉和建议提供尽可能完善的渠道,具体做法各异。有些企业向客户提供表格,请客户写下他们的感受;有些企业在公共走廊上设置建议箱或评议卡,并对提供建议或意见的客户给予奖励;有些企业通过热线电话或投资建设功能强大的呼叫中心来接听客户的投诉电话,并且通过反应迅速的更正系统和新产品开发系统从客户意见中找到产品(或服务)改进或市场开拓的机会。

3. 雇用神秘购物者

有些企业会花钱雇用一些客户企业的员工,或过往消费者,有些服务行业的企业还会选择内部人员(这些人往往是后台工作人员,他们与前台工作人员互不相识),让他们装扮成新客户,亲身经历新客户在消费中所需要经历的全部过程,然后向企业报告产品或服务所具有的优点和缺点。这些神秘购物者甚至会故意提出一些问题,以测试企业的销售人员、前台服务人员和客服人员能否进行恰当的处理。

4. 研究流失的客户

一般说来,客户之所以会流失,除了一些诸如搬家、突然遭遇经济上的变故等客观原因,大多数的原因是客户对企业感到不满,或是客户认为没有与企业进行长期交易的理由。也就是说,有些企业可能因某些事情得罪了客户,令其感到不满;而有些企业与其竞争对手相比,并没有在留住客户这方面做出更多努力,而将其客户吸引走的那家企业则具备更为独到的做法。企业不仅应该与那些流失的客户建立联系,而且还必须想办法控制客户流失率,这些办法就隐藏在对流失客户的访谈之中。

知识链接

亚马逊的"飞轮理论"

亚马逊（Amazon）的"飞轮理论"是由其创始人杰夫·贝索斯（Jeff Bezos）提出的一种商业理论。该理论将亚马逊的各个业务看作相互咬合、相互推动的飞轮（如图2-2所示）。其中的关键因素包括：

- 客户体验：致力于提升用户在产品选择、价格、服务等方面的体验；
- 流量：良好的用户体验会通过口碑效应带动流量自然增加；
- 卖家/供应商：更多的流量能吸引更多卖家加入；
- 产品选择和便利：丰富的产品选择和便利的服务将进一步提升用户体验，更多卖家的加入也丰富了商品种类；
- 低成本结构：包括优化采购、物流等方面的管理，从而降低成本；
- 低价：成本降低使得企业能够以更低的价格出售商品和服务，而低价格也是提升用户体验的关键因素；
- 平台增长：随着上述因素的相互促进，平台就能实现增长。

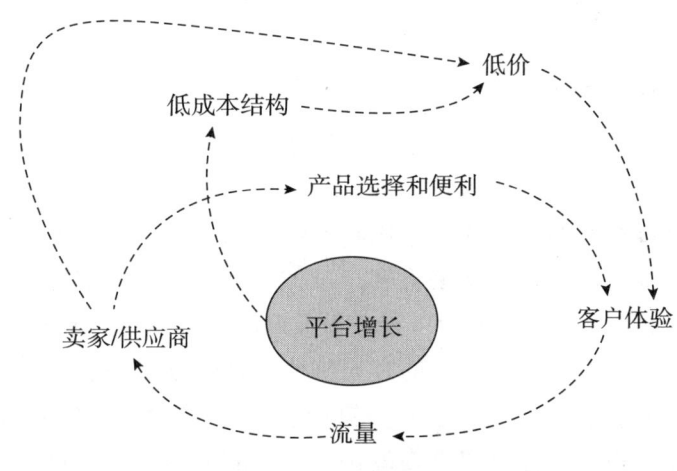

图2-2 "飞轮理论"

例如，亚马逊通过不断提升客户体验，吸引更多流量，进而引入更多卖家，提供更丰富的产品选择和便利服务，同时利用规模效应降低成本，实现更低价格，进一步提升客户体验，如此循环往复，推动整个飞轮持续运转，实现业务的快速增长。

在这个理论中，亚马逊 Prime 会员服务是推动飞轮快速运行的重要动力之一。其权益包括更快的配送速度、商品包邮、大促好货、会员专享折扣等。此外，亚马逊的 Marketplace 商家服务允许第三方商家在其平台上开店销售商品。亚马逊还为第三方商家提供全套的物流仓储服务，当第三方商家的商品使用物流仓储服务时，就会进入 Prime 会员可选择的范畴。这既扩大了会员商品池，也使得亚马逊的固定成本能被更多商品摊销。

亚马逊依靠"飞轮理论"从一个线上图书零售商发展成为提供丰富商品的全球性电子商务企业。对于卖家来说，理解并利用好这一理论，注重产品或服务质量，关注客户满意度，增加产品选择，降低成本，并充分利用亚马逊的平台优势，有助于提高销售业绩和达成盈利目标。

"飞轮理论"的核心是以客户体验为起点，通过各个环节的相互促进，实现业务的持续增长和发展。丰富的选择、便利的服务以及低价是提升用户体验的三个关键因素，而卖家需要在这些方面做好工作，站在消费者的角度思考问题，坚信用户体验和销量成正比。

第二节 客户忠诚

一、客户忠诚概述

（一）客户忠诚的概念

何谓客户忠诚？不同的学者有着不同的答案。一些学者认为，只有当重复购买行为伴随着较明显的正面态度取向时才产生真正的客户忠诚。另一些学者认为，客户忠诚是不受能引致转换行为的外部环境变化和营销活动影响，在未来持续购买所偏爱的产品或服务的内在倾向和义务。本书将客户忠诚定义为：客户在持续消费过程中，由于不断积累的高满意度而形成的对某一企业及其产品或服务的固定消费偏好。

企业通过不断向客户提供超预期的客户价值，就能够将高度满意的客户转变为忠诚客户。对企业而言，这无疑是一笔巨大的财富。尤其在当下竞争激烈的市场环境中，若能形成忠诚的客户群，企业不仅能提高销售收入和利润，树立良好的市场形象，更能为自身的长远发展奠定良好的客户基础。而要真正形成忠诚客户群，除不断提高客户满意度外，还要通过其他手段，增强与客户之间基于经济、社会和情感等方面的利益联系，最终将忠诚客户视为企业的合伙人，这也正是关系营销的核心思想。

（二）客户忠诚的价值

每家企业都深谙拥有忠诚客户对于自身竞争优势的关键作用，然而，对于客户忠诚所能带来的具体价值，大多数企业或许并未真正洞悉。传统会计利润的计算方式往往难以充分揭示客户忠诚的实际价值。会计记录中的销售收入，虽然能够量化交易总额，却未能体现交易质量——未能明确区分哪些收入源自长期忠诚的老客户，更无法估算一个忠诚客户在其生命周期内将为企业贡献的总价值。

研究表明，在多数企业经营情境中，客户的利润贡献与其持续交易时间呈现出正相关关系。失去一位老客户与获取一位新客户，在经济效应上存在显著差异。哈佛大学学者针对美国市场的研究指出,在汽车服务领域,失去一位老客户所造成的利润损失,至少需要三位新客户所带来的收益才能弥补。此外,由于与老客户之间存在着较高的熟悉度和信任基础,因此相较于服务新客户,企业在维护老客户时所要付出的成本和精力通常要小得多。

除了贡献利润,忠诚客户还具有如下价值:①更长久地忠诚于品牌;②提高购买产品的数量或等级;③为企业及其产品积极代言;④向企业反馈产品及服务改进建议;⑤形成交易习惯,有效降低交易成本;⑥更容易接纳并推广新产品;⑦其行为对员工有正面激励效应。详细内容,请扫描二维码阅读。

二维码 2-3

> **知识链接**
>
> **客户忠诚的相关测算**
>
> **顾客重复购买率** = (一定时期内顾客重复购买的次数/总购买次数)×100%
>
> 例如,在一年中,某顾客共购买了 10 次产品,其中有 8 次是重复购买同一品牌的产品,那么其重复购买率为 8/10×100% = 80%。
>
> **顾客购买份额** = (顾客对某品牌的购买量/顾客对该类产品的总购买量)×100%
>
> 假设一位顾客在一年内购买手机花费了 5 000 元,其中 4 000 元用于购买某特定品牌的手机,那么其购买份额为 4 000/5 000×100% = 80%。
>
> **顾客推荐率** = (愿意推荐品牌的顾客数量/总顾客数量)×100%
>
> 比如对 100 位顾客进行调查,有 60 位顾客表示愿意向他人推荐该品牌,那么推荐率为 60/100×100% = 60%。
>
> **顾客流失率** = (在特定时期内流失的顾客数量/期初顾客数量)×100%
>
> 若企业期初拥有 1 000 位顾客,在一个季度内流失了 100 位,则流失率为 100/1 000×100% = 10%。
>
> **净推荐值** = (推荐者的比例 - 批评者的比例)×100
>
> 通过询问顾客"您在 0—10 分的范围内,有多大可能性向他人推荐我们企业的产品/服务?"9—10 分为推荐者,7—8 分为被动者,0—6 分为批评者。然后计算(推荐者的比例 - 批评者的比例)×100 得出净推荐值。

二、客户满意与客户忠诚的关系

1. 客户满意是构建客户忠诚的基石

从客户的视角出发,没有充分的理由他们是不会继续接受令人不满的产品或服务的。换言之,无法令客户满意的企业难以留住客户,而曾经给予客户满意体验的企业则更有可能再次赢得客户的青睐或降低客户再次消费时的风险与不确定性。因此,企业若能在一开始就赢得客户的满意，则极有可能再次获得客户的信任与选择。调研数据显示，若一个网站缺乏吸引力，那么有75%的用户将不会选择再次访问。

由此可见，客户满意是培育客户忠诚的先决条件，也是维系老客户最为有效的策略。营销学者理查德·卡多佐（Richard Cardozo）首次将客户满意的理念引入营销领域时，便指出客户满意能够激发复购行为。同样，科特勒也强调，维系客户的关键在于令客户满意。

在实际经营中，客户往往因某一需求未得到满足就决定永久放弃该企业。暂且不论客户流失可能带来的各种负面效应或间接损失，单是失去一位老客户的直接经济损失便已非常大。正因如此，美国某企业曾评估，一位忠诚客户在10年内的价值高达8 000美元，并以此作为教育员工的案例，强调一次失误很可能导致前功尽弃，要求员工应以8 000美元的长期价值而非单次20美元的营业额来对待每一位客户，时刻铭记只有确保客户满意，才能赢得客户的终身价值。

2. 客户满意度与忠诚度的正向循环

客户满意度与忠诚度之间存在着一种紧密且正向的关联。随着客户满意度的不断提升，客户对企业的信任度和忠诚度也会相应地增强。这种正向循环不仅有助于企业巩固现有客户基础，还能通过口碑传播吸引更多新客户。当客户满意度达到最高等级时，客户将更加愿意与企业保持长期合作关系，成为企业的忠实拥趸，并为企业带来持续稳定的收益。

> 美国施乐公司在进行客户满意度的评估时发现，满意度不仅与复购意愿相关，而且十分满意的客户的复购率是一般满意客户的6倍。为了追求更高的客户满意度，施乐公司承诺在客户购买产品后三年内，如果有任何不满意，企业保证为其更换相同或类似的产品，一切费用由企业承担，这样就能确保有更多的客户愿意持续忠诚于企业。

第三节　客户关系管理

进入21世纪，随着全球经济一体化进程的加快，市场竞争也在加剧，企业逐步由传统的以产品和规模为中心的经营管理方式向以客户为中心、服务至上、实现客户价值的集约化经营管理方式转变，良好的客户关系是企业能够得到良好发展并在竞争中取胜的关键因素。

一、客户关系管理概述

（一）客户关系管理的含义

客户关系管理是以客户为中心的经营策略。它利用先进的现代通信技术，通过对业务流程的重新组合，从而增强企业的客户维系能力和客户认知能力，最终达到客户收益最大化的目的。

(二) 客户关系管理系统

客户关系管理系统是一个以客户数据管理为核心，融合了现代信息技术、网络技术、电子商务、智能管理及系统集成等多领域技术的综合性平台。它全面记录了企业在营销与销售过程中与客户产生的各类交互行为，以及这些行为所关联的活动状态，从而构建了一个涵盖客户信息收集、管理、深度分析及高效利用的一体化系统。这一系统旨在助力企业实现以客户为中心的管理方式，推动企业在竞争激烈的市场环境中取得持续的成功。

客户关系管理系统的核心任务是全面记录并管理企业与客户间的所有交易与交往细节，涵盖销售数据至互动的每一个环节，并提供深入的客户洞察。通过对这些数据的分析，客户关系管理系统能识别高价值客户及其特征，支持精准营销与关系维护。同时，它能自动化管理与动态跟踪客户需求，从初步表达到订单生成，全程记录并反馈客户意见，助力产品或服务改进。此外，客户关系管理系统还通过短信、电子邮件、网站等电子渠道执行自动化管理任务，如客户信息更新、满意度调查及个性化营销推送，不仅能提升运营效率，更能增强客户互动性与客户黏性，为构建长期稳定的合作关系奠定坚实基础。

(三) 客户关系管理在企业营销管理中的作用

1. 促进信息资源整合与成本优化

客户关系管理系统作为企业内部各部门间实现信息资源共享与流程自动化的核心平台，其重要性不言而喻。客户关系管理系统不仅能够协调并优化既有工作流程，显著提升运营效率，进而降低整体运营成本；而且，它内置的数据库功能，通过对客户信息进行深度管理与智能挖掘，构建了企业与客户间高效、精准的沟通桥梁。这种能力不仅能助力企业精准定位市场需求，优化产品设计与销售策略，实现销售业绩的跃升，还能有效预测市场趋势，为企业决策提供有力支持，进而从源头上削减营销成本，提高销售转化率与成功率。

2. 提高客户忠诚度与扩大客户基础

客户关系管理系统的应用，为企业提供了深入了解客户需求的独特视角。通过细致入微的客户沟通，企业能够全面掌握客户的个人信息，包括但不限于姓名、年龄、收入水平、个人偏好及生活习惯等，这些信息构成了客户画像的基础。基于这些详尽的客户洞察，企业能够为客户量身定制个性化服务方案，确保每一次客户交互都能精准触达其需求痛点，真正践行以客户为中心的服务理念。客户关系管理系统的应用不仅能大幅提升客户满意度与忠诚度，还能通过口碑效应吸引并留住大量忠诚客户，为企业的持续增长奠定坚实的客户基础。

3. 驱动企业组织变革与构建竞争优势

面对信息化与数字化转型的浪潮，客户关系管理系统的成功部署成为推动企业组织变革的关键力量。为了充分发挥客户关系管理系统的效能，企业需要进行内部重组，推动组织结构向更加扁平化、灵活化的方向发展，以适应快速变化的市场环境。在这一过程中，信息技术与企业管理实践的深度融合至关重要。企业不仅需要具备强大的数据处理与分析能力，还需要将技术创新转化为实际的业务流程优化与决策支持，从而全面提升运营效率、盈利能力及市场响应速度，在激烈的市场竞争中创造不可复制的竞争优势。

> **知识链接**
>
> **智慧客户关系管理**
> 详细内容，
> 请扫描二维码阅读。
>
>
>
> 二维码 2 – 4

二、在企业营销管理中实施客户关系管理的必要性

在瞬息万变的市场环境中，企业营销管理的核心逐渐聚焦于客户关系的深度挖掘与维护。实施客户关系管理不仅是提升企业竞争力的关键策略，更是推动企业持续成长与创新的基石。

深化客户洞察，精准营销定位。客户关系管理系统通过整合并分析客户数据，如消费行为、偏好、反馈等，为企业提供深度客户洞察。这不仅有助于企业精准描绘客户画像，更能指导企业制定个性化的营销策略，实现精准营销，提高营销资源的投入产出比。

优化客户体验，提高客户忠诚度。借助客户关系管理系统，企业能够实时响应客户需求，提供定制化服务，从而显著提升客户体验。良好的客户体验是建立客户忠诚度的基石，有助于企业形成稳定的客户群体，为企业长期发展奠定基础。

提升运营效率，降低成本。客户关系管理系统能自动化处理客户信息管理、销售流程跟踪等常规事务，极大提升了企业运营效率。同时，该系统还通过数据分析优化资源配置，减少了不必要的营销投入，有效控制成本，提升企业盈利能力。

促进数据驱动决策，提升战略精准度。客户关系管理系统为企业提供了丰富的数据支持，使得企业能够基于数据进行决策，而非仅凭经验或直觉。这有助于企业制定更加科学、合理的战略规划，提升战略执行的精准度与有效性。

加速数字化转型，构建未来竞争力。在数字化转型的大背景下，客户关系管理系统作为企业数字化战略的重要组成部分，有助于企业构建数字化营销体系，提升市场响应速度，增强企业在新经济时代的竞争力。

三、企业如何实施客户关系管理

自20世纪90年代以来,客户关系管理在全球范围内迅速发展,其成功实施需要多方协同努力。以下七个步骤是企业成功实施客户关系管理的关键。

第一步,制定清晰的业务战略。企业在启动客户关系管理项目前,须明确盈利目标、预算、沟通机制及培训计划等,确保项目聚焦于提升企业价值。

第二步,组建高效的客户关系管理团队。该团队应涵盖项目领导、业务发起者、销售人员、客户服务代表及软件供应商与实施顾问。企业还应保持团队稳定,避免人员变动对项目进展造成不利影响。

第三步,深入评估业务流程。企业在选定客户关系管理方案前,须细致梳理销售、服务流程,通过与销售人员、营销人员及客户服务代表的访谈,识别流程瓶颈,确保客户关系管理方案能有针对性地优化客户管理与销售过程。

第四步,明确用户需求与目标。企业应基于销售人员与管理者的实际需求,确定客户关系管理系统的核心功能。通常,销售人员关注客户资料、销售数据;管理者则看重市场预测、渠道管理及销售报告,确保系统满足多元化需求。

第五步,精选供应商与服务商。企业应选择深刻理解企业需求的客户关系管理供应商,优先考虑具有丰富行业经验和良好沟通能力的咨询服务商。供应商应具备强大的技术支持能力以及良好的信誉,并能积极响应企业需求。

第六步,分阶段实施客户关系管理系统。鉴于时间紧迫性,企业应优先部署关键功能,随后逐步增加新功能。这种分阶段实施的策略有助于快速见效,使收益最大化。

第七步,持续评估与优化系统。企业应根据客户关系管理设定的目标,定期评估系统效能,比较自身发展现状与行业最佳实践,识别差距并分析原因。通过持续迭代与优化,确保客户关系管理系统始终贴合企业战略需求,为企业提供卓越服务。

第四节 数字化客户关系管理与客户体验优化

在21世纪的全球商业竞争中,企业已深刻认识到,客户不仅是产品或服务的购买者,更是企业持续发展和创新的源泉。随着数字技术的飞速发展,数字化客户关系管理(Digital Customer Relationship Management,DCRM)已成为企业赢得市场竞争优势的关键。通过深入挖掘客户数据,企业能够更精准地理解客户需求,提供个性化服务,优化客户体验。数字化客户关系管理不仅是一场技术革命,更是企业经营理念的深刻转变,它要求企业以客户为中心,不断追求卓越,实现与客户的共赢发展。

一、数字化客户关系管理的内涵

数字化客户关系管理指利用数字技术、互联网平台和数据分析工具，对客户关系进行全面、系统、精准的管理。它不仅包括传统的客户关系管理的内容，如客户识别、客户细分、客户关系建立和维护等，还强调通过数字化手段实现客户数据的实时收集、分析和利用，以提供更加个性化、高效和优质的服务。

数字化客户关系管理的核心在于数据驱动。通过大数据、人工智能等先进技术，企业可以深入挖掘客户需求，预测客户行为，从而制定更加精准的营销策略和服务方案。这种基于数据的客户关系管理方式，使得企业能够更加贴近客户，提高客户满意度和忠诚度，进而实现业务增长和可持续发展。

二、数字化客户关系管理的实施策略

企业要实现高效的数字化客户关系管理，必须采取一系列科学且系统的实施策略。数字化客户关系管理的核心环节及具体策略主要包括构建客户数据库、实现客户细分和个性化服务、建立多渠道沟通平台、利用智能技术进行自动化服务、持续监测与优化客户关系等方面。

（1）构建客户数据库。数字化客户关系管理的第一步是构建客户数据库。企业需要通过各种渠道收集客户信息，包括基本信息、购买记录、服务记录、反馈意见等，形成全面的客户画像。同时，企业还需要对客户数据进行清洗、整合和分析，确保数据的准确性和完整性。

（2）实现客户细分和个性化服务。基于数字化客户数据库，企业可以对客户进行细分，识别出不同客户群体的需求和偏好。通过数据分析和挖掘，企业可以为客户提供个性化的产品或服务，满足其独特需求。例如，企业可以根据客户的购买历史和浏览记录，推送定制化的产品推荐和优惠信息。

（3）建立多渠道沟通平台。数字化客户关系管理需要建立多渠道沟通平台，包括社交媒体、电子邮件、短信、在线客服等。这些平台可以为客户提供便捷的沟通渠道，方便客户随时随地与企业进行互动。同时，企业也可以通过这些平台收集客户反馈和意见，及时发现和解决问题。

（4）利用智能技术进行自动化服务。智能技术如人工智能、机器学习等，在数字化客户关系管理中发挥着重要作用。企业可以利用这些技术实现自动化服务，如智能客服、智能推荐等。这些自动化服务不仅可以提高服务效率，还可以降低人工成本，提升客户满意度。

（5）持续监测与优化客户关系。数字化客户关系管理需要持续监测与优化客户关系。企业需要定期评估客户满意度和忠诚度，分析客户流失的原因和趋势，及时采取措施进行改进。同时，企业还需要关注市场变化和竞争对手的动态，不断调整和优化客户关系管理策略。

三、数字化手段优化客户体验

客户关系管理的最终目的是优化客户体验，提升客户满意度和忠诚度。通过数字化手段优化客户体验的方法包括个性化推荐、自助服务平台、虚拟现实和增强现实技术、智能客服、数据分析和反馈机制等。

（1）个性化推荐。基于客户画像和数据分析，企业可以为客户提供个性化的产品推荐和服务方案。这些推荐可以基于客户的购买历史、浏览记录、兴趣爱好等因素进行定制，使客户享受更加贴心和个性化的服务。

（2）自助服务平台。自助服务平台是数字化客户关系管理的重要组成部分。通过自助服务平台，客户可以随时随地查询订单状态、修改个人信息、申请售后服务等。这些自助服务不仅可以提高服务效率，还可以降低企业的运营成本。

（3）虚拟现实和增强现实技术。虚拟现实（Virtual Reality，VR）和增强现实（Augmented Reality，AR）技术为客户提供了更加沉浸式的购物体验。企业可以利用这些技术为客户展示产品细节、模拟购物场景等，使客户更加直观地了解产品特点和优势。

（4）智能客服。智能客服是数字化客户关系管理的创新应用之一。通过自然语言处理、语音识别等技术，智能客服可以与客户进行实时互动，解答客户的问题和疑虑。智能客服不仅可以提高服务效率，还可以为客户提供更加个性化的服务体验。

（5）数据分析和反馈机制。数据分析和反馈机制是数字化客户关系管理的核心。企业需要定期对客户数据进行分析和挖掘，了解客户的需求和偏好变化。同时，企业还需要建立有效的反馈机制，及时收集和处理客户的反馈意见，不断改进和优化产品或服务。

知识链接

社交客户关系管理在数字化时代的重要性

详细内容，
请扫描二维码阅读。

二维码 2-5

案例分享

一以贯之，方有客来：停牛科技的客户价值营销之路

详细内容，
请扫描二维码阅读。

二维码 2-6

本章提要

详细内容,请扫描二维码阅读。

二维码 2-7

本章习题与练习

1. 客户价值、客户满意和客户忠诚之间的关系是什么?
2. 什么是客户让渡价值?企业应如何提高客户让渡价值?
3. 阐述客户关系管理的含义及其在企业营销管理实践中的作用。
4. 企业实施客户关系管理的关键步骤有哪些?
5. 简述数字化客户关系管理的核心内涵及其在实现客户体验优化方面的主要策略。

第三章
战略规划与营销管理过程

【学习目标】
1. 理解企业战略的含义、特征与层次。
2. 掌握营销战略规划的制定步骤。
3. 理解战略业务单位的含义及其投资组合分析方法。
4. 掌握规划增长战略的类型及其含义。
5. 深刻理解营销管理全过程。
6. 了解数字化战略规划的重要性与执行策略。

【思政目标】

详细内容，请扫描二维码阅读。

二维码 3-1

战略规划构成了企业营销规划的基石，它为企业设定了明确的发展方向与基本的发展架构。具体而言，战略规划是企业基于其独特的市场定位、面临的机遇、既定的目标以及所掌握的资源，为确保其长期生存与持续发展而精心制定的蓝图。

在当今这个瞬息万变的商业环境中，企业若想取得持续的成功，设计并实施有效的战略规划至关重要。这要求企业必须具备深远的洞察力，能够预见未来的市场趋势，并据此制定出灵活且富有前瞻性的长期战略。这种战略不仅需要紧密贴合市场的动态变化，更需要引导企业未来的营销活动，确保企业的长远发展与市场地位提升。

【思维导图】

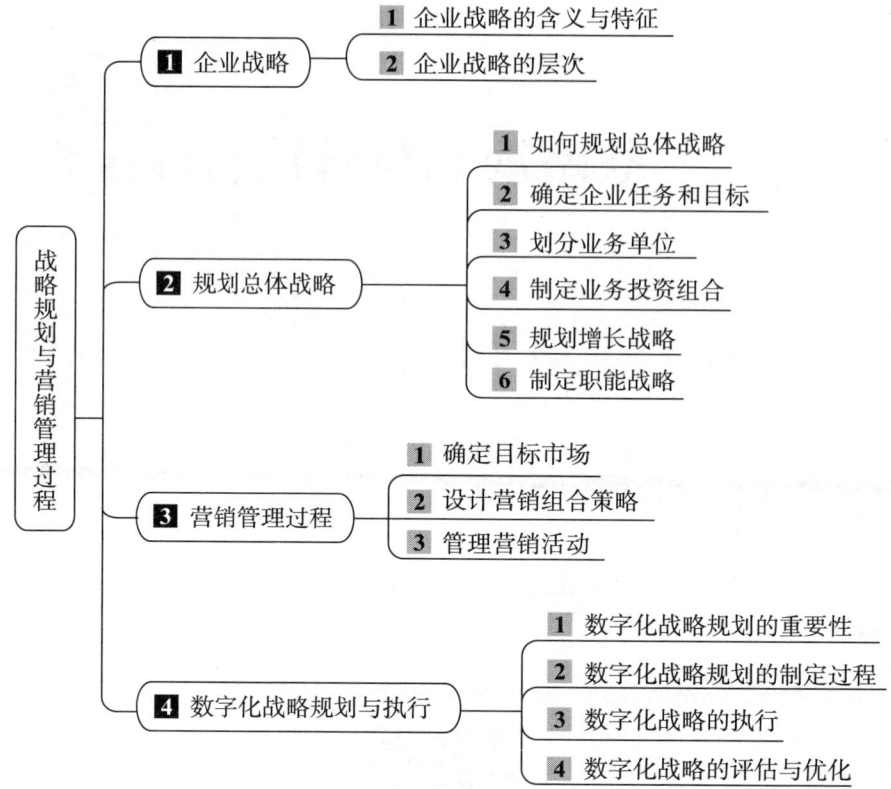

案例导入

片仔癀：老字号的新故事

详细内容，
请扫描二维码阅读。

二维码 3－2

第一节　企业战略

一、企业战略的含义与特征

(一) 企业战略的含义

在西方企业战略管理的相关文献中，对"企业战略"尚无统一的定义。广义的战略包括目的和目标，狭义的战略则不包括这些内容。科特勒指出，企业需要有一个达成其目标的全盘的、总体的计划，这就叫作战略。战略计划涉及的是企业如何在变化的市场环境中寻找机会的问题。美国学者雷蒙德·迈尔斯（Raymond Miles）和查尔斯·斯诺（Charles Snow）认为，企业战略是一系列关于企业未来可能发展方向的主要决策和次要决策，这些决策只有被运用到企业的结构和过程中才会有意义。美国管理专家约翰·A. 皮尔斯二世（John A. Pearce Ⅱ）和小理查德·B. 鲁滨逊（Richard B. Robinson, Jr.）在《战略管理：制定、实施和控制》一书中这样定义企业战略：对于管理者而言，战略就是大规模的、面向未来的计划，在与竞争环境的相互作用中达成企业的目标。

我们把**企业战略**定义为：**企业为达成特定目标从而谋求自身发展而设计的带有全局性和长远性的行动纲领或方案**。具体来说，企业战略是指企业根据市场环境变化所带来的机会和挑战，最有效地利用自身的资源优势，去满足目标市场的需求，从而达成企业既定的发展目标。

企业战略是目标与手段的统一。企业战略的制定要以目标为前提，目标的达成则要借助手段来完成。因此，企业战略既要规定企业的任务和目标，更要确定所需解决的重点问题、资源配置方案和行动纲领。

企业战略为企业其他计划工作指明了步骤和阶段。企业战略通过规定企业的任务和目标，规划合理的业务组合，以及协调各个职能战略来达到这一目的。企业总部首先确定企业的目标、任务和业务组合等整体战略；然后，企业的各个业务单位和产品单位据此制订详尽的营销计划和其他事业部计划，以支持企业的整体战略。

(二) 企业战略的特征

企业战略是企业发展的大政方针，因而具有全局性、长远性和纲领性的特征。

全局性：战略以企业整体发展需要为出发点，规划企业整体的行动，追求整体效果。在军事理论中，战略解决的是如何赢得一场战争，战术解决的则是如何赢得一场战役。这一思想精髓同样适用于商业博弈。

长远性：战略是企业对未来较长时间内如何生存和发展的通盘考虑。因此，企业战略的实质应当是，预计和评价营销环境中即将发生的变化，并预先决定怎样最好地适应变化，并从这种变化中获取尽可能多的利益。

纲领性：战略规定的是企业的使命、发展方向和发展重点以及所要采取的基本方针、重大措施和基本步骤。这些都是概括性和纲领性的，必须分解、落实之后才能付诸实施。

二、企业战略的层次

企业战略一般分为三个层次：

第一个层次是总体战略，也称企业战略，是企业最高层次的战略。总体战略主要界定企业的业务领域和资源配置。总体战略由企业高层管理者负责制定和落实。

第二个层次是经营战略，又称经营单位战略、竞争战略。对于设立二级单位（如事业部、子公司等）或组建战略业务单位的企业，需要制定相应的经营战略。

第三个层次是职能战略，也称职能层战略，是企业各职能部门制定的战略。职能战略包括生产（制造和采购）战略、营销战略、财务战略、人力资源战略、研发战略等诸多内容。每一个职能战略都要服从于所在战略业务单位的经营战略以及总体战略。

知识链接

企业数字化战略

详细内容，
请扫描二维码阅读。

二维码 3-3

第二节　规划总体战略

在快速变化的商业环境中，企业须具备前瞻性视野，制定长期战略以适应行业复杂变化。基于形势、机遇、目标及资源，企业需要深入剖析，寻求最优发展路径。这一旨在确保企业长期生存与繁荣发展的总体战略选择过程，被赋予了高度的战略意义，我们称之为战略规划。战略规划不仅要求企业具备对市场动态的敏锐洞察力，还需要企业能够深刻理解自身的核心竞争力与资源优势，从而在复杂多变的市场环境中，绘制出清晰、可行且富有前瞻性的发展蓝图。

一、如何规划总体战略

企业战略规划的价值在于激励管理者系统思考过去、现在与未来的发展。它不仅促使企业明确和完善了自身目标及政策，还促进了内部各部门的紧密协作，并提供了明确的业绩衡量标准，便于有效管控。在当下这个充满变数的经营环境中，一个周全的战略规划能够使企业预见环境的变化，并迅速做出响应，为可能遇到的突发事件做好充分准备。

规划总体战略，即高层管理者为确保企业目标与不断变化的营销环境保持"战略适应"而采取的一系列长远规划行动。这一过程具体可分为以下几个关键步骤（如图 3-1 所示）：

第一步，企业需要从整体上明确自身的使命与总体目标。这是战略规划的基石，它定义了企业存在的根本目的和追求的核心价值。

第二步，将这一使命转化为具体、可操作的企业目标。这些目标不仅能指导企业的日常运营，还是衡量企业发展的重要标尺。

第三步，深入研究并设计企业的业务组合，即哪些业务和产品最符合企业的战略方向，以及如何为它们分配资源。这一步骤要求企业精准识别最具潜力的业务领域，优化资源配置。

第四步，各业务和产品单位需要制订详细的支持计划，以及各职能部门的协同计划，确保它们与企业总体战略规划保持一致。在此基础上，营销战略的形成需要进一步细化到业务单位、产品和市场三个层次，并通过针对具体营销机会的详细规划来丰富和完善企业的战略规划体系。

战略规划的制定为企业其他计划的制订提供了依据和指导。

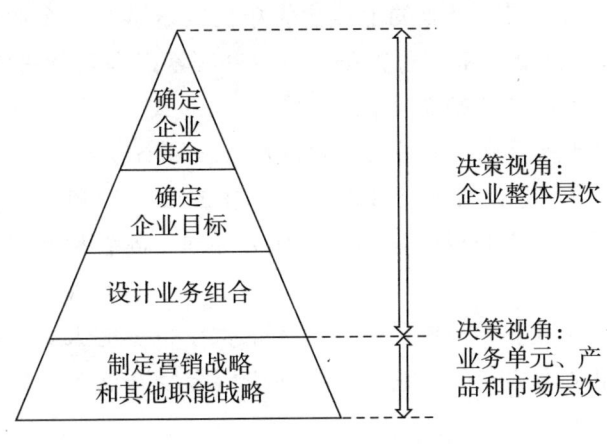

图 3-1　规划总体战略的步骤

> 鉴于比亚迪在新能源汽车领域的成功，特别是其电动汽车和插电式混合动力车型近年来的热销，众多汽车企业纷纷决定投身于新能源 SUV 的生产。对于这些企业而言，进入新能源 SUV 市场的决策是总体战略层面的重大抉择，标志着它们对未来汽车市场发展变化趋势的深刻理解和积极拥抱。而在做出战略决策之后，具体的业务规划、产品设计、市场定位及推广等则成了关键的实施细节，这些方面的成功与否将直接取决于企业上下是否有高效的执行力。
>
> 高效的执行力体现在厂房建设、生产线升级以及充电设施布局上的精准投资，确保能够满足新能源 SUV 的生产需求及用户的充电便利性；营销策略的制定与执行，需要精准定位目标消费者群体，有效传递产品优势与品牌价值；设计时间的把控，确保产品能够快速响应市场变化，满足消费者日益增长的个性化需求；以及管理者在持续优化组织结构、提升团队专业能力上的不懈努力，为企业的长期发展奠定坚实基础。

二、确定企业任务和目标

（一）确定企业任务

确定企业任务，就是对本企业的业务性质、服务的顾客群体进行思考和确定。明确了企业任务，也就明确了企业的活动领域和发展的总方向。若任务不明或方向不定，则企业的长远发展就会受到影响。

企业任务通常由其高层管理者决定。在确定任务时，一般应考虑如下因素：

企业的历史和特色。历史和特色是企业持续发展的基础。确定企业任务时应考虑历史和特色的延续性。

市场环境的发展和变化。环境的发展、变化既可能给企业带来机会，也可能给企业造成威胁，企业任务的确定要尽可能地利用环境机会，避开威胁。

企业资源的变化情况。企业资源的变化情况决定了企业能够进入哪些领域，不能开展哪些业务。

所有者、管理者的意图。企业的上级主管单位或董事会对企业的发展会有一定的规划，企业的高层管理者也会有自己的抱负，这些因素都可能会左右企业的任务。

企业的高层管理者往往会把企业任务通过文字形式——任务报告书表述出来。企业任务报告书的形式千差万别，但一份有效的任务报告书应当符合下列原则：

（1）市场导向。"本企业旨在提高办公自动化的效率"和"本企业旨在销售复印机"这两种不同的任务表述的背后是不同的任务导向：前者是市场导向，后者则是产品导向。

（2）切实可行。企业业务范围的确定既不能太窄也不能太宽。如果一家旅店将自身业务范畴扩大至整个旅游产业，它将需要多少资金和开展多少项业务才能达成这一宏大的目标呢？

（3）鼓舞人心。任务报告书要能让全体员工感受到本企业的任务对社会有贡献和有发展的前途。比如阿里巴巴"让天下没有难做的生意！"的任务陈述就是富有鼓动性的。

（4）具体明确。任务报告书要规定明确的方向和指导路线，从而缩小每个工作人员自由处置的权限和范围。

（二）确定企业目标

企业任务需要转化为各个管理层具体的支持性目标。各级经理应明确自己的目标，并对目标的达成负责。企业常用的目标有：产品销售额和销售增长率、产品销售地区、市场占有率、利润和投资收益率、产品质量和成本水平、劳动生产率、产品创新程度、顾客满意度、企业形象等。其中，一定的利润和投资收益率是企业最重要的目标。

企业的高层管理层在规定企业目标时必须遵循以下原则：

（1）层次性。企业不能只规定单一的目标，而要规定若干具体目标，并按照各种目标的重要性进行排列，以显示主次。

（2）定量化。尽可能地使目标量化，以便把握和核查。

（3）可行性。规定的目标应切合实际，与企业的资源条件和市场环境相适应。

（4）协调性。各项具体目标之间应协调一致，不能相互矛盾，难以操作。

三、划分业务单位

（一）战略业务单位的确定

对业务投资组合进行分析和评估的前提是划分战略业务单位。战略业务单位是企业值得为其专门制定经营战略的最小经营管理单位。它可以是企业组织中的一个部门或一个单位，也可以是企业所经营的一类产品或一种产品，还可以是一个品牌。

在企业使命具有市场和顾客需求导向的前提下，要以市场导向而非产品导向来规定企业的业务单位。具有市场和顾客需求导向的战略业务单位应以满足顾客需求为主而非以生产优良产品为主。因为产品是短暂的，而基本需求和顾客群体却是长久的。因此，业务单位是指有独立的业务、掌握一定的资源、有竞争对手、有健全的领导班子的一组企业业务群。表3-1展现了业务单位产品导向和市场导向定义方式的区别。

表3-1 产品导向定义方式和市场导向定义方式的区别

企业名称	产品导向定义方式	市场导向定义方式
农夫山泉	我们生产矿泉水	我们是大自然的搬运工
蔚来汽车	我们制造电动汽车	我们追求美好明天和蔚蓝天空，为用户创造愉悦生活方式
小米	我们生产手机	我们重新定义您的生活
哔哩哔哩	我们创造、分享视频	我们为年轻人打造多元文化社区
海底捞	我们经营火锅	我们为顾客带来惊喜

（二）划分战略业务单位时应该注意的问题

对企业业务单位的规定不能过于狭窄（如单纯的产品规定），也不能过于宽泛。有经验的企业对业务单位的规定侧重于完成任务的角度，而避免仅仅用产品规定的方式。例如，宝马（BMW）将其业务单位规定为"运输工具的提供者"，而不是"汽车制造者"。这样，宝马的业务就包括了小轿车、摩托车、交通管理系统和自动循环系统等。

一些大企业的业务单位包括多个方向。例如，通用电气（GE）将其业务划分为49个战略业务单位。

一个标准的战略业务单位有三个特点：①它是一个或一组相关的业务，可以单独地进行规划；②有明确的竞争对手；③有专门的经理人员负责战略规划和业绩。

四、制定业务投资组合

企业的高层管理者在总体战略中必须考虑资源的最佳配置问题。在划分企业的业务单位之后，接下来的一个步骤就是制定每一个业务单位的投资组合，可以运用波士顿矩阵法和通用电气矩阵法进行战略决策分析。

（一）波士顿矩阵法

1. 绘制矩阵

波士顿矩阵法由美国著名管理咨询公司波士顿咨询提出。该方法用"市场增长率—相对市场占有率矩阵"来对企业的所有战略业务单位进行分类和评价，如图3-2所示。

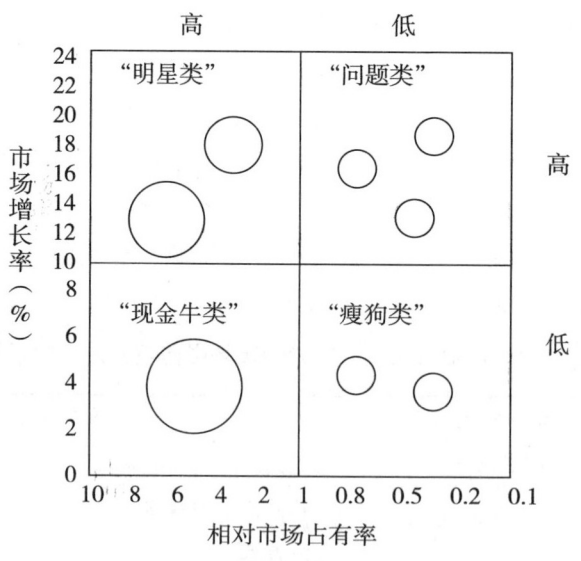

图3-2 波士顿矩阵法示例

在该矩阵中，纵坐标代表业务单位的市场增长率，高于10%的增长率被认为是高市场增长率。横坐标代表相对市场占有率，即战略业务单位的市场占有率与其最大市场竞争者的市场占有率之比，它表示的是企业战略业务单位在相关市场上的优势。矩阵中的圆圈代表企业所有的战略业务单位，圆圈的位置表示各单位的市场增长率和相对市场占有率的状况，圆圈的面积表示各业务单位销售额的大小。这样，就可以将业务单位划分为不同的类型，在矩阵中分为四个区域。

第一个区域是"问题类"战略业务单位，这类业务单位的相对市场占有率低而增长迅速，是极有发展前途的一类。"问题类"的战略业务单位需要投入大量的资金，以支持业务单位的增长。许多企业的新业务单位开始就是由"问题类"成长起来的。由于"问题类"的业务单位需要大量资金支持，而且企业有必要进行总体数量的控制，防止同时拥有过多的"问题类"战略业务单位，导致资金供应不能跟上而出现危机。

第二个区域是"明星类"战略业务单位，是高增长率和高相对市场占有率的一类业务单位，这类业务单位是由成功的"问题类"业务单位发展而成的，在发展为"明星类"业务单位的初期，也往往需要资金的支持。"明星类"的战略业务单位可以有效地应对竞争。

第三个区域是"现金牛类"战略业务单位。一旦"明星类"的战略业务单位的市场增长率降到了10%以内，就变成了"现金牛类"的战略业务单位。"现金牛类"业务单位能为企业带来大量的现金回报，企业可以用"现金牛类"战略业务单位所积聚的资金来支持企业其他业务单位的发展。

第四个区域是"瘦狗类"战略业务单位。它是相对市场占有率低，并且市场增长率也低的战略业务单位。对于"瘦狗类"的业务单位，企业往往投入许多时间和精力，但收效甚微，因而，企业要做出是继续经营还是放弃的决策。

2. 填充矩阵

计算各业务单位的指标：

$$业务单位的相对市场占有率 = \frac{业务单位的市场占有率}{该业务的最大市场竞争者的市场占有率}$$

$$市场增长率 = \frac{本年度销售总量（全行业） - 上年度销售总量（全行业）}{上年度销售总量（全行业）} \times 100\%$$

3. 做出决策

明确了不同业务单位的内容之后，下一步要综合判断企业的业务组合是否正常，并确定每一项业务单位的目标、战略和预算。有以下四种方案可供企业选择：

（1）增长策略。增长策略的目标是增加业务单位的市场份额，有时为了达成这一目标甚至会牺牲企业短期利润。这种发展方式最适合"问题类"战略业务单位，通过这种方式的运用，其能发展成长为"明星类"战略业务单位。

（2）保持策略。保持策略的目标是保持业务单位的相对市场占有率。它适合于"现金牛类"的业务单位，能为企业带来源源不断的资金支持。

（3）收割策略。收割策略的目标是提高业务单位的现金流量，而不管长期利益的大小。收割的方式往往需要缩减费用开支，包括减少研究与开发费用、广告促销费用，等等。这一方式适合在力量较弱的"现金牛类"业务单位中采用，也可以用于"问题类"和"瘦狗类"业务单位。

（4）放弃策略。放弃策略的目标是卖掉或消除该类业务单位，以使资金得到有效利用。它适合于"问题类"和"瘦狗类"业务单位，这类业务单位会消耗企业的利润或制约企业获得利润。

（二）通用电气矩阵法

1. 绘制矩阵

通用电气矩阵法是在波士顿矩阵的基础上增加一些因素而形成的，也可称为通用电气"多因素投资组合"矩阵法，如图3-3所示。矩阵中包括两类因素：一类是市场吸引力，在矩阵中居于垂直方向，有大、中、小之分；另一类是企业的业务竞争力，在矩阵中居于水平方向，有强、中、弱之别。

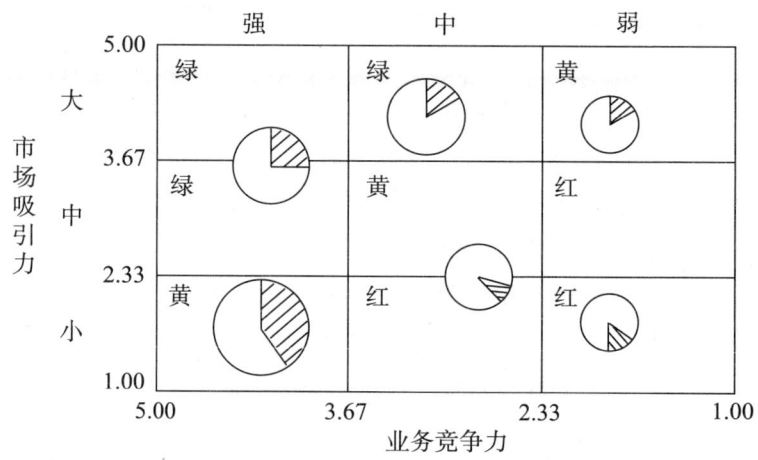

图3-3 通用电气矩阵法示例

2. 填充矩阵

依据市场吸引力和业务竞争力两项指标对企业的各业务单位进行评价，在1—5分之间评出具体的分数，确定它在矩阵中的位置。每一项业务单位评价依据的指标见表3-2。

表3-2 市场吸引力和业务竞争力评分因素

（a）市场吸引力

市场吸引力	权重	水平（1—5分）	得分
市场的总规模	0.20	4	0.80
年市场增长率	0.20	5	1.00
历史边际利润	0.15	4	0.60
竞争的密集程度	0.15	2	0.30
技术要求	0.15	4	0.60
通货膨胀	0.05	3	0.15
能源要求	0.05	2	0.10
环境冲击力	0.05	3	0.15
合 计	1.00	—	3.70

（b）业务竞争力

业务竞争力	权重	水平（1—5分）	得分
市场占有率	0.10	4	0.40
市场占有率增长	0.15	2	0.30
产品质量	0.10	4	0.40
品牌信誉	0.10	5	0.50
分销网络	0.05	4	0.20
促销效果	0.05	3	0.15
生产能力	0.05	3	0.15
生产效率	0.05	2	0.10
单位成本	0.15	3	0.45
材料供应	0.05	5	0.25
研究与开发业绩	0.10	3	0.30
管理人员	0.05	4	0.20
合　计	**1.00**	—	**3.40**

依据评价指标确定圆圈的位置，具体的坐标位置代表战略业务单位的市场吸引力和业务竞争力的状况，市场吸引力和业务竞争力数值通过对每个因素分等级打分（最低分1分，最高分5分），并给出权重计算加权值，加权累计得出；圆圈大小表示各个战略业务单位所在行业的市场大小；圆圈内的阴影部分则表示业务单位在行业中的市场占有率。

3. 做出决策

在通用电气矩阵图中，依据市场吸引力的大、中、小，业务竞争力的强、中、弱，通用电气将市场分为九个区域，三个地带：

（1）"绿色地带"，由图中左上角大强、大中、中强三个区域组成。这个地带的市场吸引力和战略业务单位的业务竞争力都比较强，适合"开绿灯"，要抓住机会，对这三类业务单位追加投资，促进其发展。

（2）"黄色地带"，由图中左下角到右上角对角线的小强、中中、大弱组成。这个地带的市场吸引力和战略业务单位的业务竞争力总体上处于中等水平。因此，企业对这个地带的战略业务单位应当"亮黄灯"，主要采取维持性的策略，即维持现有的投资水平和市场占有率的战略。

（3）"红色地带"，由图中右下角小弱、小中、中弱三个区域组成。这个地带的市场吸引力偏小，战略业务单位的业务竞争力偏弱。因此，企业应"亮红灯"，采取"收割"或"放弃"的战略。

五、规划增长战略

在分析了企业的投资组合之后，还应考虑企业面临不利的环境条件的原因。企业往往应淘汰掉一些不盈利或没有发展前途的业务。相应地，在环境因素对企业有利的条件下，企业应抓住机会，扩展业务领域，并且补充新的业务。因而，规划新增业务是企业战略发展过程中不可缺少的内容。

企业的新增业务规划主要有三个方面：密集式增长、一体化增长和多元化增长。密集式增长是不增加新的业务单位，在企业现有的业务领域内寻找未来的发展机会；一体化增长是在现有的业务领域基础上向外拓展的战略，通过建立或兼并与企业当前业务有关的业务实现增长；多元化增长是企业向更广泛的领域发展，拓展与企业目前业务无关但具有发展前途的新业务。

（一）密集式增长战略

密集式增长战略的基本思路是开发那些潜伏在现有市场和现有产品类别中的市场机会。企业可以采取三种具体方式实现密集增长，如图3-4所示。

	现有市场	新市场
现有产品	市场渗透	市场开发
新产品	产品开发	多元化增长

图3-4 密集式增长战略产品/市场矩阵

（1）市场渗透。通过各种营销手段促使现有顾客增加购买数量，争取竞争对手的顾客，以及吸引新顾客购买本企业的产品，从而扩大现有产品的销量，实现企业业务增长。

（2）市场开发。通过努力开拓新市场扩大现有产品销量，实现企业业务增长。主要形式有扩大现有产品的销售地区，在现有销售区域内寻找新的细分市场等。

（3）产品开发。通过向现有市场提供改型变异产品（如增加花色品种、增加规格档次、改进包装、增加服务等），以满足不同顾客的需要，从而扩大销量，实现企业业务增长。

（4）多元化增长。多元化增长战略也是企业发展的重要途径，通过进入新市场或开发新产品线，实现业务范围的拓展和增长。

> 近年来，腾讯体育作为中国体育传媒领域的佼佼者，凭借专注于体育赛事转播与体育新闻报道，已从一个本土化的体育信息平台迅速崛起，成为国内体育节目领域最具影响力的品牌之一。进入21世纪以来，腾讯体育制定了一项宏大的战略规划：无论体育迷们在哪里观看或讨论体育赛事，腾讯体育都要成为他们不可或缺的一部分。为实现这一战略，腾讯体育积极拓展品牌影响力，构建了多元化的业务布局。
>
> 目前，腾讯体育不仅拥有多个专业的体育赛事直播频道，还运营着功能强大的体育资讯网站、移动应用以及社交媒体平台，为用户提供全方位的赛事直播、新闻报道与互动服务。此外，腾讯体育还进入线下体育体验领域，推出了体育主题餐厅、健身俱乐部等，进一步丰富了用户的体育生活方式。在内容生态上，腾讯体育获取了足球、篮球、网球、高尔夫等多项热门体育赛事

的转播权，并通过自制节目、赛事运营等方式，深化了体育内容的垂直深耕。

在国际化方面，腾讯体育也取得了显著进展，其不仅与多个国际体育组织建立了合作关系，将优质的国际体育赛事资源引入中国，而且也积极探索海外市场的拓展机会，努力将中国体育文化的魅力传递给全球体育爱好者。腾讯体育的多元化业务版图已经覆盖了全球多个国家和地区，成为连接中国体育与世界体育的重要桥梁。

如今，腾讯体育作为腾讯旗下的重要业务板块，其年收入持续增长，不仅为腾讯贡献了可观的收益，也推动了整个中国体育传媒行业的繁荣发展。腾讯体育的成功，展示了中国企业在体育传媒领域通过精准定位、技术创新与国际化战略，实现跨越式发展的生动实践。

（二）一体化增长战略

一体化增长是指企业所在的行业有着良好的发展前途，企业若在供产、产销等方面进行开拓，能够达到提高效益、加强控制、扩大销售、增加盈利的目的。一体化增长也有三种具体的方式：后向一体化、前向一体化和水平一体化。

（1）后向一体化。企业通过收购、兼并上游的供应商，拥有或控制自己的供应系统。如钢铁企业收购矿山，自行开采矿产资源。如果供应系统利润丰厚或发展前景良好，后向一体化可以为企业带来可观的利润。同时，企业还可以避免原材料短缺、供应商控制价格的不利状况。

（2）前向一体化。企业通过收购、兼并下游的分销商，拥有或控制自己的分销系统；或将产品线向前延伸，从事原有用户经营的业务。如服装生产企业开设专卖店，批发商办零售商店等。

（3）水平一体化。企业通过收购、兼并原有的竞争对手，或者与同类企业联合经营，从而扩大经营规模和实力，实现业务增长。

（三）多元化增长战略

多元化增长是企业尽量增加产品的类别，跨行业生产和经营多种多样的产品和业务，扩大企业的生产和市场范围，以保证企业在竞争激烈的市场中降低经营风险，得以持续发展。多元化增长的方式主要有三种：同心多元化、水平多元化和集团多元化。

（1）同心多元化。企业利用原有技术、特长开发新产品，犹如从同一圆心向外扩大业务范围，以谋求业务增长。这种方式有利于发挥企业的特长，风险比较小，也比较容易成功。比如，我国不少家电企业较多地选择了这种发展战略。

（2）水平多元化。企业针对现有市场和现有顾客，利用新技术开发新产品，扩大业务经营范围，以谋求业务增长。这些技术与企业现有能力关系不大，如原来生产化肥的企业，现在进入农业机械领域。由于企业在技术、生产方面进入了全新的领域，所以具有一定风险；但由于是针对原有的顾客，又拥有在原有顾客中的声望和现成的分销渠道，因此可以减少市场的开发投入，同时风险也有所降低。

（3）集团多元化。企业进入与现有技术、产品和市场无关的经营领域，以寻求新的业务增长。规模较大的企业集团一般会通过收购和兼并等手段,抓住开发市场的机会,将企业的业务领域广泛地扩展到其他行业中,但是这种战略的风险也最大。比如一些著名的烟草企业进入了机械、房地产、文化等产业。对大多数企业,特别是中小企业来说,一般不适宜采用这种方式,或者只能在低层次、小范围内采用。

> **知识链接**
>
> "第二曲线"理论
>
> "第二曲线"理论的提出者是英国管理学大师查尔斯·汉迪(Charles Handy)。
>
> 查尔斯·汉迪在其《第二曲线:跨越"S型曲线"的二次增长》一书中详细阐述了这一理论。他认为,企业都会有第一曲线,即在所熟悉的环境中开展传统业务所经历的企业生命周期。而第二曲线则是当企业面对未来的新技术、新消费者、新市场时所进行的彻底的、不可逆转的变革并由此展开的全新企业生命周期。
>
> 他用一个旅行时问路的故事来解释这一理论:当他向当地人问路时,被告知一直往前走,会看到一个叫戴维的酒吧,在离酒吧还有半英里(约805米)路的地方往右转就能到达目的地。但在指路人离开后他才意识到,当自己看到酒吧的时候,其实已经错过了右转的路口。这意味着企业在第一曲线成功时,往往会对潜在的新技术和新市场视而不见,而等到发现时可能已经错失良机。
>
> 他由此告诫人们,要提前布局企业的"第二曲线",因为第一曲线滑过抛物线的极限点后就会衰退,而持续增长的秘密就是在第一曲线消失之前开始第二条新的"S型曲线"。如果企业能在第一曲线到达巅峰之前,找到带领企业二次腾飞的第二曲线,并且让第二曲线在第一曲线达到顶点前开始增长,以弥补其投入初期的资源消耗,那么企业就有可能实现永续增长(如图3-5所示)。
>
>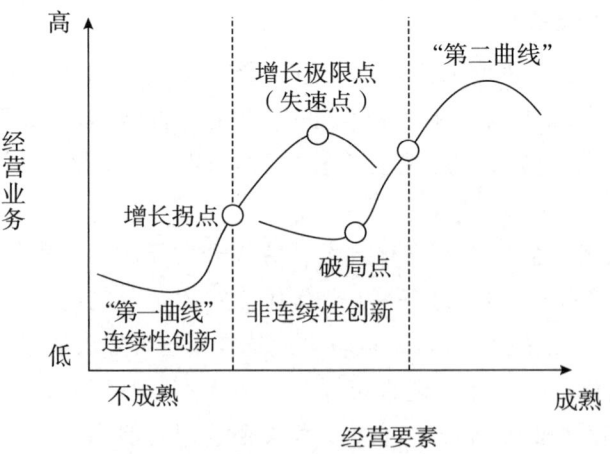
>
> 图3-5 产品生命周期的"第二曲线"

六、制定职能战略

1. 营销战略在战略规划中的作用

企业总体战略和营销战略之间有许多重叠部分。营销参照的是消费者的需要及企业满足这些需要的能力,这些因素同样也指导着企业的总任务和总目标。

营销在企业总体战略中的关键作用主要有以下三个方面:第一,营销提供指导思想与原则,即营销观念,它建议企业战略应围绕满足目标顾客的需求来设计;第二,营销通过帮助企业找到有吸引力的市场机会和估计企业利用这些机会所具有的潜力,从而为企业的高层战略决策者提供战略决策依据;第三,在企业各个具体的战略业务单位内,营销为达成它们各自的目标而设计战略。

2. 营销战略和其他职能战略

顾客价值和满意度是决定企业营销战略成败的关键要素,但是,仅有营销部门的努力并不能为顾客创造卓越的价值。这一任务需要企业所有部门的共同努力和通力合作才能完成。以顾客为导向,企业内的每个部门都可看作顾客价值创造链条上的一个环节,共同参与设计、生产、营销、交付和支持企业产品的价值创造活动。因此,企业的成功不仅仅取决于企业内各职能部门的业绩,还要依靠各个职能部门和各项活动之间的相互协作。

虽然理论上企业内的各个部门应有效协调,共同为消费者创造价值。然而,在实践中,企业内的各部门之间却充满着冲突和误解。比如,营销部门需要开展提升顾客满意度的一系列活动,这些活动离不开其他部门的支持,但其他部门则会以增加采购成本、扰乱生产计划、增加库存或新增大额预算等为理由拒绝配合。因此,营销部门必须设法使企业内的所有部门都以顾客为导向、"想顾客之所想",促使企业内各个部门和各项活动之间有效协作。

营销部门可以通过了解企业内的其他部门来获得对顾客价值最大化目标的最优支持。比如,通过与其他职能部门密切合作,制订联合职能计划来共同达成企业的战略目标。此外,企业内其他职能部门也应树立起顾客导向的指导思想,以市场为核心,从企业战略的角度思考自身的功能定位和价值导向,积极支持营销部门开展相关工作,为创造顾客价值和提升顾客满意度提供强有力的内部保障。

第三节 营销管理过程

营销管理过程就是企业为完成其任务和达成目标而发现、分析、选择和利用市场机会的过程。具体如图3-6所示,该图概括了完整的营销过程,以及影响企业营销战略的主要因素。

在营销管理过程中,目标消费者位居中心,企业应与他们建立牢固的关系。具体

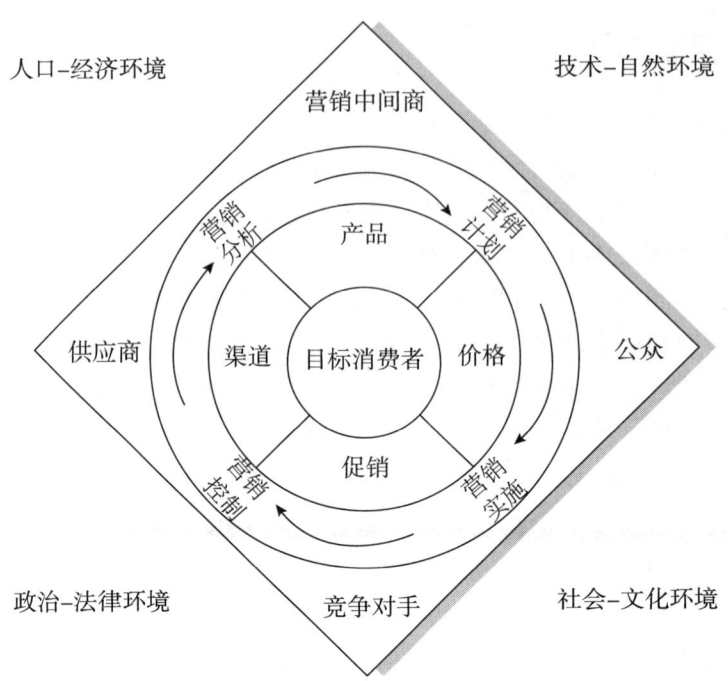

图 3-6 营销过程及影响企业营销战略的主要因素

来说,企业首先识别总体市场,分析市场机会,通过对总体市场进行细分,选择最有价值的细分市场作为目标市场;其次,以目标市场战略为要求,企业制定其可控制的营销策略组合(产品、价格、渠道和促销);最后,为了拟定最佳的营销策略组合方案并付诸实施,企业还需要进行营销分析、计划、实施和控制。通过这一系列活动,企业最终能与外部环境保持动态平衡。

一、确定目标市场

在当前竞争激烈的市场中,企业只有比竞争对手更有效地满足顾客当前和未来的需求,其成功才可持续。因此,企业必须先了解顾客的需求和欲望。然而,现实中,消费者的类型太多,需求种类也太多,企业的资源和能力有限,难以有效满足既定市场内的所有消费者,或者不能以同一种方式来满足所有的消费者。因此,每个企业都应分割总体市场,选择最佳细分市场,并制定战略从而以优于竞争对手的方式服务于选定的细分市场,并赚取利润,这就是营销战略的本质,即"STP"模型。这一与消费者建立联系的过程包括三个步骤:市场细分(Segmentation)、目标市场选择(Targeting)和市场定位(Positioning)。

(一)市场细分

市场包括多种类型的顾客、产品和需要,因此,营销人员必须确定哪个细分市场能提供达成企业目标的最佳机会。一般可以根据地理、人口统计特征、心理和行为等因素对消费者市场进行划分,并提供不同的产品或服务。将市场依据不同需要、特征或行为进行划分,进而确定不同产品或营销组合的不同购买者群体的过程,被称为市场细分。

需要指出的是,市场细分并不总是意味着把一个整体市场加以分割。实际上,它通常是一个聚集的过程而不是单纯分割的过程。所谓聚集的过程,就是把对某种产品最感兴趣的消费者集合成群。比如,在轿车市场上,选择空间最大、座位最舒适的汽车而不考虑价格的消费者,可以构成一个消费者群体;而另一个消费者群体可能更关注价格和使用便利性。聚集的过程可以依据多种变量连续进行,直到识别出其规模足以达成企业利润目标的某一个消费者群体。

通常我们将这些具有相似需要,且会对既定的营销活动做出类似反应的消费者群体,称为细分市场。企业应当明智地集中精力满足一个或多个细分市场的特殊需要。

(二) 目标市场选择

企业在划分好细分市场之后,就要面临选择目标市场的问题。因为并不是每个细分的市场都值得企业进入,必须首先对细分出的各市场进行评估。目标市场选择是指估计每个细分市场的吸引力程度,并选择进入一个或多个细分市场的过程。企业选择的目标市场应当是自己能够最大限度地创造顾客价值并使自己有利可图,且这种优势可以保持一段时间的细分市场。

企业之间由于资源或能力的差异,对目标市场的选择有着不同的考虑,具体而言可以考虑以下策略(如图3-7所示)。

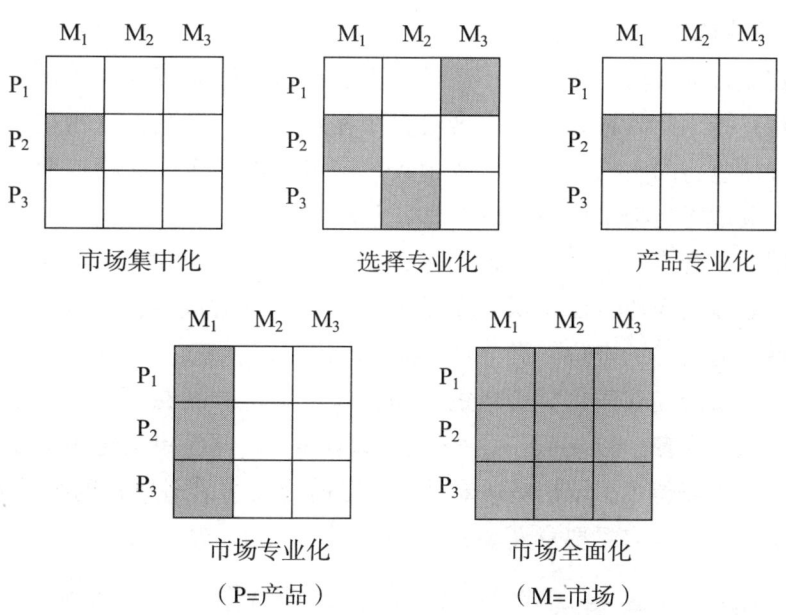

图3-7 目标市场选择策略

(1) 市场集中化。如果企业具备在某一子市场从事专业化经营的优势和条件,或限于财力只能经营单一市场,或者该子市场的竞争对手较少,那么,企业就可以选择市场集中化策略。这是最简单的一种模式，企业只选择一个目标市场，只生产一类产品，供应单一的顾客群。实施这种策略，企业可以清楚地了解子市场的需求，从而树立良好的信誉，在该市场建立稳固的地位。同时，企业通过生产、销售和促销的专业化分工，可以实现规模经济效益。但是，单一市场的风险比较大，一旦选择的市场需求发生变化，企业可能面临倒闭的风险。

（2）选择专业化。企业有选择地进入几个不同的子市场。每个子市场都具有良好的盈利潜力，且与企业的目标和资源条件相符合。这些子市场之间很少或根本不产生联系。选择专业化能够很好地分散风险，但也分散了企业的资源，因此采用选择专业化策略的企业应具有较多的资源和较强的营销实力。

（3）产品专业化。产品专业化指企业同时向几个子市场销售一种产品。企业通过这种策略可在特定的产品领域树立良好的形象。但是一旦新技术、新产品出现，企业会面临效益滑坡的风险。

（4）市场专业化。市场专业化是指企业集中力量满足某一特定顾客群的各种需要。这种模式能更好地满足顾客的需求，树立良好的信誉。企业还可以向这类顾客群推销新产品，使他们成为新产品有效的销售渠道。但一旦顾客需求发生变化，企业会面临效益下降的风险。

（5）市场全面化。即企业为所有顾客群提供他们需要的所有产品。只有实力强大的大企业才能采取这种策略。

（三）市场定位

企业在完成目标市场选择之后，还必须决定在这些细分市场中要树立什么样的定位。市场定位是指为产品在目标消费者心目中相对于竞争产品而言占据更清晰、特别和理想的位置所进行的安排。因此，营销人员确定的市场定位必须使他们的产品有别于竞争产品，并取得目标市场中的最大战略优势。

通常情况下，现有产品在顾客心目中都有某种定位。比如，人们认为可口可乐是世界上最大的软饮料企业，沃尔沃汽车是世界上最安全的汽车，茅台是中国最好的白酒。这些品牌拥有自己的定位，竞争对手很难取代它们。

市场定位的实质是获取目标市场的竞争优势，确定产品在顾客心目中的适当位置并留下值得购买的印象，以便吸引更多的潜在顾客。因此，市场定位对于建立有利于企业及其产品的市场特色，限制竞争对手，满足消费者（或用户）的某种需求或偏好，从而提高企业竞争力具有重要意义。

二、设计营销组合策略

企业在确定市场定位之后，就要开始准备设计营销组合的详细内容。所谓营销组合（Marketing Mix）是指企业为了在目标市场制造想要的反应而混合采用的一系列可控制的战术营销手段。这一系列手段都可以被归纳到四组变量中去，它们也被称为

"4P",即产品(Product)、价格(Price)、渠道(Place)和促销(Promotion)。

从管理决策的角度看,影响企业营销活动的因素有两类:一类是企业不可控制的因素,一般是企业面临的各种外部环境因素;另一类是企业可以控制的因素,即企业营销组合。企业的竞争优势很大程度上取决于营销手段整合的效果,而非单个策略的优劣。因此,企业在目标市场上的经营特色和竞争优势,主要是通过其营销组合的设计来实现的。

产品是指企业向目标市场提供的有形与无形产品。它不仅包括产品的特性、质量、外观、品牌、包装和规格,还包括服务和质量保证等因素。

价格是指顾客获得产品必须支付的金额。它包含基本价格、折扣、支付方式、支付期限和信用条件等。

渠道是指产品从企业手中到达消费者手中所经历的路径。它涉及分销渠道、区域分布、中间商类型、营业场所和物流等要素。

促销是指传达产品价值并说服目标顾客购买的各种活动。它涉及广告、人员推销、营业推广和公共关系等内容。

> 早在成为电商领域的重要力量之前,拼多多就以其独特的社交团购模式、精准的市场定位和创新的营销策略获得了区域规模优势,并在国内的下沉市场获得了很高的利润水平和大部分的市场份额。之后它还通过积极的"百亿补贴"政策捍卫自己的地位。

一个完整的营销方案应把所有的营销组合因素融入一个协调的计划之中,通过实施这一计划向消费者提供独特的价值并最终达成企业的营销目标。营销组合构成了企业的战术工具箱,帮助企业在目标市场建立强有力的市场定位。

然而,也有国内外的营销专家指出了"4P理论"的局限性。"4P理论"由美国营销大师杰罗姆·麦卡锡(Jerome McCarthy)于1960年提出。相比之下,1990年由美国营销专家罗伯特·劳特朋(Robert Lauterborn)提出的"4C理论",即顾客(Customer)、成本(Cost)、便利(Convenience)、沟通(Communication),更关注消费者需求。他认为从买方角度看,"4C理论"比"4P理论"更具竞争力。两者的对比如表3-3所示。

表3-3 "4P理论"与"4C理论"比较

4P理论	4C理论
产品	顾客
价格	成本
渠道	便利
促销	沟通

企业通过开发产品满足顾客需求,顾客则购买价值或解决问题的方案;企业以合理的价格销售产品,从而达成盈利目标,顾客感兴趣的却不只是价格,而是包括取得、

使用和处置某个产品的全部成本；企业通过各种渠道把产品传递给顾客，而顾客却希望尽可能方便地获得产品；企业通过促销传递信息和说服顾客，顾客则希望得到双向的沟通和交流。因此，虽然企业仍然需要通过"4P理论"来满足顾客的需求，但营销人员最好能先利用"4C理论"进行思考。

例如近些年来在国内电动汽车市场大放异彩的蔚来。暂且不论其生产的汽车产品如何，其服务营销做得非常卓越，总是不遗余力地为车主带来远远超出电动汽车本身的价值，因此蔚来的车主们忠诚度也很高，他们每一个人都希望蔚来更强大，发展得更好。

> **知识链接**
>
> **胖东来的 4C 营销策略**
> 详细内容，
> 请扫描二维码阅读。
>
>
>
> 二维码 3-4

三、管理营销活动

企业的目标营销战略和营销组合策略，需要通过实施营销活动来付诸实践，而这一管理过程包括以下职能：计划、组织、执行和控制。

计划作为其他职能工作的起点，架起了营销决策和实践之间的桥梁，企业首先要制订完整的营销计划。接着，通过组织和执行，将计划内容转化为具体的营销行动。控制包括对整个营销活动过程进行衡量和评估，必要时应通过纠偏措施来保证达成企业的目标。

第四节　数字化战略规划与执行

在数字化浪潮席卷全球的今天，企业面临的竞争环境日益复杂多变，传统的战略规划与执行模式已难以满足当前快速迭代的市场需求。数字化战略规划与执行，作为新时代企业转型的核心驱动力，不仅继承了传统战略规划的精髓，更在此基础上融入了数字技术的力量，实现了战略管理与执行的全面升级。

一、数字化战略规划的重要性

数字化战略规划的重要性，不仅在于其能够赋予企业超越传统视野的洞察力，更在于其能够引领企业在数字化时代中实现精准定位、高效决策与持续创新,从而在激烈的市场竞争中占据先机。相较于传统战略规划,数字化战略规划在多个维度上展现出了独特的优势与价值。

1. 精准把握市场趋势与消费者需求

在数字化时代,市场趋势与消费者需求的变化速度空前加快。传统战略规划往往依赖于有限的市场调研和数据分析,难以全面、实时地捕捉市场动态。而数字化战略规划则借助大数据、人工智能等先进技术,实现了对海量数据的深度挖掘与分析。通过对消费者行为、市场热点、竞争对手动态等多维度数据的实时监测,企业能够快速识别市场趋势,预测未来走向,从而调整营销策略,实现精准营销。这种基于数据的决策方式,不仅提高了决策的准确性和效率,还为企业带来了前所未有的市场洞察力和竞争优势。

2. 提升运营效率与灵活性

数字技术的应用,如云计算、物联网、区块链等,极大地优化了企业的业务流程,提高了运营效率。云计算技术使企业能够随时随地访问和处理数据,降低了技术成本,提高了资源利用率;物联网技术实现了对生产、物流等环节的实时监控和智能调度,提高了供应链的透明度和响应速度;区块链技术则为企业提供了安全、可靠的交易记录和追溯机制,降低了欺诈和纠纷的风险。这些数字技术的应用,使企业能够快速响应市场变化,及时调整生产计划和供应计划,增强企业的灵活性和适应性。

3. 提升客户体验与忠诚度

数字化战略规划强调以客户为中心,通过数字化渠道的建设和个性化服务的提供,优化客户体验,提升客户满意度和忠诚度。企业可以利用数据分析技术,洞察客户需求和偏好,提供定制化产品或服务,从而增强客户黏性,扩大市场份额。同时,数字化渠道如社交媒体、移动应用等,为企业与客户提供了更加便捷、高效的互动平台,使企业能够及时了解客户反馈,优化产品或服务。这种以客户为中心的数字化营销方式,不仅提高了客户满意度和忠诚度,还为企业带来了更多的口碑传播和潜在客户。

4. 激发持续创新与文化变革

数字化战略规划不仅关注现有业务的优化,更鼓励企业探索新的业务模式、产品或服务。通过构建开放的创新生态,企业能够不断引入新技术、新方法,激发内部创新活力,保持竞争优势。数字技术的应用为企业提供了更多的创新机会和可能性。同时,数字化战略规划也促进了企业文化的变革,鼓励员工拥抱变化、勇于尝试,形成更加开放、包容的创新氛围。

二、数字化战略规划的制定过程

数字化战略规划的制定,是一个将技术与战略深度融合、超越传统战略规划框架的创新过程。它不仅要求企业具备前瞻性的市场洞察力和技术敏锐度,还要求企业在明确愿景与目标的基础上,深度分析内外部环境,精准确定数字化战略方向,并制订详尽且灵活的执行计划。这一过程的核心在于，通过数字化手段重塑企业竞争力，实现业务模式的创新和营销管理的升级。

1. 明确企业愿景和目标

在数字化战略规划的起点，企业需要明确其在数字化时代的长远愿景，这包括期望达到的市场地位、品牌影响力以及数字化转型带来的业务增长和效率提升。与传统战略规划相比，数字化时代的愿景与目标更加聚焦于如何利用数字技术推动业务创新，实现可持续发展。因此，企业设定的短期和长期目标应与技术趋势、市场需求紧密结合，确保战略的前瞻性和可行性。例如，企业可能设定提升线上销售额占比、增强客户数据驱动的个性化体验、优化供应链管理等具体目标，这些目标直接指向数字化战略的核心价值。

2. 深度分析内外部环境

外部环境分析在数字化战略规划中尤为重要。除传统的 PESTEL（政治、经济、社会、技术、环境、法律）分析和波特五力模型外，企业还应利用大数据分析技术，更准确地预测市场趋势和竞争对手动态。大数据不仅可用于分析历史数据，更可用于实时数据的挖掘，帮助企业捕捉市场先机，识别潜在的增长点和风险点。内部环境分析则需要评估企业的数字化成熟度，包括技术基础、人才结构、组织文化等，识别数字化转型的关键障碍和优势。这一步骤的深化，有助于企业更全面地理解自身在数字化市场中的位置和潜力。

3. 精准确定数字化战略方向

基于内外部环境分析，企业应明确在数字化市场中的定位，探索适合自身的数字化业务模式。这可能意味着从传统产品导向转向平台化运营，或利用大数据和人工智能实现精准营销和个性化服务。数字化战略方向的确定，不仅要求企业具备技术敏锐度，更要求企业将技术与业务深度融合，创造出新的价值主张。例如，企业可能选择利用人工智能优化供应链管理，提高库存周转率和生产效率；利用大数据分析提升客户洞察水平，实现精准营销和个性化服务。

4. 制订详尽且灵活的执行计划

数字化战略规划的制定，需要涵盖技术架构、业务流程、组织架构和人才培养计划等多个方面。技术架构的升级与优化，应确保系统的稳定性、可扩展性和安全性，支持大数据处理和实时分析。业务流程的数字化改造，需要提高效率和准确性，实现端到端的自动化和智能化。组织架构的调整，需要建立适应数字化时代特征的扁平化、敏捷化体系，鼓励跨部门协作和创新。人才培养计划，则需要注重数字技能和素养的提升，培养具备跨领域知识和创新能力的数字化人才。

5. 绘制执行路线图

绘制数字化战略的执行路线图，应明确实施的时间节点、里程碑和预算分配，确保资源的合理配置。同时，建立灵活调整机制至关重要。由于市场环境和技术发展日新月异，企业需要保持战略的敏捷性，根据市场反馈和内部进展适时调整计划。这包

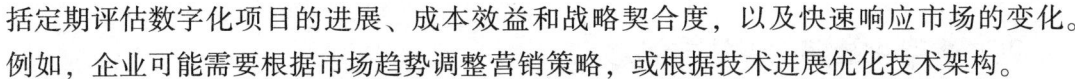

括定期评估数字化项目的进展、成本效益和战略契合度，以及快速响应市场的变化。例如，企业可能需要根据市场趋势调整营销策略，或根据技术进展优化技术架构。

在制定数字化战略规划的过程中，营销管理过程的数字化升级是不可或缺的一环。这包括利用大数据和人工智能优化市场细分、精准定位目标客户群；通过社交媒体营销和程序化广告等手段，实现个性化营销信息的精准推送；利用客户关系管理系统深度挖掘客户数据，提升客户体验和服务质量；以及通过数据分析持续优化营销渠道和预算分配，提高营销效率和投资回报率。数字化营销管理的深化，不仅有助于企业提升市场竞争力，还能促进数字化战略与业务目标的紧密对接。

三、数字化战略的执行

相较于传统战略，数字化战略的执行更加注重灵活性、协同性与创新性，是企业实现数字化转型与升级的关键。企业需要采取一系列策略，确保数字化战略规划的有效实施，并深度融入营销管理过程，以提升企业竞争力。

1. 高层领导深度介入与引领

企业的高层领导在数字化战略执行中扮演着至关重要的角色。他们不仅需要亲自参与战略的制定，更要深度介入执行过程，成为战略的倡导者和引领者。高层领导的决心和行动力能够确保战略的一致性和执行力，同时通过示范效应，激发全员的数字化转型热情。

2. 跨部门协同与信息共享

数字化战略的执行需要打破传统部门壁垒，建立跨部门的协同机制。通过信息共享平台，促进营销、技术、运营等部门之间的紧密合作，实现资源的有效整合与优化配置。这种协同不仅加速了战略的执行速度，还提升了营销活动的精准度和效率，确保数字化战略能够全面、深入地融入企业的日常运营。

3. 动态调整与快速响应

数字化时代，市场变化迅速，消费者需求多样。企业需要建立灵活的调整机制，密切关注市场动态和消费者反馈，根据实际情况快速调整战略规划。在营销管理过程中，这意味着企业能够迅速捕捉市场热点，调整营销策略，实现精准营销，同时保持战略的适应性和有效性。

4. 持续创新与技术驱动

数字化战略的核心在于持续创新。企业应鼓励员工不断探索新技术、新服务和新模式，保持竞争优势和市场活力。在营销管理层面，这意味着利用新技术，深化消费者洞察，优化营销决策，提升客户体验，从而推动业务增长。

5. 强化人才培养与团队建设

数字化战略的执行离不开高素质的人才队伍。企业应加大对数字化人才的培养和引进力度，提升员工的数字技能和素养。同时，企业应组建具有数字化思维和能力的营销团队，确保他们能够熟练运用数字化工具，提升营销活动的效率与效果。

四、数字化战略的评估与优化

相较于传统战略的评估与优化,数字化战略的评估与优化更加注重数据的驱动性、敏捷性与持续迭代性。企业应建立一套科学、全面的评估体系,确保数字化战略的有效实施与持续优化,同时深度融入营销管理过程,以提升市场竞争力。

1. 设定数据驱动的评估指标

对数字化战略的评估首先需要设定一系列数据驱动的评估指标。这些指标不仅要涵盖市场份额增长率、客户满意度提升率等传统营销指标,还应包括网站流量、转化率、客户留存率、社交媒体互动率等数字化营销指标。这些指标能够更准确地反映数字化战略对业务增长的直接贡献,以及营销活动的实际效果。

2. 实时与定期评估相结合

数字化战略的实施效果需要进行实时与定期相结合的评估。实时评估能够捕捉市场动态与消费者行为的即时变化,为营销策略的快速调整提供依据。定期评估则侧重于对数字化战略实施效果的全面回顾,包括对技术应用成熟度、业务流程优化程度、组织架构适应性等方面的深入剖析。

3. 多渠道收集反馈

在数字化战略的评估过程中,企业应通过问卷调查、在线访谈、社交媒体监测等多种方式,广泛收集员工、客户和合作伙伴的反馈意见。这些反馈不仅能够揭示数字化战略实施过程中的问题与不足,还能为后续的优化调整提供宝贵的建议与灵感。

4. 深入分析评估结果

企业应对收集到的评估结果进行深入分析,识别数字化战略实施过程中的亮点与瓶颈。特别是要关注数字化营销活动的投资回报率、客户画像的精准度、个性化营销的效果等指标,为优化营销策略提供数据支持。

5. 敏捷优化与持续迭代

根据评估结果与分析,企业应迅速对数字化战略进行优化与调整。这包括技术架构的升级、业务流程的再造、组织架构的调整以及营销策略的微调。同时,企业还应建立敏捷的迭代机制,确保数字化战略能够紧跟市场趋势与消费者需求的变化。

6. 建立持续监测与反馈循环机制

最后,企业应建立持续监测与反馈循环机制,对数字化战略的实施效果进行长期跟踪。这不仅能够确保战略的持续改进与优化,还能为未来的数字化战略制定提供宝贵的数据与经验积累。

> **知识链接**
>
> 数字化战略转型中的组织变革与领导力
>
> 详细内容，
> 请扫描二维码阅读。
>
> 二维码 3-5

> **案例分享**
>
> 独具匠心：巴奴毛肚火锅的产品定位之路
>
> 详细内容，
> 请扫描二维码阅读。
>
> 二维码 3-6

> **本章提要**
>
> 详细内容，
> 请扫描二维码阅读。
>
> 二维码 3-7

本章习题与练习

1. 简述企业战略的定义、特征及层次，并举例说明。
2. 详细阐述规划总体战略的步骤，并分析其在企业实践中的应用。
3. 如何识别战略业务单位？列举并解释其关键特点。
4. 阐述波士顿矩阵法和通用电气矩阵法在业务投资组合分析中的应用，并讨论其优缺点。
5. 论述企业新增业务规划的战略选择（密集式增长、一体化增长、多元化增长）及其适用条件。
6. 描述营销管理过程的主要阶段，并解释每个阶段的关键任务。
7. 结合当前数字化时代的发展趋势，讨论数字化战略规划对企业的重要性，并提出有效的执行策略。

第四章
消费者购买行为分析

【学习目标】
1. 深刻理解消费者市场的内涵、特性及其购买对象的分类。
2. 掌握并分析消费者购买行为的不同理论模式及其核心内容。
3. 全面剖析影响消费者购买行为的多元因素。
4. 明晰消费者购买决策过程各阶段的特征与重要性。

【思政目标】
详细内容,请扫描二维码阅读。

二维码4-1

市场是由许多拥有不同消费偏好和消费需求的消费群体所构成的。把握消费者行为可以为企业赢得消费者,提升企业的市场竞争优势。因此,研究消费者在目标市场的购买行为,是营销管理的一个重要任务。

【思维导图】

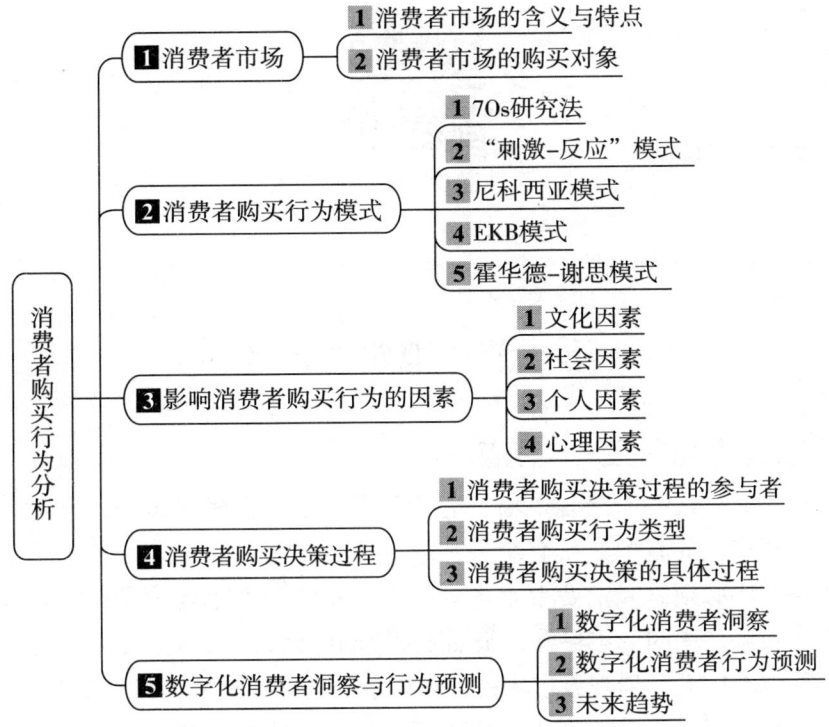

> **案例导入**
>
> 元气森林：如何让"Z 世代"恋恋不舍
>
> 详细内容，请扫描二维码阅读。
>
>
>
> 二维码 4-2

第一节 消费者市场

一、消费者市场的含义与特点

消费者市场又称最终消费者市场、消费品市场或生活资料市场，是指为满足生活消费需要而购买产品或服务的所有个人和家庭构成的市场。一切企业，无论是否直接为消费者服务，都必须研究消费者市场，因为只有消费者市场才是最终市场；其他市场，如生产者市场、中间商市场等，虽然购买数量很大，但仍然要以最终消费者的需要和偏好为转移。因此，消费者市场是市场体系的基础，是最终起决定性作用的市场。

消费者市场是现代营销理论研究的主要对象。成功的营销者是那些能够有效地提供对消费者有价值的产品，并运用富有吸引力和说服力的方法将产品有效地呈现给消费者的企业和个人。

消费者需要受多种主观和客观因素的影响呈现出多样性。因此，消费者市场在交易规模与方式、商品特性、购买行为、市场动态等方面有以下特点。

（1）交易规模与方式。消费者市场广泛分散，涉及众多个人及家庭买家，交易频繁但单次购买量小。消费品购买以满足短期需求为主，多为零星采购，频率高。因此，商品多通过中间商分销，便于消费者触及。

（2）商品特性。作为最终消费品市场，面对的是个体差异显著的消费者群体。年龄、职业、收入等多元背景导致需求多样，从商品种类、规格到价格均呈现高度差异化。特别是电子产品，更新换代迅速，生命周期短。商品间替代性强，非必需品价格弹性大，销量易受价格波动影响。

（3）购买行为。消费者购买行为易受诱导，这源于其自发性、情感驱动及商品知识匮乏。非专业性购买决策易受广告、宣传影响。因此，企业应强化商品宣传与教育，这既能辅助消费者决策，又能有效引导购买倾向。

（4）市场动态。消费者需求复杂多变，供需矛盾频发。市场需求的波动与人口流动速度、购买力流动性，以及城乡交流、旅游发展和国际交往的程度正相关。企业应紧跟市场动态，提供贴合消费者需求的产品，并布局购物网点，注重在交通枢纽建立大型购物中心，满足流动人口的购物需求。

二、消费者市场的购买对象

消费者市场上的产品纷繁复杂、品种繁多。如果以一定的标准进行分类,消费者市场的购买对象可以划分为不同的类型。按照消费者购买行为的差异,我们可以把消费者市场的购买对象划分为便利品、选购品、特殊品和非渴求品四种类型。

1. 便利品

便利品又称日用品,是指消费者日常生活所需、需要重复购买的商品,如饮料、糖果、肥皂、洗发水等。对此类产品的购买,消费者一般不愿花很多的时间比较价格和质量,最关注的是便利性。因此,便利品的生产者,应注意分销的广泛性和经销网点的合理分布,以便消费者能及时就近购买。

2. 选购品

选购品是指价格比便利品要贵,消费者购买时愿意花较多时间对商品进行比较之后才决定购买的商品,如服装、家具、大家电等。消费者在购买前,对这类商品了解不多,因而在决定购买时总是要对同一类型的产品从价格、款式、质量、性能等方面进行比较。因此,选购品的生产者应将销售网点设在商业聚集区,并尽量将同类产品的销售点集中起来,以便顾客进行比较和选择。

3. 特殊品

特殊品是指具有独特的品牌识别特征,消费者对其有特殊偏好的产品,如特定品牌和款式的汽车、香水或高档餐厅等。对此类产品的购买,消费者一般不进行比较,认为其他产品无法替代,他们只把时间花费在找到自己所要的产品上。因此,企业应注意争创品牌产品,以赢得消费者的青睐,要加强广告宣传,扩大产品知名度,同时要切实做好售后服务和维修工作。

4. 非渴求品

非渴求品是指消费者不了解或不感兴趣的产品。大多数创新产品在进行广告宣传之前都是非渴求品,例如百科全书、保险等产品或服务。在对这类商品的营销上,广告宣传、人员推销等手段非常关键。

> **知识链接**
>
> 《未来十年塑造中国消费增长的五大趋势》报告
>
> 详细内容,
> 请扫描二维码阅读。
>
>
>
> 二维码 4-3

第二节　消费者购买行为模式

消费者行为涉及获取、使用及处置消费品或服务的全过程。在市场经济中，企业需要研究消费者行为，以建立长期交换关系。这要求企业了解消费者获取信息的渠道、消费及处置产品的方式，掌握消费者的购买行为规律，制定有效的营销策略，达成营销目标。

一、7Os 研究法

研究消费者购买行为规律应首先聚焦于其行为的基本模式，营销学家将其概括为"7Os 研究法"：

（1）消费者市场由谁构成？（Who）　　　　购买者（Occupants）
（2）消费者购买什么？（What）　　　　　　购买对象（Objects）
（3）消费者为何购买？（Why）　　　　　　 购买目的（Objectives）
（4）消费者的购买活动有谁参与？（Who）　 购买组织（Organizations）
（5）消费者怎样购买？（How）　　　　　　 购买方式（Operations）
（6）消费者何时购买？（When）　　　　　　购买时间（Occasions）
（7）消费者何地购买？（Where）　　　　　 购买地点（Outlets）

"7Os 研究法"构成了我们分析市场的基本框架。为了深入理解这些问题，广泛而深入的市场调查是必不可少的。基于这些调查结果，企业能够揭示消费者的购买行为规律，从而更有针对性地制定和实施营销策略。

二、"刺激－反应"模式

在对消费者购买行为进行分析的理论中，"刺激－反应"模式是一种比较经典的分析模式，它认为人们行为的动机是一种内在的心理过程，看不见、摸不着，像一只"黑箱"，不可捉摸且神秘。外部的刺激，经过"黑箱"（心理活动过程）产生反应，引起行为，只有对行为进行研究，才能了解消费者心理活动过程。该模式包括三大变量，即外部刺激、购买者黑箱和购买者反应因素，如图 4-1 所示。详细内容，请扫描二维码阅读。

二维码 4-4

该模式表明，可控的营销因素和不可控的环境因素共同刺激着消费者。他们会根据自身的不同情况处理这些信息，经过一定的决策过程产生一系列购买决定，即消费者对刺激因素的反应。

除"7Os 研究法"和"刺激－反应"模式外，一些西方学者还提出了许多试图理解和解释消费者行为的模式，其中比较著名的模式有尼科西亚模式（Nicosia Model）、

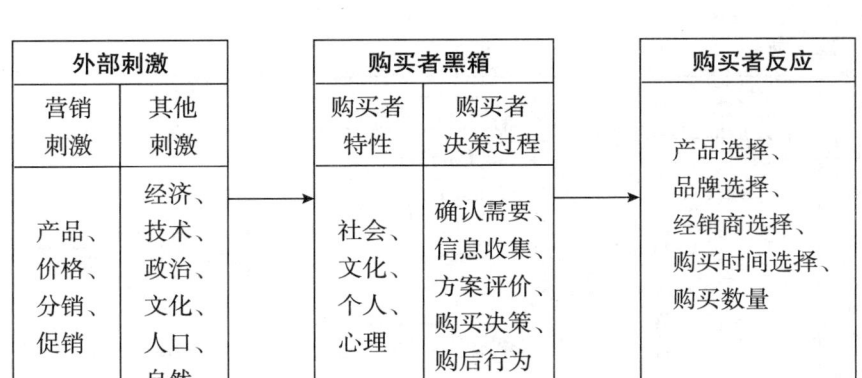

图 4–1 "刺激–反应"模式

恩格尔–科拉特–布莱克韦尔模式（Engel, Kollat & Blackwell Model，简称 EKB 模式）和霍华德–谢思模式（Howard & Sheth Model）等。

三、尼科西亚模式

消费者行为专家弗朗西斯科·尼科西亚（Francesco Nicosia）于 1966 年提出的尼科西亚模式由四大核心部分组成，该模式结构严谨且易于理解，对营销理论有着显著贡献。第一部分聚焦于信息源至消费者态度的转变。在这一阶段，企业和消费者双方的态度均被纳入考虑。假设消费者缺乏商品知识，主要依赖企业的信息推动。企业向消费者传递信息，消费者接收并处理这些信息后，形成对商品或服务的态度。第二部分涉及消费者对商品的调查与评价。这一过程促使消费者形成购买动机。第三部分则是消费者基于前述评价与动机采取的实际购买行为。第四部分强调消费者将购买行为的结果记录并储存起来，以备将来参考或向企业反馈。尽管尼科西亚模式具有诸多优点，但它未能充分阐述外界环境对消费者购买行为的影响。该模式的图示可参见图 4–2。

四、EKB 模式

EKB 模式，起源于美国消费者行为学者詹姆斯·恩格尔（James Engel）1958 年的理论，后经戴维·科拉特（David Kollat）与罗杰·布莱克韦尔（Roger Blackwell）的发展完善，成为消费者行为研究中的经典模型。该模式以消费者决策过程为核心，全面剖析了消费者心理活动的复杂性，指出消费决策是一个连续而非间断的过程。

EKB 模式以流程图形式直观展现了消费者决策流程及变量间的相互作用。在此模型中，消费者决策过程始于问题的识别，终于问题的解决，全程受到内在与外在变量的共同影响。消费者心理作为"中央控制器"，接收外部刺激信息（如产品特性、社会压力等）及内在"插入变量"（如态度、经验、个性）的输入，经过综合处理，输出购买决定。

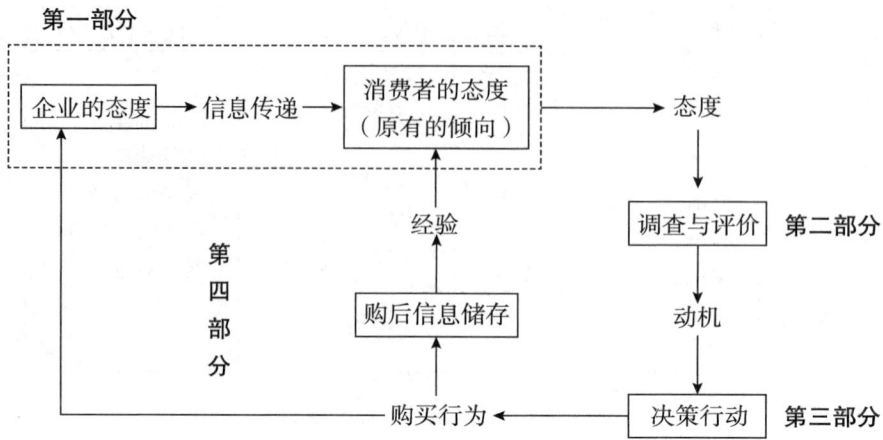

图4-2 尼科西亚模式

具体而言，EKB模式描绘了消费者从接触外界刺激到完成购买的全过程：在外界刺激（包括有形商品展示与无形社会压力）作用下，消费者产生知觉、注意与记忆，形成信息与经验储备。在动机、个性及生活方式的驱动下，消费者明确问题，开始寻找满足需求的购买对象。在评价标准、信念、态度及意向的引导下，消费者评估品牌与备选方案，最终做出购买决策并实施。购买后，消费者对结果进行体验评价，形成满意度反馈，为下一次消费活动奠定基础。整个过程如图4-3所示，清晰地展现了消费者购买行为的连续性与动态性。

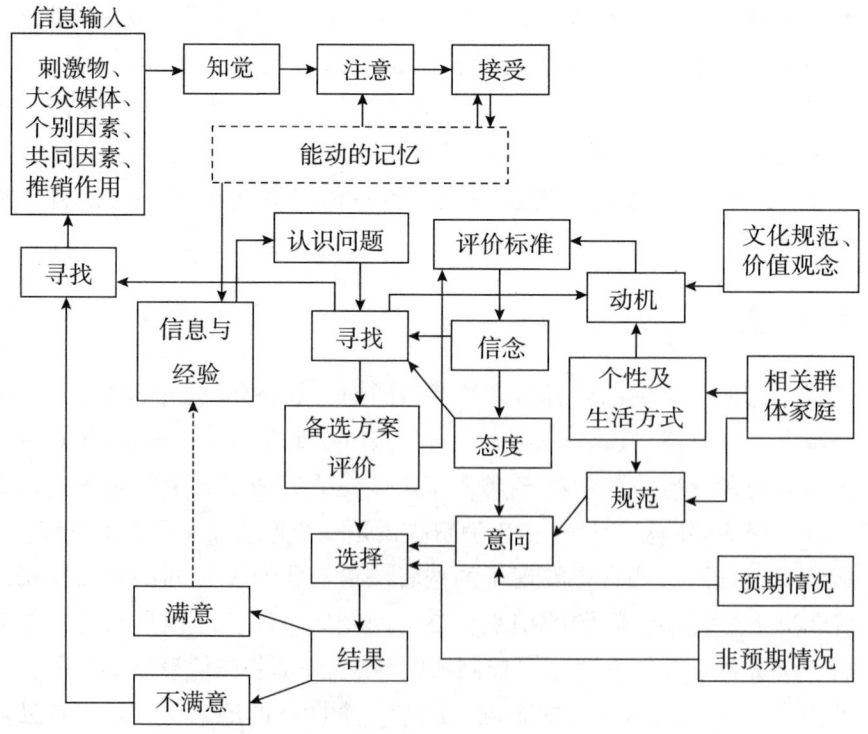

图4-3 EKB模式

五、霍华德－谢思模式

霍华德－谢思模式源于20世纪60年代初，由美国学者约翰·霍华德（John Howard）率先提出，后经与杰格迪什·谢思（Jagdish Sheth）合作，于1969年在《消费者购买行为理论》（A Theory of Buyer Behavior）一文中完善。此模式相对复杂，强调消费者有选择性地接收有意义的、象征性的及社会性的信息。消费者不仅主动搜集信息，还将信息与自身心理状态融合，新信息能影响或改变其动机。购买决策的结果又会转化为新的信息，反馈并影响消费者心理，成为其未来行为的影响因素。

在消费者购买行为中，内外部刺激与最终决策均显而易见，但决策过程却如心理学中的"黑箱"般难以窥探。购买者行为分析旨在揭开这一"黑箱"，深入理解消费者的购买决策流程，以及影响该流程的各种因素的作用机制，如图4－4所示。

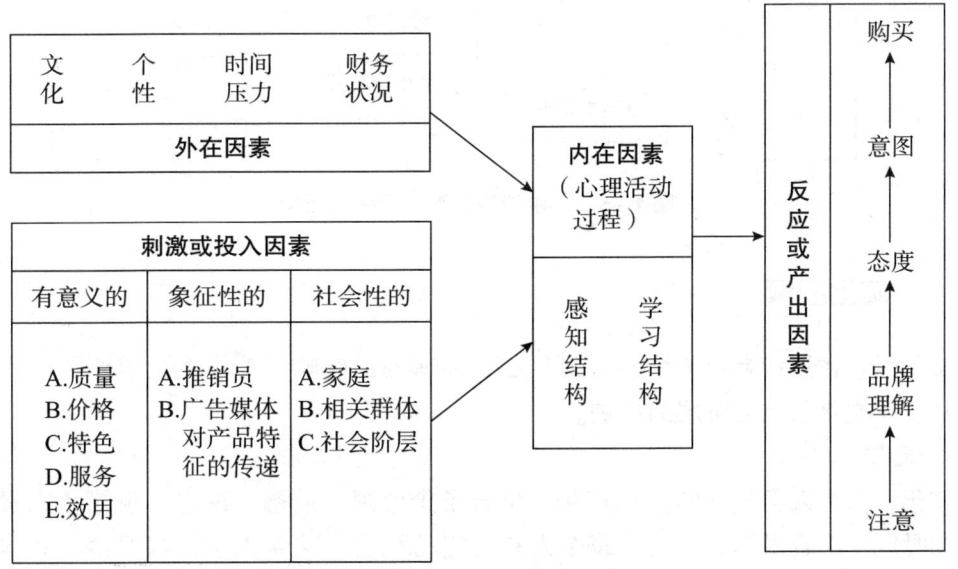

图4－4 霍华德－谢思模式

知识链接

把梳子卖给和尚

详细内容，
请扫描二维码阅读。

二维码4－5

第三节　影响消费者购买行为的因素

消费者确立了购买意向以后，其购买行为的指向仍然是不确定的，因为消费者购买行为会受多种因素的影响，这些因素概括起来主要有文化因素、社会因素、个人因素和心理因素四种。其中，文化因素和社会因素属于外在因素，个人因素和心理因素属于内在因素，如图 4-5 所示。

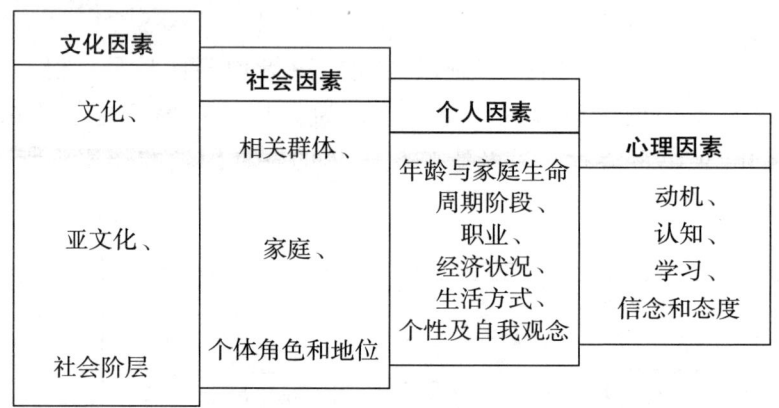

图 4-5　影响消费者购买行为的因素

一、文化因素

文化因素在消费者行为中有着最广泛、最深刻的影响。营销人员需要了解消费者的文化、亚文化及社会阶层的影响。

1. 文化

文化，作为人类生活实践的产物，融合了价值观、道德、理想等象征性元素，虽无形却时刻左右着人们的行为。每个人在特定的社会文化氛围中，都习得了基本的文化观念。

文化是人类欲望与行为的基石，渗透于思想和行为的方方面面。人们通过家庭、学校、组织等渠道学习、模仿并内化社会的基本价值观、规范、宗教信仰及风俗习惯。因此，文化差异直接导致消费者购买行为的多样性，体现在婚丧习俗、服饰风格、饮食习惯、建筑特色、节日庆典及礼仪规范等多个层面。同时，随着全球化进程的加速，文化间的交流与融合日益加深，促使文化不断演变。

将文化视为一个系统，可划分为外显层（器物、行为、语言表达）、中间层（价值观、规范）及内隐层（基本信念、世界观、思维方式）。这一划分揭示了文化由内在观念向外显现的过程，即通过价值观与规范的中介作用，最终体现在具体的器物与行为上，如图 4-6 所示。

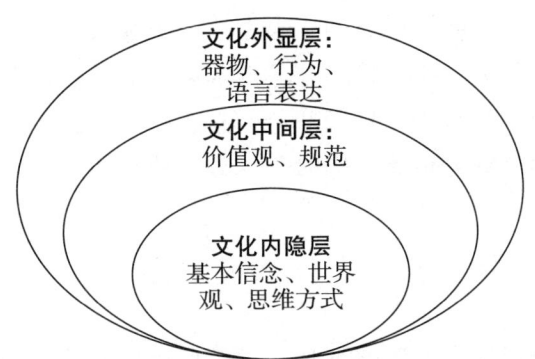

图 4-6 文化系统的三层次

2. 亚文化

亚文化是指某一文化群体内部次级群体成员所共有的独特信念、价值观及生活习惯。这些亚文化群体在坚守所属更大社会群体的主流文化信念与行为模式的同时，也发展出了更为具体、独特的文化特征。亚文化通常可分为：民族亚文化、宗教亚文化、种族亚文化、地理亚文化。详细内容，请扫描二维码阅读。

二维码 4-6

亚文化的多样性催生了消费亚文化的形成，这些亚文化群体围绕产品、品牌或消费方式，构建出独特的消费模式。它们共享着一定的社会等级结构、信仰或价值观，以及特有的语言、仪式与象征性表达方式。深入研究亚文化现象，有助于企业更深刻地理解市场，精准细分市场，从而有针对性地开展营销活动。

> **知识链接**
>
> **中国的现代亚文化群体**
> 详细内容，
> 请扫描二维码阅读。
>
>
>
> 二维码 4-7

3. 社会阶层

社会阶层是社会学家依据职业、收入、受教育水平、价值观及居住区域等因素，对人们进行的一种层次分明的社会分类。各阶层成员共享相似的价值观、兴趣与行为模式。不同社会阶层的消费者在支出、休闲活动、信息接收和处理及购物方式等方面展现出显著差异。

社会阶层作为文化特征，具备差异性、变动性与多维性。差异性体现为同一社会阶层的人的行为更为相似，不同社会阶层的人的行为有较大差异；变动性则指随着个人社会阶层的变迁，其行为特征也会发生显著变化；多维性表明社会阶层受经济、职业、教育等多重因素影响，划分标准不同，构成的社会阶层亦有所不同。

社会阶层影响人们行为的深层心理原因在于等级观与身份观，人们倾向于采取与自身等级、身份相符的行为。这些观念进一步转化为价值观、消费观与审美观，直接塑造人们的消费特征与购买行为。对于部分产品而言，社会阶层提供了有效的市场细分依据，营销人员可据此细分市场，采取有针对性的营销策略，以满足不同社会阶层消费者的独特需求。

二、社会因素

社会因素在消费者行为中扮演着举足轻重的角色，尤其是相关群体、家庭以及个体角色和地位，这些因素深刻影响着消费者的决策过程。

1. 相关群体

相关群体，亦称参照群体，是指那些对个体看法、态度及行为产生直接或间接影响的个人或团体。这些群体可以是个体偶像，如运动员、政界要人或影视明星；也可以是团体，如运动队、政党或音乐组合。在消费者行为研究中，相关群体常被细分为参与群体与非所属群体两大类。

参与群体是消费者直接置身其中的社会单元，包括亲密群体、购物伙伴、消费者部落及品牌社群。

（1）亲密群体。亲密群体即家庭、亲密朋友、同事和邻居等，以非正式的方式潜移默化地塑造着个体的消费习惯与偏好。

（2）购物伙伴。购物伙伴则是消费决策过程中的重要参照，他们的陪伴不仅延长了购物时间，还显著提升了零售店的销量。在数字化语境中，购物伙伴的概念同样存在，如拼多多的拼单模式，通过实时展示其他用户拼单成功的信息，激发消费者的参与热情。

（3）消费者部落。消费者部落是一群因相同生活方式或对某一产品、活动的忠诚而聚集的群体，尽管它们往往短暂且不稳定，但在特定时期内，成员间会共享情感、信念和生活方式，共同消费特定产品。

（4）品牌社群。品牌社群则是基于对同一品牌及其产品的兴趣与使用而形成的消费群体，它通过品牌维系，涵盖了消费者与品牌、企业、产品及社群内其他消费者的多维度关系。品牌社群的成员在地理上分布广泛，仅在举办品牌活动时短暂相聚。天猫的"超级品牌日"活动、华为的花粉俱乐部等，都是品牌社群应用的生动例证。

非所属群体虽不直接包含消费者，但其影响力不容小觑。这类群体分为期望群体与游离群体。期望群体是消费者渴望加入或与之互动的群体，其价值观与行为模式成为消费者追求的目标；游离群体则因其价值观与行为模式与消费者相悖，而被消费者排斥。

相关群体影响消费者购买行为的方式主要体现在示范性、仿效性与一致性上。示范性为消费者提供了行为模式；仿效性激发消费者模仿的欲望，进而影响商品选择；

一致性则促使消费行为趋于同质化。在企业营销活动中，必须重视相关群体对消费者购买行为的深远影响。企业应深入分析目标市场消费者受不同相关群体的影响程度，并据此制定差异化策略以满足多元需求。例如，化妆品企业常邀请知名影星、歌星代言，正是巧妙利用了期望群体的影响力。同时，企业需要意识到商品类型对相关群体影响力的差异：商品能见度越高、特殊性越强、购买频率越低、消费者知识越匮乏，其受相关群体的影响就越大。因此，企业在制定营销策略时，应充分考虑这些因素，以实现精准营销，提升市场效果。

> **知识链接**
>
> **互联网经济下的意见领袖**
> 详细内容，
> 请扫描二维码阅读。
>
>
>
> 二维码 4-8

2. 家庭

家庭是以婚姻、血缘和有继承关系的成员为基础组成的社会生活组织形式或社会单位。家庭是社会最基本的细胞，也是最基本的消费单位，是群体的主要形式。现代家庭又分为核心家庭、主干家庭、扩展家庭。核心家庭是指由一对夫妇及未婚子女组成的家庭，通常称"小家庭"。主干家庭由夫妻、夫妻双方的父母，或者直系长辈以及未成年子女组成。扩展家庭由核心家庭或主干家庭加上其他旁系亲属组成。通常来说，核心家庭对消费有着最直接和最大的影响。

（1）家庭对消费者购买行为的影响。

家庭与消费行为紧密相连，个人在成长过程中会受到原生家庭和当前家庭的双重影响。原生家庭的影响虽较为间接，但仍深刻塑造了个人的消费观念和习惯；而当前家庭则直接影响个体的购买决策。家庭对消费行为的影响主要体现在三个方面：

一是家庭消费传统。家庭的消费习惯和购买传统，如节日庆典的特定消费、对品牌的偏好等，会深刻影响成员当前的购买行为。

二是社会地位与经济条件。家庭的社会地位和经济基础决定了其消费层次、结构和购买水平，两者通常呈现正相关关系。经济条件优越的家庭更倾向于高品质、高附加值的消费。

三是家庭结构。家庭结构直接影响购买决策，包括为谁购买、购买什么、购买多少等。例如，有儿童的家庭会更倾向于购买儿童用品和教育服务。

（2）家庭购买决策模式对购买行为的影响。

家庭购买决策模式多种多样，依据家庭权威中心的不同，可分为各自为主、丈夫支配、妻子支配和共同支配四种类型：

各自为主型家庭成员的特征是高度自主与成熟，他们通常独立做出决策，互不干涉。

丈夫支配型模式下，丈夫主导家庭购买决策，但随着女性社会地位的提升，这种模式正在发生变化。

妻子支配型模式下，妻子成为做出家庭购买决策的主要力量，尤其在日用品和贵重商品方面。

共同支配型模式下，家庭成员协商决策，体现了平等和协作的家庭价值观。

（3）家庭的跨代际影响。

家庭还是消费社会化的重要场所，父母是孩子模仿的对象。孩子通过模仿父母的消费行为来学习消费，营销人员常推出儿童版产品就是利用了这一心理。父母的消费习惯与偏好，会在孩子心中种下品牌忠诚的种子。不同文化背景下，父母引导孩子消费社会化的时间与方式不同，如希腊与印度的家长相比澳大利亚与美国的家长，更晚开始消费教育。教育风格亦影响深远：权威型父母冷漠克制，限制孩子接触外部媒介，对广告持否定态度；疏忽型父母虽对孩子的控制力弱，但同样难以建立亲密关系；宽容型父母则鼓励消费对话，给予孩子更多自由探索市场的空间。

3. 个体角色和地位

个体角色和地位作为关键社会因素，对消费者购买行为具有显著影响。个体在多重群体（如家庭、俱乐部等）中扮演着不同角色，且特定时间内某一角色可能占主导。例如，职场领导在家庭中可能是丈夫和父亲，不同角色会影响其购买决策。每个角色背后承载着特定地位，体现社会对个体的综合评价。消费者在选择商品时，往往会考量自身角色和地位。企业若能巧妙地将产品或品牌塑造为某种角色或地位的象征，将有效吸引目标顾客群体。值得注意的是，不同社会阶层和地理区域的消费者，用以彰显身份和地位的产品或品牌偏好各异。因此，理解这种差异并精准定位，是企业在营销中的关键策略。

三、个人因素

个人因素是消费者购买决策最直接的影响因素。消费者的购买决策受其个人特性，特别是年龄与家庭生命周期阶段、职业、经济状况、生活方式、个性及自我观念的影响。

1. 年龄与家庭生命周期阶段

不同年龄的消费者在购买欲望、兴趣和爱好方面有很大的差异，在购买商品的种类上也有区别，购买决策过程也不尽相同。比如年轻人和中老年人在消费观念、消费习惯、消费方式等很多方面都表现出较大的差异性。

家庭生命周期指从消费者年轻时离开父母独立生活到年老的家庭生活全过程。处于发展周期不同阶段的家庭，由于家庭性质的差异，消费者的行为呈现出不同的主流特性。西方营销学家根据家庭特点把家庭生命周期划分为八个阶段,如图 4-7 所示。

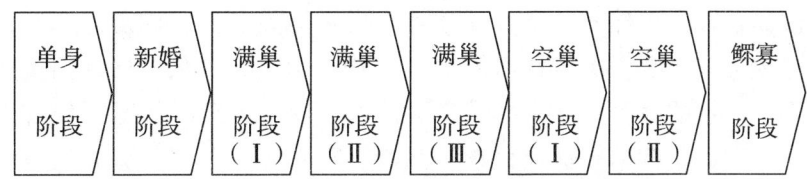

图 4-7 家庭生命周期

(1) 单身阶段。该阶段的消费者一般比较年轻,已参加工作,独立生活。他们几乎没有经济负担,消费观念紧跟潮流,收入主要花费在食品、书籍、服装、社交和娱乐等消费上。

(2) 新婚阶段。这一阶段的消费者已经结婚,但尚无子女。他们经济状况较好,具有比较大的需求量和比较强的购买力,是电器、家具、汽车、旅游产品的购买主力。

(3) 满巢阶段Ⅰ。指最小的孩子在 6 岁以下的家庭。孩子的诞生使家庭更完整,故称"满巢"。处于这一阶段的消费者是婴幼儿用品的主要需求者,常常感到购买力不足,对新产品感兴趣且倾向于购买打广告的产品。

(4) 满巢阶段Ⅱ。指最小的孩子在 6 岁以上的家庭。处于这一阶段的消费者一般经济状况较好,但消费慎重,已经形成比较稳定的购买习惯,极少受广告的影响,对食品、清洁用品、教育和娱乐产品有巨大需求。

(5) 满巢阶段Ⅲ。指由子女长大但尚未独立的中年夫妇组成的家庭。处于这一阶段的消费者经济状况尚可,消费习惯稳定,在孩子用品和教育方面支出较多,并开始更换耐用消费品。

(6) 空巢阶段Ⅰ。指子女已经成年并且独立生活,但是家长还在工作的家庭。处于这一阶段的消费者经济状况最好,可能购买娱乐品和奢侈品,对新产品不感兴趣,也很少受广告的影响。

(7) 空巢阶段Ⅱ。指子女独立生活,家长退休的家庭。处于这一阶段的消费者收入大幅减少,消费更趋谨慎,倾向于购买有益健康的产品。

(8) 鳏寡阶段。指配偶离世的退休独居老人。收入来源包括养老金、储蓄及子女赡养,消费高度集中于医疗健康服务和基本生活保障,对价格的敏感度极高。

消费者处在不同的家庭生命周期阶段,会有不同的爱好与需要。企业营销人员应根据不同的家庭类别、不同的家庭生命周期的实际需要,开发产品和提供服务。

2. 职业

职业差异会对人们的价值观、消费习惯及行为模式产生显著影响,尤其在衣食住行方面。例如,不同职业的消费者会根据自身职业特性和社会地位,在衣物款式与档次上做出不同选择。因此,营销人员需要识别对其产品或服务最感兴趣的职业群体,并据此开发适宜产品及制定相应营销策略。

3. 经济状况

经济状况涵盖收入、储蓄、资产、债务、借贷能力及消费储蓄态度等，深刻影响消费者的消费能力与范围，决定其需求层次与购买力。经济状况好的消费者往往追求更高层次的需求，选购高档商品，享受高级消费。反之，经济状况不佳者则主要满足基本生活需求。因此，营销人员在设计产品与进行市场定位时，务必充分考虑不同经济群体的实际情况。

4. 生活方式

生活方式是个体因素与社会因素互动下形成的活动、兴趣和态度，即便在同一社会阶层或亚文化中，消费者间也存在差异。它综合反映了心理、社会、文化、经济等因素，比社会阶层或个性更具丰富性。生活中有节俭型、奢华型、守旧型、革新型等不同生活方式的群体，他们的产品需求各异。营销人员需要深入探究产品与不同生活方式群体的关联，以精准开发和推广符合其需求的产品。

5. 个性及自我观念

每个人的独特个性都会影响其购买行为。个性是个人对环境做出持久一致反应的心理特征，常用自信心、控制欲、自主性、顺从性、交际性、保护性和适应性等特征描述。消费者的个性在购买决策中体现明显，如自信者决策迅速，控制欲强的人喜欢主导决策。此外，营销人员还应关注自我观念，即人们认为自己的拥有物反映了自己的社会地位。理解消费者的购买行为，需要洞察其自我观念与拥有物间的关系，如消费某物品可能是为了彰显品位、教养或时尚感。

四、心理因素

对消费者购买行为产生影响的心理因素有很多，包括动机、认知、学习、信念和态度等心理过程。

1. 动机

动机是一种无法直观显现的内在力量，它是人们因为某种需要产生的具有明确目标指向和即时实现愿望的欲求。当这种需要积累到一定的程度时，就会变成动机。在影响消费者行为的诸多心理因素中，需要和动机具有重要的地位，与消费者行为有着直接而紧密的联系。这是由于人们的任何消费行为都是有目的的，这些目的或目标的实质是满足人们的某种需要或欲望。需要、动机与行为的关系如图4-8所示。

需要 —激发→ 动机 —驱动→ 行为 —达成→ 目标 —满足需要→ 行为结束

图 4-8 需要、动机与行为的关系

动机与行为有着直接的因果关系。消费者购买行为由购买动机支配，而购买动机又由需要引起。因此要研究消费者购买动机，必须研究消费者的需要。

就一次行为过程而言，直接引起、驱动和支配行为的心理要素是需要和动机。其中，需要是消费者行为的原动力，动机则是消费者行为的直接驱动力。在研究人类动机的理论中，最著名的是马斯洛的需要层次（Hierarchy of Needs）理论、弗洛伊德的潜意识理论和赫茨伯格的双因素理论。这些理论对营销人员都具有一定的借鉴意义。

（1）马斯洛的需要层次理论。

美国心理学家亚伯拉罕·马斯洛（Abraham Maslow）的需要层次理论（也译为"需求层次理论"）是当前最有影响力的激励理论。马斯洛认为，人需要什么取决于已经得到了什么，只有尚未被满足的需要才会影响人的行为，已经被满足的需要不再是一种激励因素或动因。他把人的需要分为五个层次，依次是生理需要、安全需要、社交需要、尊重需要和自我实现需要，如图4-9所示。上述五种需要是按从低级到高级的层次组织起来的，只有较低层次的需要得到了满足，较高层次的需要才会出现。马斯洛的需要层次理论，对企业分析、把握消费者的购买行为动机有着非常重要的实用价值。

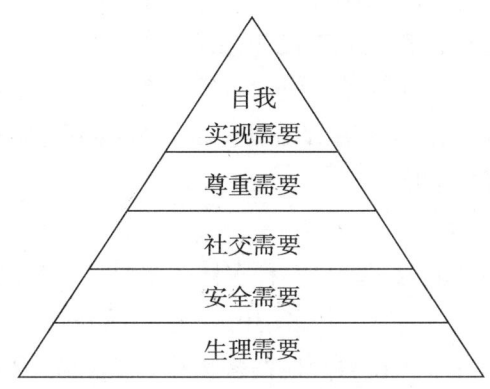

图4-9 马斯洛的需要层次理论

（2）弗洛伊德的潜意识理论。

奥地利心理学家西格蒙德·弗洛伊德（Sigmund Freud）提出，人类行为的主要心理驱动力源自无意识（Unconscious Mind）。个体成长过程中会产生诸多需求和欲望，这些需求和欲望常因社会和环境的限制而无法实现，但它们并未消失，而是被压抑并潜伏于内心，形成心理层面的"无意识"。这些"无意识"的内容会在梦境或现实生活中以各种形式显现。据此，弗洛伊德认为，人的行为是多种因素刺激下"无意识"作用的结果。将此理论应用于消费者购买行为，即消费者在选择商品时，可能受多重因素激发，唤起其"无意识"。基于弗洛伊德的理论，营销人员需要运用多元因素激发消费者的购买欲，特别是采用富含情感色彩的手段，以有效引起消费者的购买意愿，促进购买行为的实现。

(3) 赫茨伯格的双因素理论。

美国行为科学家弗雷德里克·赫茨伯格（Frederick Herzberg）提出了动机的双因素理论（Two-Factor Theory）。这种理论区分了保健因素（Hygiene Factors）和激励因素（Motivation Factors）。赫茨伯格认为，有一些因素具备的时候，人们会感到满意，而它们不具备的时候，人们也不会感到不满意，而是感到没有满意，赫茨伯格称之为"激励因素"；另一些因素存在时，并不能使人感到满意，没有很大的激励作用，而它们不足时则会引起人们不满，赫茨伯格称之为"保健因素"，如图4-10所示。

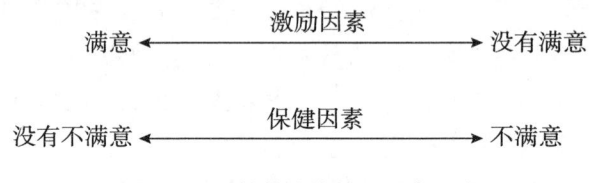

图4-10 赫茨伯格的双因素理论

根据双因素理论，人的行为受保健因素与激励因素的共同影响。保健因素若得不到满足，会产生负面效应；而激励因素的缺失虽不直接导致破坏性的结果，但其存在却能激发更积极的行动。这一理论同样适用于消费者购买行为。在购物中，质量、性能和价格等被视为保健因素，若企业未能满足这些基本需求，消费者可能产生不满甚至反对行为。相反，情感、设计等激励因素若得到满足，能促使消费者更积极地购买产品或服务。因此，企业在开展营销活动时应尽力避免保健因素的缺失，同时灵活运用激励因素，提升消费者满意度。

(4) 现实中的购买动机。

在现实生活中，消费者的购买动机多种多样，主要可分为以下几类：

求实动机，核心在于"实惠"与"实用"。这类消费者更看重商品的功能、质量和性价比，对外观、品牌等不太在意。他们多为中低档商品的主要购买者，对高档品持谨慎态度。

求美动机，即追求商品的审美价值。这类消费者关注商品的造型、色彩等，对商品的实用性要求相对次要。他们多为中青年女性及文艺界人士，是时尚、装饰品的主要消费者。

求廉动机，以价格低廉为主要特征。这类消费者最看重价格，对降价、促销商品感兴趣，对款式等不太关注。他们多为低收入者或节俭的高收入者，是低档、积压品的主要购买者。

求名动机，即追求名牌产品以彰显身份地位。这类消费者不太考虑价格，主要通过购买名牌来满足心理需求。他们多为高收入者或有强烈表现欲的人，是高档名牌商品的主要消费者。

求新动机，即追求新潮、时髦。这类消费者注重商品的款式、造型等是否新颖，对质量、价格不太在意。他们多为经济条件较好的青年，是时尚商品和新产品的主要购买者。

求优动机,即追求商品的高质量。这类消费者注重内在质量,对外观、价格等不太挑剔。他们多为经济条件较好的老年消费者。

求便动机,即追求购买过程的简便、省时。这类消费者注重效率,希望快速完成交易,对商品本身不太挑剔。他们多为事业型男性。

嗜好动机,即基于个人兴趣、习惯或职业需要来进行购买。这类消费者对某些商品有特别的兴趣,购买行为受个人嗜好影响,具有集中性、稳定性和经常性。

攀比动机,即争强好胜,不甘落后。这类消费者购买商品并非出于实际需求,而是为了与他人比较、炫耀。他们的购买行为受社会群体影响,具有盲目性。

求同动机,即注重追随社会潮流。这类消费者愿意随大流,购买周围人群普遍购买的商品,以适应社会传统习惯。

求异动机,即追求与众不同。这类消费者愿意标新立异,购买周围人群未购买或很少购买的商品,以彰显个性。

求安全动机,即追求商品的安全可靠。这类消费者在购买商品时特别注重其安全、卫生,不损害健康。在购买医药、食品等时尤为明显。

购买动机形成后,消费者会明确购买目标和方向,进而采取具体的购买行动。由于购买动机多样,消费者的购买行为也多变。因此,营销人员需要深入分析消费者的需求和动机,针对不同层次和动机设计产品或服务,制定有效营销策略,以获得营销成功。这要求企业不仅满足消费者的基本需求,还要激发其潜在需求,通过创新产品或服务,提升消费者满意度和忠诚度。

2. 认知

受动机驱使的人会随时准备行动,他的行动取决于他的认知过程。认知是根据消费者对外在事物的各属性之间的有机联系进行综合性、整体性反映和认识的心理过程。认知是一种个体受内外因素共同作用的过程,取决于两个方面:一是外界的刺激,没有刺激,认知就没有对象;二是人们的反应,没有反应,刺激就不能发挥作用。然而在实际生活中真正能使两者完全结合的并不多,原因是人们的认知能力具有局限性,对外界刺激的接受只能是有选择的。具体而言,反映在三个方面,即选择性注意、选择性曲解和选择性记忆。

(1) 选择性注意。在人们的日常生活中,外界环境常有许多刺激因素,如广告、商品陈列等。每个人对这些信息并非全部接受,而是有选择性地接受,大部分信息被筛选掉,仅仅留下少量对他有用的信息被接收或存储起来,这就是选择性注意。引发人们注意的因素主要有两个:一是人们的需要和兴趣,这是引发注意的内在因素;二是刺激的力度,这是引发注意的外在因素。表 4-1 反映了外在刺激物的特征与引发认知的关系,说明营销人员除了了解消费者的需要和兴趣,有的放矢地进行刺激,调整刺激的方式和力度也是很重要的。

表 4-1 刺激与认知的关系

刺激物的特征	容易引起认知	不易引起认知
规模	大	小
位置	明显	偏僻
色彩	鲜艳	暗淡
动静	运动	静止
反差（对比）	明显	模糊
强度	强烈	微弱

（2）选择性曲解。消费者即使对某些信息十分注意，有时也并不一定能带来营销人员所期望的结果。这是因为人们在接受外界刺激和信息前，已经形成了自己的意识、观念和逻辑思考方式。因此，人们常常为了使信息符合自身的思维方式而对其进行曲解，使信息更符合自己的思想倾向。例如，有些消费者特别偏爱名牌产品，就可能会曲解这些产品，认为所有名牌产品的质量、功效都是上乘的。所以营销人员要尽可能地考虑到消费者的各种思想倾向，从而选择更符合市场需求的产品或服务促销策略。

（3）选择性记忆。记忆在商业活动中是很重要的，消费者能否对企业的广告和品牌记忆深刻，关系到企业的产品销路和市场竞争力。而消费者在记忆方面同样是有选择的，他们只会记住那些与自己看法、信念一致的东西。例如，他们往往会记住自己喜爱品牌产品的优点，而忽视其同类产品的优点，这就是选择性记忆。因此，营销人员也应采取有效措施，使产品的优点能留在消费者的记忆中。

3. 学习

学习是指由于经验而引起的个人行为的改变。人类行为大多来源于学习或后天经验。消费者学习是指消费者在购买和使用商品时不断获取知识、经验和技能，不断完善其购买行为的过程。消费者的购物过程常常也是学习的过程。

（1）消费者学习模型。该模型由驱动力、刺激物、提示物、反应和强化五个部分组成，如图 4-11 所示，消费者的购买动机是这五种要素相互作用的结果。驱动力是诱发人们行动的内在刺激力量。例如，某消费者重视身份地位，这种尊重的需要就是一种驱动力。这种驱动力被引向某种刺激物——高级名牌西装时，驱动力就变为动机。在此动机的支配下，这位消费者做出购买名牌西装的反应。但他在何时何地做出何种反应，往往取决于周围的一些"提示物"的刺激，如看了相关的广告、被商品陈列吸引等。在他购买了这套名牌西装后，如果穿着很满意，他对这一商品的反应就会加强，以后再遇到相同诱因时，就会产生相同的反应，即采取购买行为。如反应被反复强化，久而久之，就会成为购买习惯，这就是消费者的学习过程。

（2）行为学习理论。该理论认为学习是中性刺激和条件刺激多次重复配对的结果，行为是学习者对环境刺激所做出的反应，所有行为都是习得的。行为学习理论主要有

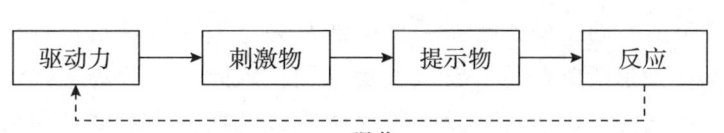

图4-11　消费者学习模型

经典条件反射和操作性条件反射这两个代表观点。

经典条件反射指一个能激发某种反应的刺激与另一个原本不能独立激发这种反应的刺激相配对，随着时间的推移，在多次刺激之后，不能独立激发反应的刺激与能单独激发反应的刺激相结合，也会引起类似的反应。

> **知识链接**
>
> **巴普洛夫的狗**
>
> 详细内容，
> 请扫描二维码阅读。
>
>
>
> 二维码4-9

经典条件反射适用于食物、睡眠、安全等与生理需要相关的反应中。例如，营销人员会把视觉和嗅觉等线索与条件刺激相匹配，使消费者在接触品牌的时候就会习得性地感到饥饿或口渴。经典条件反射还可以应用在一些更复杂的行为上。例如，信用卡通常与消费情境联系在一起，人们则逐渐习得在用信用卡购物时，常常买得更多，在用现金付款时愿意给更多的小费。随着条件刺激和非条件刺激配对出现的次数增加，条件反射更容易形成，重复曝光可以增强这一联结，并且防止联结的记忆消退。因此，广告的多次重复曝光，会使消费者更容易形成对品牌的印象和记忆。

操作性条件反射指我们更倾向于学会那些能产生积极结果的行为，避免那些会产生消极结果的行为。如果一个操作发生后，接着给予一个强化的刺激，那么其强度就会增加。具体而言，操作性条件反射的大部分学习都发生在一个受控制的系统里，可以通过奖赏来鼓励恰当的行为，个体因为做出了恰当的行为而获得奖赏，而奖赏又强化了选择恰当行为的动机。

> **知识链接**
>
> **斯金纳箱实验**
>
> 详细内容，
> 请扫描二维码阅读。
>
>
>
> 二维码4-10

与经典条件反射不同，操作性条件反射涉及刻意追求特定目标的行为。在此机制下，个体执行某行为是期望获得奖赏或避免惩罚，因此也被称为工具性条件反射。在营销领域，操作性条件反射通过强化手段（奖赏或惩罚）来塑造消费者行为。商家采用多种策略来实施这一理论，如购物后的感谢语、客户追踪服务和大幅折扣等。例如，店铺赠送小礼物以鼓励回头客；保险公司发送感谢信以增加客户忠诚度。此外，航空业的"顾客忠诚计划"和积分奖励方案也是针对常客的奖赏措施，旨在激励他们持续消费。这些策略的核心在于利用奖赏机制，激发消费者的购买欲望和忠诚度，从而推动销量增长和市场份额扩大。通过精准把握消费者心理，操作性条件反射理论为营销提供了有力工具。

（3）认知学习理论。该理论与行为学习理论存在显著差异，它认为学习是通过模仿榜样来实现的。在这一理论中，人们被视为积极的问题解决者，能够主动利用周围环境中的信息来应对所遇到的问题。它强调人在学习活动中的主体地位，并充分肯定了学习者的自觉能动性。

由于人们常基于观察到的他人行为结果来进行决策，因此营销人员无须直接对消费者实施奖惩，而是可以通过展示消费者希望模仿的对象使用或未使用某产品所带来的结果，间接实现强化效果。消费者对模仿对象的评价并非基于简单的学习模型，如明星代言某产品，其效果远超简单的积极或消极刺激，因为明星集多种吸引力于一身。消费者模仿他人的程度主要取决于被模仿对象的社会吸引力，这种社会吸引力受外貌、专业性、与消费者的相似性等多重因素影响。

因此，在营销过程中，企业应重视消费者购买行为中的"学习"因素，通过多种途径提供信息，如重复广告，以增强诱因，激发驱动力。同时，企业应确保商品和服务始终优质，以便消费者通过学习对企业品牌产生偏爱，进而养成购买习惯。

> **知识链接**
>
> **班杜拉的观察学习实验**
> 详细内容，
> 请扫描二维码阅读。
>
>
>
> 二维码 4-11

4. 信念和态度

信念是指一个人对某些事物所持有的看法或评价，这是一种描述性的看法，没有好恶之分。一些信念建立在知识的基础上，能够验证其真实性；而另一些信念则建立在偏见的基础上，很难验证其真实性。企业应该关注消费者对产品的信念，因为信念会形成产品和品牌的形象，影响消费者的购买选择。

态度是指一个人对某些事物或观念长期持有的认识上的评价、情感上的感受和行动倾向。人们几乎对所有事物都持有态度，例如宗教、政治、衣着、食物等。态度一旦形成便具有一定的稳定性，将长期影响人们的购买行为。因此企业在经营过程中要注意树立良好的品牌及企业形象，使消费者对产品和企业自身产生信赖感。由于态度具有稳定性，营销人员不要轻易尝试改变消费者的态度，而应该改变自己的产品以迎合消费者已有的态度，最好使企业的产品与消费者既有的态度相一致。如果企业确实想要改变目标市场消费者的态度，那就需要花费大量时间，承担较高的成本代价并持续付出努力。如果能成功改变消费者的态度，收获将会颇丰。

综上所述，消费者购买行为受诸多因素的影响，其购买选择是文化、社会、个人和心理因素综合作用的结果。其中有些因素，如社会、文化因素等，由于其外在性使企业难以控制或难以施加影响。企业只能了解它们、分析它们，从而识别出最佳的目标市场，并为制定营销组合提供依据。而其他一些因素，如消费者的购买动机、认知、学习、信念和态度等，容易受企业营销的影响。企业可以通过营销策略的设计，如产品开发、包装设计、价格制定、广告宣传等，引导消费者产生企业所期望的购买行为。

第四节　消费者购买决策过程

消费者的购买决策过程是将购买动机转化为购买行动的复杂过程，存在着众多的可变因素和随机因素。在购买不同类型的消费品时，参与购买决策过程的人员构成不同，购买行为有差异，做出具体决策的过程也不尽相同。因而，仅仅了解影响消费者购买行为的主要因素是远远不够的，营销人员还需要了解目标购买者是谁；他们面临着什么样的决策；哪些人参与决策；消费者做出购买决策的主要步骤是什么。只有进行全面分析才有可能把握其中的规律。

一、消费者购买决策过程的参与者

购买决策在许多情况下并不是由一个人单独做出的，而是有其他成员的参与，是一种群体决策。这一现象既体现在一些共同使用产品（如电冰箱、电视机、住房等）的购买决策过程中，也存在于一些个人单独使用的产品（如服装、手表、化妆品等）的购买决策过程中，因为消费者在选择和决定购买某种个人消费品时，常常会与他人商量或者听取他人的意见，因此了解哪些人参与了购买决策，他们各自在购买决策过程中扮演了怎样的角色，对于企业的营销活动是很重要的。

一般来说，人们在做出一项购买决策的过程中可能充当以下五种角色：

（1）发起者。发起者是指首先提出或有意向购买某一种产品或服务的人。

（2）影响者。影响者是指对发起者的提议提出看法或建议的人，这些人不能对购买行为本身进行最终决策，但是他们的意见会对购买决策者产生影响。

（3）决策者。决策者是指在是否买、买什么、买多少、为何买、哪里买等方面做出完全或部分最后决定的人。

(4)购买者。购买者是指实施购买行动的采购者。

(5)使用者。使用者是指实际消费或使用产品或服务的人。

通常,消费者以个人为单位购买商品时,这五种不同角色可能由一人担任;但当消费者以家庭为单位购买商品时,可能会由不同的家庭成员来担任不同的角色。营销人员了解每一购买者在购买决策中扮演的角色,并针对其角色地位与特性,采取有针对性的营销策略,能较好地达成营销目标。

二、消费者购买行为类型

消费者在购买不同商品时,其购买行为的复杂程度差异很大。有些购买行为非常简单,有些购买行为则极其复杂,不仅参与购买决策的人员多,而且决策过程也长。因此,在分析消费者的购买决策之前,有必要先对消费者购买行为类型进行划分。美国营销专家亨利·阿萨埃尔(Henry Assael)根据购买者在购买过程中参与者的介入程度和品牌差异程度,将消费者的购买行为分为四种类型,如表4-2所示。

表4-2 消费者购买行为的四种类型

品牌差异程度	介入程度	
	高介入度	低介入度
品牌差异大	复杂的购买行为	多样化的购买行为
品牌差异小	减少失调感的购买行为	习惯性的购买行为

(1)复杂的购买行为。这一行为模式常见于消费者首次购买高价值、低认知度、低频次且品牌间差异显著的耐用消费品时。面对这类产品,消费者因对其性能缺乏深入了解,往往采取谨慎态度。他们会投入大量时间搜集信息,细致比较不同品牌的各种特性,先形成对各品牌特性的信念,再转化为对品牌的态度,最终做出审慎的购买决定。营销人员在此情境下,应主动提供详尽的产品性能说明,强调产品优势及其对消费者的具体益处,帮助消费者明确产品特性的相对重要性,从而引导其做出购买决策,促进成交。

(2)多样化的购买行为。此类行为发生在消费者选购低价但品牌选择多样的商品时。亲民的价格和丰富的品种降低了购买失败的风险,促使消费者频繁更换品牌,尝试新体验,而非只忠于特定品牌。这些消费者通常不在购买前进行深入研究,而是边消费边评价,下次购买时可能转向其他品牌,这并非对某品牌不满,而是探索心理所致。饼干、糖果、饮料等商品常能引发此类购买行为。市场领导者应通过占据货架优势位置、利用提醒性广告培养消费者习惯;而市场跟随者则需要通过降价促销、免费试用、突出新品特色等方式,激发消费者的好奇心和尝试意愿。

(3)减少失调感的购买行为。这类行为发生在购买品牌差异小、购买频次低且带有一定风险的商品时。消费者因品牌间差异不大,可快速做出决策,更关注价格、购买便捷性等。然而，快速的决策往往导致购后失调，消费者可能因发现商品有瑕疵或有更优选项而质疑购买决策。为缓解这种心理，消费者会寻找正面信息验证决策的正确性。家具、服装等商品常引发此类购买行为。营销人员需要通过价格策略、销售渠道优化及人员推销引导品牌选择，同时，还应提供优质的售后服务，及时沟通产品信息，增强消费者信心。

（4）习惯性的购买行为。当消费者面对低价、购买频繁且品牌差异小的商品时，习惯性购买行为显现。这类购买几乎无须选择，过程简单，消费者基于熟悉感购买，购后评价少。营销人员需要通过持续的促销活动吸引消费者注意，利用连续性广告加深消费者记忆，或增加产品差异化，以新颖元素吸引消费者注意，激发其购买兴趣。

三、消费者购买决策的具体过程

消费者的购买决策过程有一定的规律性。这个过程早在实际购买发生之前就已经开始，而且一直延伸到购买结束之后。消费者要完成某一商品购买决策的全过程，一般要经历确认需要、收集信息、方案评价、做出购买决策和购后行为五个连续的阶段，如图4-12所示。

图4-12 消费者购买决策过程

1. 确认需要

消费者的购买行为始于对需要的确认。当消费者察觉到自身现状与理想状态间存在差距时，便产生了解决问题的需要，这是购买决策流程的起点。需要可源自内部刺激，如饥饿、干渴，亦可由外部因素激发，如产品广告的吸引。当需要累积至一定程度时，便转化为强烈的驱动力，促使消费者采取行动以满足需要。

在此阶段，营销人员应强化消费者刺激，激发其购买动机与欲望。这要求他们深入探究消费者需要，明确与本企业产品相关的现实或潜在需要，并分析其起因及强度。同时，还应掌握消费者需要随时间变化及受外界刺激影响的规律，据此设计有效的诱因，激发需要，加速消费者从需要识别到实际购买的转化过程。通过精准把握消费者需要，营销人员能有效推动购买决策的形成。

2. 收集信息

消费者产生购买动机后，会开展相关活动以满足需要。若所需物品触手可及，消费者会立即购买。然而，当物品难以即时获取时，消费者会将需要存入记忆，并积极搜集相关信息以辅助决策。

营销人员在此阶段需要关注消费者获取信息的渠道及这些渠道对购买决策的影响。消费者获取商品信息的主要途径有以下四个：

个人来源，指通过家庭成员、朋友、同学或同事等个人关系获得信息。

商业来源，指通过企业的广告、推销员、经销商、商品包装、产品说明书、展览会等途径获得信息。

公共来源，指通过社会公众传播获得信息，如大众媒体、消费者评估组织等提供的有关信息。

经验来源，指消费者本人通过直接使用商品得到信息。

不同信息获取途径的影响力各异。总体而言，商业来源是消费者获取产品信息的主要渠道，起告知作用；而个人来源在影响购买决策正确性方面最具分量，尤其在服务购买上影响显著。商业来源告知消费者购买信息，而个人来源则对购买决策的正确性提供建议和评价。

3. 方案评价

消费者在通过各种渠道获得有关产品的信息后，会对这些信息进行整理、分析，形成不同的购买方案，然后进一步对各种购买方案进行评价，做出购买选择。消费者对产品的评价主要从以下四个方面进行：

（1）产品属性分析。产品属性是指产品能够满足消费者某种需要的特性。消费者一般会将产品视为能提供实际利益的各种属性组合。对不同的产品，消费者感兴趣的属性是不同的。如对打印机，消费者关注其打印速度、清晰度、对纸张的要求、价格；对旅馆，消费者关注其位置、清洁度、气氛、费用；对漱口水，消费者关注其颜色、杀菌能力、价格、味道；对手机，消费者关注其内存大小、性能、价格、外观。

产品的各项不同属性可以满足消费者的多方面需要。然而，并不是产品属性越丰富，消费者就会越满意。消费者更看重产品的性价比，即产品的各项性能组合与产品价格的比例关系。消费者对某些产品的性价比并不看好，如各类面向消费端的虚拟现实眼镜，在一定价格水平上，有相当比例的功能在整个产品寿命期内几乎不发挥作用。因此，企业开发的产品属性，越是符合消费者的实际需要，消费者越是满意。

（2）属性等级建立。消费者在购买过程中，会根据产品满足需求的能力，对产品属性进行排序。对于专业摄影者，图像清晰度和快速成像可能是首要考虑因素，而价格则可能次之；而对于摄影初学者，价格可能成为首要考量，图像质量则可能退居其次。因此，企业应了解消费者对不同属性的重视程度，进行市场细分，制定相应策略，提高产品被选中的概率。

（3）品牌信念形成。品牌信念是消费者对某品牌某一属性的评价，构成品牌形象。消费者的个人经验、注意力选择、信息解读方式及记忆偏好，都可能影响其对品牌的信念。这些信念可能与产品真实属性存在差异。

（4）"理想产品"构建。消费者会综合考虑各品牌产品在不同属性方面的表现，评估其带来的整体效用，从而选出心目中的"理想产品"。这一过程涉及对多个品牌产品的全面比较，消费者会根据自身需求和偏好，选择最符合期望的产品。

4. 做出购买决策

做出购买决策是消费者购买行为的核心环节，它直接触发实际的购买行动。消费者在评估多个购买方案后,会选择自己偏好的产品。然而,从做出决策到实际购买之间,还可能受到多重因素的影响,导致消费者未必会坚持最初的选择。

首先,他人的态度对消费者的购买意向具有显著影响。这种影响的大小取决于他人态度的坚决程度及与消费者的关系亲密度。关系越近、态度越坚决的人,对消费者购买决策的影响力通常越大。

其次,意外情况的发生也可能改变消费者的购买决策。消费者的购买意向往往基于其预期收入、预期价格及期望的产品效益等因素。然而,失业、产品涨价、急需资金或目标品牌的负面新闻等意外事件,都可能迫使消费者调整或放弃购买计划。

最后,购买高性能、高价值商品时,消费者面临的风险较大。若担心购买后可能带来不利影响且难以挽回,消费者可能会推迟购买。

一旦消费者决定购买,就需要做出一系列后续决策,包括选择品牌、购买地点、数量、购买时间以及支付方式等。

因此,在消费者的购买决策阶段,营销人员需要采取措施降低购买风险,通过合理的价格策略、优质的服务体验及有效的促销活动,增强消费者的购买信心,促使其实际购买。理解并应对这些影响购买决策的因素,对于营销人员制定有效的市场策略至关重要。

5. 购后行为

消费者购买了商品并不意味着购买行为过程的结束。消费者的购后行为包括对产品的使用、产生使用后的感受,以及基于使用经历对相关信息和商品的处理。消费者购买商品后,会对自己购买的产品产生某种程度的满意或不满意。消费者对其购买产品的满意程度(S)取决于他们对产品的期望(E)与实际感受到的产品性能(P)之间的对比,即

$$S = f(E, P) \tag{4-1}$$

若 $E > P$,消费者会感到不满意;若 $E = P$,消费者会感到满意;若 $E < P$,消费者会非常满意。产品期望来自消费者根据自己从企业、朋友处以及其他来源所获得的信息。如果企业夸大产品优点,消费者会感觉到期望不能被证实,这种不能被证实的期望会导致消费者的不满意。当他们感到十分不满意时,便不会再买这种产品,甚至有可能退货,或劝阻他人购买这种产品。如果企业能让其产品实际表现出的性能符合甚至超越消费者的感知与期待,就会让消费者感到满意。而满意的购后感则会在客观上鼓动、引导其他人购买该商品。事实上,那些有保留地宣传其产品优点的企业,反倒使消费者产生了高于期望的满意感,并树立起良好的产品形象和企业形象。

消费者购后满意度能直接影响其后续行为。高满意度可能会引起重复购买和积极的口碑传播。低满意度会导致消费者不再购买,此时企业应迅速补救,以挽回消费者。

此外,消费者购后行为不仅限于自用,还包括赠礼,这涉及社会关系的再修订。当产品被赋予社交或礼品属性时,营销人员需要精准定位,明确送礼与收礼人群,以及赠送场景,以更有针对性地开展营销活动,提升产品影响力。通过细致规划,企业

能更有效地利用产品的社交属性,促进销售和品牌传播。

6. 互联网对决策过程的影响

中国网络购物市场持续蓬勃发展,消费者已广泛接受并习惯于线上购物。根据天猫官方发布的权威数据,2021 年天猫"双 11"购物节期间,从 10 月 31 日晚 8 时至 11 月 11 日 24 时,总交易额达到 5 403 亿元人民币,再创历史新高。这一趋势不仅体现在购买行为上,还体现在消费者频繁地在互联网上进行购前的信息搜索以及购后的体验分享上,其中购后的体验分享本质上构成了一种重要的口碑传播。网络购物的兴起为营销人员创造了新的机遇,同时也带来了前所未有的挑战。

(1) 线上与线下购买行为的对比。

无论是线下还是线上购物,都要经历确认需要、收集信息、方案评价、做出购买决策和购后行为五个阶段。但传统的线下消费行为和网络消费行为在每个阶段存在细节上的差异,如表 4-3 所示。

表 4-3 线下消费行为和网络消费行为在每个阶段的差异

阶段	线下消费行为	网络消费行为
确认需要	涉入度更高,受商家的影响大	更个性化、更理性
收集信息	信息收集范围更窄、更局限和被动	更有针对性、更主动
方案评价	更多通过试用等获取产品信息	更依赖他人的评价,风险感知更高
做出购买决策	更多受商家的影响	支付更快捷,但付款与收货分离
购后行为	评价较少,反馈更多的是投诉	更有即时性和分享性

因此,企业在进行网络营销时,要关注消费者的搜索、互动、分享等新行为模式,迅速适应这些变化。

(2) 消费者决策模型。

互联网对于消费者行为的变迁有着深远的影响,产生了消费者购买决策过程的新模式。例如,消费者选购方案评估从传统的漏斗模型过渡为新双环模型。

传统的漏斗模型表现为,消费者刚开始进行购买时,脑海中会出现许多可选的品牌,就像一个漏斗的上部最宽位置。接着,消费者会慢慢对可选品牌进行筛选,剩下少量品牌,最终选定某一品牌,完成购买,如图 4-13 所示。

新双环模型由内外两环内切组成。外环为"购买环",包括考虑、评估、购买、体验、主张和互信六个阶段。内环为"忠诚环",包括体验、主张和互信三个阶段。在考虑阶段,消费者会上网搜索相关信息,接着进行评估,最终购买。消费者购买行为并非到了购买即结束,而是通过对产品进行体验后,决定是否对产品或品牌形成主张或拥护,进而与其建立互信纽带。建立起互信关系的消费者,会主动在网上发布与产品或品牌相关的推荐信息,进而帮助他人做出消费决策。新双环模型形成的反馈闭环,还可以使消费者在购买产品或服务后持续评估,有利于企业不断改进产品或服务,优化品牌体验,如图 4-14 所示。

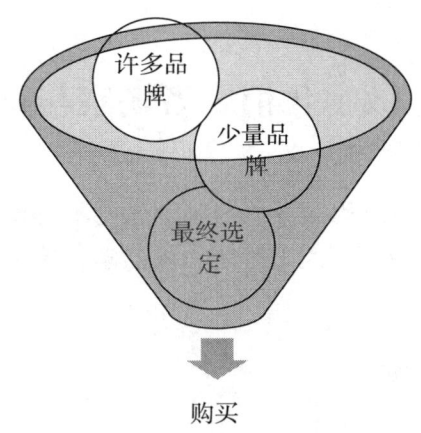

图 4–13 消费者决策的传统漏斗模型

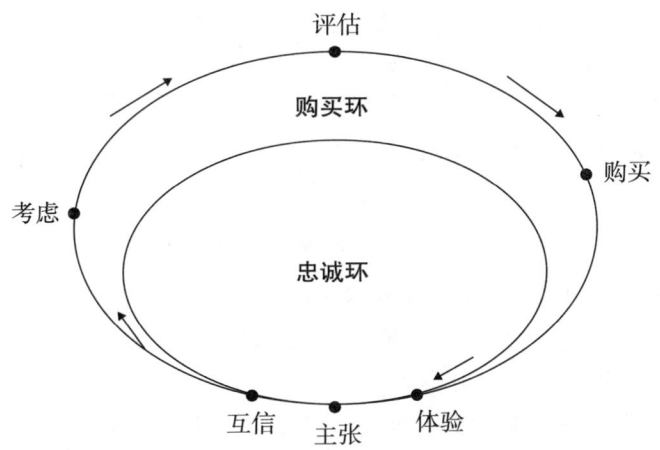

图 4–14 消费者决策的新双环模型

研究和了解消费者的需要及其购买过程,是营销成功的基础。营销人员通过了解消费者如何做出购买决策,可以获得许多有助于满足消费者需要的有用信息,同时,营销人员通过了解购买过程的各种参与者及其对购买行为的影响,就可以为目标市场设计有效的营销计划。

> **知识链接**
>
> **行为决策理论**
> 详细内容,
> 请扫描二维码阅读。
>
>
>
> 二维码 4–12

第五节　数字化消费者洞察与行为预测

在数字化时代，对消费者行为的分析与预测已经不再单纯依靠传统市场调研和数据分析，而是更多地借助大数据、人工智能、机器学习等先进技术进行深度洞察与精准预测。

一、数字化消费者洞察

1. 消费者数据收集

消费者数据的收集是数字化营销的基础。这些数据包括但不限于消费者的基本信息（如年龄、性别、地域、职业等）、消费历史（如购买记录、支付偏好、退换货情况等）、在线行为（如浏览记录、搜索关键词、社交媒体互动等）以及消费者对于产品或服务的评价和反馈。

数字化消费者数据的收集方式多种多样，主要包括线上平台收集、社交媒体监测、第三方数据合作等。

（1）线上平台收集。通过企业的官方网站、电商平台、移动应用等线上渠道，利用用户注册、购买、浏览等行为自动收集数据。

（2）社交媒体监测。利用社交媒体平台的数据分析工具，监测消费者在社交媒体上的互动行为，如点赞、评论、分享等。

（3）第三方数据合作。与数据提供商、市场调研机构等第三方合作，获取更广泛、更深入的消费者数据。

2. 消费者数据的分析

数字化消费者数据的分析是洞察消费者行为的关键。对收集到的数据进行清洗、整理、挖掘和分析，可以揭示消费者的偏好、需求、购买习惯以及潜在的市场机会。数字化消费者数据分析主要包括统计分析、文本分析、机器学习等方法。

（1）统计分析。利用统计软件对消费者数据进行描述性统计、推断性统计等分析，揭示数据之间的关联性和趋势。

（2）文本分析。对消费者在网络上的评论、评价等文本信息进行情感分析、主题提取等处理，了解消费者对产品或服务的态度和看法。

（3）机器学习。利用机器学习算法对消费者数据进行分类、聚类、预测等处理，发现数据中的潜在规律和模式。

3. 数字化消费者洞察的应用

数字化消费者洞察的应用广泛且深入。通过深入了解消费者的需求、偏好和行为模式，企业可以制定更加精准、有效的营销策略和产品规划。数字化消费者洞察主要分为以下几种应用场景。

(1) 个性化推荐。根据消费者的历史购买记录和浏览行为，为消费者提供个性化的产品或服务推荐。

(2) 市场细分。根据消费者的特征和需求差异，对市场进行细分，为每个细分市场制定差异化的营销策略。

(3) 产品优化。通过分析消费者对产品或服务的评价和反馈，发现产品的优点和不足，进行产品改进和优化。

二、数字化消费者行为预测

1. 数字化消费者行为预测的方法

数字化消费者行为预测是指利用数字技术和数据分析方法，对消费者的未来行为进行预测和判断，主要包括以下几种预测方法。

(1) 时间序列分析。利用时间序列数据（如历史销售数据、浏览量数据等）进行趋势分析和预测，揭示消费者行为的未来走向。

(2) 回归分析。通过分析消费者行为与各种影响因素之间的关系，建立回归模型，对消费者的未来行为进行预测。

(3) 机器学习预测。利用机器学习算法（如神经网络、支持向量机等）对消费者数据进行训练和学习，建立预测模型，对消费者的未来行为进行精准预测。

2. 数字化消费者行为预测的应用场景

数字化消费者行为预测的应用场景丰富多样，可以帮助企业更好地把握市场机会和制定营销策略，主要包括以下应用场景。

(1) 销售预测。通过分析历史销售数据和消费者行为趋势，可以预测未来的销量和市场份额，为企业制定生产方案、库存管理方案和营销策略提供依据。

(2) 库存管理。根据消费者行为的预测结果，可以优化库存管理方案，减少库存积压和缺货现象，提高库存周转率和资金利用率。

(3) 营销策略优化。通过分析消费者的购买偏好和购买习惯，可以预测不同营销策略的效果，为企业制定更加精准、有效的营销策略提供依据。

3. 数字化消费者行为预测的挑战

数字化消费者行为预测虽然展现出广阔的应用前景，但在实际操作中却面临着多重挑战，这些挑战需要精细的解决方案来应对。

首先，数据质量是数字化消费者行为预测的基础，但往往存在准确性和完整性方面的问题。消费者数据的缺失、错误或异常会直接影响预测结果的精确度。为了应对这一挑战，企业需要加强数据质量控制和清洗工作，确保每一份数据都准确无误。同时，利用数据融合和集成技术，对来自不同渠道的数据进行整合与关联，从而提升数据的整体可用性和价值。

其次，模型适应性是另一个需要关注的问题。消费者行为复杂多变，不同群体和市场环境对预测模型的需求也各不相同。过于简单或过于复杂的模型都可能无法准确反映消费者行为的真实情况。因此，企业需要根据消费者的特征和需求差异，建立多个预测模型并进行比较和选择。同时，通过模型评估和验证技术，对预测模型的准确性和可靠性进行严格把关，确保所选模型能够适应当前的市场环境和消费者需求。

最后，隐私保护是数字化消费者行为预测过程中不可忽视的挑战。在收集和分析大量消费者数据的过程中，如何确保这些数据的安全性，防止隐私泄露和侵权，是企业必须面对的问题。为此，企业需要加强数据隐私保护和安全管理工作，建立健全的数据保护机制。同时，严格遵守相关法律法规和行业标准，尊重消费者的隐私权和数据主权，确保在合理、合法的前提下使用消费者数据。

三、未来趋势

随着技术的不断发展和应用，数字化消费者洞察与行为预测的未来趋势将呈现以下几个方向。

（1）数据融合与集成。未来，数字化消费者数据的来源将更加广泛和多样，包括物联网设备、智能家居、可穿戴设备等新型数据源。这些数据将为企业提供更加全面、深入的消费者洞察和行为预测支持。因此，数据融合与集成技术将成为数字化消费者洞察与行为预测的重要发展方向。

（2）人工智能与机器学习深度应用。人工智能和机器学习技术将不断发展和完善，为数字化消费者洞察与行为预测提供更加智能、高效的解决方案。未来，这些技术将广泛应用于消费者行为分析、预测模型构建、营销策略优化等领域，为企业创造更大的商业价值。

（3）隐私保护与数据安全重要性提升。随着消费者数据的不断增加和应用范围的扩大，隐私保护和数据安全问题将受到更多关注。未来，企业需要加强数据隐私保护和安全管理工作，确保消费者数据的安全性和保密性。同时，还需要遵守相关法律法规和行业标准，尊重消费者的隐私权和数据主权。

案例分享

极米科技：消费者体验与产品创新结合的拓展之路

详细内容，
请扫描二维码阅读。

二维码 4-13

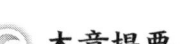 **本章提要**

详细内容，
请扫描二维码阅读。

二维码 4–14

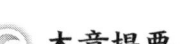 **本章习题与练习**

1. 详细列举并解释消费者市场的购买对象所包含的四种类型。

2. 深入阐述并分析几种主要的消费者购买行为模式，指出其各自的理论框架与核心要点。

3. 全面归纳影响消费者购买行为的四种因素，并针对每一种因素提供具体实例加以说明。

4. 根据阿萨埃尔的分类标准，解析消费者购买行为的四种类型及其特征。

5. 详细描述消费者做出购买决策过程的五个阶段，并阐述为何消费者购买商品后，其购买行为并未真正结束。

6. 简述数字化消费者洞察与行为预测在数字化营销中的重要作用，并阐述其未来发展趋势。

第五章
组织市场与购买行为

【学习目标】
1. 深刻理解组织市场的概念、类型及其特征。
2. 掌握生产者市场购买决策的类型、决策过程及影响因素。
3. 了解中间商市场购买决策的类型、决策过程及影响因素。
4. 掌握政府采购的特点、方式及非营利组织的购买行为与特点。
5. 理解数字化B2B营销与供应链管理的概念、特点、策略及融合实践。

【思政目标】
详细内容,请扫描二维码阅读。

二维码5-1

在流通领域中,购买产品或服务的主体不仅有个人消费者,还有各种组织,如企业、中间商、政府机关和社会团体等。这些用户构成了整个市场体系中一个庞大的子市场,即组织市场。它们购买大量的原材料、机器设备、办公用品以及相应的服务,用于生产、出租、转卖,或者执行政府职能、社会职能。组织间的商品和服务交易是组织市场的血液,其中涉及的过程特别是购买过程对组织降低经营成本和提高经营效率具有重要意义。因此,需要对组织市场的购买行为进行深入分析,才能制定出适当的营销策略。

【思维导图】

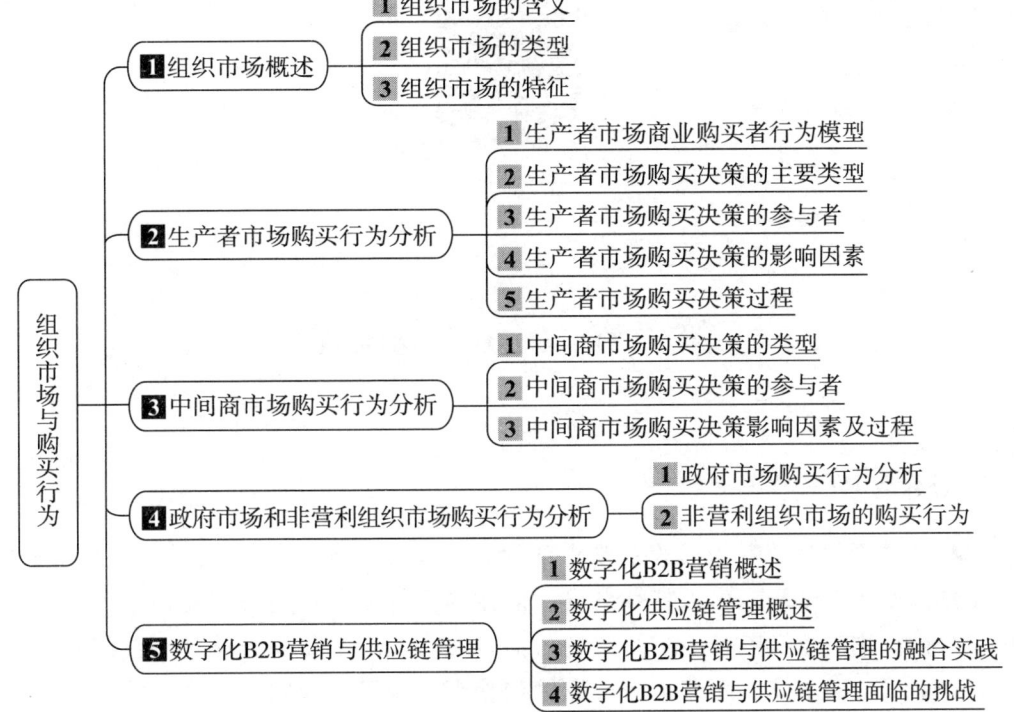

> **案例导入**
>
> 华为的采购之道
>
> 详细内容，
> 请扫描二维码阅读。
>
>
>
> 二维码 5-2

第一节　组织市场概述

一、组织市场的含义

以科特勒等营销学者为代表的观点认为，商业转售者市场、生产者市场、非营利组织市场以及政府市场，尽管特性各异，但在购买行为上却展现出相通之处。这些市场的集合被统称为组织市场。组织市场与消费者市场的主要差异体现在：其购买主体主要是企业或社会团体，而非个人或家庭消费者；购买目的则是生产、转卖以谋取利润，或是满足其他非生活性消费需求，而非个人或家庭的生活需要。

基于组织市场的这一特性，我们可以将其严谨地定义为：由企业或社会团体构成的，购买商品和服务主要用于生产性消费、转卖、出租，或其他非生活性消费的市场。组织市场规模庞大，通常远超消费者市场的规模。

二、组织市场的类型

我们把众多不同购买者集合在一起统称为"组织市场"，因此有必要对组织市场进行分类，以做进一步的分析与比较。

（一）生产者市场

生产者市场又称产业市场、工业品市场或生产资料市场，它主要由这样一些个体和组织构成：它们采购商品和劳务的目的是加工生产出其他产品以供出售、出租，并从中牟利，而不是为了个人消费。生产者市场是一个庞大的市场，其购买者分布在各个行业，包括农林牧渔业、采矿业、制造业、建筑业、运输业、通信业、公共事业、金融保险业以及服务业。生产者市场交易的对象主要为生产资料和各项生产要素（资金、劳动力、技术、信息、房地产等）。以生产者市场为服务目标的企业，必须深入研究这些市场的特点，并分析其消费者的购买行为，才能取得成功。

（二）中间商市场

中间商市场，亦称转售者市场，是指由那些采购商品和服务旨在通过转售或出租来达成利润目标的购买者群体所构成的市场。该市场主要由批发商与零售商两大部分构成。批发商是指那些专门采购商品和劳务，之后将它们转售给零售商及其他组织用户的商业实体；而零售商则专注于将商品直接销售给最终消费者。值得注意的是，中间商并不直接提供产品形式的新增效用，而是侧重于提供产品的时间、地点以及占有（即可得性）上的效用。

（三）非营利组织市场

非营利组织市场也称机构市场，它是指维持正常运作和履行职能而购买产品或服务的非营利组织所构成的市场。它们可以是现有的政府事业单位和教育机构、注册的民办科技机构等。非营利组织既不同于企业，也不同于政府机构，是具有稳定的组织形式和固定的成员，独立运作，发挥特定社会功能，以推进社会公益而不以营利为目的的事业单位与民间团体。

（四）政府市场

政府市场是指为了执行政府职能而购买或租用产品或服务的各级政府与其下属各部门组成的采购市场。各国政府通过税收、财政预算掌握了相当一部分的国民收入，为了开展日常政务，政府机构经常要采购物资和服务，从而形成潜力巨大的政府采购市场。

三、组织市场的特征

组织市场与消费者市场相比，具有以下一些鲜明的特征。

1. 购买者数量少但购买规模大

在消费者市场中，购买行为主要由个人或家庭做出，因此虽然购买者数量庞大，但每个购买者的购买规模相对较小。相比之下，组织市场呈现出截然不同的特征。尽管组织市场的客户数量相对较少，但每个客户的购买规模却极为庞大。据相关研究估算，组织市场的规模大约是消费者市场的四倍。组织市场购买量大的特点，主要体现在多个维度上：总交易量、每笔交易涉及的当事人人数、客户经营活动的规模及其多样性，以及生产阶段的数量和持续时间等。例如，当汽车轮胎企业面向消费者市场时，可能需要与成千上万的汽车车主进行交易；然而，在组织市场中，其业务可能高度依赖于少数几家汽车制造商，因为单个汽车制造商的轮胎订单就可能高达数千万元，从而极大地影响了轮胎企业的市场表现。

2. 购买者区域相对集中

由于资源和区位条件等原因，各种产业在地理分布上都具有相对的集聚性，所以组织市场的购买者往往在地域上也是相对集中的。例如中国的重工业大多数集中在东北地区，石油化工企业云集在东北、华北以及西北的一些油田附近，金融保险业在上海相对集中，而广东、江苏、浙江等沿海地区集聚着大量轻纺和电子产品的加工业。这种地理区域的集中有助于降低产品的销售成本，这也使得组织市场在地域上相对集中。

3. 需求具有派生性

组织市场的需求是从消费者对最终产品或服务的需求中派生出来的。没有消费者市场的相应需求，就没有组织市场的需求。而且，组织市场的需求会随着消费者市场相应需求的变化而变化。组织市场的派生需求往往是多层次的，形成了环环相扣的链条。消费者市场的相应需求是这一链条的起点，是组织市场需求的动力和源泉。例如，消费者市场对服装的需求带来了服装厂对纺织面料、各种辅料以及服装制造设备的需求，继而又引起有关部门和企业对纺织原料、塑料、钢材、仪表、电子元器件等产品的需求，由此形成一定长度的产业链条。

4. 需求价格弹性小

组织市场需求的派生性，决定了它的需求缺乏价格弹性。也就是说，除非原材料成本成为影响企业经营的极重要的因素，企业需要考虑成本控制，因而在意价格的变动；一般情况下，组织市场需求对价格的敏感程度较低。这是因为决定组织市场需求量变化的主要因素是消费者市场上相应需求的变化。例如，在消费者对皮鞋需求总量不变的情况下，皮革市场的产品价格下降，皮鞋制造商不会因此而购买更多的皮革，除非皮鞋价格的下降使消费者对皮鞋的需求极大地增加。在需求链条上距离消费者越远的产品，价格弹性越小；而且，原材料的价值越低，或原材料成本在制成品成本中所占的比重越小，其需求弹性就越小。

5. 需求波动大

由于组织市场与消费者市场的时空差异，组织市场上的需求变化要滞后于消费者市场相应需求的变化。并且，组织市场需求的变动幅度要大于消费者市场相应需求的变动幅度。因为消费者市场相应需求的变动幅度，是要通过组织市场更大的需求变动来追加满足的，这就是所谓的加速原理。有时消费者市场需求只增加10%，就能使下一阶段组织市场的需求出现200%的增长。

6. 实行专业购买

组织市场上的采购是理性的，采购人员大多经过专业训练，具有丰富的产品和采购知识，对所要采购产品的性能、规格、质量和技术要求了如指掌，不像消费者市场上有众多的冲动购买行为。

7. 直接购买

由于购买者数量有限，而且大多属于大规模购买，组织市场上的采购往往是直接购买，而不经过其他的中间环节。在购买一些高价值、技术先进的新产品或项目时更是如此。

8. 互惠购买

在组织市场中，产业用品的购买者之间往往存在着相互依存的关系。在采购过程中，他们经常互换角色，既是买方也是卖方，这种现象被称为"互惠购买"，即"你购买我的产品，我则购买你的服务"。这种互惠关系有时不仅限于两方，还可能涉及三方甚至更多方。例如，当丙是甲的顾客，甲是乙的潜在顾客，而乙又是丙的潜在顾客时，甲可能会提出一种互惠购买的提议：如果乙购买丙的产品，那么甲将购买乙的产品。

由于组织市场的客户数量相对较少，且大客户的重要性尤为显著，供应商通常被要求根据不同企业客户的特定需求，提供定制化的产品。

9. 以租代买

一些组织购买者并不是以购买而是以租赁的方式获得设备。租借对于承租方和出租方都有诸多好处。对于出租方，当客户不能支付购买其产品的费用时，他们的优惠出租制度为其产品找到了用武之地。对于承租方，租借为他们省下了大量资金，又获得了最新型的设备，而且租期满后可以购买折价的设备。因此，这种方式目前在发达国家有日益扩大的趋势。

10. 谈判和投标

组织机构在购买或出售商品时，如果营销人员在谈判开始之前就得知对方愿意接受的特定条件，就会制定有针对性的谈判策略，谈判就成了双方交涉中最重要的部分。同时，有远见的买方通常会在诸多投标卖方间进行精挑细选。政府购买设备往往用保密投标的方式，这些都是组织市场的重要特征。

> **知识链接**
>
> **数字化与组织市场采购的转型**
>
> 详细内容，请扫描二维码阅读。
>
> 二维码 5-3

第二节　生产者市场购买行为分析

在现代商业环境中，生产者市场的购买行为指生产者市场中组织购买者的购买行为，是企业运营和营销策略的关键组成部分。生产者市场的购买决策不仅影响企业的生产效率和成本控制，还直接关系到企业的市场竞争力和长期发展。理解生产者市场的购买行为模式、决策过程及其影响因素，对于企业制定精准的营销策略、优化供应链管理和提升客户满意度至关重要。本节将深入剖析生产者市场购买行为的多个维度，包括商业购买者行为模型、购买行为的主要类型、购买决策的参与者、购买行为的影响因素以及完整的购买决策过程。

一、生产者市场商业购买者行为模型

营销人员渴望深入了解商业购买者如何响应各种营销刺激。在商业购买者行为模型中，营销刺激，如产品、价格、渠道和促销，即"4P 组合"，以及其他外部刺激因素（主要包括经济、政治、文化、技术等环境力量）共同作用于采购组织，进而引发特定的购买者反应。这些反应涵盖产品或服务选择、供应商选择、订购量、运输条件和时间、服务条款以及支付方式等。

为了设计出有效的营销组合策略，营销人员必须洞察在购买刺激转化为购买反应的过程中，组织内部所经历的复杂机制。在采购组织内部，购买活动主要围绕两大核心展开：一是采购中心，即所有参与购买决策的人员组成的集体；二是采购决策。商业购买者行为模型揭示了采购中心和采购决策不仅受到组织结构、人际关系和个人特征等内部因素的影响，还受到外部环境因素的制约。

商业购买者行为模型提出了关于商业购买者行为的四个关键问题，旨在深入理解这一过程（如图 5-1 所示）：

商业购买者做出了哪些具体的购买决策？

哪些人员参与了购买过程的各个阶段？

哪些因素或个体对商业购买者产生了显著影响？

商业购买者是如何进行决策制定的？

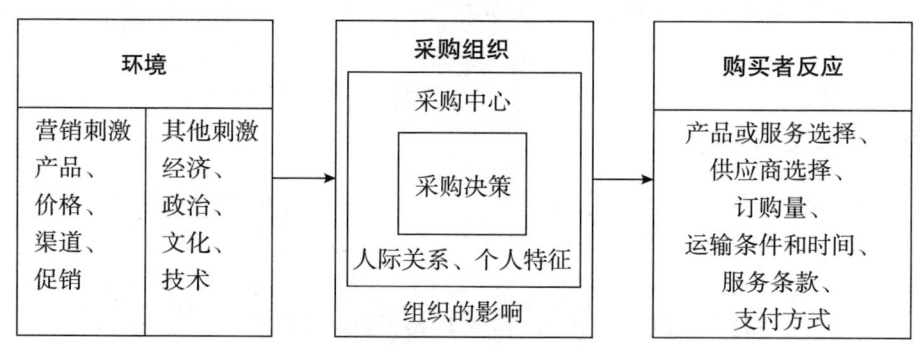

图 5-1　商业购买者行为模型

二、生产者市场购买决策的主要类型

按照待解决问题的复杂程度、采购标准的创新程度、涉及的人数以及要求的时间，采购可分为直接重购、修正重购和新购三种类型。

（一）直接重购

直接重购是指企业采购部门为了维持日常生产活动，按照既定惯例进行的订货行为。在此情境下，购买者无须对采购的商品做任何调整，而是直接重复购买，这一过程通常由采购部门依据常规流程处理。对于已纳入"供应商名单"的企业而言，它们致力于保持产品或服务的高质量，并常采用自动化采购系统，以节省采购代理的时间。而对于未列入名单的供应商，它们则试图通过提供新产品或利用采购方对原供应商的不满情绪，争取被纳入考虑范围。

（二）修正重购

修正重购是指企业采购人员在执行采购任务时，对采购产品的规格、价格、交易条件或其他条款进行必要调整的购买行为。导致修正重购的原因可能包括计划外的发展问题（如质量问题、供应中断、资金状况等）或外部环境的变化（如法律调整、最终用户需求变化、技术进步等）；客户需求的变化（如数量调整、服务水平提升、交付期限变动）或供应商供应条件的变化（如价格波动、新产品开发）；以及供应商或客户对采购活动的定期复查。这种购买类型相对复杂，涉及更多参与决策的人员。面对此类采购，原供应商应清醒认识挑战，积极调整产品规格、提升服务质量、提高生产效率并降低成本，以维护现有客户关系。而新供应商则应抓住机遇，积极开拓市场，争取更多业务机会。

（三）新购

新购是指购买者首次采购某种产品或服务的行为。这是最为复杂且成本风险相对较高的采购类型。由于缺乏对新产品或服务的采购经验，购买者在新购前需要收集大量信息，因此决策时间较长。新购成本越高，风险越大，则参与购买决策的人员也越多。对于供应商而言，新购既是最大挑战也是最佳机遇。供应商应采取积极措施，向购买者提供优质产品、卓越服务和详尽的商品信息，影响能够做出新购决策的关键人物，以争取获得新购订单。

在以上三种类型中，直接重购属于惯例化购买，通常由采购部门负责人负责，企业可根据以往经验选择供应商，这对于有长期合作关系的供应商较为容易，但对于新供应商则较为困难。新购则属于最为复杂的购买情况，购买者需要决定产品的规格、价格范围、交货条件和时间、付款条件以及订购数量等，且参与购买决策的人员和其他影响因素的作用显著。而修正重购则介于这两者之间。

三、生产者市场购买决策的参与者

在生产者市场中，购买行为通常具有专业性，并通过一个由专职采购人员及相关人员构成的"采购中心"来负责做出决策。这个采购中心根据成员在购买过程中所履行的不同职能，可以细分为以下五种角色。

（一）使用者

使用者是实际消费或使用所采购产品或服务的人员。他们往往是购买提议的发起者，并在确定产品种类、规格和品牌方面发挥着关键作用。使用者的意见和需求对于采购决策具有重要影响。

（二）影响者

影响者是在企业内部或外部能够直接或间接影响购买决策的人员。他们协助企业确定所需产品的规格、型号和品牌等。在影响者中，企业外部的咨询专家和企业内部的技术专家通常具有最大的影响力。

（三）采购执行者

采购执行者是企业中具体负责执行采购决策的人员。他们的主要职责是进行交易谈判和选择供应商。在复杂的采购过程中，采购执行者可能还包括企业的高层管理人员。

（四）决策者

决策者是企业中具有最终决定购买何种产品或服务权力的人员。在常规采购中，采购执行者往往同时扮演着决策者的角色。然而，在复杂的采购，尤其是新购项目中，决策者通常是企业的领导者。

（五）信息控制者

信息控制者负责管理内部相关人员与外界进行的信息沟通。他们有时甚至有权阻止供应商的营销人员与使用者或决策者直接接触。

需要指出的是，并非所有企业的所有采购项目都需要上述五种角色全部参与决策。企业采购中心的规模和参与决策的人员数量会根据所购产品类型的不同、企业自身规模的大小以及组织结构的差异而有所变化。生产者市场的供应商营销人员应重点了解企业采购中心的组成人员、他们各自的决策影响力以及采购中心的决策机制，以便能够采取更有针对性的营销策略。

> **知识链接**
>
> **绿色采购与可持续发展**
> 详细内容，
> 请扫描二维码阅读。
>
>
>
> 二维码 5-4

四、生产者市场购买决策的影响因素

组织购买者在做出购买决策时，往往会受到多重因素的深刻影响。尽管一些营销人员可能倾向于认为经济因素是决定性的，即购买者会倾向于选择提供最低价格、最优产品或最多服务的供应商，但实际上，经济因素与个人因素均对组织购买者的决策产生着重要作用。

> 如今，大多数 B2B 营销人员已经意识到，情绪在商业决策中扮演着不可忽视的角色。以大型卡车为例，尽管传统上，向企业购买者推广此类产品时，广告可能会侧重于展示产品的技术、性能和经济优势，但沃尔沃大型卡车的一则广告却采用了截然不同的策略。该广告通过展示两名司机掰手腕的场景，并配以"他能解决你的所有问题，除了谁开车"的标语，巧妙地传达了沃尔沃大型卡车在吸引合格司机方面的优势。在司机短缺的行业背景下，沃尔沃大型卡车通过强调其原始美感、舒适性和宽敞性，成功吸引了驾驶者的关注。广告最终得出结论，沃尔沃大型卡车不仅"旨在使车队更有利可图"，还能"使驾驶员更富有"。

当几家供应商提供的产品或服务高度相似时，组织购买者在决策过程中可能缺乏严格的理性选择依据。在这种情况下，由于选择任何供应商都能基本满足组织的需求，个人因素在决策中可能会占更大的比重。然而，当竞争产品之间存在显著差异时，组织购买者会更加审慎地评估各选项，并更加关注经济因素。总的来说，生产者市场购买决策的影响因素包括环境因素、组织因素、人际关系因素和个人因素，这些因素在图 5-2 中得到了详细的展示。

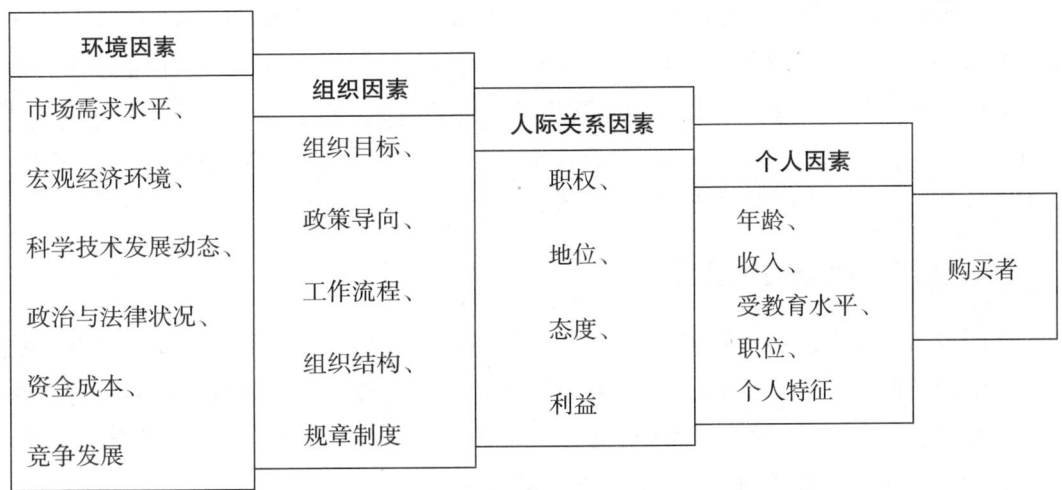

图 5-2 生产者市场购买决策的影响因素

（一）环境因素

环境因素主要涉及组织外部难以控制的宏观条件，涵盖市场需求水平、宏观经济环境、科学技术发展动态、政治与法律状况、资金成本以及竞争发展等多个方面。在诸多影响生产者市场购买行为的因素中，宏观经济环境占据核心地位。生产者市场的购买者深受当前及预期经济状况的影响：当经济不景气或前景不明朗时，他们往往会缩减投资，减少采购量，并压缩原材料库存。

（二）组织因素

组织因素则聚焦于组织内部的各种考量，包括组织目标、政策导向、工作流程、组织结构及规章制度等。这些因素从组织内部的利益诉求、经营战略及发展方向等角度，对购买决策及行为产生深远影响。生产者市场的营销人员需要深入了解购买者组织内部的采购部门地位（如是否为核心职能部门）、采购决策权的集中或分散程度，以及最终决策过程中的参与者等。这些因素以不同方式影响着生产者市场的购买决策，营销人员唯有对此了然于胸，方能精准施策，取得预期效果。

（三）人际关系因素

人际关系因素主要关注组织内部的人际关系网络。生产者市场的购买决策过程复杂多变，涉及众多参与者。这些参与者在组织中的职权、地位、态度、利益以及相互之间的关系差异，均会对购买决策及行为产生显著影响。生产者的购买决策由内部各部门及不同层级人员组成的采购中心共同做出，成员涵盖质量管理者、采购申请者、财务主管、工程技术人员等。他们因地位、职权及说服力的不同，在采购决策中所起的作用也各异。营销人员必须深入了解采购中心的关键成员及其决策方式、评价标准以及相互影响程度，以便采取有针对性的营销措施，推动客户做出购买决策。

（四）个人因素

个人因素则侧重于参与购买决策的各个个体。尽管生产者市场的购买行为是在有组织的影响下进行的集体行为，但最终的决策和行动仍由个体完成。尽管生产者市场的购买行为被视为理性活动，但参与采购决策的仍是具体的人。每个人在做出决定和采取行动时，都会受到其年龄、收入、受教育水平、职位及个人特征等因素的影响。因此，营销人员应深入了解生产者市场采购中心成员的个人背景，以便采取个性化的营销措施。

五、生产者市场购买决策过程

生产者市场购买决策过程是购买者根据购买产品或服务的需要，评估、选择不同品牌和供应商的过程。完整的购买决策过程分为八个阶段，具体过程则依据不同的购买类型而定，如表5-1所示。其中，直接重购和修正重购可以省略其中的某些环节，而新购最为复杂，需要经历购买过程的全部阶段。

表5-1 生产者市场的购买决策过程

购买阶段	购买类型		
	新购	修正重购	直接重购
1. 问题识别	是	可能	否
2. 一般需求描述	是	可能	否
3. 确定产品规格	是	是	是
4. 供应商搜寻	是	可能	否
5. 方案征集	是	可能	否
6. 供应商选择	是	可能	否
7. 签订合约	是	可能	否
8. 绩效评价	是	是	是

(一) 问题识别

当企业中有人意识到某个问题或需求可以通过获得一种特定的产品或服务得到满足时,购买过程就开始了。问题识别(Problem Recognition)可以由内部或外部刺激所引起。

(1) 内部刺激。企业可能决定推出一种新产品,需要新的生产设备和材料;或者一台机器可能无法运转,需要新的零部件;或者采购经理对当前供应商提供的产品质量、服务或价格不满意。

(2) 外部刺激。购买者的决策过程往往会受到外部因素的影响,比如参加了一场产品博览会,留意到一则引人注目的广告,或是接到来自销售人员的电话,对方承诺提供更优质或价格更优惠的产品,这些都可能激发他们产生新的购买意向。在商业营销实践中,营销人员常常通过广告策略,预先向消费者指出潜在的问题,并展示其产品如何成为这些问题的解决方案。

> 华为的一则获奖广告巧妙地聚焦了一个令消费者头疼的问题:复杂环境下的高效通信。该广告没有采用直接展示复杂技术的传统方式,而是创造性地描绘了一个虚拟场景:在崇山峻岭间,一座看似孤立无援的信号基站,周围是蜿蜒曲折、难以逾越的地形障碍。广告标题以鼓舞人心的口吻提出:"挑战极限,华为与您同行。"紧接着,广告详细阐述了华为如何通过其先进的通信技术,克服极端地理条件限制,确保信号畅通无阻,向消费者传达出华为能够解决最棘手通信难题的坚定承诺——"无论环境多么恶劣,华为通信,让连接无处不在"。这样的广告策略不仅吸引了目标受众的注意,还有效地传达了品牌实力与解决方案的价值,激发了潜在客户的购买欲望。

(二) 一般需求描述

在认识到某种需求之后,购买者通常会着手准备一份一般需求描述(General Need Description),该描述详细阐述了具体项目的关键特性和所需产品数量。对于标准化项目而言,这一过程往往相对直接且明确,不易出现问题。然而,在面对复杂项目时,购买者则需要与多方合作,包括工程师、终端用户以及专业咨询人员等,共同对该项目进行精确定义。此时,采购团队可能希望评估项目的各种属性,如可靠性、耐久性、性能等,以确保全面和准确地满足项目需求。

在这一关键阶段,敏锐的营销人员能够发挥重要作用。他们不仅能够帮助购买者更清晰地定义需求,还能提供关于不同产品特性及其价值的信息。通过深入了解购买者的具体需求和偏好,营销人员可以协助采购团队在众多选项中做出明智的选择,从而确保所选项目能够精准满足组织的实际需求,获得最佳的投资回报。

(三) 确定产品规格

购买者随后需要明确产品规格(Product Specification),这一过程通常要借助价值分析小组的专业力量来完成。价值分析作为一种成本控制策略,其核心在于通过对组件的细致研究,判断其是否具备重新设计、标准化或采用更经济的生产方式的潜力。

价值分析小组负责确定最优产品特性，并据此制定详尽的规格说明。同样，供应商亦可将价值分析作为赢得新客户信赖的有效手段。通过向购买者展示改进产品生产的创新方案，外部销售人员既能促进客户复购，又能将常规采购转化为新任务合作契机，从而开拓新的业务机会。

（四）供应商搜寻

购买者会为寻找最佳供应商而展开供应商搜寻（Supplier Search）。这一过程可能包括查阅交易目录、利用计算机搜索系统或联系其他企业以获取推荐，从而列出一份初步合格的供应商名单。当前，越来越多的企业倾向于利用互联网来搜寻供应商，这一趋势为规模较小的供应商提供了与大型竞争对手同台竞技的宝贵机会，使它们能够展现自身的优势。

通常情况下，当购买任务较新、项目复杂度较大或成本较高时，购买者会愿意投入更多时间和精力来搜寻合适的供应商。因此，供应商的首要任务是努力跻身于合格供应商名单之中，并在市场上积极塑造良好声誉。在此背景下，营销人员应密切关注那些正处于供应商搜寻阶段的组织，并确保本企业能够成为其重点考虑对象，以增加获得合作机会的可能性。

（五）方案征集

在商业采购流程的方案征集（Proposal Solicitation）环节，购买者会向筛选出的合格供应商发出邀请，要求其提交供应方案。针对这一邀请，部分供应商可能仅提供一份产品目录或派遣销售人员前往，但对于复杂度较大或成本较高的项目，购买者通常会要求每个潜在供应商提交详尽的书面供应方案或正式报告。

为了有效回应购买者的方案征集，营销人员需要基于深入的调查研究来撰写并展示方案。值得注意的是，供应方案不仅应是一份技术文档，更应是一份兼具营销属性的文件。其陈述内容应旨在建立购买者的信任感，并助力企业在激烈的市场竞争中脱颖而出。

（六）供应商选择

采购中心的成员会重新审阅各个供应方案，并从中挑选出一个或多个合适的供应商。在此过程中，采购中心会详细列出他们期望的供应商特质及其相对重要性。根据调研结果，采购主管通常会强调以下对供应商与顾客关系至关重要的特质：优质产品或服务、准时交货的能力、优良的道德规范与诚信水平以及具有竞争力的价格。此外，维修与服务支持、技术协助与建议、地理位置优势、过往绩效记录以及市场声誉等因素也被视为重要的考量点。

在做出最终选择之前，购买者可能会与首选供应商进行进一步的磋商，以期获得更优惠的价格和条款。为了降低对单一供应商的过度依赖，并在一定时期内能够比较不同供应商的价格与绩效，购买者往往倾向于选择多个供应商。同时，供应商发展经理致力于构建一个全面的供应商合作网络，该网络不仅能够增强组织供应链的稳定性，还能为顾客创造更多的价值。

（七）签订合约

在购买决策过程中，购买者需要制定一份详尽的合约文件，即"签订合约"文档，该文件明确界定了与选定供应商之间最终订单的所有关键条款与细节。这些条款包括但不限于产品的技术规格、订购的具体数量、期望的交货时间表、退货政策以及保修服务等核心要素。针对维护、维修及操作相关需求，购买者可能更倾向于采用一揽子合同而非周期性的购买订单，因为一揽子合同能够确立一种长期合作关系，在此框架下，供应商承诺在协议规定期限内，按照议定价格向购买者持续供应所需物资。

此外，部分大型购买者会实施供应商管理库存策略，将订单处理及库存管理职责转移给供应商。在这一体系下，购买者与核心供应商共享销售及库存信息，供应商负责监控库存水平，并在必要时自动进行库存补充，以实现供应链的协同优化。

（八）绩效评价

在此阶段，购买者会对供应商的绩效进行全面评估。为此，购买者可能会与使用部门取得联系，共同对供应商的服务或产品质量、交货准时性、响应速度等方面进行综合考量，并评估满意度等级。绩效评价（Performance Review）的结果对购买者的后续决策具有重要影响，可能会导致购买者做出维持现状、变更供应商或终止当前合作的决定。

第三节 中间商市场购买行为分析

中间商市场的购买行为指中间商市场中的组织购买者的购买行为，其与生产者市场的购买行为有很多相似的地方，如中间商采购组织也有若干人参与采购决策；中间商的购买行为与购买决策同样受到环境因素、组织因素、人际关系因素和个人因素的影响，其复杂的购买决策过程与生产者市场中的新购十分接近。但二者也有一定的区别，如中间商在地理位置上比生产者市场购买者更分散，其购买行为在购买决策类型、购买决策的参与者，以及购买决策的过程等方面都有自己的特点。

一、中间商市场购买决策的类型

中间商市场的购买决策因采购业务的不同及购买决策的难易程度不同，一般来说，可分为以下三种不同的类型。

（一）新产品采购

这一决策涉及中间商首次采购某种新产品。与生产者市场中的新购行为不同，中间商在决定是否采购及选择供应商时，会综合考虑市场需求、预期毛利、市场风险等多重因素。生产者面对新产品需求时往往缺乏选择余地，而中间商则拥有更大的决策空间，可基于综合评估做出采购决策。

（二）选择最佳供应商

当中间商已明确采购产品种类后，接下来的关键步骤是寻找并选定最合适的供应商。这一选择过程通常受两大因素影响：一是受经营资源限制，中间商无法包揽所有供应商的产品，需要从中精选部分产品以丰富其商品组合；二是中间商若计划推出自有品牌商品，则必须寻找既具备一定水准又愿意合作的供应商。例如，屈臣氏（Watsons）和卜蜂莲花超市（Lotus）便通过大量采购自有品牌商品，精心挑选符合要求的供应商。

（三）寻求较好的供应条件

在此类决策中，中间商的目标并非更换供应商，而是希望从现有供应商那里获得更为有利的供货条件及其他增值服务。这可能包括要求供应商提供更多服务支持、更灵活的信贷政策、更大幅度的价格折扣等，旨在通过优化供应条件来增强自身的市场竞争力。

> **知识链接**
>
> **中间商风险管理与优化策略**
> 详细内容，
> 请扫描二维码阅读。
>
>
>
> 二维码 5-5

二、中间商市场购买决策的参与者

中间商市场购买决策的参与者数量，主要取决于中间商的经营规模以及采购项目的规模与重要性。对于小型批发商和零售组织而言，采购工作可能由一两个兼任其他职责的员工或业主本人承担。较大规模的中间商通常会设立一个类似生产商的采购中心，由专门的采购部门来执行采购任务。实际上，不同类型的中间商在购买决策方式及决策参与者上存在差异。以连锁超市为例，参与中间商市场购买决策的人员或机构主要包括以下三种。

（一）专职采购员

专职采购员是连锁超市总部的专业人员，负责商品搭配决策，接待并评估新品牌企业的推销人员，同时拥有是否接受新品牌产品的决策权。在多数企业中，专职采购员有权对一些明显优质或劣质的项目做出选择与否的决定，而对于一些重要项目，则需要提交至采购委员会进行审议和最终决策。

（二）采购委员会

采购委员会通常由企业总部各部门的经理和专职采购员（商品经理）组成，其主要职责是审查专职采购员提出的新产品采购建议,并做出最终购买决策。在此过程中,专职采购员往往起到关键作用,而采购委员会则负责平衡各方意见,对新产品的评估和购买决策产生重大影响,必要时应向供应商解释拒绝购买的理由。

(三) 分店经理

分店经理是连锁超市下属各分店的负责人,通常负责分店层面的采购决策。分店经理掌握采购权有助于提升商品对地区市场环境的适应性和快速响应能力,同时也有助于激发分店经理的积极性。然而,在当前强调集中管理的趋势下,即便分店经理仍保留一定的商品采购权,该比例也通常较低。

三、中间商市场购买决策影响因素及过程

(一) 中间商市场购买决策影响因素

中间商市场同生产者市场一样,其购买行为也受到环境因素、组织因素、人际关系因素和个人因素的影响。此外,中间商市场的购买行为还受到购买者购买风格的影响。有学者将购买者的购买风格分为下述七类:

(1) 忠实型购买者。这类购买者忠于同一供应商,不轻易更换货物来源。

(2) 随机型购买者。这类购买者通常与几个符合其长期发展的供应商保持合作关系,并随时选择对自己最有利的供应商,而不固定于其中任何一个。

(3) 最佳交易条件型购买者。这类购买者选择一定时间内能给予自己最佳交易条件的供应商。

(4) 主观型购买者。这类购买者向供应商提出自己所要求的产品、服务和价格,并希望以他提出的条件成交。

(5) 广告型购买者。这类购买者在每一笔交易中都要求供应商补贴广告费。

(6) 斤斤计较型购买者。这类购买者在交易中特别注重供应商给予多少价格折扣,且只与提供折扣的供应商成交。

(7) 精明型购买者。这类购买者选择的都是最物美价廉、最适销的商品。

中间商市场的营销人员如果深入了解了购买者的特点,就可有针对性地促成交易。另外,中间商在购买产品时一般对价格特别重视,营销人员在营销过程中必须非常注意。尤其是当中间商的经营成本上升或消费者需求突然下降导致其边际利润减少时,中间商会更注意进货价格。

(二) 中间商市场的购买决策过程

中间商在新产品采购上的购买决策过程,与生产者的购买决策过程大致相似,通常涵盖八个关键阶段。然而,在选择最佳供应商或寻求更优供应条件时,某些阶段可能会被省略。

(1) 需求识别。当中间商通过销售数据分析发现现有产品线不符合市场需求,或通过广告、展会、供应商推销及消费者反馈等多种途径了解到存在更具市场潜力的新

产品时，便会产生新的购买需求。

（2）需求确定。中间商依据其配货策略，决定产品组合的广度（产品线的宽度）、深度（同一产品线内产品的多样性）及关联性（产品线间或产品间的联系）。配货策略主要包括：

①独家配货。专注于销售某一品牌或制造商的同类产品。

②深度配货。提供多种品牌及制造商的同类产品，以满足不同消费者偏好。

③广泛配货。经营某一行业多种系列和品种的产品，产品组合宽度更广。

④混合配货。经营跨行业、无直接关联的多种产品，产品组合关联性较弱。

（3）需求说明。中间商制定采购说明书，详细阐述所需产品的规格、质量、价格、数量及采购时间。采购时间的把握尤为关键，因为销售时机会直接影响产品的市场表现。采购数量的确定则需要综合考虑消费需求、库存水平及成本效益。

（4）供应商搜寻。采购团队根据采购说明书的要求，积极寻找合适的供应商。

（5）供应建议征集。邀请符合条件的供应商提交供应提案，并进行初步筛选。

（6）供应商选择。中间商的核心目标是快速销售与实现高毛利率，因此在选择供应商时，会重点关注供应商的合作意愿、产品质量、与目标市场的契合度、价格与折扣政策、信用条件、交货准时性、促销支持、售后服务及退货政策等。

（7）合同签订。与生产者市场购买者相似，中间商倾向于签订长期合同，以确保稳定的货源供应，并降低库存成本。

（8）供应商绩效评估。中间商定期对供应商的绩效、信誉及合作态度进行评估，以决定是否维持合作关系。

> **知识链接**
>
> **数字技术重塑中间商市场采购**
>
> 详细内容，
> 请扫描二维码阅读。
>
>
> 二维码 5-6

第四节　政府市场和非营利组织市场购买行为分析

一、政府市场购买行为分析

政府市场作为组织市场中的核心组成部分，其重要性不言而喻。在全球众多国家中，政府往往是商品与服务的主要采购方，其规模之庞大，几乎构成了全球最大的消费市场。因此，政府市场为企业提供了广阔的营销空间与机遇。

政府采购的初衷与生产者、中间商及终端消费者截然不同。生产者与中间商旨在通过采购赚取利润，而终端消费者则是为了满足家庭与个人的需求。相比之下，政府采购的核心目的在于维护社会稳定与安全，确保国家机器的正常运转。正如经济学家亚当·斯密（Adam Smith）所述，政府征税与采购旨在履行其三大核心职能：国防安全、司法公正以及公共设施的建设与维护。为履行这些职能，政府采购的范围极为广泛，涵盖了从军事装备到民用物品，从工业用品到日常消费品，以及各类服务，几乎无所不包。

政府采购的特殊性在于其决策过程更为复杂且耗时较长，具体取决于采购物品的性质与需求。在采购过程中，政府对价格因素尤为关注，通常倾向于选择符合规格且价格最低的供应商。

（一）政府采购的特点

政府采购是在财政监督下，以法定程序和方式从国内、国际市场上购买所需商品、工程和劳务的经常性活动。同私人或企业采购相比，政府采购具有以下特点。

（1）资金来源的公共性。政府采购的资金主要来源于财政拨款及需要财政偿还的公共借款，这些资金最终源自纳税人的税收与公共服务收费。在财政支出中，采购支出占据了重要位置，是财政支出减去转移支出后的余额。

（2）采购主体的特定性。政府采购的主体，即采购实体，特指依靠国家财政资金运作的国家机关、事业单位及社会团体，而不包括国有企业等商业实体。

（3）采购活动的非商业性。政府采购旨在满足政府部门的消费需求或为社会提供公共利益，而非追求商业利润。因此，其采购活动具有显著的非商业性。

（4）采购对象的广泛性。政府采购的对象范围广泛，既包括标准产品也涵盖非标准产品，既有有形产品也有无形服务，既有低价值产品也有高价值资产，既有军事装备也有民用物品。为便于统计与管理，国际上通常将采购对象分为货物、工程与服务三大类。

（5）政策导向性。政府在采购过程中需要严格遵循国家政策要求，不得体现个人偏好。具体包括节约财政资金、优先采购本国产品、支持中小企业发展以及环境保护等。

（6）采购流程的规范性。政府采购需要遵循相关法律法规，根据采购规模、对象及时间要求等条件，采用适宜的采购方式与程序。每项采购活动均应规范运作，确保公开、公平、公正，并接受社会监督。

（7）强大的社会影响力。作为一国最大的单一消费者，政府采购的购买力极为强大。据统计，政府采购规模通常占国内生产总值（GDP）的10%以上。因此，政府采购对社会的经济总量、产业结构及供需关系等方面具有深远影响。采购规模的调整与财政结构的变化都将对国民经济产生重要影响。

（二）政府市场购买决策的参与者

各国政府及其各级分支机构均设立了专门的采购机构，以执行政府购买任务。总

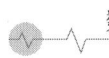

体而言，政府市场购买决策的参与者可被划分为两大类：行政部门采购组织与军事部门采购组织。

（1）行政部门采购组织，即各级政府行政部门下属的采购机构。这些机构的采购资金主要源自政府部门的财政拨款。各级政府均设有专门的采购办公室，负责具体执行采购事务，确保采购流程的顺畅与高效。

（2）军事部门采购组织则专注于军需品的采购工作。在我国，国防部扮演着重要角色，负责重大军事装备的采购与分配。同时，中央军委后勤保障部也承担着一般军需品的采购与分配职责。此外，为了满足各自特定的军事需求，各大军区及各兵种还设立了相应的后勤部门，负责自主采购所需的军需品。这些军事部门采购组织在保障国家军事安全与防御能力方面发挥着至关重要的作用。

（三）政府市场购买决策的影响因素

政府市场的购买决策不仅受到普遍认可的环境因素、组织因素、人际关系因素和个人因素的影响，还受到一系列特定因素的制约：

（1）社会公众的严格监督。政府采购资金来源于纳税人，因此其购买决策自然成为广大社会公众关注的焦点。从国家权力机关、政治协商机构、行政管理机构及预算监督部门，到新闻媒体、公民个体以及各类社会团体，均构成了对政府采购决策的广泛监督网络。通常情况下，政府的重要预算项目需要经过国家权力机关的严格审议与批准，并在后续的资金使用过程中持续接受监督。为回应这一监督需求，政府采购部门往往要求供应商提供详尽且全面的书面材料与报告。

（2）国际国内政治形势的影响。政府采购涉及众多领域，其采购方向与规模深受国内外政治形势的制约。例如，国际政治局势的紧张可能导致国内安全威胁升级，进而促使政府增加军备开支与军需品采购需求。

（3）国际国内经济环境的动态调整。一方面，国际国内的经济波动直接影响国家的财政收入与支出水平，进而对政府购买行为产生制约；另一方面，根据国内经济形势的不同，政府用于经济调控的支出也会相应增减。近年来，我国在经济低迷期采取加大基础设施建设投资的方式，以刺激经济增长，便是这一影响的直接体现。

（4）自然灾害的不可预见性。各类自然灾害会使政府用于救灾的资金和物资大量增加。

（四）政府采购方式

采购方式是各国管理政府采购的核心，适当的采购方式有助于确保将政府采购合同及时授予最佳供应商，使政府采购资金的花费物有所值。以下是几种常见的采购方式。

（1）公开招标（竞争性招标）。公开招标因其能够最大限度地引入竞争、确保交易过程的公正性，并有效减少腐败现象，而受到各国广泛推崇，成为政府采购的主流方式，我国也不例外。在决定采用公开招标方式时，必须充分考虑"具体数额标准"因素。根据《中华人民共和国政府采购法》第二十七条:"采购人采购货物或者服务应当采用公开招标方式的,其具体数额标准,属于中央预算的政府采购项目,由国务院规定;属于地方预算的政府采购项目,由省、自治区、直辖市人民政府规定;因特殊情况需要采用公开招标以外的采购方式的,应当在采购活动开始前获得设区的市、自治州以上人民政府采购监督管理部门的批准。"

(2)邀请招标(限制性招标)。邀请招标适用于潜在供应商数量有限或为提高采购效率、降低成本而需要简化程序的情形,是公开招标方式的一种灵活应用,旨在适应不同采购环境的实际需求。其优势在于成本较低、效率较高,但相较于公开招标,其竞争性可能有所减弱,特别是在选择受邀供应商的环节。为防止滥用,邀请招标的适用条件应严格限定于以下情况:采购项目复杂或具有特殊性,只能从有限范围内的供应商处采购;或采购项目价值较低,研究和评审投标文件所需时间长、费用高,需要通过限制投标人数量以实现资金节约。

(3)两阶段招标、征求建议书和竞争性谈判。这三种采购方式适用于采购实体难以精确、细致地制定技术规格要求的情形。它们的共同特点在于允许采购实体与供应商进行谈判,以确定技术规范和合同条款,但在选定供应商的具体程序上存在差异。

(4)询价采购。询价采购通过比较不同供应商的报价后直接选定供应商,流程简单、耗时较短,适用于金额较小、具有标准化规格的产品采购。适用询价采购的情形包括:采购的货物规格统一、标准明确,且现货货源充足;或采购金额较小、属于单项或零星采购。

(5)单一来源采购。单一来源采购适用于采购来源唯一或情况紧急、时间紧迫的情形。由于其缺乏竞争性,因此应严格限制在法律明确规定的特殊情况下使用。

二、非营利组织市场的购买行为

(一)非营利组织类型

非营利组织的类型依据不同的划分标准而呈现出多样性。在此,我们主要依据职能和经费来源两个维度对非营利组织进行划分。

按照不同职能,非营利组织可以分为三类:

(1)国家职能型。此类组织服务于国家和社会,旨在实现社会整体利益。它们包括但不限于消防队、监狱等,这些机构在维护国家安全和社会秩序方面发挥着关键作用。

(2)群众交流促进型。这些组织主要致力于加强群体间的思想和情感交流,传播特定知识和观念,或维护群体利益。宗教组织、各类协会等即属此类,它们在促进社会和谐与文化传承方面发挥着积极作用。

(3)社会服务提供型。此类组织专注于为特定公众群体提供特殊服务。医院、学校、红十字会、慈善机构和福利机构等是典型的代表,它们在保障民众健康、促进教育发展、实施紧急救助等方面发挥着不可替代的作用。

按照经费来源，非营利组织主要有三种类型：

（1）自给自足型。这类组织在经费上完全实现自负盈亏。例如，大多数医院需要设定合理的收费标准，以确保通过提供服务获得的收益能够补偿全部开支，维持组织的正常运营。

（2）部分资助型。此类组织能够获得政府财政拨款和来自社会各界的捐款。因此，它们所提供的产品或服务的收费标准可以低于平均成本。以我国高等教育为例，学生所缴纳的学费仅占培养学生平均成本的很小比例。随着经济的发展，学费可能会逐步提高，但仍将保持在低于运行成本的水平。

（3）无偿提供型。这类组织完全依赖于政府的财政拨款或捐助来维持其运行，并无偿提供服务。消防队等机构是典型的代表，它们在保障公共安全和服务社会方面发挥着至关重要的作用。

（二）非营利组织市场的购买特点

（1）经费总额有限。非营利组织成立的宗旨并非追求利润最大化，其日常运营的资金主要源自政府资助或社会公众捐赠，因此，其经费预算与支出均受到严格的监管与约束。这决定了非营利组织在进行采购活动时，必须严格遵循量入为出的原则，确保采购规模不超出既定的经费预算。

（2）追求性价比最优。由于受到经费预算的限制，大多数非营利组织在采购时往往更倾向于选择报价更低的供应商，但同时为了维持组织运行和履行组织职能，又对产品或服务的质量有很高的要求。

（3）控制严格。为了最大化资金的使用效益，非营利组织在采购环节实施严格的控制与管理。采购人员必须严格遵守既定的采购条件与规范，不得擅自更改采购计划或标准。

（4）采购程序复杂且参与主体多元。非营利组织的采购流程通常较为烦琐，涉及多个环节与参与方。与政府采购类似，非营利组织的采购决策往往由多方共同做出，包括管理者、专业技术人员以及外部咨询顾问等，他们共同参与供应商的评估与选择过程，以确保采购决策的科学性与合理性。

非营利组织市场在购买类型、购买方式以及影响其购买决策的因素等方面，与政府市场存在诸多相似之处，故在此不再展开详细论述。

> **知识链接**
>
> **非营利组织的跨界合作与资源共享**
>
> 详细内容，请扫描二维码阅读。
>
>
>
> 二维码 5-7

第五节 数字化 B2B 营销与供应链管理

在数字化时代，B2B 营销与供应链管理正经历着前所未有的变革。随着技术的不断进步，企业间的信息流通、库存管理、物流运输等各个环节都在逐步优化，以提高效率、降低成本，并更好地满足客户需求。

一、数字化 B2B 营销概述

数字化 B2B 营销是指利用数字技术，如互联网、大数据、云计算、人工智能等，来改进和优化企业间的营销过程。与传统 B2B 营销相比，数字化 B2B 营销具有更高的效率、更低的成本，以及更强的个性化定制能力。

（一）数字化 B2B 营销的特点

高效性：数字化 B2B 营销可以迅速传递信息，提高交易效率。通过在线平台，企业可以实时更新产品信息、调整价格等，确保客户能够获取到最新的信息。

低成本：数字化 B2B 营销减少了传统营销中的纸质文件、邮寄等成本。同时，通过大数据分析，企业可以更精准地定位目标客户，降低营销成本。

个性化定制：数字化 B2B 营销允许企业根据客户的特定需求，提供个性化的产品或服务。这种定制化的服务可以提高客户满意度，增强客户黏性。

（二）数字化 B2B 营销的策略

数字化 B2B 营销的策略多种多样，旨在精准触达目标客户，提升品牌影响力。

内容营销方面，企业通过撰写行业报告、白皮书及深度案例分析等高质量内容，充分展示其专业实力与行业洞察力，以此吸引潜在客户的关注与信赖。

社交媒体营销方面，企业利用微信、微博、抖音等热门平台，发布最新动态与产品信息，积极与潜在客户互动，以不断扩大品牌知名度与影响力。

搜索引擎优化方面，企业通过精心优化网站的内容、结构与链接布局，有效提升网站在搜索引擎中的自然排名，从而增加曝光度，吸引更多潜在客户访问。

此外，电子邮件营销也是重要一环。商家通过定期向潜在客户与现有客户发送产品信息、促销活动及行业动态等内容，保持与客户的紧密沟通，增强客户黏性。

二、数字化供应链管理概述

数字化供应链管理是指利用数字技术，对企业供应链中的各个环节进行实时监控、优化和协同，以提高供应链的效率和响应速度。数字化供应链管理可以帮助企业更好地掌握库存情况、优化物流运输、提高生产效率。

(一) 数字化供应链管理的特点

(1) 实时性。数字化供应链管理可以实时获取供应链各环节的数据,包括库存情况、生产进度、物流运输等,确保企业能够及时做出决策。

(2) 协同性。数字化供应链管理可以实现供应链各环节的协同作业,提高整体效率。例如,供应商可以实时了解企业的库存情况,以便及时补货;企业可以实时了解生产进度,以便调整生产计划。

(3) 智能性。数字化供应链管理可以利用大数据、人工智能等技术,对供应链数据进行智能分析,发现潜在的风险和机会,为企业决策提供科学依据。

(二) 数字化供应链管理的优势

(1) 降低成本。数字化供应链管理可以优化库存管理、减少库存积压和缺货现象,降低库存成本;同时,通过优化物流运输,降低运输成本。

(2) 提高效率。数字化供应链管理可以实时掌握供应链各环节的情况,提高生产效率、物流速度和客户满意度。

(3) 增强竞争力。数字化供应链管理可以帮助企业更好地满足客户需求,提高市场响应速度,增强企业的市场竞争力。

知识链接

物联网(IoT)与数字化供应链的深度融合

详细内容,请扫描二维码阅读。

二维码 5-8

三、数字化 B2B 营销与供应链管理的融合实践

数字化 B2B 营销与供应链管理的融合实践,旨在通过数字技术实现营销与供应链的无缝对接,提高整体效率和客户满意度。下面列举一些具体的融合实践案例。

1. 电商平台与供应链协同

电商平台作为数字化 B2B 营销的重要渠道,可以与供应链管理系统进行协同作业。例如,电商平台可以实时获取供应商的库存情况,以便及时补货;同时,电商平台可以将客户的订单信息实时传递给供应商,以便供应商及时安排生产和发货。这种协同作业可以大大提高电商平台的运营效率和客户满意度。

2. 大数据分析与个性化营销

大数据分析可以帮助企业更深入地了解客户需求和市场动态。通过大数据分析,企业可以发现客户的购买习惯、偏好和需求变化趋势,从而制定个性化的营销策略。

例如，企业可以根据客户的购买历史，推荐相关的产品或服务；或者根据客户的行业特点，提供定制化的解决方案。这种个性化营销可以提高营销效果和客户满意度。

3. 人工智能与供应链优化

人工智能技术在供应链管理中具有广泛的应用前景。例如，人工智能可以通过预测分析，帮助企业提前预测市场需求和库存需求，以便企业及时调整生产计划和采购策略；同时，人工智能还可以优化物流运输路线和配送计划，降低运输成本和配送时间。这种优化可以提高供应链的效率和响应速度。

4. 区块链与供应链管理

区块链技术作为一种去中心化、不可篡改的分布式账本技术，在供应链管理中具有独特的优势。通过区块链技术，企业可以实现供应链各环节的透明化和可追溯，确保产品质量和安全。同时，区块链技术还可以降低供应链中的信任成本，缓解信息不对称问题，提高供应链的整体效率。

四、数字化 B2B 营销与供应链管理面临的挑战

尽管数字化 B2B 营销与供应链管理具有诸多优势，但在实际应用过程中仍面临一些挑战。

首先，数字化 B2B 营销与供应链管理涉及大量的数据交换和共享，因此数据安全与隐私保护成了一个重要的问题。为了应对这一挑战，企业可以采取加密技术、访问控制、数据备份等措施来确保数据的安全性和完整性。同时，企业还需要遵守相关的法律法规和行业标准，确保数据处理的合法性和合规性。

其次，数字化 B2B 营销与供应链管理涉及的技术更新速度非常快，企业需要不断跟进新技术的发展和应用。为了应对这一挑战，企业可以组建技术创新团队或建立合作伙伴关系，及时了解和掌握新技术的发展趋势和应用前景。同时，企业还需要加强内部培训和技术支持，提高员工的技术素养和创新能力。

再次，数字化 B2B 营销与供应链管理涉及多个环节和多个参与方之间的协同作业。为了应对这一挑战，企业需要建立有效的协同机制和畅通的沟通渠道，确保各环节之间的信息共享和协同作业。同时，企业还需要制定明确的协同规则和流程，确保协同作业顺利进行。

最后，数字化 B2B 营销面对的客户需求具有多样性和变化性。为了应对这一挑战，企业需要加强市场调研和客户需求分析，深入了解客户的真实需求和偏好。同时，企业需要建立灵活的营销和供应链体系，以便及时响应客户需求变化。

数字化 B2B 营销与供应链管理是数字化时代企业营销和供应链管理的重要趋势。通过数字技术实现营销与供应链的无缝对接，可以提高企业的整体运营效率和客户满意度。然而，在实际应用过程中，企业仍需要面对数据安全与隐私保护、技术更新与迭代、供应链协同的复杂性以及客户需求的多样性和变化性等挑战。为了应对这些挑战，企业需要加大技术创新力度、建立有效的协同机制和畅通的沟通渠道、加强市场

调研和客户需求分析等工作。只有这样，才能在数字化时代中保持竞争优势并实现可持续发展。

案例分享

从"左右为难"到"左右逢源"：D 公司订单农业供应链困境破解之道

详细内容，请扫描二维码阅读。

二维码 5-9

本章提要

详细内容，请扫描二维码阅读。

二维码 5-10

本章习题与练习

1. 简述组织市场的定义及其主要类型。
2. 阐述组织市场与消费者市场的主要差异。
3. 分析生产者市场购买决策的类型及过程。
4. 讨论中间商市场购买决策的主要特征及过程。
5. 概述政府采购的特点、方式及其对市场经济的影响。
6. 描述非营利组织在购买行为上的特殊性。
7. 解释数字化 B2B 营销的核心概念及其在提高营销效率方面的作用。
8. 探讨供应链管理的数字化趋势及其对企业竞争力的影响。
9. 设计一份针对组织市场的数字化 B2B 营销方案，并说明其预期效果。

第六章
目标市场营销战略

【学习目标】
1. 理解企业营销战略的发展历程,掌握各主要阶段特征。
2. 熟悉 STP 营销战略决策过程:市场细分、目标市场选择、市场定位。
3. 明确市场细分的概念、意义与程序,掌握其标准、原则及步骤。
4. 基于市场需求和竞争态势,有效评估并选择目标市场策略。
5. 掌握市场定位的步骤、策略及定位图分析方法。
6. 理解数字化市场细分与定位新特点,包括数据收集、变量选择和技术工具运用。

【思政目标】

详细内容,请扫描二维码阅读。

二维码 6-1

在探索目标市场营销战略的过程中,企业首要面对的是三大基本命题:第一,明确"我们的顾客是谁",深入理解其特征与需求;第二,剖析"我们满足顾客哪些需求",确保企业的价值主张与顾客的核心诉求高度契合;第三,审视市场竞争格局,明确"我们的产品与服务替代谁的产品与服务",以精准定位市场切入点。这一系列深思熟虑的战略规划,构成了目标市场营销战略的基石,引领企业精准导航市场,稳健前行。

【思维导图】

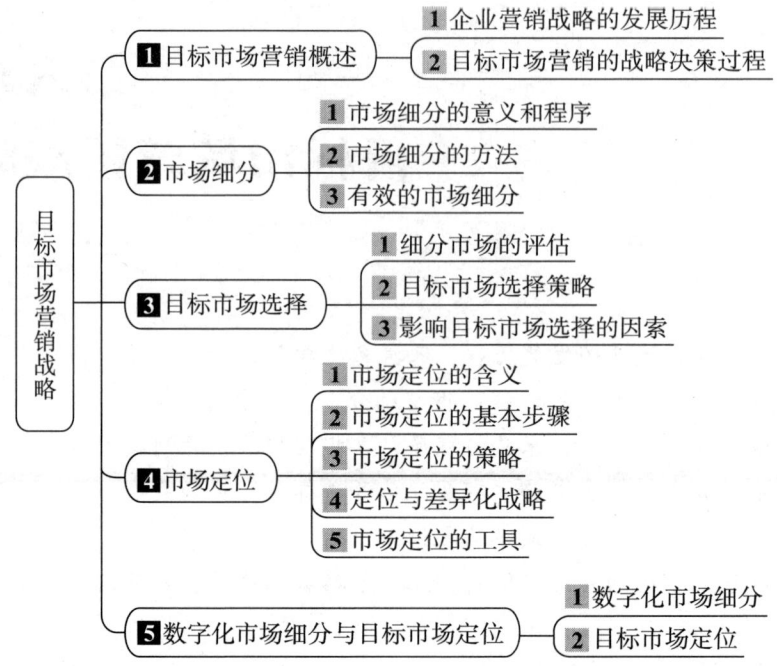

> **案例导入**
>
> **东方树叶：无糖茶饮的 STP 战略与差异化突围**
>
> 详细内容，请扫描二维码阅读。
>
>
>
> 二维码 6-2

第一节　目标市场营销概述

一、企业营销战略的发展历程

企业营销战略伴随着市场环境变迁而不断演进，其发展经历了三大标志性阶段：大量营销阶段、产品多样化营销阶段及目标市场营销阶段。在此基础上，学术界进一步探索，提出了微观营销、定制营销与反细分化营销战略理论，丰富了目标市场营销的理论框架。

（一）大量营销阶段

大量营销策略，是企业通过规模化生产、广泛分销及高强度促销活动，推广品种与规格相对单一的产品，旨在通过成本控制实现价格优势，进而激发市场需求，最大化潜在市场规模的策略。此策略的成功实施，依赖于几个关键前提：一是市场供不应求，处于卖方市场；二是成本降低能有效刺激市场需求扩张；三是价格竞争为主导，市场竞争格局尚未充分形成；四是消费者需求趋于同质化。在工业革命初期，这些条件在西方国家普遍得到满足，福特汽车与可口可乐便是凭借此策略取得了显著成就，证明了大量营销策略的有效性。

（二）产品多样化营销阶段

随着工业化进程的加速，特别是在第二次世界大战之后，西方国家生产力显著提升，市场竞争日益激烈，市场逐渐转向买方市场，大量营销策略成功实施的前提条件逐渐消失。为应对这一变化，企业开始探索产品多样化策略，即生产多种规格、款式、质量的产品，以满足消费者日益增长的个性化需求的策略。通用汽车在 20 世纪 30 年代的实践，标志着产品多样化营销阶段的开启，企业通过提供多样化的选择，有效应对了市场需求的分化。

（三）目标市场营销阶段

进入 20 世纪 50 年代，西方国家的社会、经济、政治、文化环境的深刻变革，要求企业必须革新营销策略以适应新的市场环境。目标市场营销战略的提出，正是对这一变革的积极响应。该战略强调，企业应在深入分析市场的基础上，运用合适的细分变量将整个市场划分为若干具有相似需求的细分市场，并选择其中一个或多个细分市场作为目标市场。针对目标市场的特定需求与竞争态势，企业应进行精准的市场定位，并据此设计差异化的营销组合策略。目标市场营销不仅体现了从需求与竞争双重视角审视市场的现代营销理念，也极大地提高了营销的精准性和成功率。

随着市场细分程度的加深，微观营销（Micro-marketing）与个别化营销逐渐兴起。微观营销聚焦于更小规模的细分市场，而个别化营销则追求为每个消费者提供个性化产品，成为目标市场营销理念在互联网时代的极致展现。然而，过度细分虽能提升市场认知精度，却也可能导致营销成本激增，市场规模缩减，影响企业总体收益。因此，有学者提出"反细分化"理论，主张在成本效益分析的基础上，实施适度市场细分，以平衡市场认知深度与经济效益，这同样是目标市场营销思想的一种体现。

综上所述，企业营销战略的发展历程，是对市场环境变化不断适应与创新的过程，目标市场营销及其衍生理论，为企业提供了应对复杂市场环境的策略指导。

二、目标市场营销的战略决策过程

目标市场营销的战略决策过程包含三个重要步骤：一是市场细分；二是目标市场选择；三是市场定位，即 STP 营销。这三个环节是相互联系，缺一不可的，其中，市场细分是企业目标市场选择和市场定位的基础和前提，如图 6-1 所示。

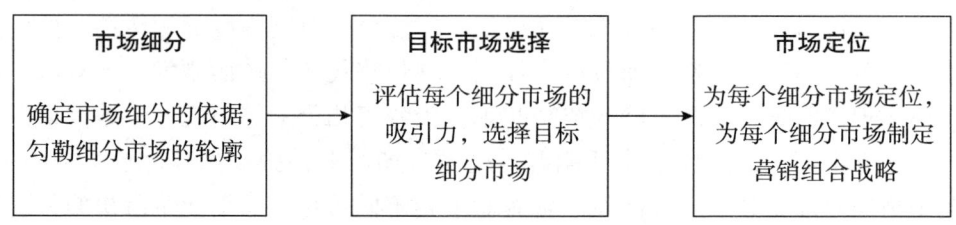

图 6-1　目标市场营销的战略决策过程

市场细分的理念最早由美国营销学家温德尔·史密斯（Wendell Smith）于 20 世纪 50 年代中期提出。该理念指营销人员依据消费者特征、需求、欲望、购买行为、消费习惯及使用环境等多维度差异，通过深入的市场调研，将整个市场细分为若干具有相似特征的子市场的过程。这一过程旨在识别并利用市场中的细分机会，为制定有效的营销策略奠定基础。

在探讨市场细分的理论背景时，以色列历史学家尤瓦尔·赫拉利（Yuval Harari）在其著作《人类简史》中提出了一个有趣的观点：远古时期有很多人种存在，但我们这一支现代人种（简称现代人）之所以能在残酷的竞争中存续下来，主要是因为现代人能够"八卦"。这里的八卦指的是信息的交流，如打完猎回来后相互交流一些有趣的信息。

"八卦"本身就是一种认知冲突和重构。族群内部虚拟信息的交换，使得现代人可以交流一些形而上的抽象概念。比如外部的宏观目标能潜移默化地起到激励作用，包括一些鼓舞人心的设想或愿景。通过不断的信息交流自然形成的人际交往法则，最后往往会演化成一种组织的价值观和文化。"八卦"出来的具备差异性的物品或商品，最后就演化为今天我们所说的"品牌"。"八卦"出来的在未来可以获得重大溢价的市场，就变成了我们今天所说的"资本市场"。这是由于"八卦"产生了认知的重构和新的生产关系，从而催生了新的生产力。所以，赫拉利认为，认知重构是人类演化以及生产力进步的关键驱动力之一。

从这一角度看，市场细分同样是一种认知重构的过程，它要求营销人员以独特的视角审视市场，通过重新分类和切割，识别出具有竞争优势的细分市场作为目标市场。

目标市场选择则是企业基于市场细分的结果，评估各细分市场的吸引力及自身资源与能力，选择最有利于自身发展的市场作为目标市场。这一过程要求企业具备敏锐的市场洞察力和战略决策能力。

市场定位则是面向已选定的目标市场，通过赋予产品或服务独特的价值主张，以区别于竞争对手，从而在消费者心智中占据有利位置。这一价值主张应能够精准触达目标消费者的需求痛点，构建强大的品牌认知壁垒。

> **知识链接**
>
> ### 哔哩哔哩挑战视频三巨头
>
> 在营销领域，有一个被称为"三法则"的定律：在法规允许且不存在独占权（如专利、许可、商标权等）壁垒的情况下，行业往往会形成三足鼎立的竞争格局。一旦这种格局形成，后续的竞争者便难以获得生存空间。然而，令人瞩目的是，有一家视频类企业——哔哩哔哩，却成功地在巨头（爱奇艺、腾讯视频、优酷）占领的视频市场中找到了立足之地。
>
> 哔哩哔哩的成功，得益于其精准的市场细分和聚焦于目标市场的服务。相较于视频三巨头高度相似的客户群和产品，哔哩哔哩锁定了更为特定的人群——喜欢二次元的年轻人。自2009年6月26日成立以来，哔哩哔哩便以其独特的实时评论功能（弹幕）脱颖而出。弹幕不仅满足了年轻人对于互动分享和二次创造的潮流文化的需求，还成了众多网络热门词汇的发源地之一。
>
> 哔哩哔哩实际上建立了一个潮流文化社区，而不仅仅是一个视频平台。它通过对大众视频消费者进行细分，切割出了一个新的人群——二次元人群，并根据这个人群的爱好、生活方式、心理及行为特征、年龄等，构建出了一个泛文化社区，提供有针对性的视频内容。
>
> 至2019年第一季度，哔哩哔哩的月均活跃用户数首次破亿，达到1.01亿。与此同时，随着商业化策略的稳步推进，其用户付费潜力得到进一步挖掘，月均付费用户数同比增长超一倍，达到570万。其用户的平均年龄仅为17岁，75%的用户年龄在24岁以下。这些数据充分证明了哔哩哔哩在市场细分和目标市场选择方面的成功。

> 哔哩哔哩能够打破"三法则"定律，在视频行业的竞争中脱颖而出，关键在于其独特的市场细分和精准的目标市场选择。
>
> 资料来源：作者根据相关资料整理。

第二节 市场细分

市场细分的本质在于助力企业重新界定并探索新市场及增长潜力点。若不进行市场细分，企业就难以精准锁定目标客户，导致产品或服务同质化。因此，优秀企业之强，不在于全面扩张，而在于理性选择对自身有利的细分市场。市场细分，作为战略决策的关键工具，能帮助企业实现差异化竞争与可持续发展。

一、市场细分的意义和程序

市场细分被誉为具有创造性的新概念，企业应将其作为开展营销活动的重要手段。市场细分对企业的营销实践有着以下重要意义：有利于企业发现新的营销机会；有利于企业巩固现有市场；有利于企业正确制定营销战略和策略；有利于企业有效地利用营销资源。

美国营销专家麦卡锡提出了市场细分的一整套程序，这一程序包括七个步骤：

(1) 选定产品市场范围，即确定进入什么行业，生产什么品种的产品。

(2) 列举潜在顾客的基本需求。

(3) 了解潜在顾客的不同要求。对于列举出来的基本需求，不同顾客强调的侧重点可能存在差异。通过比较这种差异，可初步识别出不同的顾客群体。

(4) 找到潜在顾客的共同需求，而以特殊需求作为细分标准。

(5) 根据潜在顾客基本需求上的差异，将其划分为不同的群体或子市场，并赋予每一个子市场一定的名称。

(6) 进一步分析每一个细分市场需求与购买行为的特点，并分析原因，据此评估是对这些细分出来的市场进行合并，还是进行进一步细分。

(7) 估计每一个细分市场的规模，即在调查基础上，估计每一个细分市场的顾客数量、购买频率、平均每次的购买数量等，并对细分市场上的产品竞争状况及发展趋势做出分析。

二、市场细分的方法

企业要进行市场细分，首先就要确定按照什么样的方法来进行细分。一般来说，凡是影响消费者需求的因素，都可以作为市场细分的依据。市场细分的标准必须能区分不同的消费者需求。企业可以根据行业和自己的实际情况选择适当的因素作为标准（或变数）来对市场进行细分。

市场细分需要确定细分维度，即按照什么标准去分割市场。市场细分的维度通常有两种：基于人群的细分和基于场景的细分，如图6-2所示。

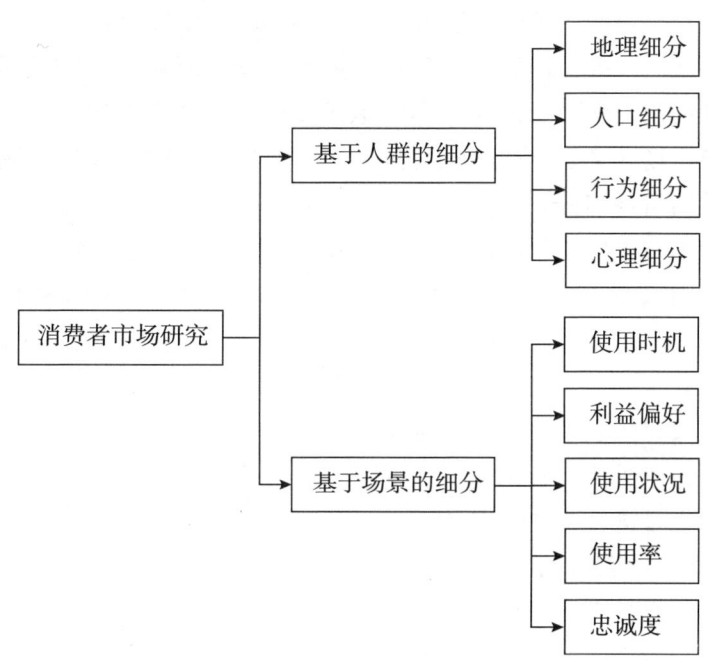

图6-2 市场细分的维度

（一）基于人群的细分

需要指出的是细分变量各有侧重，各有优劣，而现实中企业多采取多变量综合分析。在进行市场细分时，可以根据消费者对商品的潜在需求，选取几个可能对消费需求影响较大的因素作为细分标准。一个理想的细分市场往往是由一连串的因素组合起来的。

基于人群的细分是以人的特征为细分维度，比如人的性别、受教育水平、年龄、职业、家庭结构、收入、居住地、婚姻状态、生活方式、价值观、购买频率等。我们在此介绍四类常用的基于人群的细分方法：地理细分、人口细分、行为细分和心理细分，如表6-1所示。

表6-1 基于人群的细分

地理细分	人口细分	行为细分	心理细分
按照消费者所在地进行细分： 国家、地区、城市、乡村、城市规模、人口密度、气候、地域文化	按照消费者人口统计变量进行细分： 年龄、性别、收入、职业与教育、家庭生命周期等	按照消费者购买或使用产品的行为、态度进行细分： 购买频率、购买量、购买熟悉度	按照消费者的心理特征进行细分： 社会阶层、个性、生活方式、购买动机

1. 按地理变量细分市场

以地理变量为依据来划分市场,是一种传统的市场细分方式。

地理变量之所以能作为市场细分的依据,是因为处在不同地理环境下的消费者,由于在社会文化、经济、自然条件等方面存在差异,对同一类产品可能会有不同的需求与偏好,进而对企业的各种营销策略与措施会产生不同的反应。

比如,我国地域广阔,地区之间经济发展不平衡,形成了具有不同购买力的区域市场,沿海地区的消费水平明显高于内陆地区,这些消费水平较高的区域市场就是奢侈品的主要销售市场。又如,按不同气候带划分市场,对防暑降温、御寒保暖的产品就是一种较有效的市场细分方式。

按地理变量细分市场,还可以清楚地识别出市场发育程度。尤其是在国际营销中,按照产品在不同国家的上市时间,可以将全球市场划分为引入期国家市场(1—5年)、成长期国家市场(6—10年)、成熟期国家市场(11年及以上)。这种划分方式,有助于企业采用国别营销方式,制定针对性强的营销策略。

地理变量虽然容易识别,但大多数地理变量是一种静态变量,而且同一地理环境中的消费者还会由于其他因素的影响,而对同一类商品表现出不一样的需求特征,因此还需结合其他变量进一步细分市场。

2. 按人口变量细分市场

年龄、性别、受教育水平、职业、收入等人口统计资料的收集比较方便,而且消费者的需求特征及对产品的需求偏好往往随人口统计特征的变化而变化,因此依据人口变量来细分消费者市场是企业普遍采用的方法。实际上,即使企业首先采用非人口变量细分市场,也还需要进一步分析这些细分市场的人口统计特征,以便准确估计市场规模并制定具体的营销策略。

(1)年龄。不同年龄消费者的需要和购买力具有明显差异,如对服装的款式、规格、颜色、价格的要求,儿童、青年人、老年人是不同的。根据消费者年龄标准可以划分为婴幼儿市场、少年市场、青年市场、中年市场和老年市场。

(2)性别。不同性别具有不同的细分需求和购买行为,这是自然生理差别引起的差异。在服饰、化妆品等方面因性别而产生的需求差异尤其明显,因此在这些行业中性别一直是一个常用的细分变量。根据消费者性别标准可以划分为男性市场和女性市场。

(3)收入。消费者的实际收入直接影响其购买力、生活方式以及对未来的期望,因而对消费需求的数量和结构具有决定性的影响。家具、家电、餐饮、服装、旅游服务等许多行业均以此作为细分依据,可以分为高档市场、中档市场和低档市场。

(4)职业与教育。消费者的职业不同会引起不同的需求。如教师与演员对服装、鞋帽和化妆品等产品的需求,必然有很大的差异。消费者受教育水平的不同也会形成不同的消费行为和需求特点,这是由于文化水平会影响人的价值观和审美观。根据职业与教育变量可以划分出许多不同的细分市场。

(5)家庭生命周期。家庭结构不同,将直接影响家庭支出模式,而家庭结构又随着家庭生命周期所处阶段的不同而有所差别，因此按照家庭生命周期细分消费者市场也是一种有效的方法。前文已述及典型的家庭生命周期划分，处在不同生命周期的家庭，其家庭支出模式往往也不一样。比如新婚家庭对住房、家具、家电等有较大需求；有孩子的家庭，在孩子长大成人前，相当一部分的开支都用在了孩子的生活和教育上；而在空巢阶段，家庭收入较多，开支也较以前小了许多，用在医疗保健、娱乐方面的支出逐渐增加。

此外，消费者的国籍、民族、宗教等也都是影响其消费习惯和购买特点的重要变量。根据这些变量可以将市场划分为不同的细分市场。企业进行市场细分时，必须对人口统计标准及其变量进行充分研究，以确定自己的目标市场，实施相应的营销组合策略。

3. 按行为变量细分市场

行为细分是根据消费者的购买频率、购买量或对购买商品的熟悉度等来划分细分市场。很多营销人员都认为，行为细分是进行有效市场细分的最佳选择。

例如，有机构曾对马来西亚城市居民的互联网应用及网上购物态度进行了调查，基于对台式电脑、手机、平板电脑以及卫星电视的拥有量，该机构找出了四个范围更小的细分市场。电子精英类主要由华人、年轻人构成，他们往往来自高收入家庭。移动通信类在二三十岁的华人和马来西亚人中占的比例差不多，他们大多来自中等收入家庭。家庭类的成员也大多来自中等收入家庭，年龄为15—20岁，少部分人是40多岁。无兴趣类的成员大多年龄在50岁以上，并且基本是马来西亚人。

4. 按心理变量细分市场

导致消费者需求多样化的原因，除上面讲到的地理、人口等较易测量的变量外，还有很多较难测量的变量，但它们却是细分消费者市场的重要依据，比如消费者心理特征。按照消费者心理特征来细分消费者市场的方法被称为"心理细分"。用于细分消费者市场的心理变量有：社会阶层、个性、生活方式、购买动机等。

首先介绍以下心理细分指标：

（1）社会阶层。社会阶层是指在某一社会中具有相对同质性和持久性的群体。处于同一阶层的成员具有类似的价值观、兴趣爱好和行为方式，不同阶层的成员则在上述方面存在较大差异。社会阶层会影响人们对汽车、服装、家具、娱乐方式等的选择，企业可以根据社会阶层来细分市场，识别不同社会阶层的消费者所具有的不同特点，为特定的阶层设计特定的产品和营销方案。

（2）个性。人们有各种各样的个性特征，这些个性特征往往会影响人们的消费观念和购买行为，因此人们倾向于选择那些能够与其个性相吻合的商品。实际上，当企业采用个性指标来细分市场时，大概率能够吸引具有类似个性的消费者。在西方国家，有些企业对诸如化妆品、香烟、啤酒、保险之类的产品以个性特征为基础进行市场细分并取得了成功。比如，万宝路香烟通过产品设计、广告宣传等营销手段，使产品本身成为独立、豪爽个性的象征，吸引了众多具有独立、豪爽个性的烟民。

（3）生活方式。即便人们的社会阶层相同、个性相似，但由于兴趣、观念、生活态度上的差异，也会选择不同的生活方式，生活方式的差异往往又通过有形的吃、穿、住、行、用的不同选择而表达出来。因此就消费者市场而言，根据生活方式来细分，更加能够勾勒出具有营销意义的消费者特征。西方的一些服装生产企业，为"简朴的女性""时髦的女性"和"运动型的女性"分别设计了不同服装；烟草企业针对"挑战型吸烟者""随和型吸烟者"及"谨慎型吸烟者"推出不同品牌的香烟，均是依据生活方式进行市场细分的例子。

（4）购买动机。购买动机是驱使消费者达成个人消费目标的一种内在力量，购买动机如前所述，可分为求实动机、求美动机、求廉动机、求名动机、求新动机、求优动机、求便动机，等等。企业可把这些不同的购买动机作为市场细分的依据，把整体市场划分为若干个细分市场，如廉价市场、便利市场、时尚市场等。

相较于人口统计学指标，心理细分指标能够更为深入地揭示消费者的购买动机与选择标准，从而对品牌定位与营销策划提供更具指导意义的洞见。然而，顾客的心理活动复杂且微妙，难以仅凭简单手段加以捕捉，这就要求企业开展深入的顾客研究，以提炼出有效的心理细分标准。

在此背景下，VALS 模型（Values and Lifestyle Survey Model，价值与生活方式调查模型）作为一种高效的心理细分工具，被广泛应用于消费者市场的细分过程中。该模型依据"心理动机"与"资源水平"两大核心维度，对消费者进行细致的分类。具体而言，心理动机被进一步细化为理想动机、成就动机以及自我表现动机三种类型；而资源水平则根据消费者的经济状况、社会地位及可支配资源等关键因素，被划分为高资源与低资源两个层次。值得注意的是，资源水平的高低会显著影响消费者表达自身动机的方式与程度。

通过这两个维度的巧妙结合，VALS 模型将消费者精准地细分为八个各具特色的类型。这些类型不仅深入揭示了消费者的需求偏好与消费习惯，更为企业的品牌定位、产品设计与营销策划提供了有力的数据支撑与坚实的理论依据，如图 6-3 所示。

在 VALS 模型下，各类型的消费者特征如下：

（1）创新者。他们以成功和老练著称，是具备高度自尊的领导型人物。作为引领变革与潮流的先驱，创新者积极接纳新想法和技术，始终走在时尚与科技的前沿，乐于发现并尝试新事物，不断推动社会进步与发展。

（2）思考者。他们成熟稳重、做事深思熟虑，且大多受过良好教育。他们倾向于积极搜集信息以支持决策过程，注重产品的耐用性、功能性和高性价比。他们是典型的理性主义消费者，对产品的功能价值尤为看重，追求物超所值的消费体验。

（3）信仰者。这一群体极为传统，遵循既定规则与习俗。由于性格保守，他们往往对新变化和新技术持谨慎态度。他们倾向于选择熟悉且享有声望的品牌，同样重视产品的功能价值，追求稳定可靠的消费体验。

（4）成就者。他们以家庭和事业为中心，目标导向明确，追求成功与卓越。他们倾向于避免对生活造成巨大冲击的变化，而偏好通过高档商品来彰显自己的成功与地

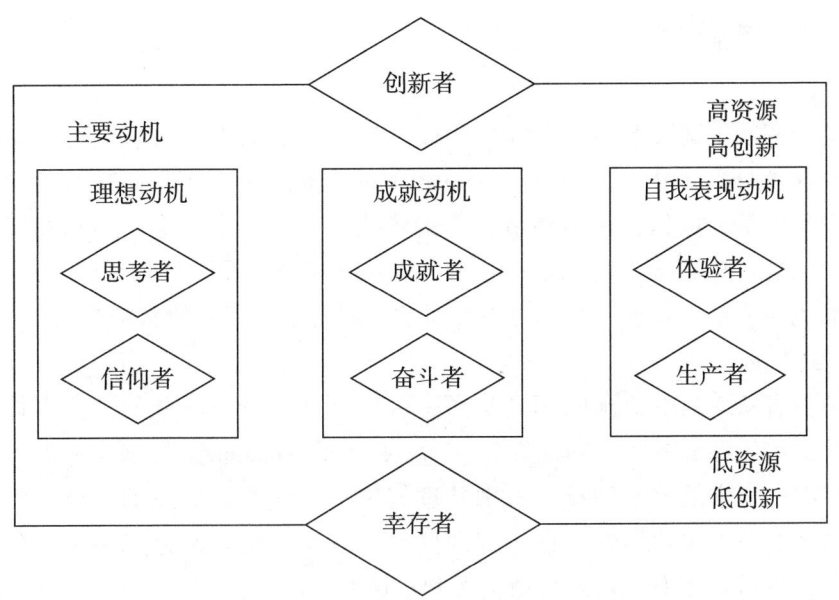

图 6-3 VALS 模型

位,以此在同事间树立形象。他们追求的是产品的情感价值,以满足炫耀性社交活动的需求,展现个人魅力与特质。

(5)奋斗者。他们追求时尚与新奇,但可支配收入有限,兴趣范围相对狭窄。他们渴望效仿物质条件更优越的人群,通过时尚商品来满足自我认同与归属感。他们同样追求产品的情感价值,但动机更多源于对尊重、认同与归属感的渴望。

(6)体验者。他们勇于打破传统,积极冲动,热衷于在新兴、非传统和冒险的事物中寻找刺激与乐趣。他们愿意将大部分收入投入时尚、社交和娱乐活动中,追求产品的象征价值,以实现自我愉悦、自我欣赏与个性表达。

(7)生产者。他们强调实用性和独立性,偏好亲自动手的实践活动,享受与家人和亲密朋友的共处时光。他们更倾向于购买基本商品而非奢侈品,重视产品的实用性。他们同样追求产品的象征价值,但更多体现在对自我独立性与创造力的彰显上。

(8)幸存者。他们生活窘迫,收入较低,缺乏明显的动机取向,常感到无力与迷茫。他们高度关注安全与经济性,倾向于购买打折商品以节省开支。他们在满足自身需求方面存在较大困难,对价格异常敏感,追求性价比最优的消费选择。

知识链接

数字化时代的心理细分新维度——社交媒体行为分析

详细内容,请扫描二维码阅读。

二维码 6-3

（二）基于场景的细分

1. 使用时机

根据消费者产生购买意图、实际购买以及使用产品的不同时机，可以将其划分为多个群体。这种时机细分（Occasion Segmentation）策略有助于企业精准地把握销售机遇，提升产品销量。例如，在中秋节这样的传统节日，月饼、茶叶等礼品成为热销商品，商家可以借此机会推出促销活动，吸引消费者购买。再如，春节前夕，家电、服装等消费品也迎来销售旺季，企业可以针对这一时机推出相应的营销策略。

2. 利益偏好

按照消费者从产品中追求的不同利益，可以将其划分为不同的消费群体，这是一种极为有效的市场细分方法。利益细分（Benefit Segmentation）要求企业深入挖掘消费者购买产品时所追求的核心利益，识别并理解追求不同利益群体的特征，以及市场上能够提供这些利益的主要品牌。企业应选择符合自身定位的一个或多个细分市场作为目标市场，提供最具吸引力且满足消费者利益偏好的产品。

3. 使用状况

根据消费者对产品的不同使用状况，可以将用户划分为从未使用、曾经使用、经常使用等几种类型。以伊利集团为例，当其在中国市场首次推出安慕希酸奶时，需要向从未使用过这类产品的消费者解释产品的独特卖点，吸引潜在用户并使其转化为新用户。不同的客户群体拥有不同的市场需求，如献血站不应仅依赖常规献血者，而应通过多样化的营销策略鼓励新献血者加入，并唤醒曾经献血者的参与热情。

企业还应关注正处于人生角色转变阶段的消费者，如新婚夫妇、新手父母等潜在用户群体，他们很可能成为产品的重度使用者。例如，婴儿用品品牌贝亲通过获取准父母的姓名、联系方式等信息，向他们提供丰富的样品及婴儿护理产品的广告，以激发其购买意愿。同时，贝亲还邀请准父母访问其官方网站，获取专业育儿知识，并通过邮件推送实时资讯、优惠券等。

4. 使用率

根据用户使用产品的不同频率，可以将用户划分为轻度使用者、中度使用者和重度使用者几个群体。虽然重度使用者的人数相对较少，但他们在商品消费总量中的占比却很大。企业应根据不同使用率群体的特点，制定差异化的营销策略。

5. 忠诚度

根据产品忠诚度的不同，也可以将用户划分为不同类别。消费者可能对某个品牌（如华为）、某些商店（如王府井百货）或某些企业（如海尔）保持忠诚。品牌忠诚度是衡量消费者忠诚度的关键指标。有些消费者表现出较高的品牌忠诚度，始终选择同一品牌；有些消费者则表现出中度忠诚，对于特定产品，他们会在两三个品牌中选择，或偶尔尝试其他品牌；还有些消费者对任何品牌都缺乏忠诚度，每次购买时都会选择不同的品牌，或仅因促销活动而购买，如图 6-4 所示。

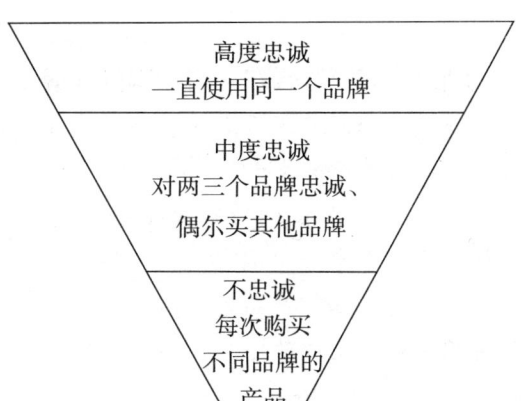

图6-4 消费者忠诚度类别

通过分析不同消费者的忠诚度，企业可以深入了解忠诚消费者的特征，明确吸引他们的关键因素。同时，通过研究忠诚度不高的消费者，企业可以识别出真正的竞争对手。而对于那些放弃本企业产品的消费者，企业应深入分析原因，找出营销工作的薄弱环节。

使用场景的不同会深刻影响消费者的产品决策和价值诉求。同样，消费者购买产品所要解决的问题或完成的任务不同，也会导致其产生不同的产品诉求。因此，在某些情况下，企业以"使用场景"和"要完成的任务"作为细分维度，能够深入挖掘之前被忽视的客户需求和空白市场，从而更容易产生创新思路，如图6-5所示。

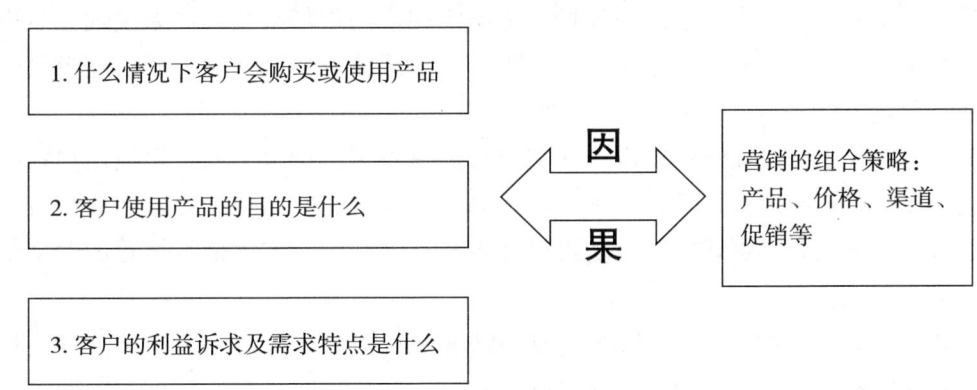

图6-5 基于场景的细分

企业在市场细分的实践中，面临着多重细分标准的选择。在多个可能的细分维度中，企业需要审慎选择那些能够帮助企业更好地洞察消费者、制定更具针对性和竞争力的营销策略的维度。判断的重要标准是：细分市场的选择必须能够促进企业业绩的增长。

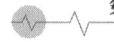

> **知识链接**
>
> **娃哈哈"营养快线":可以喝的早餐**
>
> 消费者的痛点:吃早餐需要同时使用两只手,在着急上班的路上非常不便;双手容易沾到食物;传统早餐的营养未必全面。
>
> 对消费者需求的解读:如何更加便利地解决早餐问题?早餐一定是"吃"的吗?早餐能否像饮料一样用一只手拿着"喝"?
>
> 基于场景思维,娃哈哈制定了如下产品方案:
> - 目标客群:早晨时间紧迫的上班族。
> - 使用场景:在路上"吃"的早餐。
> - 使用方式:喝,而非吃。
> - 产品类型:水果牛奶饮料。
> - 产品的核心价值:①解渴,不同于酸奶的黏稠,容易入口和下咽。②有营养——牛奶+果汁。③解放一只手,瓶装饮料解放了一只手,上班路上就可以轻松解决早餐问题,还不会弄脏手。

以携程为例,虽然携程可以按照区域进行市场细分,将用户分为北京携程用户、上海携程用户等,但这种细分方式对于携程来说价值有限,因为它提供的顾客洞察较少,且竞争对手也可能采用相同的划分方式,导致营销策略的同质化。

相比之下,携程应该基于需求进行市场细分,以推动业务的增长。例如,携程可以先根据区域发展水平进行划分,分为一线城市(如北上广深)、二线城市、三线城市等,然后基于整体数据库为不同的市场层级制定相应的市场战略。如果发现三线市场中存在大量未被满足的客户需求,那么携程的市场战略方向就非常明确,即聚焦于这类客户,通过占领这类市场来实现业务增长。

此外,携程还可以按照用户行为和客户价值进行市场细分。通过识别用户在携程软件上的使用时长和消费金额,携程可以找到重要客户,并为他们提供商旅出行的整体管家服务,从而获得更高的溢价和提升客单价。这种细分方式使得携程的营销策略更加精准和有效。

因此,企业在市场细分的过程中,应始终牢记"获取业务的迅速增长"这一核心目标,不断探索和创新市场细分的方式和方法。

三、有效的市场细分

(一)有效市场细分的原则

企业在对市场进行细分时,需要遵循一定的标准。然而,在市场容量既定的情况下,细分子市场数量增多会导致每个子市场的容量相应减小,进而可能影响企业的预期收益。因此,并非市场细分得越细致越好,也并非细分子市场越多越好。有些市场在理论上虽然可以细分，但在实际操作中却难以把握，因此并非所有市场细分都是有效的。这就引出了"反细分化"的概念，即当过度市场细分导致企业营销成本大幅增加或细分市场不足以吸引企业进入时，企业应考虑反细分化，合并或减少部分细分市场。

在营销实践中，实现有效的市场细分并非易事。一般而言，成功且有效的市场细分应遵循以下基本原则：

（1）可衡量性原则。企业所选择的各个细分市场应具备区别于其他细分市场的明显特征，这些特征应能够被量化，如范围、容量、潜力、购买力等。市场细分的标准必须明确且统一，模糊不清、难以衡量和测算的市场细分标准不能作为细分的依据。

（2）可进入性原则。企业在选择目标市场时，应充分考虑自身的经营条件和经营能力，确保所选市场与企业的资源相匹配。企业应具备足够的进入能力，并在所选目标市场中具有较强的竞争力。

（3）可营利性原则。企业作为营利性经济组织，利润水平是衡量其活动合理性的重要标准。因此，企业选择的目标市场应能保证自身获得一定的利润。若细分市场规模过小、市场容量有限，则可能不具备开发价值。

（4）稳定性原则。有效的细分市场所划分的子市场应具备相对稳定性。企业目标市场的变化将涉及经营设施和营销策略的调整，从而增加企业投入。若市场变化过快、变动幅度过大，将给企业带来风险和损失。

（5）发展性原则。企业所选择的细分市场应具备长远发展的潜力。通过企业的开发和培育，这些细分市场有可能逐步扩大，成为具有长远利益的大市场。因此，细分市场的选择实际上也是企业经营领域的选择，具有战略意义。企业应结合长期发展战略来选择细分市场。

（二）有效市场细分应注意的问题

市场细分的各项标准并非固定不变，而是随着社会生产力的发展和市场状况的变化而不断演变。例如，年龄、收入水平、城镇规模以及购买动机等因素均可能随时间推移而发生变化。因此，企业在进行市场细分时，需要持续关注和适应这些变化。

同时，由于各企业在生产技术条件、资源禀赋、财力状况以及营销水平方面存在差异，因此它们在进行市场细分时所采用的标准也应有所不同。企业应基于自身的实际情况，选择最适合自己的细分标准，以确保市场细分的有效性和精准性。

另外，在进行市场细分时，企业可以灵活选择细分标准。一方面，可以采用单一变量因素进行细分，如按年龄、性别或地域等单一标准划分市场；另一方面，也可以采用多个变量因素组合或系列变量因素进行更为细致的市场细分。企业应根据具体目标和市场环境，权衡单一性与多样性之间的利弊，选择最适合自己的细分策略。

第三节 目标市场选择

市场细分反映了企业的市场机会，在完成市场细分后，企业必须评估每个不同的细分市场，并且决定要为哪些细分市场服务。下面我们来看看企业是如何评估和选择细分市场的。

一、细分市场的评估

市场细分的直接目的是选择目标市场。在市场细分的基础上，企业首先要认真评估各个细分市场，然后根据自己的营销目标和资源条件选择适当的目标市场，并决定本企业在目标市场上的营销策略。细分市场的评估一般从以下三个方面来考虑：

（一）细分市场的规模与成长性

企业需要全面收集并分析各细分市场的现有销量、成长速度以及潜在收益率。例如，面对日本出生率下降和社会老龄化的趋势，连锁便利店罗森适时调整目标群体，从原本的城市女性转向老年顾客，通过改变商品种类、优化店面设计（如采用柔和字体、门框材质回归自然等）以及增设休息吧台等措施，来满足更广泛的顾客需求。同样，佳能针对女性群体市场，通过一系列广告推广 DSLR 相机（数码单镜反光相机），尽管女性用户仅占 DSLR 相机使用者的约 25%，但这是一个具有显著增长潜力的市场。在新加坡，佳能还举办了由知名女性摄影师主持的摄影研讨会，进一步拓展女性市场。

（二）细分市场的结构吸引力

企业在评估细分市场时，还需要深入分析影响其长期吸引力的关键结构因素。具体而言，若细分市场中已存在众多实力强劲的对手，则该市场的吸引力将减弱。此外，现有或潜在的替代品也会压缩细分市场的利润空间。同时，买方的议价能力若强于卖方，将试图压低价格或要求更多服务，从而损害卖方的利益。最后，若细分市场中存在能够控制价格或降低产品和服务质量的供应商，也将减少该市场的吸引力。

（三）企业的目标与资源匹配度

即便某个细分市场在规模和成长性上符合企业要求，且在结构上具有吸引力，企业仍须考虑自身的长期目标和资源条件。部分看似诱人的细分市场可能因与企业战略方向不符而被放弃。或者，企业可能缺乏在特定领域取得成功的必要技术和资源。因此，企业应仅进入那些能够充分发挥其优势、提供卓越价值并超越竞争对手的细分市场。

二、目标市场选择策略

在评估不同的细分市场之后，企业就需要决定选择进入哪些细分市场，这就是目标市场的选择。目标市场是指企业决定为之服务的、具有相同需求或特征的购买群体。通常有三种目标市场选择策略可供企业选择，即无差异营销、差异化营销、集中性营销，如图6-6所示。此外，随着市场细分的进一步深化和技术的发展，微观营销作为一种更精细化的策略也逐渐受到关注。

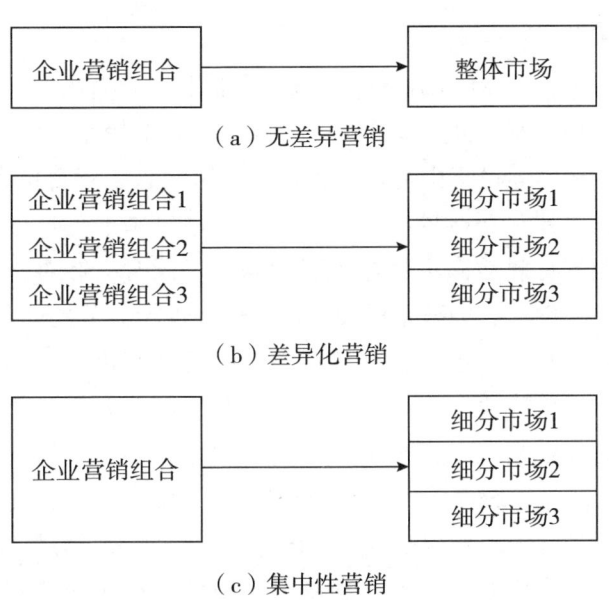

图 6-6　三种可供选择的目标市场选择策略

（一）无差异营销

采用无差异营销（Undifferentiated Marketing）或大众营销（Mass-marketing）策略的企业，常忽视细分市场间的差异，仅推出一种产品以满足整个市场的需求。这种战略聚焦于消费者需求的共性，旨在通过一种标准化产品及其配套营销方案来迎合广大消费者的普遍需求。然而，现代营销界对此策略普遍持谨慎态度，原因在于随着市场细分趋势的加剧，设计一款能够全面满足所有消费者需求的产品愈发困难。此外，与那些针对特定细分市场进行精准定位的企业相比，采用无差异营销策略的企业在竞争中往往处于不利地位，因为精准定位使企业能更好地满足特定或利基市场的需求。

（二）差异化营销

差异化营销（Differentiated Marketing）策略要求企业同时服务于多个细分市场，并为每个市场量身打造不同的产品。以中国汽车制造商吉利汽车为例，它针对不同细分市场推出了多款车型：帝豪和远景系列针对的是入门级购车者，博越和星瑞则定位于家庭用户，而领克品牌则面向追求高品质生活的年轻消费者及都市精英。通过向各细分市场提供差异化的产品或服务，吉利汽车旨在提升销售额，并在每个细分市场上树立更优质的品牌形象。在多个细分市场上巩固地位，有助于创造比无差异营销更高的总销售额。例如，吉利汽车通过多品牌战略，在多个细分市场内实现了市场份额的有效增长。

然而，差异化营销策略也会带来经营成本的增加。为不同细分市场制定个性化营销策略需要投入额外的市场调研、预测、销售分析、促销策划及渠道管理资源。因此，在决定是否采用差异化营销策略时，企业需要在增加的销售额与额外成本之间进行权衡取舍。

（三）集中性营销

集中性营销（Concentrated Marketing）策略在企业资源有限时尤为适用。该战略不追求在大市场中占据小份额，而是专注于一个或少数几个较小的细分市场或利基市场，以获取较大的市场份额。通过集中性营销，企业能够深入了解目标市场的消费者需求，从而建立独特的品牌声誉并获得较高的市场地位。通过精准定位产品包装、价格策略和宣传方案，企业能更有效地满足目标市场的需求。同时，针对最具营利性的消费者群体，优化产品或服务设计、渠道布局及宣传策略，也能显著提升营销效率。

细分市场通常规模较大，会吸引众多竞争者；而利基市场则相对较小，竞争者较少。因此，集中性营销策略使小企业能够集中资源，在被大企业忽视或不重视的特定市场上展开竞争。许多中国企业正是从利基市场起步，逐步站稳脚跟，进而加入更广泛的竞争。以拼多多为例，该平台起初专注于中国下沉市场，通过社交电商模式满足消费者对高性价比商品的需求，现已成为中国电商市场的重要力量。

如今，随着网上开店成本的降低，利基市场服务变得更加有利可图。特别是对小企业来说，在利基市场上经营能够积累更多财富。然而，集中性营销虽然盈利潜力大，但也伴随着高风险。如果企业过度依赖一个或少数几个细分市场，一旦这些市场出现波动或面临强大竞争者的冲击，企业可能会遭受重大损失。因此，许多企业选择在多个细分市场上实施多元化经营策略，以降低潜在风险。

（四）微观营销

差异化营销与集中性营销通过量身定制产品和营销方案，旨在迎合不同细分市场和利基市场的消费者需求。然而，这两种策略并不涉及针对每个个体消费者的定制化。微观营销则更进一步，它强调定制产品和营销方案以满足特定地区乃至每个个体消费者的需求。微观营销不仅关注每个消费者的个性化需求，还涵盖了本地化营销和个别化营销两个层面。

1. 本地化营销

本地化营销（Local Marketing）策略涉及根据特定区域内顾客群体的需求，量身定制品牌和促销活动。星巴克在中国市场实施的本地化营销策略堪称典范。在不同的城市，星巴克会根据当地消费者的口味偏好和生活方式，推出特色饮品和促销活动。例如，在上海的繁华商圈，星巴克可能会推出符合都市白领口味的咖啡新品；而在成都的休闲街区，则可能推出更加贴近当地慢生活文化的饮品和活动。这种本地化营销策略不仅增强了品牌与消费者的连接，还提升了品牌的市场竞争力。

然而，本地化营销也面临着一些挑战。一方面，它可能降低规模经济效应，增加生产和营销成本；另一方面，满足不同区域和市场的多样化需求可能引发物流和管理上的复杂性。此外，如果各地区的产品和信息差异过大，可能会对品牌的整体形象造成负面影响。

尽管如此，当企业面对细分程度更高的市场，并且支持性技术不断发展时，本地化营销带来的收益通常能够超过其潜在成本。特别是在人口结构、文化背景和生活方式存在显著地域差异的市场中，本地化营销能够帮助企业更加精准地把握消费者需求，提高营销效率。同时，本地化营销也能够满足一线顾客和零售商的需求，为社区提供更加贴切的产品类别和服务。

2. 个别化营销

个别化营销（Individual Marketing）是微观营销的一种极致形式，它强调根据每位客户的独特需求和偏好来定制产品和营销方案。这种策略也被称为"一对一营销""定制营销"或"个体营销"。通过个别化营销，企业能够深入了解并满足每个消费者的个性化需求，从而建立更加紧密和持久的客户关系。虽然个别化营销的实施成本较高，但对于追求极致客户体验和忠诚度的企业而言，其价值是不可估量的。通过个别化营销，企业不仅能够提升客户满意度和忠诚度，还能够发掘新的市场机会和增长点。

无差异营销的广泛流行一度遮蔽了个性化服务的悠久历史，如裁缝按尺寸定制鞋履、木匠按需打造家具等。而今，新技术的飞跃促使企业重拾个别化营销之道。高性能计算、海量数据库、自动化机械及柔性制造技术的融合，加上互联网的助力，共同催生了"大众定制"的潮流。大众定制意味着企业借助一对一沟通，设计并制造贴合个体顾客独特需求的产品或服务，从而创造专属顾客价值。例如，耐克官网允许顾客从数百种色彩中选择心仪的颜色，并在鞋舌上绣刻个性文字或短语，实现运动鞋的个性定制。此类定制策略使企业能精准对接顾客的个性化需求。企业经营是一个动态演进的过程，其特征之一便是不断进军新市场或撤离旧市场，这一过程既具挑战又充满魅力，值得我们细致剖析与重构。

根据目标市场的特征和企业的战略定位，企业可以选择不同的市场覆盖模式来进入目标市场。总体而言，企业具有以下五种可供参考的目标市场覆盖模式，如图6-7所示。

（1）集中单一市场模式。企业专注于某一特定细分市场，如美团单车（原摩拜单车）专注于共享出行领域；而中国地产界的星河湾则聚焦于豪宅市场。

（2）选择性专业化模式。企业精选数个具有吸引力的细分市场作为目标，认为这些市场均具备进入价值。宝洁是此策略的经典范例，在洗发水市场中，飘柔主打柔顺功效，海飞丝专攻去屑市场，沙宣则占领专业美发领域。字节跳动同样采用选择性专业化模式，其产品矩阵如今日头条、抖音、西瓜视频等，各自覆盖一个细分市场。

（3）产品专业化模式。企业利用同一系列产品满足不同细分市场的需求。可口可乐便是如此，无论消费者身份如何，均可享受这一经典饮品。特斯拉、谷歌及滴滴出行等亦采用此策略。

（4）市场专业化模式。企业专注于为某一特定市场的顾客提供多元化服务，是典型的顾客导向型组织。中国平安即典型，其为客户提供包括保险、银行、资产管理、信托乃至医疗、教育在内的全方位服务。此类企业的战略逻辑在于，相较于将单一产品销售给众多顾客，更倾向于通过多种产品满足同一顾客的需求，从而提升客单价及终身价值。实施此策略需要企业具备强大的品牌影响力、高顾客转换成本及运营生态组织的能力。

（5）全市场覆盖模式。企业的产品线覆盖所有细分市场。此模式多见于竞争激烈、行业成熟的领军企业，如互联网领域的腾讯、阿里巴巴，快速消费品行业的联合利华，通信领域的华为，汽车行业的通用汽车，以及酒店行业的万豪等。图6-7直观展示了这五种目标市场覆盖模式及其典型案例。

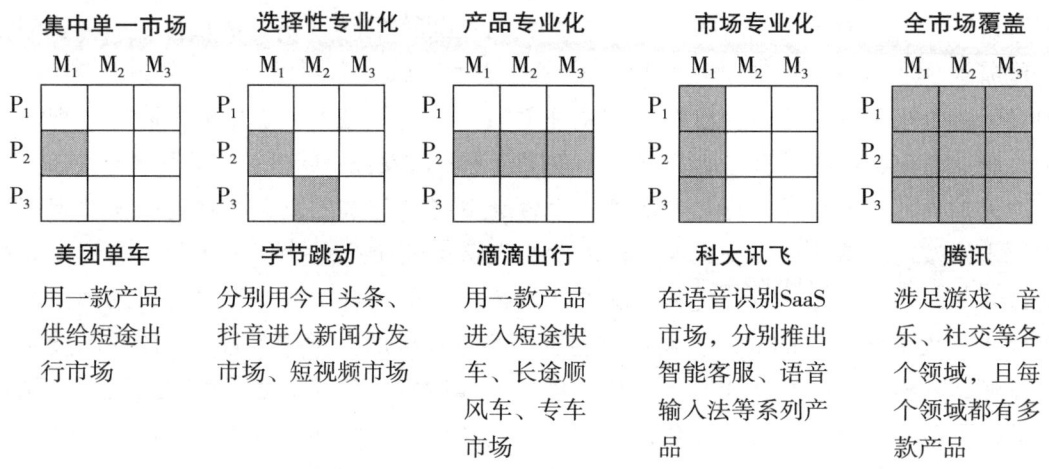

图6-7 目标市场覆盖模式

以丰田汽车在美国的发展为例，其发展历程生动诠释了企业如何结合自身的发展目标和不同细分市场的吸引力，通过不断选择和优化核心顾客群体，实现持续的增长。20世纪60年代，丰田在美国选择了经济型汽车市场作为切入点，推出了"丰田花冠"车型，凭借其燃油经济性和时尚紧凑的设计，迅速赢得了大学生和低收入人群的青睐。随着时间的推移，丰田不断深耕市场，推出了面向中产阶级的高档轿车"凯美瑞"，以及针对商务市场的"亚洲龙"车型。1989年，丰田更是推出了独立豪华车品牌"雷克萨斯"，正式进军豪华车市场（如图6-8所示）。截至2020年，丰田在美国市场已经推出了皮卡、SUV、MPV、客车、混合动力轿车、轿跑车等多种车型，实现了从"集中单一市场"到"全市场覆盖"的华丽转变。这一路径选择充分展示了丰田对细分市场机会、企业资源能力和企业发展目标的精准把握与动态匹配，也为我们提供了一个通过战略性选择目标市场而实现企业良性增长的教科书级案例。

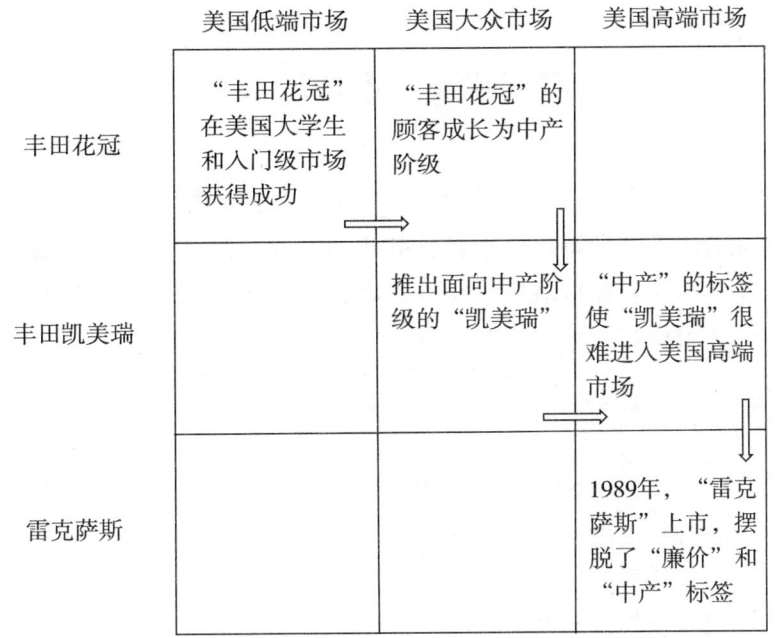

图 6-8 丰田在美国的发展路径

三、影响目标市场选择的因素

鉴于目标市场选择的多样性与企业情况的复杂性，企业在具体选定目标市场时，需要全面考量，权衡各项利弊，方能做出最优决策。一般而言，企业在制定进入目标市场的策略时，需要重点考虑以下因素：企业综合实力、产品差异化程度、市场同质化程度、产品生命周期阶段、竞争者策略。详细内容，请扫描二维码阅读。

二维码 6-4

在选择目标市场时，企业管理者除运用上述模型进行决策外，还可结合经验综合考量多种因素，如企业自身的经验和能力、细分市场的规模与潜力、细分市场中的客户类型等。

以华为为例，华为在拓展智能家居市场时，面临从通信设备供应商向智能家居解决方案提供商转型的挑战。在深入评估目标市场后，华为决定聚焦于智能家居中的智能路由器市场。鉴于消费者对网络安全与上网速度的日益关注，以及智能家居设备对稳定、高速网络的依赖，智能路由器市场具有广阔的发展空间。华为凭借其在通信技术领域的深厚积累，成功推出了多款性能卓越的智能路由器产品，迅速占据了市场份额。

企业在选择目标市场时，需要确保目标市场规模能支撑企业的长远发展。但市场规模也不宜过大，以免因企业自身核心能力和资源限制而难以立足。正如古语所言："审时度势，方能制胜。"企业在选择目标市场时，亦需要深思熟虑，方能做出明智决策。

第四节　市场定位

企业在完成市场细分并选定目标市场后，需要细致审视目标市场的全方位竞争态势。面对众多先行者及其独特市场形象，新进入企业应思考如何使自身产品更具差异化优势，以在市场中树立独特地位。这一过程，即市场定位，是企业能否在众多竞争者中脱颖而出的关键所在。

一、市场定位的含义

市场定位作为战略营销 STP 三要素中的核心一环，是企业对目标顾客需求深刻理解的集中体现。科特勒指出：定位旨在通过差异化品牌和产品，从而在目标顾客心中获得独特且富有意义的地位。

有效的市场定位须具备两大核心特质：差异化与有意义。

差异化要求品牌、产品或服务需要与同类竞品有显著区分。这种差异可源自市场细分时考量的多个维度。企业通常从以下方面着手创造差异化体验：品牌形象（如海尔与美的）、功能特性（如比亚迪与蔚来）、解决问题的方式（如企业微信与飞书）、使用场景（如瑞幸与雀巢）、用户体验（如抖音与快手）、价值感知（如和路雪与梦龙）、目标客户群（如宝马与奥迪）等。差异化是消费者形成品牌记忆与认知的关键，且这种差异必须是切实可行并能赢得消费者信任的。

有意义强调产品及品牌的差异化需要对消费者有实际价值和相关性。唯有如此，消费者方能感知并认同差异化带来的正面价值。理论上，产品与品牌的差异化潜力无限，但在实践中，企业需要精选那些能触动消费者情感、激发其购买欲望的差异点。例如，瑞幸咖啡战略性地聚焦于"便捷的购买渠道"与"年轻化的品牌形象"，有效支撑了其"时尚便捷的咖啡享受"这一市场定位。有意义的本质在于对事物的创新诠释与独特象征赋予，这种诠释能为消费者带来超预期的愉悦体验。

二、市场定位的基本步骤

企业的市场定位过程通常涵盖明确自身优势、精选核心竞争优势以及准确传播定位理念三大关键步骤。

（一）明确自身优势

此步骤旨在深入挖掘企业内外部资源的潜在优势，以及相较于竞争对手在满足目标市场需求方面的独特优势。企业可以通过以下方法明确自身优势。

一是顾客评价分析。研究顾客需求偏好，明确顾客在购买决策中最看重的产品特性。例如，华为通过市场调研发现，消费者对智能手机拍照功能的关注度日益提升，于是重点研发拍照技术,形成了显著的竞争优势。

二是资源特点分析。评估企业资源分配与利用情况,聚焦能最大化发挥资源效益的领域。例如,小米凭借高效的供应链管理和互联网直销模式,降低了产品成本,实现了性价比优势。

三是竞争者定位分析。了解竞争对手的市场定位、产品特性及营销策略,明确自身与对手的差异所在。例如,OPPO 在进入智能手机市场时,通过深入分析竞品,发现手机的音乐播放功能未被充分挖掘,于是推出主打音乐体验的智能手机系列,成功占领细分市场。

(二)精选核心竞争优势

企业需要从众多优势中筛选出最具市场吸引力且难以被复制的核心竞争优势。选择时,应考虑以下因素。

(1)重要性。选取目标顾客最为关心的因素作为定位点。如海尔冰箱强调其保鲜技术的领先性,精准满足了消费者对食品保鲜的高要求。

(2)独特性。确保所选优势是竞争对手难以模仿的。如美团外卖通过构建庞大的骑手网络和智能调度系统,提供了高效便捷的送餐服务,这一独特的服务模式成为其市场定位的关键。

(3)优越性。强调产品相较于同类竞品的明显优势。如比亚迪在新能源汽车领域,凭借自主研发的电池技术和完善的充电网络,展现了显著的优越性。

(4)领先性。利用技术或管理创新,形成难以超越的竞争优势。如阿里巴巴通过云计算和大数据技术,构建了领先的电商平台生态系统,为商家和消费者提供了前所未有的便利。

(三)准确传播定位理念

在明确市场定位后,企业需要通过有效的营销策略,将定位理念精准传达给目标顾客。例如,京东通过多年的广告宣传,强化了其"正品保障、快速送达"的品牌形象,使消费者对其电商平台产生了高度的信任感和依赖度。这一策略不仅巩固了京东在电商市场的领先地位,还吸引了大量潜在顾客,实现了市场份额的持续增长。

三、市场定位的策略

成功的市场定位往往基于以下三种策略之一:占据一个品类、占据一个品类特性、塑造品牌个性。

(一)占据一个品类

当消费者前往零售店购买可乐时,他们心中往往只想到可口可乐和百事可乐,而非其他品牌。这是因为这两款可乐已在消费者心智中牢固树立了可乐品类的代表地位。这便是占据品类的策略,也是品牌建设的至高境界,即品牌与品类等同。类似地,新东方成为出国考试培训的首选,Jeep 则是越野车的代名词。强势品牌能够将自己转化为品类性的存在，表面上看是品牌，实则已深深植根于消费者对该品类的认知中。

企业达到这一境界有两种途径：一是发掘并牢牢占据一个尚未被充分开发的品类市场；二是开创一个新的品类。以联想收购 ThinkPad 为例，ThinkPad 曾长期占据商务电脑品类的领先地位。联想将其收购后，通过降价策略扩大了消费群体，但推出多种颜色的产品则在一定程度上稀释了其作为商务人士首选笔记本的品牌定位。这提醒我们，强势品牌应坚守其品类定位，这是首要法则。

（二）占据一个品类特性

并非所有企业都能占据整个品类或开创新品类。此时，占据品类中的一个独特特性便成为关键。也就是说，企业要在相同品类中，发掘并强化产品的差异化特点。

以外卖行业为例，美团与饿了么的定位截然不同。美团强调"快"，其广告语"美团外卖，送啥都快"深入人心；而饿了么则侧重于红包返利。在同一品类中，抓住并持续强化一个核心特性至关重要。同样，知识付费平台三节课专注于深度技能学习，而得到则侧重于新知识的广泛传播，两者基于不同特性的定位清晰明了。

（三）塑造品牌个性

当品类和特性均难以形成显著差异时，企业可通过塑造独特的品牌形象和个性来脱颖而出。一些互联网企业过度依赖营销战，将传播和公关重心放在品牌形象上，这种做法应谨慎评估。例如，腾讯视频的品牌口号"不负好时光"并未明确占据视频领域的品类或特性；优酷的"这世界很酷"同样未能凸显其在视频领域的核心竞争优势。相比之下，抖音的品牌口号演变更具策略性：从"让崇拜从这里开始"精准定位年轻群体和草根网红文化，到"记录美好生活"，虽减弱了品牌个性，但拓宽了用户群体和内容领域，符合主流价值观趋势。

企业创始人应首先考虑能否采用最核心、最高端的定位方法——占据或开创一个品类。若一时难以实现，则应转向占据同一品类中的关键特性；最后才是塑造品牌形象。定位策略具有优先级，但在实际操作中，这三者也可并行不悖，企业需要清晰认识其内在顺序。

四、定位与差异化战略

美国管理大师迈克尔·波特（Michael Porter）提出了"五种竞争力量"与"三种竞争战略"理论，其核心支撑在于差异化。企业在构建差异化体系时，可从多个战略层面入手，图6-9展示了竞争战略差异化公式。

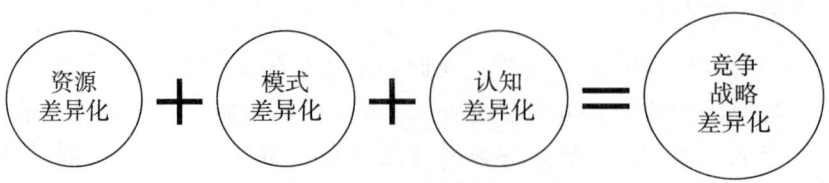

图6-9 竞争战略差异化公式

(一) 资源差异化

这是指企业拥有并有效利用某些稀缺资源,这些资源是竞争对手难以复制或获取的,从而赋予企业独特的竞争优势。例如,在钻石行业中,戴比尔斯(De Beers)通过长期控制全球大部分钻石矿产,实现了资源上的绝对差异化,这不仅巩固了其在行业内的领导地位,还使其能够稳定市场价格,塑造高端品牌形象。而在安防镜头行业,联合光电通过长期的技术积累和研发投入,掌握了高清高倍安防变焦镜头的核心技术,成为该领域全球市场占有率第一的企业。这种技术资源的稀缺性和独特性,使得联合光电在安防镜头领域形成了难以被竞争对手模仿的优势。同时,联合光电还通过构建企业业务能力平台,实现了客户交互、物联网协同、生态协同等多方面的资源整合,进一步巩固了其资源差异化优势。

(二) 模式差异化

当企业在资源上难以形成显著差异时,可以通过创新商业模式或经营模式来寻求突破。以优步(Uber)为例,它并未拥有或运营自己的车辆,但通过开发一个连接司机和乘客的平台,彻底改变了传统的出租车行业,实现了模式上的差异化。同样,在零售业,亚马逊通过构建高效的物流网络、提供便捷的在线购物体验和创新的 Prime 会员服务,颠覆了传统零售模式,成为电商领域的领头羊。

(三) 认知差异化

即使企业在资源和模式上与竞争对手相似,仍可通过塑造独特的品牌形象和深化客户认知来实现差异化。苹果就是一个典型例子,它的产品(如 iPhone 手机)在硬件配置上并非最领先的,但通过卓越的设计、良好的用户体验和强大的品牌生态系统,成功地在消费者心中树立了高品质、创新引领者的形象,实现了认知上的高度差异化。星巴克也是如此,它不仅提供咖啡饮品,更通过营造独特的咖啡文化和舒适的第三空间体验,让顾客感受到与众不同的品牌价值。

最终,无论是资源、模式还是认知差异化,其核心都应导向明确的定位,并实现定位的价值承诺。定位不仅是品牌传播的一句口号,更是企业战略的核心,它指导企业如何创造与众不同的产品和体验,使这些差异化特征真正被客户所感知和认可。

知识链接

平台经济与生态化战略下的差异化

详细内容,
请扫描二维码阅读。

二维码 6-5

五、市场定位的工具

定位图作为一种直观且高效的市场定位分析工具，通过平面直角坐标系中的点来代表同一产品类别下不同厂商的品牌。这些点之间的距离反映了品牌在消费者心目中的差异程度或相似度：距离越远，表明品牌间的差异越大，竞争关系相对较弱；距离越近，则意味着产品相似度高，竞争更为激烈。同时，各点到坐标轴的距离则体现了消费者对产品两种关键特征的评价。

此工具的优势在于能够清晰地展示企业产品品牌在市场中的位置，便于企业识别营销机会与潜在威胁。尽管每张定位图仅适用于分析产品的两个特征，但其可以针对任何一对产品特征进行定制化分析，灵活性高，因此在实践中应用极为广泛。

例如，美国有一家生产标准办公电子打字机的 A 企业，其产品可与享有盛誉的 IBM 精选牌打字机媲美，但是销量较少。标准办公电子打字机市场的增长速度缓慢，而且与市场领先者相比，该企业的品牌远不如竞争对手的知名度高。这些市场领先者，除 IBM 外，还有施乐、埃克森和若干日本企业。以一家生产高端办公电子打字机的美国企业为例，尽管其产品质量与 IBM 等市场领导者相当，但销量却远不及后者。

面对标准办公电子打字机市场增长缓慢且品牌知名度较低的挑战，该企业决定进入电子打字机的小型客户市场，并制定差异化的目标市场定位策略。

假设 A 企业目标市场内的主要竞争者分别为 B、C、D、E。A 企业依据产品质量和价格两个维度，对这四个竞争者的市场位置进行了深入分析。如图 6-10 所示，各圆圈的面积代表各竞争者的销量，圆心间的距离反映品牌差异，而圆心到坐标轴的距离则分别代表产品质量的高低与价格水平。

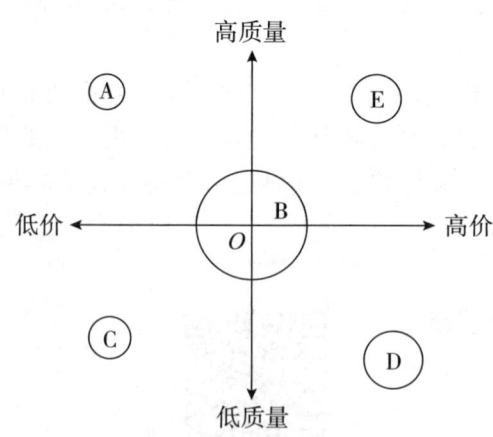

图 6-10 市场定位图示例

分析显示，E 企业占据高质高价的市场位置，但销量有限；B 企业以中等质量和平均价格占据最大市场份额；C 企业以中低质量和低价策略运营，但销量不高；D 企业则在高价低质区域仍有一定销量。

针对此市场格局，A 企业需要审慎选择其市场定位。与 E 企业直接竞争显然不利，除非 E 企业在服务或促销方面存在明显不足，而 A 企业能凭借其高质量产品发起挑战。同样，进入低质低价市场也不明智，这不仅会浪费 A 企业产品的优质特性，还会加剧与 B、C 乃至 D 企业的竞争，增加营销成本。

因此，A 企业选择了高质低价的定位策略，旨在填补市场空缺，避免与现有竞争者的直接冲突。然而，这一策略的实施需要辅以多方面的努力：确保能生产高质量、低价格且能盈利的打字机，验证市场上是否存在对高质低价打字机的需求，以及通过有效的促销活动，增强消费者对 A 企业产品价格与质量的双重认可。另外，A 企业不仅需要避免低价可能带来的对虚荣型消费者吸引力的降低，而且还应消除市场对产品质量的疑虑，通过强有力的营销沟通，树立其产品的独特价值主张。

第五节　数字化市场细分与目标市场定位

在数字化营销日益重要的今天，市场细分与目标市场定位的策略也需要与时俱进。数字化市场细分不仅依赖于传统的市场研究，还融入了大数据、人工智能等先进技术，使得市场细分更加精准、高效。同时，目标市场定位也需要结合数字化营销的特点，制定更具针对性的策略。

一、数字化市场细分

数字化市场细分是指借助数字技术对市场进行更加细致、深入的划分，以满足不同消费者群体的个性化需求。以下是数字化市场细分的关键要素和实施步骤。

（一）关键要素

数字化市场细分的关键要素一是数据收集与分析。企业利用大数据技术收集和分析消费者的行为数据、偏好数据、社交数据等，形成全面的消费者画像。

二是细分变量。在数字化市场细分中，除传统的地理、人口统计、心理和行为等细分变量外，还可以引入网络行为、社交媒体互动、在线购物习惯等新的细分变量。

三是技术工具。企业运用机器学习、人工智能等技术工具对市场数据进行挖掘和分析，发现潜在的消费者群体和市场需求。

（二）实施步骤

企业实现数字化市场细分具体包含以下实施步骤。

第一步，确定细分目标。明确市场细分的目的和预期成果，如提高市场占有率、增加客户满意度等。

第二步，收集市场数据。通过市场调研、问卷调查、社交媒体监测等方式收集市场数据。

第三步，选择细分变量。根据市场特点和细分目标，选择合适的细分变量。

第四步，进行市场细分。运用数据挖掘和机器学习等技术工具对市场数据进行处理和分析，形成不同的细分市场。

第五步，评估细分市场。对每个细分市场的规模、增长潜力、竞争状况等进行评估，确定目标细分市场。

数字化市场细分有助于企业更深入地了解消费者需求和市场动态，为制定更加精准的营销策略提供有力支持。

知识链接

元宇宙市场细分的新机遇

详细内容，

请扫描二维码阅读。

二维码 6-6

二、目标市场定位

目标市场定位是指企业根据自身的资源、能力和市场需求，选择一个或多个细分市场作为目标市场，并确定在这些市场中提供何种产品或服务，以满足消费者的需求。在数字化营销背景下，目标市场定位需要更加注重以下几点。

（一）差异化定位

在产品差异化方面，企业可通过研发创新产品、改进产品功能、提升产品品质等方式，形成与竞争对手不同的产品特色。

在服务差异化方面，企业通过提供个性化的服务体验、便捷的购物流程、优质的售后服务等，提升消费者的购买意愿和忠诚度。

在品牌形象差异化方面，企业可通过塑造独特的品牌形象、传播品牌故事、提升品牌知名度等方式，形成与竞争对手不同的品牌认知。

（二）数字化营销渠道建设

在社交媒体营销方面，企业可利用社交媒体平台进行品牌推广、产品展示、客户服务等，与消费者建立更加紧密的联系。

在搜索引擎营销方面，企业可通过搜索引擎优化和搜索引擎广告等方式，提高品牌在搜索结果中的排名和曝光度。

在内容营销方面，企业可通过撰写博客、发布视频、制作电子书等内容，传递品牌价值、吸引潜在客户、提高品牌知名度。

在电子商务方面，企业可利用电商平台提供在线销售、物流配送、售后等服务，为消费者营造更加便捷的购物体验。

（三）消费者洞察

企业可通过以下方式进行消费者洞察。

一是数据分析。运用数据分析技术，深入了解消费者的行为特征、偏好变化、购买决策等，为制定营销策略提供科学依据。

二是用户画像。构建详细的用户画像，包括消费者的年龄、性别、地域、职业、兴趣爱好等，以更加精准地定位目标市场。

三是消费者反馈。积极收集和分析消费者的反馈意见，了解他们对产品或服务的满意度和改进建议，及时调整营销策略。

（四）竞争态势分析

在竞争态势分析方面，企业可参考以下方式。

一是竞争对手分析。深入了解竞争对手的产品特点、市场定位、营销策略等，以发现自身的优势和不足。

二是市场趋势分析。关注市场动态和趋势变化，如消费者需求的演变、新技术的兴起等，以便及时调整市场定位。

三是SWOT分析。运用SWOT分析方法，评估企业在市场中的优势（Strengths）、劣势（Weaknesses）、机会（Opportunities）和威胁（Threats），为制定市场定位策略提供参考。

数字化市场细分与目标市场定位是企业制定营销策略的重要基础。通过数字化市场细分，企业可以更加精准地了解消费者需求和市场动态；通过目标市场定位，企业可以更加清晰地确定自身的市场方向和竞争优势。在数字化营销背景下，企业需要注重数据分析、消费者洞察、差异化定位等方面的工作，以制定更加精准、高效的营销策略。同时，企业还需要不断关注市场动态和趋势变化，及时调整市场定位策略，以适应市场的变化。

案例分享

江小白的品牌定位之路

详细内容，

请扫描二维码阅读。

二维码 6-7

本章提要

详细内容,请扫描二维码阅读。

二维码 6-8

本章习题与练习

1. 详细阐述企业营销战略的发展历程,并比较不同阶段的特征。
2. 描述目标市场营销的战略决策步骤,并解释每个步骤的重要性。
3. 以某行业为例,设计一套市场细分的方案,并说明其方法和步骤。
4. 分析并解释目标市场选择策略的基本类型,并讨论影响目标市场选择的主要因素。
5. 论述市场定位的概念及其重要性,详细描述市场定位的步骤和主要策略。
6. 结合数字化营销的特点,探讨如何运用数字技术进行市场细分和目标市场定位,以提高营销策略的精准性和效率。

第七章 产品与服务策略

【学习目标】
1. 掌握产品整体概念及各层次作用。
2. 分析并优化产品组合策略，涵盖宽度、长度、深度和关联度。
3. 理解品牌内涵、作用及策略制定与实施。
4. 掌握服务的含义、特征及在营销中的作用，了解服务策略。
5. 理解数字化产品与服务创新的概念、特点及实施步骤。
6. 运用理论知识解决实际产品与服务策略问题。

【思政目标】

详细内容，请扫描二维码阅读。

二维码 7-1

产品是企业营销组合的基本要素，它决定着价格、渠道和促销等策略的制定，是企业优势的主要体现。要达成企业的营销目标，使企业在市场中占据有利竞争地位，最重要的是要拥有受消费者欢迎的产品。若不能为消费者提供他们所需要的产品，企业的一切营销活动就失去了意义。

【思维导图】

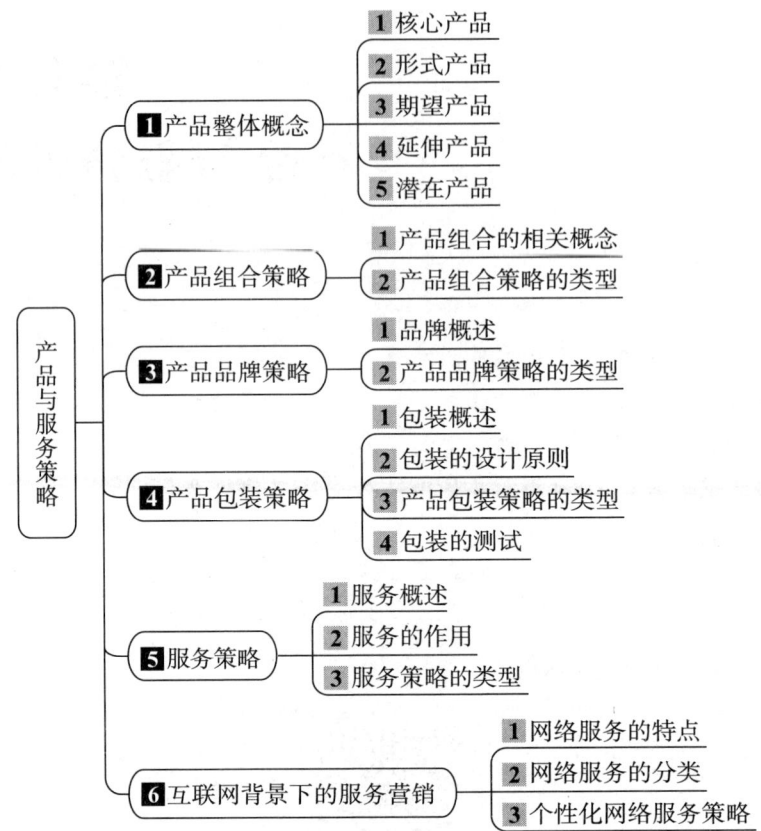

第七章
产品与服务策略

> **案例导入**
>
> **珀莱雅的产品与服务策略**
> 详细内容,
> 请扫描二维码阅读。
>
>
>
> 二维码 7-2

第一节　产品整体概念

人们通常所理解的产品,指的是具备特定物质形态与用途的物品,这些物品是可见且可触的实体,此观念侧重于产品的有形性,构成了狭义的产品定义。在这一狭义视角下,生产者可能仅仅聚焦于产品的物质特性及其生产成本。然而,从营销学的维度来看,产品概念展现出极为宽泛的外延以及深刻且丰富的内涵。广义的产品,是指通过市场交换提供给消费者或用户,旨在满足其某一特定需求或欲望的所有事物。这类产品可划分为有形与无形两大形态:有形产品涵盖产品实体本身及其品质、款式、特色、品牌标识与包装设计等要素;无形产品则涉及给予顾客的心理满足感、信任度,以及各类售后支持与服务保障等非物质层面的内容。

在营销学的理论框架下,产品被视为一个综合性的概念。它由五个层次构成,如图 7-1 所示,这一多层次结构全面而深入地诠释了产品的本质与内涵。

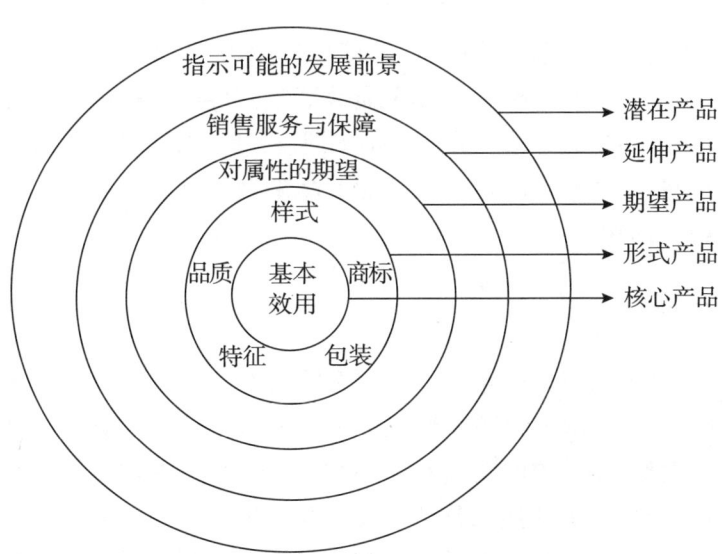

图 7-1　产品整体概念的五个层次

一、核心产品

核心产品指的是产品所能向消费者提供的核心效用或核心利益,这是产品在使用价值上的最根本功能,也是消费者需求的核心所在。消费者购买某一产品,其目的并非仅占有或获得产品本身,而是满足某种特定的需求或追求某种特定的效用。例如,人们购买化妆品时,并非仅为了拥有化妆品这一物质实体,更是为了满足护肤、美容的需求,实现对美的追求和渴望。核心产品是产品实质的体现,它决定了产品的根本价值。因此,企业在营销过程中,必须确保产品能够满足消费者的核心需求。核心产品作为一个抽象的概念,需要借助具体的产品形式来呈现,以便消费者能够认可和接受。

二、形式产品

形式产品,亦称有形产品,是核心产品得以实现的具体形态,或是目标市场为满足某一特定需求所提供的具体表现形式。任何产品都具备特定的外在形式,因为核心产品需要借助形式产品来得以展现。形式产品由五大要素构成:品质、样式、特征、商标以及包装。产品的基本效用正是通过这些形式要素得以具体化和体现出来的。因此,企业在营销活动中,不仅要致力于向消费者提供高质量的核心产品,还应不断探索和创新,以打造更加完善、有吸引力的产品外在形态,从而更好地满足消费者的多样化需求。

三、期望产品

期望产品是指消费者在选购产品时,所期望获得的一系列与产品紧密相关的属性和服务条件。举例来说,入住旅店的客人通常期望获得清洁的床位、洗浴用品等基本服务。由于多数旅店都能满足旅客的这些基本期望,因此,在选择档次相近的旅店时,旅客往往不会单纯基于哪家旅店能提供期望产品来做出决定,而是更多地考虑地理位置的便利性和其他附加因素。

四、延伸产品

延伸产品,亦称附加产品,涵盖了顾客在购买产品时所能够享受到的所有附加利益和服务。具体包括但不限于为顾客提供的咨询服务、送货服务、安装服务、维修服务、配件供应、信贷支持、准时交货等一系列附加价值。在现代营销环境中,企业所销售的已不仅仅是产品的单一使用价值,而是全面反映产品整体概念的系统。随着市场竞争的日益加剧,不同企业所提供的同类产品在核心利益层面已日趋接近,难以形成显著的差异化优势。因此,产品能否为顾客带来附加利益和服务,已成为决定企业经营成败的关键因素。正如美国著名营销学家西奥多·莱维特(Theodore Levitt)所言:

"未来竞争的核心,将不再局限于工厂所能生产的具体产品,而在于这些产品所能提供的附加价值,诸如包装、服务、广告宣传、用户咨询、消费信贷、准时交货以及人们基于价值考量所重视的一切要素。"

五、潜在产品

潜在产品是指当前产品(包括其核心产品、形式产品、期望产品及延伸产品)在未来可能进一步发展、演变,并最终形成的更为完善或新型的产品形态。它揭示了现有产品潜在的成长路径和发展蓝图。

产品整体概念的五个层次——核心产品、形式产品、期望产品、延伸产品及潜在产品,相互依存,共同构成了完整且全面的产品概念。这一概念深刻地体现了以顾客需求为中心的现代营销理念,其内涵与外延均紧密围绕消费者需求而展开,由消费者的实际需求所界定和驱动。可以说,产品整体概念是建立在"需求定义产品"这一核心理念之上的。

树立产品整体观念,对于企业而言至关重要。它有助于企业精准捕捉消费者的核心利益点,制定符合市场需求的产品策略,并从多个维度全面满足顾客的多样化需求。若缺乏对产品整体概念的深刻理解,企业便难以真正践行现代营销理念。而固守传统、片面的产品观念,忽视消费者对产品日益增长的多元化和个性化需求,无疑将导致企业在激烈的市场竞争中处于不利地位,难以实现经营上的成功。

> **知识链接**
>
> 全球产品管理大师马蒂·卡根:关于产品经营模式的 19 条核心思想
>
> 详细内容,请扫描二维码阅读。
>
>
>
> 二维码 7-3

第二节　产品组合策略

一、产品组合的相关概念

在营销活动中,为了有效满足目标市场的需求、拓宽销售渠道以及分散经营风险,企业通常不会仅生产和经营单一产品,而是会构建产品组合。产品组合由多条产品线构成,而每条产品线又包含多个产品项目。进一步地,每个产品项目还可能涵盖不同的品牌、包装及服务形式。因此，企业需要确定合理的产品种类和组合，以确保既能满足不同消费者的多样化需求，又能为企业带来持续稳定的经济效益。

为此，企业营销部门需要深入研究产品结构，并基于企业自身的资源和能力条件，精心选择并确定最优的产品组合策略。

产品，作为一个复合、多维且整体的概念，在企业营销策略中占据核心地位。为了设计一个高效的产品组合方案，企业首先需要深入理解产品组合及其相关概念。

（一）产品组合、产品线及产品项目

（1）产品组合，亦称产品结构，指的是一家企业向市场提供的全部产品线及这些产品线所涵盖的产品项目的整体构成或布局。这实质上反映了企业的业务范围和经营结构。为了达成营销目标，并充分有效地满足目标市场的需求，企业必须精心规划产品组合。这个组合是由多个产品线和产品项目共同组成的。

（2）产品线，亦称产品系列或产品大类，指的是一组在功能、使用场景和销售方式上具有相似性或关联性，能够满足同类需求的产品。通常一个产品线内会包含多个不同的产品项目。根据诸如功能相似性、用户群体相似性、分销渠道一致性等标准，可以将具有紧密关联性的产品项目归类到同一个产品线中。例如，海尔提供的电视、冰箱、洗衣机等产品线。

（3）产品项目，指在同一产品线或产品系列下，具有不同型号、规格、款式、质量、颜色或品牌的具体产品。以百货公司为例，其经营的金银首饰、化妆品、服装鞋帽、家用电器、食品、文教用品等构成了一种产品组合；而金银首饰或服装鞋帽等大类则被视为产品线；在这些产品线内，每一个具体的品牌或品种就被视为一个产品项目。

（二）产品组合的宽度、长度、深度和关联度

企业的产品组合可以从宽度、长度、深度和关联度四个维度进行分析。表 7-1 列举了某百货公司产品组合的例子。

表 7-1　某百货公司的产品组合

	产品组合的宽度			
产品组合的长度	服装	皮鞋	帽子	针织品
	男西装	男凉鞋	制服帽	内衣
	女西装	女凉鞋	鸭舌帽	内裤
	男休闲装	男皮鞋	礼帽	汗衫背心
	女休闲装	女皮鞋	淑女帽	
	雨衣		童帽	
	儿童服装			

（1）产品组合的宽度，亦称产品组合的广度，是指一家企业所生产经营的不同产

品系列的数量,即该企业拥有多少条独立的产品线。产品线数量的多少决定了产品组合的宽度,产品线越多,宽度越宽;反之,则越窄。例如,某百货公司同时经营服装、皮鞋、帽子与针织品四大类产品线,因此,该百货公司的产品组合宽度为4。

(2)产品组合的长度,指企业所有产品线中产品项目的总和。通过计算产品项目的总数,我们可以得到产品组合的总长度。若将产品项目总数除以产品线数目,则可得出每条产品线的平均长度。以某百货公司为例,其服装类产品线包含6个项目,皮鞋类产品线包含4个项目,帽子类产品线包含5个项目,针织品类产品线包含3个项目,四大产品线合计有18个项目,因此,该百货公司的产品组合总长度为18,每条产品线的平均长度为4.5(18/4)。

(3)产品组合的深度,是衡量企业在其生产经营的每条产品线中,所包含的不同产品项目的丰富程度。这里的"产品项目"指的是同一品牌或系列下,因规格、花色、质量、配置等因素而形成的不同变体。由于各产品线可能拥有不同数量的品牌或系列,且每个品牌或系列下又可能包含多个产品项目,因此,产品组合的深度需要依据实际情况进行具体计算。

以某百货公司的女休闲装产品线为例,若该产品线中某一品牌提供了3种规格(如S、M、L)和2种花色(如蓝色和粉色)的组合,则该品牌的女休闲装深度为6(3×2),也就是说该品牌下共有6种不同的产品项目。若进一步扩展到整个企业,可以通过统计所有产品线中不同品牌下的产品项目总数,再除以品牌总数(或根据具体需求选择其他合适的分母),来得出企业产品组合的平均深度。

(4)产品组合的关联度,指各条产品线在最终用途、生产条件、分销渠道或其他方面相互关联的程度。表7-1中该百货公司的4条产品线都是人们的穿着用品,产品的最终用途相同,可以通过相同的分销渠道销售,其关联度较为密切。一般而言,实行多元化经营的企业,因同时涉及几个不相关的行业,各产品之间相互关联的程度较为松散;而实行专业化经营的企业,各产品之间相互关联的程度则较为密切。

企业产品组合的宽度、长度、深度和关联度不同,就构成不同的产品组合。分析企业产品组合,具体而言就是分析产品组合的宽度、长度、深度及关联度的现状、相互作用及发展态势。根据产品组合的这四个维度,企业可以采取以下几种方法发展业务组合:①扩宽产品组合的宽度,扩大企业的业务范围,实行多元化经营,分散企业投资风险;②增加产品组合的长度,使产品线丰满充裕,让企业拥有更完整的产品线,扩大市场覆盖面;③增强产品组合的深度,占领同类产品的更多细分市场,满足更广泛的市场需求,扩大总体销量;④加强产品组合的关联度,强化企业各条产品线之间的相互作用程度,协同满足消费者,增强企业在某一特定市场领域内的竞争力和市场地位,赢得良好的企业声誉。因此,产品组合策略就是企业根据市场需求、营销环境及自身能力和资源条件,对自己生产和经营的产品组合的宽度、长度、深度和关联度等四个维度进行综合选择和调整的决策。

二、产品组合策略的类型

企业的产品组合策略,作为制定其他各项决策的基础,是企业根据市场需求、竞争态势、外部环境以及自身能力和营销目标,确定生产经营规模和范围的过程。这一策略不仅影响着企业的投资组合、定价策略、分销渠道选择、促销活动规划,还决定了企业资源的配置方式。因此,企业在制定产品组合策略时应基于详尽的市场调研,审慎决策,以期在促进销售和提高总利润之间找到最佳平衡点。

企业在产品组合决策中常面临三大核心问题:一是如何根据环境或企业经营目标的变化调整产品组合;二是如何确定产品线的长度;三是如何处理产品线的延伸问题。针对这些问题,企业可采取以下策略:

(一) 产品组合的宽度策略

产品组合的宽度策略聚焦于企业是否应增加或缩减产品线,以调整其经营范围。这一策略既可以是相关性的,即新增产品线与现有产品线存在关联,也可以是非相关性的,即发展全新领域的产品线。

1. 扩大产品组合

当企业预测现有产品线未来的销售额和利润率可能下滑,或不足以支撑企业达成发展目标时,可考虑增加新的产品线。新增产品线可与现有产品线相关,也可不相关。若旨在增加产品特色或覆盖更多细分市场,则可通过在现有产品线内增加新项目实现,但需要确保新项目与原有项目有足够大的差异,避免内部竞争。扩大产品组合有助于企业实现多元化经营,发挥潜在技术和资源优势,分散投资风险,提升竞争力。

2. 缩减产品组合

在市场不景气、原材料供应紧张或产品线中存在低利润、滞销产品时,企业可考虑缩减产品线。通过剔除低效产品线,企业能集中资源于利润高、竞争力强的产品,从而提升整体盈利能力。

(二) 产品组合的深度策略

产品组合的深度策略涉及通过增加或减少产品项目来调整某一产品线的深度。企业的决策依据通常为盈利水平的变化。

当企业寻求新盈利点、认为产品线存在缺口、利用淡季产能、具备生产全线产品的能力或须自行填补市场空白时,可考虑增加产品项目。对于无利可图、失去竞争力或陈旧的产品项目,企业应予以淘汰,以保持产品线的活力和效率。

(三) 产品线的延伸策略

产品线延伸策略涉及改变企业现有产品的市场定位,包括向下延伸、向上延伸和双向延伸。

向下延伸适用于企业想利用高档产品声誉吸引低购买力顾客、高档产品销售增长放缓、资源利用率不足,或旨在建立品牌后拓展中低档市场的情况。此策略有助于充分利用品牌声誉和分散风险，但需要谨慎操作，以免损害品牌形象。

向上延伸适用于高档市场、增长潜力大、企业具备进入条件、追求产品线完备或提升产品线地位的情况。此策略虽能提升品牌形象，但改变消费者的认知难度大，需要谨慎评估风险。

双向延伸适用于中档市场，即企业在取得市场优势后，向高低两端延伸产品线。此策略有助于扩大市场份额，提升市场地位，但实施难度大，需要企业具备足够实力。

> **知识链接**
>
> **海尔产品线延伸策略优化**
>
> 详细内容，
> 请扫描二维码阅读。
>
>
>
> 二维码 7-4

（四）产品组合的动态平衡

随着市场需求与竞争态势的不断演变，产品组合中的各产品项目将经历不同的生命周期阶段，部分快速成长，部分保持高利润，而部分则逐渐衰退。若企业忽视新产品的研发与衰退产品的淘汰，将导致产品组合失衡。因此，企业需要定期审视各产品项目或产品线的销售增长率、利润率及市场占有率，以评估其发展潜力，并据此调整资金分配，制定新品开发与衰退产品剔除策略，确保产品组合的持续优化。

所谓产品组合的动态平衡，即企业依据市场和资源条件的变化，灵活调整产品组合，适时引入新品并淘汰衰退产品，以维持最大利润水平。这实质上是一种动态优化的过程，需要综合考虑企业资源、市场环境、产品成长率、利润率及市场占有率的变化及其对总利润率的影响。对于产品线丰富的企业而言，这一过程尤为复杂，但借助系统分析与计算机技术，该过程已展现出良好的应用前景。

第三节 产品品牌策略

一、品牌概述

（一）品牌的含义

企业间最高层次的竞争，往往在于品牌之间的竞争。构建品牌，不仅是一项技术挑战，更是一种艺术创造。根据美国市场营销协会的定义，品牌是名称、术语、标记、符号或设计的组合，旨在区分某个或某群销售者的产品或服务，使之在市场中与竞争对手形成鲜明对比。品牌作为一个综合性概念，涵盖了品牌名称与品牌标志等要素。

品牌名称，即品牌中可用口头表达的部分，如"可口可乐""娃哈哈"等，它们不仅作为产品的独特标识，与竞品形成区分，还在产品宣传、品牌形象塑造等方面发挥着不可或缺的作用。而品牌标志，则是品牌中易于识别但难以言传的视觉元素，包括图案、符号或特定色彩等，它们共同构成了品牌的视觉形象，即"品标"。

二维码 7-5

一个完善的品牌，其内涵丰富多元，具体包括六个层次的含义：属性、利益、价值、文化、个性、用户群体。详细内容，请扫描二维码阅读。

在这六个维度中，品牌的价值、文化和个性构成了品牌的深层内涵，是品牌持久竞争力的源泉，也是最难被模仿的部分。它们奠定了品牌的基础，揭示了品牌间差异的本质。能被消费者全面认知上述六个层次的品牌，被视为深度品牌；反之，则为肤浅品牌。唯有深度品牌，方能充分发挥其市场影响力。因此，企业在制定品牌策略时，应全面考虑品牌的各层次含义，尤其要深入策划品牌的深层内涵，以构建独特且持久的品牌优势。

（二）品牌与商标

品牌与商标虽常被视为同一概念，实则二者既相互联系又存在显著差异。品牌，作为市场概念，是产品或服务在市场中的独特标识，它关乎产品的质量、服务承诺等多方面因素，是品牌所有者向消费者传达的产品特性和利益承诺。

而商标，则属于法律范畴，是品牌中已获得专用权并受法律保护的部分。在我国，商标分为注册商标与非注册商标两类。注册商标受法律保护，所有者拥有专用权；非注册商标则未经注册，不受法律保护。根据《中华人民共和国商标法》第六条："法律、行政法规规定必须使用注册商标的商品，必须申请商标注册，未经核准注册的，不得在市场销售。"

商标专用权，即商标独占使用权，是经政府主管部门核准后，品牌所有者独立享有的商标使用权。这种经核准的品牌名称和标志受到法律严格保护，任何未经授权的企业均不得擅自使用。

（三）品牌的作用

品牌在营销活动中扮演着举足轻重的角色，其重要性随着社会主义市场经济的发展而日益凸显。品牌不仅与消费者的日常生活紧密相连，更与企业的声誉和兴衰息息相关。

第一，品牌作为企业的象征和标志，能够将企业与竞争对手的产品明确区分开来。这种差异性不仅为企业提供了制定差异化价格策略的空间，同时也帮助消费者在选择产品时形成品牌忠诚，降低了购买风险，节省了消费者的时间和精力。

第二，品牌，尤其是知名品牌，是企业不可或缺的无形资产。经注册的品牌商标，不仅受到法律的保护，有效防止了模仿和假冒行为，还增强了消费者购买的信心，提升了企业的市场竞争力。

第三，创建知名品牌能够显著降低企业营销的难度。知名品牌能够吸引消费者的关注，增加他们选择该品牌产品的意愿，从而促使企业更加积极地推广该品牌。同时，产品性能的提升也会影响该品牌的美誉度，促使企业不断优化产品以满足消费者需求。

第四，知名品牌具有显著的增值功能，能够为企业带来超越竞争对手的独特优势，进而在市场上占据有利地位。随着品牌知名度和美誉度的提升，品牌的无形资产价值也会大幅提升，为企业创造更多的超额利润。

第五，品牌还是消费者自我表达的重要方式。对于部分消费者而言，他们所使用的品牌不仅代表了其身份和地位，还体现了其个性和价值观。因此，品牌关系并非一成不变，营销人员需要密切关注消费者的需求及其变化，通过恰当的沟通和互动来强化或改善与消费者的关系。

> **知识链接**
>
> 品牌的"拟人化"之道，让品牌拥有新高度
>
> 详细内容，请扫描二维码阅读。
>
>
>
> 二维码 7-6

二、产品品牌策略的类型

品牌策略是企业营销组合中的重要组成部分，涉及多个方面的决策。企业在制定品牌策略时，需要综合考虑市场环境、消费者需求、企业资源及竞争态势等因素，以制定出最适合自身发展的品牌策略。下面将逐一介绍品牌策略中的六个关键方面。

（一）品牌有无策略

品牌运营的首要环节是企业需要对是否创建品牌做出理性选择。拥有自主品牌意味着企业需要承担一定的费用，包括包装费、法律保护费等，这将增加企业的运营成本，并伴随一定的市场风险。然而，品牌对消费者和营销人员的益处同样不可忽视。品牌能够提升产品辨识度，增强消费者信任，促进销量增长，并为企业带来长期的竞争优势。

尽管品牌具有诸多优势，但并非所有产品都适合塑造品牌。以下是一些无须塑造品牌的产品类型：①未经加工的原料产品，如棉花、矿砂等，这些产品通常作为生产原料使用，消费者对其品牌关注度较低；②同质化程度高的产品，如煤炭、木材等，这些产品的质量和性能差异不大，品牌对消费者购买决策的影响有限；③生产简单、选择性小的小商品，如小农具等，这些产品通常价格较低，消费者在购买时更注重其

性价比,而非品牌;④临时性或一次性生产的产品,这类产品的生命周期短,品牌效应难以体现。

(二) 品牌归属策略

品牌归属策略的选择是企业品牌建设过程中的关键环节。在确定产品需要品牌化后,企业需要细致考虑品牌归属问题,主要包括企业品牌策略、中间商品牌策略及混合品牌策略。

企业品牌策略是指企业使用自己的品牌进行市场推广和销售。这种策略下,品牌直接与企业的形象和信誉相关联,通常被称为企业品牌或生产者品牌。当企业拥有强大的市场信誉、雄厚的资金实力和较高的市场占有率时,采用企业品牌策略能够更有效地传递企业价值,增强消费者信任,从而推动产品销售。

中间商品牌策略是指企业将产品出售给中间商,并由中间商使用自己的品牌进行销售。这种策略适用于企业资金紧张、营销能力相对薄弱的情况。通过借助中间商的品牌影响力和成熟的销售网络,企业能够减轻市场推广的压力,快速进入市场并获得一定的销售份额。此外,当中间商在目标市场拥有较高的品牌忠诚度和完善的销售体系时,即使企业具备自营品牌的能力,也应考虑采用中间商品牌策略,以更好地利用中间商的市场资源。

混合品牌策略是指企业对部分产品使用自己的品牌,对另一部分产品使用中间商品牌。这种策略结合了企业品牌策略和中间商品牌策略的优点,能够根据不同产品的特性和市场需求进行灵活调整。在选择混合品牌策略时,企业需要全面考虑产品特性、市场定位、消费者需求以及中间商的品牌实力等因素,以确保策略的有效性和可持续性。通过科学合理地运用混合品牌策略,企业能够更好地满足不同消费者的需求,提升品牌形象和市场竞争力。

(三) 品牌统分策略

品牌统分策略是指企业决定所有产品都使用一个品牌,或各种产品分别使用不同的品牌。常见的品牌统分策略包括:

统一品牌策略。在此策略下,企业的所有产品,无论种类,均使用同一品牌。例如,海尔便采用了这一策略,无论是其冰箱、洗衣机还是空调等产品,均统一使用海尔品牌。这种策略能够充分利用企业的品牌效应,降低新产品的市场推广成本,并展示企业的整体实力。然而,若某一产品出现问题,可能会对整个品牌及企业形象造成负面影响。

个别品牌策略。企业对不同种类的产品分别赋予不同的品牌。以美的为例,其旗下拥有小天鹅、华凌等多个子品牌,分别针对不同的产品线和市场。这种策略有助于避免某一产品的问题影响到其他产品,同时便于消费者识别不同质量、档次的商品,有利于企业的新产品向多个目标市场渗透。但品牌过多可能增加营销成本和品牌间内部竞争的风险。

分类品牌策略。企业按产品类别或品质等级使用不同品牌。比如，五粮液针对不同市场推出了五粮春、金六福、浏阳河等多个品牌，以满足不同层次消费者的需求。这种策略有助于在不同市场领域建立独立的品牌形象，实现精准营销。

个别品牌名称与企业名称并用策略。企业为不同类别的产品分别命名，同时在品牌名称前加上企业名称。如伊利，其旗下既有"伊利"这一统一品牌，也有"金典""安慕希"等子品牌，这些子品牌既享受了企业的整体信誉，又使不同的新产品各具特色。

（四）品牌延伸策略

品牌延伸策略是指企业将已在市场上取得成功的品牌名称应用于新类别的产品上，旨在利用现有品牌的影响力提高新产品的市场接受度，延长品牌生命力。这一策略不仅实现了品牌资产的跨产品转移，还通过新产品的推出延续了品牌的存在感与竞争力。例如，海尔最初以冰箱起家，随后成功将海尔品牌延伸至洗衣机、空调、热水器等多个家电品类，成为品牌延伸的典范。

品牌延伸具有以下积极作用：

降低市场风险与成本。通过品牌延伸，新产品能够迅速获得消费者信任，缩短市场导入期，有效减少市场推广的不确定性及成本。如同方股份，在成功推出计算机产品后，将"同方"品牌延伸至教育、安防等领域，有效降低了新产品的市场风险。

强化品牌价值。品牌延伸有助于扩大品牌的影响力，通过在不同产品线应用品牌，增强消费者对品牌整体的认知度和好感度，提升品牌价值。例如，娃哈哈从儿童营养液扩展到饮料、食品等多个领域，强化了其作为国民品牌的地位。

提升组合效益。品牌延伸策略能够丰富产品线，形成品牌家族，通过品牌间的协同效应，提高整体品牌组合的市场竞争力和投资回报率。如美的，通过品牌延伸策略覆盖了从白色家电到新兴绿色家电的广泛领域，实现了品牌组合的高效运营。

值得注意的是，品牌延伸策略是一把双刃剑，也存在以下潜在风险：

损害原有品牌形象。若品牌延伸策略运用不当，可能削弱现有品牌的独特性和专业形象，如某高端汽车品牌涉足低端市场，可能损害其高端形象。

导致消费者认知模糊。品牌延伸至多个不同领域，可能导致消费者对品牌的认知变得模糊，难以形成清晰的品牌联想。如某知名服装品牌突然涉足电子产品领域，可能让消费者感到困惑。

违背消费者心理预期。品牌与特定产品类别的强关联被打破，可能违背消费者的心理预期，影响品牌忠诚度。例如，某知名健康食品品牌涉足化妆品领域，可能让消费者感到不适。

品牌价值稀释。在同一品牌下推出过多相似产品，可能削弱品牌的独特性，造成品牌价值的稀释。

因此，企业在实施品牌延伸策略时，应谨慎评估，综合考虑品牌定位、市场需求、消费者心理及企业资源等因素，确保品牌延伸既能带来市场优势，又能维护品牌核心价值。

(五) 多品牌策略

多品牌策略是指企业针对同一类产品推出两个或更多相互竞争的品牌。宝洁是全球范围内成功实施此策略的典范,在中国,其洗发水系列下的飘柔、海飞丝和潘婷等品牌,共同占据了超过60%的市场份额。多品牌策略的优势在于:

增加货架占有率。通过多品牌布局,企业能占据更多货架空间,挤压竞争对手的展示空间,如伊利的金典、安慕希等多个奶制品品牌共同占据超市货架;

满足消费者多样化需求。多品牌能吸引追求新鲜感的消费者,进而满足其特定偏好,如蒙牛的特仑苏针对高端市场,纯甄则面向年轻群体;

占领细分市场。每个品牌强调不同特性,精准定位细分市场,如联合利华在洗发水领域的清扬主打去屑,多芬则强调滋养;

内部竞争促进创新。品牌间的竞争会激励产品创新和服务提升,整体提升企业竞争力,如华为旗下 Mate、P 系列手机相互竞争,共同推动技术创新。

然而,多品牌策略也伴随着挑战。由于多个品牌并存,企业的营销和推广费用会相应增加,同时品牌间的内部竞争也可能带来市场风险。因此,在实施多品牌策略时,企业需要密切关注各品牌的市场份额及变化趋势,适时调整品牌组合,撤销市场占有率过低的品牌,以避免过度竞争和资源浪费,确保策略的有效性和可持续性。

(六) 品牌重新定位策略

品牌重新定位策略也称再定位策略,是指全部或部分调整或改变品牌原有市场定位的做法。由于消费者需求和市场结构的变化,企业的品牌可能丧失原有的吸引力。因此,企业有必要在一定时期对品牌进行重新定位。在对品牌进行重新定位的时候,企业需要考虑以下两个问题:

一是再定位成本,指企业把自己的品牌从一个市场定位点转移到另一个市场定位点所支付的成本费用,包括改变产品的品质费用、包装费用和广告费用等。一般认为,重新定位的距离越远,其再定位成本就越高。

二是再定位收入,指企业重新定位品牌后所增加的收入,这取决于细分市场上的消费者人数、平均购买力、竞争者的数量和实力等。

企业在实施品牌重新定位策略时应审慎考虑,以保证企业整体的盈利水平。

> **知识链接**
>
> **百年青啤:品牌长青之路**
> 详细内容,
> 请扫描二维码阅读。
>
>
>
> 二维码 7-7

第四节　产品包装策略

包装是产品生产的一部分。产品只有经过包装才能进入流通领域，实现其价值和使用价值。包装堪称产品的"隐形推销员"，其作用不仅限于在流通过程中保护产品品质不受损及数量完整，同时，它还扮演着美化产品及宣传推介的角色。适宜的包装能够有效激发消费者的购买意愿，进而增强产品在市场中的竞争力。

一、包装概述

（一）包装的定义和构成要素

包装是指针对特定品牌商品所进行的一系列设计、制作容器或包装物的活动。这一概念蕴含三个层面的意义：首先，包装指盛放或包裹产品的容器及包扎物；其次，它涵盖了为产品设计和制作包扎物的整个流程；最后，包装还涉及具体的包装方法，即进行包装的步骤与手段。

包装的构成要素有：商标、形状、颜色、图案、材料。详细内容，请扫描二维码阅读。

二维码7-8

（二）包装的种类和作用

（1）按流通功能划分。包装可分为销售包装和运输包装。销售包装，亦称内包装或小包装，直接接触产品，便于陈列、销售、携带及使用；运输包装，又称外包装或大包装，位于销售包装外层，旨在保护产品，便于储存及运输。

（2）按层次划分。首要包装为产品的直接包装，如牙膏皮、香烟盒；次要包装保护首要包装，如牙膏盒、香烟条装；装运包装则侧重于储运、装卸及防破损。

（3）按技术划分。包括防水、防潮、防锈、缓冲、真空等多种包装类型。

产品包装最初用于在运输、销售和使用过程中保护商品。随着市场经济的演进，在现代营销中，包装已成为产品整体不可或缺的一部分，对商品陈列、展示及销售至关重要。良好的包装能为企业创造显著的营销价值。包装的具体作用体现在以下四个方面：保护商品、促进销售、提升价值、提供便利。详细内容，请扫描二维码阅读。

二维码7-9

二、包装的设计原则

包装，作为产品的"门面"，承担着宣传与促销的重任。尽管各类产品的包装设计需求各异，但均须遵循一系列基本原则以确保其效能的发挥。

（1）与产品价值相匹配。包装作为产品营销的关键要素，需要与其他产品特性相协调，准确反映产品的独特风格与价值。过度或不足的包装均可能削弱产品的市场竞争力，合理的包装成本应约占产品总价值的 13%～15%。

（2）美观与独特性并重。消费者对商品的第一印象往往源自其外观，因此包装设计应兼顾大众审美习惯，打造美观大方的视觉效果，以愉悦顾客并激发其购买意愿。同时，独特的包装风格是吸引顾客注意力的关键，有助于产品在众多竞品中脱颖而出。

（3）实用性考量。在追求美学的同时，包装的实用价值不容忽视。在设计时应确保包装小巧适中，便于储运、陈列及消费者选购、携带与使用。还可以提供多样化的规格与分量选项，以满足不同顾客的需求，并持续改进包装技术以提升用户体验。

（4）通过包装提供的信息要准确、真实。包装上的产品信息，如成分、性能、使用方法、规格、有效期等，必须具体、真实、准确，避免误导消费者。

（5）符合法律规定，尊重购买者的宗教信仰、风俗习惯。包装设计应严格遵守国家法律法规，同时尊重不同文化背景下的宗教信仰与风俗习惯，避免伤害消费者情感，必要时应采用定制化包装以适应特定市场需求。

（6）安全至上。安全是包装设计的基础。合理的包装设计与材料选择应确保产品在储运、陈列、携带及使用过程中的安全。此外，包装还需要考虑环保因素，便于回收再利用，以促进可持续发展。

三、产品包装策略的类型

一个好的包装，不仅有赖于独特创新的设计，还要使用正确的策略方法，才能有效地促进销售。常用的包装策略主要有以下几种：

（1）类似包装策略，也称统一包装策略。该策略强调企业所有产品在包装上采用相似的图案、色彩等共同特征，以树立统一的企业形象。其优势在于降低设计成本，提高品牌影响力，并利用已有声誉提升新产品接受度。然而，该策略适用于质量相当的产品组合；若产品间差异显著，则可能适得其反，影响消费者认知。

（2）差异包装策略。该策略指针对不同等级、品种的产品，设计不同的包装。该策略倡导个性化设计，包括风格、色调及材料的差异化，以有效隔离单一产品市场可能带来的负面影响，保护企业整体形象。尽管该策略能增强产品辨识度，但相应地，也会增加设计成本，因此，在实施时需要权衡成本与收益。

> **知识链接**
>
> **差异包装策略的优势深化**
> 详细内容，
> 请扫描二维码阅读。
>
>
>
> 二维码 7-10

（3）配套包装策略。该策略涉及将多种具有关联性的产品组合放置在同一包装内，旨在简化交易流程，便于消费者选购、携带及使用。该策略不仅拓宽了销售范围，还通过新旧产品的捆绑销售，助力新产品顺利进入市场，满足消费者的多样化需求。

（4）等级包装策略。针对产品的不同等级，企业会设计并使用与之相匹配的包装。该策略确保了包装品质与产品质量的一致性，更好地适应了不同消费者的购买力水平，从而满足了市场的多元化需求。

（5）再使用包装策略，又称复合用途包装策略，即在产品使用后，包装材料仍具有其他实用价值。例如，产品包装袋可转化为手提袋等。该策略通过增加包装的实用性，激发了消费者的购买兴趣，并在再使用过程中持续宣传产品，加深消费者对品牌的印象。然而，高成本是实施该策略时需要谨慎考虑的因素。

（6）附赠品包装策略。该策略指在包装表面或内部附赠实物或奖券，以吸引消费者。该策略利用了消费者的好奇心和获取额外利益的需求，对特定消费群体，如儿童和青少年以及低收入群体尤为有效，是一种有效的销售促进手段。

（7）改变包装策略。随着市场需求的变化，企业会调整包装的设计风格、材料等，以维持消费者对产品的新鲜感。该策略有助于拓宽销售渠道，但需要谨慎处理，以免对消费者已清楚识别的优质品牌造成负面影响。

（8）颜色包装策略。颜色在包装设计中占据核心地位，其在不同文化和细分市场中具有特定含义。顶级品牌如蒂芙尼、爱马仕和路易威登等，通过独特的品牌色彩，成功界定了品牌形象。颜色营销在高端市场的运用，使消费者仅凭色彩就能联想到特定品牌，凸显了颜色在包装策略中的重要性。

四、包装的测试

在完成包装设计之后，必须进行包装的测试，主要包括以下四个方面：

第一，工程测试，确保包装在正常情况下不会破损、走样。

第二，视觉测试，确保包装上印刷的字体和图案清晰、颜色和谐。

第三，经销商测试，确保包装容易运输，并且能够向经销商传达具有说服力的信息。

第四，消费者测试，确保消费者能注意到并喜欢包装设计。

第五节　服务策略

随着科学技术的持续进步，产品的科技含量不断提升，技术性能也日趋复杂。在产品销售前后，乃至消费者使用产品的整个过程中，往往需要厂商提供全面且专业的服务支持。因此，服务已成为消费者做出购买决策时不可忽视的关键因素。鉴于此，众多企业纷纷致力于打造服务品牌，以期通过卓越的服务取悦顾客，并将服务视为实施差异化战略、增强企业竞争力的有力武器。

一、服务概述

(一) 服务的含义与分类

服务是产品整体的重要组成部分,是一种特殊的无形活动,它向顾客和用户提供所需的满足感。随着服务经济的兴起和市场环境的剧变,服务的内涵和外延也在不断扩大。其内涵应理解为:①服务是一个过程或一项活动;②服务是为目标顾客或工业用户解决问题的,是对它们提供利益的保证和追加;③服务的核心是让被服务者感到满足和愉悦;④服务领域需要不断开拓和创新。

服务的提供可以与有形产品联系在一起,也可以与有形产品无关。从服务与有形产品关系的角度来看,可以按照有形产品与服务的不同组合,将企业提供给市场的产品分成以下五种类型。

(1) 纯粹有形的产品,即企业只向市场提供有形产品,如香皂、牙膏、盐等,产品没有附带任何服务,也不需要任何服务。

(2) 附带服务的有形产品,即企业在销售有形产品时附带一种或多种服务,旨在提高产品对顾客的吸引力,如计算机、空调等产品,可能就需要配套送货、维修、培训等服务,而且越是技术复杂的产品,其配套提供的服务就越多。没有服务,产品销量很可能就会下降,附带服务已经成为提高产品竞争力的有效工具。

(3) 有形产品与服务的混合,即有形产品和提供的服务相适应,缺一不可。例如顾客到餐馆就餐,既需要食品也需要服务。

(4) 主要服务附带的小商品和次要服务,即一般由一项主要的服务和附加的服务与辅助品一起组成。如航空公司的主要服务是运输服务,在此过程中乘客还会得到其他一些次要的服务和小商品,如饮料、食品、报纸杂志等。

(5) 纯粹服务,即企业只向市场提供服务。如心理咨询、法律咨询等。

(二) 服务的特征

与一般物质产品相比,服务具有四个基本的特征:无形性、不可分离性、可变性与不可储存性,如图7-2所示。

1. 无形性

服务与实体产品的本质区别在于其无形性。这种特性使得服务在被购买前难以被直观感知,购买者难以预先判断其质量或效果。即使服务被消费后,其带来的利益也往往难以被立刻察觉,大多需要经过一段时间才能显现。这种无形性大大增加了企业向消费者传达服务价值的难度。

为了降低消费者的不确定性,服务提供者须将无形的服务转化为可感知的具体利益。这可以通过多种手段实现,如利用地点、人员、设备、宣传资料等有形元素,以及象征性的标志和价格信息,向消费者展示服务的价值。同时,也可以通过明确的服务承诺和利益保证,帮助消费者形成对服务质量的预期。

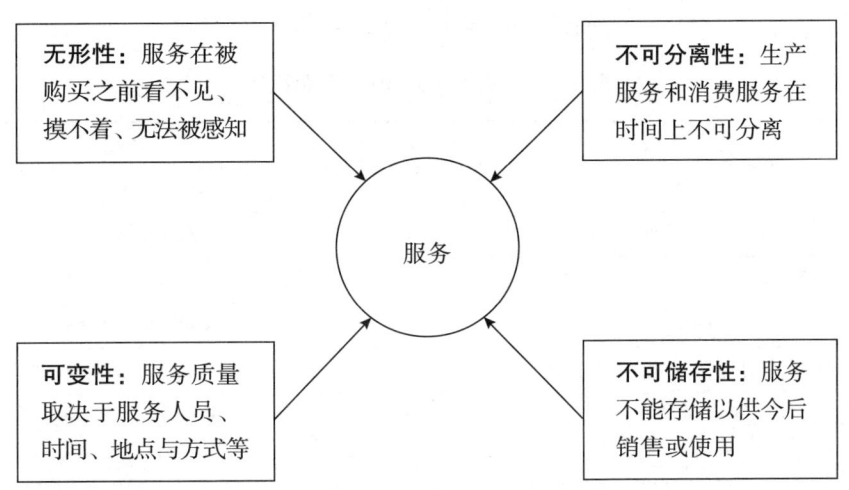

图 7-2 服务的特征

2. 不可分离性

服务的不可分离性意味着服务的生产过程与消费过程是同时发生的，二者在时间上紧密相连。服务的提供与消费的接受同步进行，服务的产生即消费的开始，服务的结束即消费的终结。

针对这一特性，服务提供者可以采取多种策略，如通过组建更大的服务团队，实现群体服务，以提高服务效率。心理医生采用群体治疗方式，便是一种有效的尝试。此外，服务提供者还可以通过优化服务流程、提高员工技能等方式，提升服务效率和质量。加强员工培训尤为重要，因为服务人员的表现直接决定了服务的质量。

3. 可变性

服务的可变性源于多种影响因素，如服务人员、时间、地点和方式等。这些因素导致服务质量的不稳定和差异性。尤其是在需要人员接触的服务中，由于服务人员的个性特征、人员素质以及人与人之间的互动过程等因素的差异，服务质量具有很大的弹性。

这种可变性既为服务行业带来了挑战，也为其发展提供了广阔的空间。企业可以通过持续改进服务流程、提升员工素质等方式，提高服务质量的稳定性和一致性。

4. 不可储存性

服务的不可储存性意味着服务在时间和空间上都无法转移，具有易逝性。这种特性使得服务业对需求波动的敏感性更高。与制造业可以利用库存缓冲生产系统和顾客需求不同，服务业是开放系统，直接受到需求变化的影响。

因此，服务企业需要制定有效的策略来应对需求波动。例如，在需求高峰期增加服务资源投入，以满足顾客需求；在需求低谷期则通过优化资源配置、提高服务效率等方式降低成本。公共运输企业根据交通高峰时期的需求调整运输设备数量，便是应对需求波动的有效策略之一。

服务的这四个基本特征，决定了服务与有形产品之间的区别，表 7-2 以某百货公司的产品组合为例，展示了有形产品和服务产品的差异。

表7-2 某百货公司的产品组合

有形产品	服务产品
实体	非实体
形式相似	形式相异
生产、分销不与消费同时发生	生产、分销与消费同时发生
一种物品	一种行为或过程
核心价值在工厂被生产出来	核心价值在买卖双方接触中产生
顾客一般不参与生产过程	顾客参与生产过程
可以储存	不可以储存
所有权发生转让	无所有权转让

二、服务的作用

随着科技的飞速发展，服务在现代营销体系中的地位愈发凸显。企业深入探索服务功能并制定相应服务策略，正是基于这一趋势的明智之举。服务的作用主要体现在以下三个方面：

（1）应对产品技术复杂化挑战。科技进步使得产品技术含量大幅提升，对服务功能提出了更高的要求。高科技产品的操作日益复杂，厂商需要为目标顾客提供全面的消费指导、安装、调试及培训服务。同时，产品的维护与保养也需要专业人员具备专业知识和技能。

（2）维护消费者利益，促进重复购买。为赢得顾客忠诚与重复购买，企业纷纷推出各类服务。例如，顾客购买化妆品后，企业不仅提供详尽的产品使用说明，还免费为顾客提供美容服务，这不仅保障了消费者权益，还增加了额外价值，从而取悦顾客，吸引其再次光顾。

（3）提高企业竞争能力。在产品日益同质化，如品种、规格、性能和价格等方面相近的背景下，服务作为一种非价格竞争手段，对企业竞争力的提升至关重要。在当今社会，服务无处不在，稍具领先性的服务便能赢得消费者的青睐。

三、服务策略的类型

（一）服务性企业服务策略

1. 新3P策略

对专注于特定目标市场的服务性企业而言，在制定营销策略时，除传统的"4P"（产品、价格、渠道、促销）决策外，还需要高度重视并精心规划"新3P策略"，即人（People）、实体证明（Physical Evidence）和过程（Process）。

(1) 人。员工是服务性企业向顾客传递价值的关键媒介。员工的素质、服务意识及服务水平,直接决定了企业能否提供高质量的服务并赢得顾客的满意。因此,企业需要严格把控员工的选聘、培训与管理,激发员工的工作热情,持续强化其服务观念与意识,确保每位员工都能为顾客提供卓越的服务。

(2) 实体证明。实体证明是企业展现服务质量、风格与自身状况的重要载体。企业应根据自身目标与资源状况,精心设计并展示能够直观反映服务品质的实体元素,如服务环境、设施设备等,以便顾客能够真切感受到企业的服务品质与水平。

(3) 过程。服务过程是企业为顾客创造价值的核心环节。企业应积极探索多元化的服务形式与流程,以满足不同顾客的需求与偏好。通过优化服务流程、提升服务效率与灵活性,企业能够为顾客提供更加丰富、便捷与个性化的服务选择,从而增强顾客的满意度与忠诚度。

2. 服务营销三角

服务营销三角着重强调了"企业—员工—消费者"三者间应构建一个和谐的生态系统。该系统主张企业应赋予员工必要的权利与能力,而员工则需要有效地将这些价值传递给消费者,形成一个闭环的良性循环,如图7-3所示。

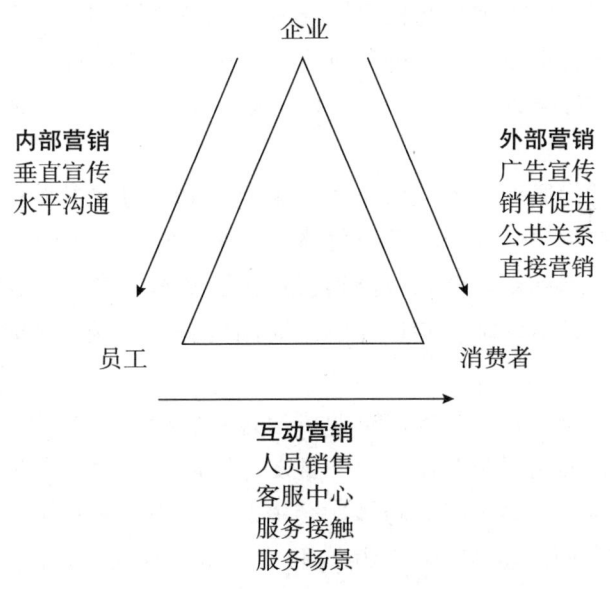

图7-3 服务营销三角

在服务营销中,外部营销主要涉及企业进行的广告宣传、销售促进、公共关系、直接营销等常规性工作。这些工作旨在确保服务能够满足市场需求,并以合适的价格、便捷的方式触达目标客户。

内部营销则聚焦于企业员工的培训与激励,旨在通过垂直宣传和水平沟通提升员工的服务意识和专业技能,使员工能够更好地为消费者提供服务。通过内部营销,企业能够打造一支高效、专业的服务团队,为消费者带来卓越的服务体验。

互动营销则关注的是员工与消费者之间的服务交互过程，如人员销售、客服中心、服务接触、服务场景等。顾客对服务质量的评价通常基于两个方面：一是技术质量，即服务本身的专业性和准确性；二是功能质量，即服务过程中的舒适度和便利性。在互动营销中，团队合作至关重要。通过赋予一线员工更多的自主权，可以使他们在服务过程中展现出更高的灵活性和适应性，从而更有效地解决问题、加强团队协作，并提升消费者满意度。

服务营销三角的提出，深刻揭示了员工满意度对消费者满意度具有正向影响。企业只有注重内部营销，提升员工满意度和专业技能，才能更有效地开展外部营销，并通过互动营销促进消费者形成积极的感知和评价。

3. 服务性企业服务策略的内容

服务性企业的服务策略主要体现在实施差异化竞争策略、管理服务质量和提升生产效率三个方面。

（1）实施差异化竞争策略，是企业在当前激烈市场竞争中获取优势的关键。企业唯有通过提供差异化服务，而非单纯依赖低价策略，方能精准满足顾客需求，实现持续盈利。差异化竞争可依托以下途径实现。

首先，提供差异化服务项目与内容。这要求企业不断创新，为顾客提供独具特色的服务。在满足顾客基本服务需求的基础上，企业可针对次要服务增添特色元素。例如，海底捞不仅提供标准餐饮服务，还增设美甲、免费茶点等增值服务，展现出超越同行的细致关怀。

其次，构建高效优质的服务交付系统。企业需要通过提升服务可靠性、增强灵活性及持续创新，打造更快更好的服务交付体系。中国邮政推出的"承诺服务"便是高效优质服务的典范，其利用全球邮政网络，提供覆盖全面的邮件递送服务，顾客可通过多渠道获取服务，且中国邮政确保在承诺时间内完成递送，超时则退还费用，彰显了高效与诚信。

最后，塑造差异化形象。服务性企业可通过独特标志或名称，构建特色鲜明的品牌形象，与竞争对手形成鲜明对比。如中日友好医院定位为"国际化、人性化、亲情化"的现代医疗机构，其品牌标志巧妙融合中国长城与日本富士山元素，体现"一衣带水"的友好关系，同时融入中国传统与日本浮世绘风格，以红十字框架柔美呈现，形成樱花般的美好形象，辅以标准化的中英文名称、色彩体系及象征图式，全面塑造了差异化的品牌形象。

（2）管理服务质量，对于服务性企业的顾客满意度及市场表现具有决定性影响。顾客对企业服务质量的评价，源于其实际体验与预期服务之间的比较。预期服务则基于顾客过往经历、口碑及企业宣传等因素形成。若实际服务未能达到顾客预期，将导致顾客产生不满情绪甚至流失；反之，则可能促使顾客再次选择该企业。

决定企业服务质量的关键因素包括：可信性，即企业准确、可靠地履行服务承诺的能力；责任心，指企业主动、迅速地响应顾客需求的服务态度；保证，涉及员工的专业知识与礼节，以及传递信任与信心的能力；深入度，体现企业对顾客个性化关怀的程度；有形性，则指服务过程中所使用的实体工具、设备及宣传材料等。

为了全面提升服务质量，企业应采取以下关键举措：

首要任务是树立服务质量战略意识，这意味着企业要深入细致地研究并理解目标顾客的实际需求，进而制定出富有特色的服务战略，以满足并超越顾客的期望。

在此基础上，强化高层管理者的质量责任显得尤为关键。企业通过建立健全服务质量问责制度，确保企业上下都将服务质量视为核心竞争力的重要组成部分。

企业还应设定高标准的服务质量目标，追求卓越，力求实现服务的"零缺陷"，将服务品质提升至新的高度。

同时，建立一套有效的监督机制也是必不可少的，企业应定期评估服务绩效、及时收集并分析顾客反馈，确保服务目标能够得到不断优化与提升，从而更好地满足市场需求。

此外，设立顾客投诉渠道并妥善处理投诉同样至关重要，这不仅能够及时解决顾客问题，还能将投诉转化为提升顾客忠诚度的契机，增强企业的品牌形象和市场竞争力。

最后，企业应高度关注员工与顾客的双重满意度，因为满意的员工是提供满意服务的源泉，而满意的顾客则是企业实现可持续发展和创造可观利润的根本保障。

（3）提升生产效率是企业在保障服务质量的同时，实现成本控制与效益增长的关键。服务成本的存在要求企业在追求高质量服务的同时，必须注重降低运营成本，提高生产效率。

企业可采用以下七种策略来有效提升生产效率：

第一，通过严格选拔与专业培训，提升员工的工作技能与积极性，使他们能以更高的效率与熟练度完成工作。

第二，在确保服务质量不受严重影响的前提下，企业可适当调整服务策略，以增加服务种类，从而在一定程度上提升整体运营效率。

第三，通过增加自动化设备及实施标准化生产流程，推动"服务工业化"，如采用服务流水线作业，以提高服务效率与一致性。

第四，创新产品，以替代或减少某些高成本的服务需求，从而降低整体运营成本。

第五，设计并提供更为高效的服务方案，优化服务流程，减少不必要的环节，提升服务效率。

第六，鼓励顾客通过自助服务等方式，利用自身劳动满足服务需求，这既能提升顾客参与度，又能减轻企业服务负担。

第七，企业应持续探索并应用新技术，这不仅能为顾客提供更优质的服务体验，还能显著提升员工的服务效率与生产力。

（二）非服务性企业服务策略

对于非服务性企业而言，服务策略的制定应聚焦于提升产品支持服务的管理效能。

产品支持服务旨在扩展实体产品的价值，涵盖送货、安装、保养、维修、咨询及消费信贷等多方面。

在制定产品支持服务策略时，企业需要细致考量以下几个核心要素：

（1）精准把握顾客的服务需求。顾客需求是企业设计和提供产品及相应支持服务的根本依据。在产品支持服务方面，顾客尤为关注产品的可靠性（高可靠性意味着低故障率，是高质量服务的基石）、故障停机时间（优质产品支持服务能缩短停机时间，降低顾客使用成本）以及维护与修理成本。顾客往往会综合考量这些因素，通过评估产品生命周期成本（包括购买成本、维护与修理成本，扣除折旧残值后的现值）来选择合适的产品。

（2）识别顾客所需服务的价值并进行排序。不同顾客对同一产品的支持服务需求各异。企业须具备识别对顾客最具价值服务的能力，并按重要程度进行排序，以有效满足顾客需求。在此基础上，企业还可通过提供增值服务，进一步提升顾客满意度。

（3）有序规划产品设计与服务组合决策。优秀的产品设计和过硬的质量是减少后续支持服务需求的关键。基于此，企业可合理规划产品支持服务组合。具体而言，企业有以下四种选择：通过自有客户服务部门提供服务；依托中间商提供服务；委托独立服务性企业提供服务；或完全不提供产品支持服务，由顾客自行解决问题。每种选择都需要根据企业实际情况、顾客需求及市场状况进行审慎权衡。

第六节　互联网背景下的服务营销

一、网络服务的特点

网络服务同样展现出无形性、不可分离性、可变性和不可储存性等传统服务特性，但其内涵却经历了显著变革，具体体现在以下几个方面：

（1）深化顾客对服务的感知体验。服务的无形性是其局限性之一，因此，在网络服务营销中，常需要通过有形化的手段，如运用色彩、音频、视频及虚拟现实技术等，将服务具象化，以增强顾客的直观感受和体验。

（2）打破时空束缚的不可分离性。服务固有的生产与消费同时发生的特征，往往限制了服务的时空范围。顾客在寻求服务时，常需要耗费大量时间与精力。而基于互联网的远程服务，诸如远程医疗、在线教育、虚拟现实体验及物联网应用等，则成功突破了这一限制，使服务得以跨越时空界限。

（3）提供更高层次、更广泛的服务。传统服务的不可分离性限制了顾客在寻求高端服务，如医疗、会议、教育及培训等方面的选择。互联网的兴起打破了这一局限，使顾客能够通过网络平台获得更高层次乃至跨国界的服务。通过网络，顾客不仅能够获取信息，还能直接参与服务过程，从而使个性化需求尽可能得到满足。

（4）增强顾客寻求服务的主动性。互联网赋予了顾客直接向企业提出服务需求的权力，要求企业根据顾客的具体要求提供个性化的一对一服务。同时，借助互联网的低成本特性，企业能够更有效地满足顾客的这一需求。

（5）提升服务效益与市场竞争力。一方面，企业通过互联网实现远程服务，拓宽了服务市场，创造了新的市场机遇；另一方面，互联网服务增强了企业与顾客之间的互动与联系，有助于培养顾客忠诚度，降低营销成本。因此，众多企业将"互联网+服务营销"视为提升市场竞争力的关键策略。

二、网络服务的分类

（一）网络售前服务

网络售前服务主要聚焦于信息的提供。企业主要通过两种方式提供售前服务：一种方式是利用自身的网站、APP、微信群、微信公众号等渠道宣传和推广产品。但此方式的有效性很大程度上依赖于企业的知名度。另一种方式则是借助网络平台发布商品信息，详细介绍产品特性、购买流程、包含的服务内容以及使用说明等，旨在全方位辅助顾客做出购买决策。

（二）网络售中服务

网络售中服务涉及销售过程中的各项服务，主要发生在产品买卖关系已确立，但产品尚未送达指定地点的时间段内。此类服务包括了解订单执行状态、跟踪物流配送进度、查询快递签收情况等。以顺丰速运为例，其通过高效的邮件快递系统，将邮件在递送过程中的各个环节信息实时录入数据库。顾客可通过互联网直接查询邮件的最新动态，包括邮件当前位置、处理步骤、投递不成功的原因、预计采取的下一步措施等，直至邮件被安全签收，这种信息透明化的服务有助于提升顾客体验。

（三）网络售后服务

网络售后服务充分利用互联网直接沟通的优势，以高效便捷的方式满足顾客在产品使用、技术支持及日常维护等方面的需求。网络售后服务主要包括两类：一类是基本的网上产品支持和技术服务，如提供产品使用指南、故障排查方法、在线技术支持等；另一类则是企业为满足顾客附加需求而提供的增值服务，如定制化解决方案、产品升级服务、会员专属优惠等。这些服务旨在进一步巩固顾客关系，提升顾客满意度和忠诚度。

三、个性化网络服务策略

（一）个性化网络服务概述

个性化服务，也称定制服务，就是按照顾客特别是一般消费者的要求提供特定服务。个性化服务包括三个方面：服务时空的个性化，即在人们希望的时间和地点提供

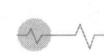

服务；服务方式的个性化，即根据个人喜好或要求来提供服务；服务内容的个性化，即避免千篇一律，根据个人需求的不同提供不同的服务。互联网可以在上述三个方面为用户提供个性化的服务。

企业在提供个性化服务时，不可避免地会产生一些问题。首先是隐私问题，个人提交的需求、偏好和倾向等方面的信息，都是个人的隐私。企业在提供个性化服务的同时，必须要注意保护用户的隐私信息。其次，提供的个性化服务必须契合消费者需求。最后，个性化服务还涉及很多的技术问题。

（二）个性化的网络信息服务

网站是一种影响面广、受众十分广泛的营销工具。伴随着受众范围的持续扩大和数量的不断增长，怎样充分发挥互联网在动态交互方面的优势，尽量满足不同消费者的不同需求，就成为定制服务产生的市场动因。

个性化的网络信息服务改变了信息服务"我提供什么，用户就接受什么"的传统方式，变成"用户需要什么，我就提供什么"的个性化方式。网络信息的个性化服务，主要有以下方案：

（1）页面定制。用户可以根据自己的喜好定制页面显示结构和显示内容，可定制的内容包括新闻、政治、财经、体育等多个栏目，网页还提供了搜索引擎、股市行情、天气预报、常访问的网址导航等。用户定制完成以后，个人的信息被服务器保存下来，当用户再度访问该网页的时候，就可以看见自己定制的内容。

（2）电子邮件定制方案。例如一些企业合作推出的产业新闻邮件定制服务；专用客户机软件，如股票软件、天气软件等可以传递广泛的待售品、多媒体信息，客户机不需要保持与互联网的永久链接。

（3）需要客户端软件支持的定制服务。这类服务通常需要用户安装特定的APP，以提供更加个性化且功能丰富的信息服务。例如，一款音乐播放软件允许用户根据个人喜好定制播放列表，其不仅能自动推荐符合用户喜好的音乐，还能根据用户的听歌习惯调整推荐算法，确保用户每次打开软件都能享受个性化的音乐体验。同时，这类软件往往集成了离线下载、歌词同步显示等功能，进一步提升了服务的便捷性和用户体验。

（三）个性化的网络信息服务应注意的问题

在提供个性化的网络信息服务时，需要注意的关键问题有两方面。

第一，个性化服务作为多种网站经营策略之一，其适用性须根据网站的具体情况和目标定位来判断，明确在哪个环节引入个性化服务能够最大化其价值。这要求管理者深入分析网站特点与用户行为，确保服务策略与网站整体运营相契合。

第二，个性化服务的成功实施始于对市场的精准细分和对目标群体的明确界定，这是确定服务方式与内容的前提。通过深入了解不同用户群体的需求特征，网站能够定制化地提供信息和服务，从而增强用户黏性。然而，值得注意的是，市场细分的程度与所需投入的成本和技术要求成正比,因此,网站在追求个性化服务的同时,必须权衡成本与效益,确保技术实力与资源投入能够支撑起高质量的个性化服务,实现可持续发展。

> **知识链接**
>
> **虚拟现实技术在服务营销中的应用**
>
> 虚拟现实技术在服务营销中展现出了巨大的应用潜力与价值。作为一种前沿技术,虚拟现实技术通过模拟真实或虚构的环境,为顾客提供了一种沉浸式的体验,从而深化了他们对服务的感知。具体而言,虚拟现实技术能够将无形的服务具象化,使顾客能够在虚拟环境中直观感受到服务的各个方面,这种体验方式极大地提升了顾客的参与度。
>
> 从启发性的角度来看,企业可以充分利用虚拟现实技术的这一特性,创建与自身服务相关的虚拟场景,让顾客在沉浸式的环境中体验服务。例如,在旅游服务领域,企业可以开发虚拟现实旅游 APP,让顾客在家中就能"亲临"各个旅游景点,感受不同的风土人情。在房地产领域,虚拟现实技术则可以用于创建虚拟的房屋展示,让顾客在购房前就能全方位了解房屋的结构和布局。这种沉浸式的体验方式不仅能够增强顾客的购买意愿,还能够提升企业的品牌形象和市场竞争力。
>
> 事实上,众多知名企业已经开始尝试将虚拟现实技术应用于服务营销中,并取得了显著成效。以宜家为例,其推出了虚拟现实家居体验应用,顾客可以在虚拟环境中自由摆放家具,预览不同风格的家装效果。这种创新的营销方式不仅提升了顾客的购物体验,还带动了宜家家具的销售增长。万豪酒店等知名企业也纷纷尝试虚拟现实技术,为顾客提供更加真实、丰富的住宿体验。
>
> 这些成功案例不仅证明了虚拟现实技术在服务营销中的有效性,也为其他企业提供了宝贵的借鉴经验。未来,随着虚拟现实技术的不断发展和普及,越来越多的企业将尝试将其应用于服务营销中,以提供更加个性化、沉浸式的服务体验。因此,对于希望提升服务质量和市场竞争力的企业来说,积极探索和应用虚拟现实技术无疑是一个明智的选择。

案例分享

海底捞:不可复制的成功?

详细内容,
请扫描二维码阅读。

二维码 7–11

本章提要

详细内容,请扫描二维码阅读。

二维码 7-12

本章习题与练习

1. 如何全面理解产品的整体概念?
2. 何谓产品组合?产品组合的策略有哪些?
3. 简要说明包装的构成要素、作用及其策略。
4. 品牌策略在现代营销中的作用是什么?
5. 服务策略在提升顾客满意度中的关键作用是什么?
6. 数字化产品与服务创新面临哪些主要挑战?企业应如何应对这些挑战?

第八章
产品生命周期与新产品开发

【学习目标】
1. 理解产品生命周期的概念及各阶段划分。
2. 掌握产品生命周期各阶段的特征、营销目标与策略。
3. 明确新产品的定义、分类及创新程度区分。
4. 理解新产品的开发原则、方式与程序。
5. 理解新产品市场扩散概念及消费者采用过程。
6. 把握数字化新产品开发与市场测试的背景、要素及策略。

【思政目标】

详细内容,请扫描二维码阅读。

二维码 8-1

企业产品在市场上的销售情况及获利能力是随着时间的推移而不断变化的。就像生物的生命一样,产品在市场上也经历了从诞生、成长到成熟,最终走向衰亡的过程。产品生命周期的每一个阶段都具有独特特征。因此,企业要根据产品所处的具体阶段制定相应的营销策略。

【思维导图】

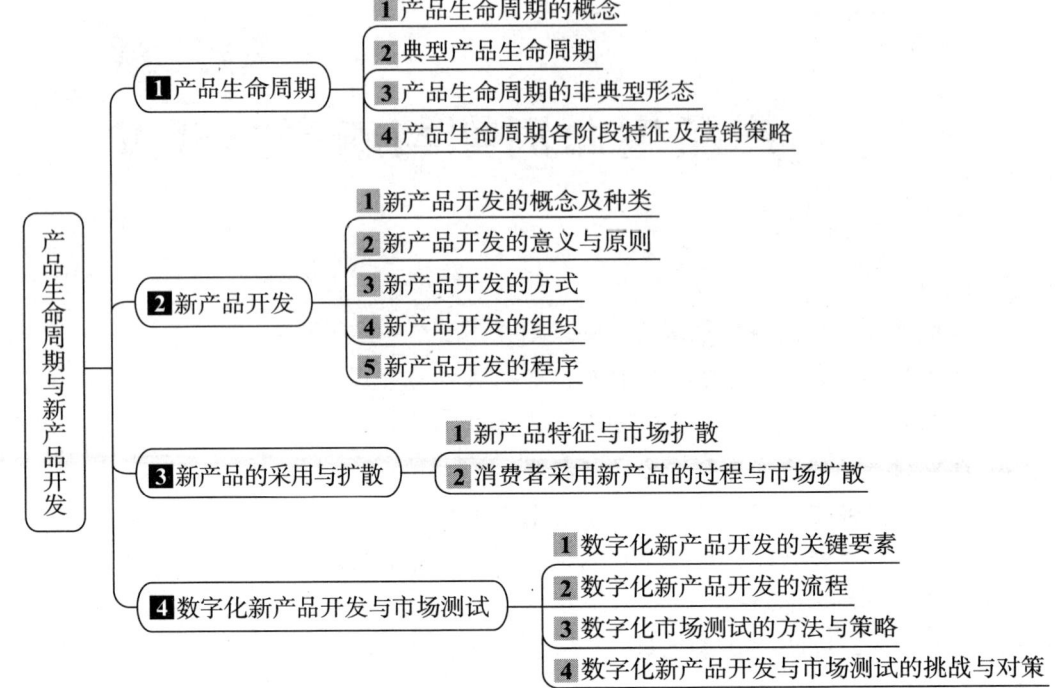

第八章 产品生命周期与新产品开发

> **案例导入**
>
> 卷土重来，回天有力——回力球鞋的复兴之路
>
> 详细内容，请扫描二维码阅读。
>
>
>
> 二维码 8-2

第一节　产品生命周期

一、产品生命周期的概念

产品生命周期指新产品研制成功后，从投入市场开始，到退出市场为止所经历的全部时间过程。产品退出市场，可能并非其本身质量或其他方面的原因，而是由于市场上出现了同种类型、用途的新产品，使老产品逐渐失去市场竞争力，最终被市场淘汰。

理解产品生命周期的概念，应注意以下几点：

第一，产品生命周期不同于产品使用寿命。产品使用寿命是指产品的自然使用时间，也就是产品从投入使用到损坏报废所经历的时间。决定产品使用寿命的是产品本身的因素，而产品生命周期是指产品的经济生命，决定产品经济生命的是市场因素（消费者对产品的需求）。产品使用寿命的变化，是与产品物质形态的磨损消耗相适应的；而产品的经济生命是无形的、抽象的，并不一定出现物质磨损。产品的经济生命与其使用寿命并无必然联系。有些产品的使用寿命很短，但其经济生命却很长，如火柴、肥皂等。有些产品的使用寿命较长，但其经济生命却很短，如流行服装、老式家具等。

第二，产品生命周期既可指某一种类产品的生命周期，也可指某一品种或某一品牌产品的生命周期。产品种类的生命周期最长，由于受人口、经济因素的影响，其周期变化较难预测，有些产品种类几乎可以无限期地延续下去，研究其生命周期意义不大。而产品品牌的生命周期往往与企业的决策及品牌知名度有关，通常不具备较强的规律性。只有产品具体品种的生命周期比较典型，发展变化也有一定的规律。因此，我们主要研究产品品种的生命周期。

第三，产品生命周期只是一种理论上的描述。实际上，产品在市场上受到诸多社会经济因素、竞争因素、科技发展因素的影响。不同产品、同一产品的不同发展阶段所经历的时间长短是不相同的，有许多产品并未按生命周期的正常规律发展。

第四,准确界定产品生命周期各阶段是很困难的,由于缺乏统一的理论标准,相关判断往往带有很大的主观性。因此,企业在制定营销策略时,应该因地制宜,切不可生搬硬套。

二、典型产品生命周期

产品生命周期是以销量和利润的变化来衡量的。从新产品投入市场开始到产品退出市场为止,一般要经历四个阶段:导入期、成长期、成熟期和衰退期,如图8-1所示。

(1) 导入期,即新产品刚进入市场的时期。往往表现为销量增长缓慢,由于销量少,产品的开发成本又高,所以新产品在导入期只经历一个成本回收的过程,利润一般是负的。

(2) 成长期,即该产品已开始为大批消费者所接受的时期,往往表现为销量的迅速上升。由于销量的上升,规模效应开始显现,产品的单位成本下降,于是新产品的利润也就开始不断增加。

(3) 成熟期。在此阶段,由于该产品的市场已趋于饱和,或已出现强有力的替代产品的竞争,销量增速开始变慢,并逐步趋于下降。由于此时为维持产品市场而投入的销售费用开始上升,产品的利润额也开始随之下降。

(4) 衰退期。在此阶段,由于消费者的兴趣转移,或替代产品已逐步开始占领市场,产品的销量开始迅速下降,利润渐趋于零,最终退出市场。

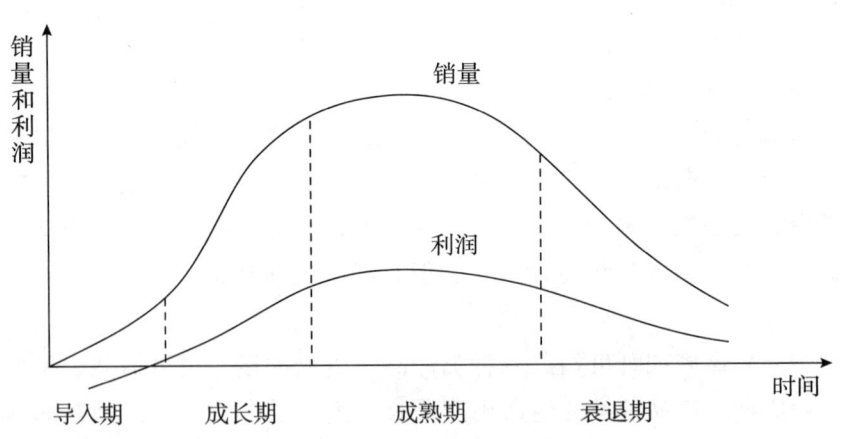

图8-1 典型的产品生命周期

产品生命周期各阶段的划分没有固定的时间标准,要标明各阶段的起点和终点很困难。通常可把销售增长率或下降率的显著变化作为区分点,有些情况下,也以逐年实际销量的百分比变化所呈现的正态分布特征为基础,来划分产品生命周期的各阶段,其轨迹基本与图8-1中的曲线相符。

三、产品生命周期的非典型形态

并非所有产品的生命周期都表现为相同曲线,两种常见的产品生命周期形态如图 8-2 所示。

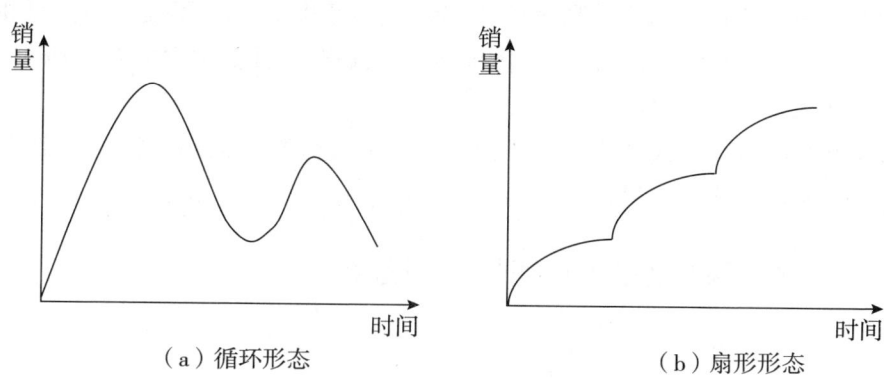

图 8-2 两种常见的产品生命周期形态

(一)产品生命周期的循环形态

当一种产品进入衰退期,销量已经出现大幅下滑时,企业会为了延长产品的寿命,引入新技术增添产品特色或加大营销力度,采用更具吸引力的营销手段,以吸引、维护原有顾客继续使用,使产品进入一个新的循环周期。通常该周期内的产品规模和在市场上的持续时间都低于第一周期,见图 8-2(a)。此形态常见于一些新药品、饮料等的销售。

(二)产品生命周期的扇形形态

图 8-2(b)显示的是另一种常见的产品生命周期形态——扇形。基于产品新的特征、用途或用户的新发现,产品的销量不断呈波浪式上升。例如,尼龙的销售就呈现出这种扇形特征,因为许多新的用途——降落伞、袜子、衬衫、地毯,一个接一个地被发现。

(三)产品生命周期的其他形态

社会生活中,还有三种互有区别的产品生命周期类型——风格型、时尚型和热潮型(见图 8-3)。

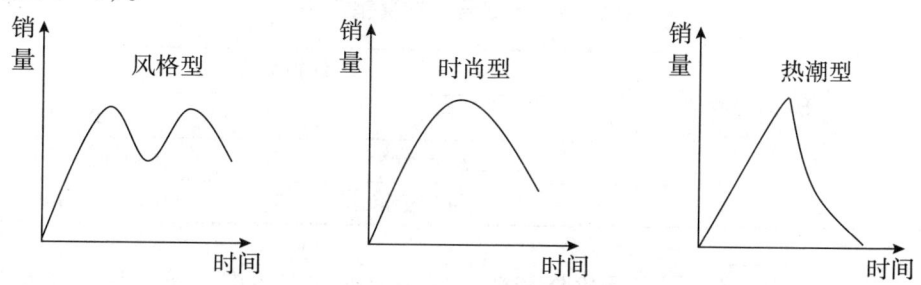

图 8-3 风格型、时尚型和热潮型产品生命周期形态

风格型是人们活动的某一领域中所出现的一种主要的和独特的表现方式，例如，正式、休闲的服装或奇装异服。一种风格一旦成型，会延续很长时间，在此期间时而流行，时而衰落。由于人们对风格兴趣的反复，这种类型的生命周期呈现出循环形态。

时尚型指在既定的领域里被广为接受的一种风格。时尚的发展要经过四个阶段，即导入阶段、模仿阶段、风行阶段和衰退阶段。由于时尚一般不能满足广泛的需求，因而生命力较弱。真正的营销赢家是那些较早地认识时尚并能把它们应用到产品中去，使其发挥持久力量的人。

热潮型是那些迅速进入公众视线的时尚，它们被狂热地采用，很快达到顶峰然后迅速衰退。互联网时代的"网红产品"很多都属于这一类型。

四、产品生命周期各阶段特征及营销策略

(一) 导入期特征及营销策略

导入期开始于新产品首次在市场上普遍销售之时。新产品在进入导入期之前，需要经历开发、研制、试销等过程。这一阶段的特征是：

(1) 消费者对该产品不了解，大部分顾客不愿放弃或改变自己以往的消费习惯，因此产品的销量小，而单位产品成本相应较高；

(2) 尚未建立理想的营销渠道和高效率的分配模式；

(3) 价格决策难以确立，高价可能限制了购买，低价可能难以收回成本；

(4) 广告费用和其他营销费用开支较大；

(5) 产品技术、性能还不够完善；

(6) 利润较少，甚至出现经营亏损，企业承担的市场风险最大；

(7) 同类产品的生产者较少，竞争不激烈。

根据上述特征，该阶段企业的基本策略应当突出一个"快"字，应使产品尽快地为消费者所接受，缩短产品的市场投放时间，扩大产品销售，迅速占领市场，促使其向成长期过渡。具体而言，在推出一种新产品时，营销部门可为价格、促销和产品质量等各个变量分别设立高或低两种水平。当只考虑价格和促销时，营销部门可从以下四种策略中择一而行，如表 8-1 所示。

表 8-1 产品导入期营销策略

价格	促销力度	
	大	小
高	快速撇脂策略	缓慢撇脂策略
低	快速渗透策略	缓慢渗透策略

(1) 快速撇脂策略，即以高价格和较大促销力度的方式推出新产品。较大促销力度即大量开展广告宣传等促销活动，从而迅速提高产品知名度，占领市场。采用高价

格是为了在每单位销量中尽可能获得更高的毛利,从而迅速收回投资,开创企业经营的新局面。实施该策略须具备以下市场条件:大多数潜在消费者还不知道市场上已经存在这种产品,市场需求潜力较大;目标消费者有求新心理,对产品抱有极大兴趣并愿意出高价购买;企业面临潜在的竞争威胁,需要尽早建立品牌偏好和优势。

(2) 缓慢撇脂策略,即以高价格和较小促销力度的方式推出新产品。推行高价格是为了尽可能多地获得每单位销量的毛利;而推行较小促销力度是为了降低营销费用。两者结合可能在市场上获取大量利润。实施该策略须具备以下市场条件:市场规模有限,大多数的消费者已知晓这种产品,消费者愿意出高价购买,潜在竞争并非迫在眉睫。

(3) 快速渗透策略,即以低价格和较大促销力度的方式推出新产品。这一策略期望能给企业带来最快的市场渗透和最高的市场占有率。企业采取这种策略的条件是:市场的规模和容量都比较大;潜在消费者不了解该产品,且大多数消费者对价格比较敏感;潜在竞争激烈,低价可有效防止竞争者介入;产品的单位生产成本会随产品生产规模的扩大快速下降。

(4) 缓慢渗透策略,即以低价格和较小促销力度的方式推出新产品。低价格将促进市场迅速接受该产品;较小促销力度是为了节约营销费用,保证企业在以低价销售时获得必要的利润。企业采取这种策略的条件是:市场规模较小,但容量较大;潜在消费者已经对产品有所了解并对价格很敏感;企业面临潜在竞争者。

在产品导入阶段企业并非仅限于单一策略的选择。相反,应当基于产品生命周期的整体战略,灵活运用并动态调整这四种策略组合。同时,在实施上述策略时,还要配合一些其他策略,如渠道策略等一并使用,才能取得好的效果。

(二) 成长期特征及营销策略

新产品经过导入期后,消费者对该产品已经熟悉,消费习惯也已形成,销量迅速增长,这种新产品就进入了成长期。这一阶段的特征是:

(1) 消费者对新产品已经熟悉,销量增长很快;

(2) 大批竞争者加入,市场竞争加剧;

(3) 产品已定型,技术工艺比较成熟;

(4) 建立了比较理想的营销渠道;

(5) 市场价格趋于下降;

(6) 为了适应竞争和市场扩张的需要,企业的促销费用水平基本稳定或略有提高,但占销售额的比率下降;

(7) 由于促销费用更多地分摊到销量上,加之单位生产成本迅速下降,企业利润率迅速上升。

成长期是产品在整个生命周期的决定性阶段,在这一阶段企业应尽可能维持销量的增长速度,同时突出产品的优质,强化产品的市场地位,尽可能地提高销售增长率和扩大市场占有率。企业的基本策略是:稳定产品质量,维持产品声誉,加速扩大生产能力；组织好销售工作，保证充分供应，决不能使产品在市场上脱销，严防竞争者仿制或替代产品乘虚而入。具体来说，企业应关注以下几点：

（1）根据用户需求和其他市场信息，不断提高产品质量，努力研发产品的新款式、新型号，增加产品的新用途。

（2）加强促销环节，树立强有力的产品形象。促销策略的重心应从建立产品知名度转移到树立产品形象上，主要目标是建立品牌偏好，争取新的顾客。

（3）重新评价渠道、选择决策，巩固原有渠道，增加新的销售渠道，开拓新的市场。

（4）选择适当的时机调整价格，以争取更多顾客。

企业采用上述部分或全部市场扩张策略，会增强产品的竞争力，但也会相应地加大营销成本。因此，在成长阶段，企业面临着"高市场占有率"或"高利润率"的抉择。一般来说，实施市场扩张策略会减少短期利润，但能够提高企业的市场地位和竞争力，有利于维持和扩大企业的市场占有率，从长期来看，更有利于企业发展。

（三）成熟期特征及营销策略

产品经过成长期后，销量的增长会逐渐趋缓，利润开始缓慢下降，这表明产品已开始走向成熟期。

成熟期又可以细分为三个时期：

（1）成长成熟期。这一时期各销售渠道基本呈饱和状态，增长率缓慢上升，还有少数的新购买者继续进入市场。

（2）稳定成熟期。由于市场饱和，消费平稳，产品销量稳定，这一时期销售增长率一般只与购买者规模同比例变动。

（3）衰退成熟期。这一时期销售水平显著下降，原有用户的兴趣已开始转向其他产品和替代品。全行业出现产品过剩，竞争加剧，一些缺乏竞争力的企业将逐渐被淘汰，新加入的竞争者较少。竞争者之间有特定的目标顾客，市场份额变动不大，突破比较困难。

这一阶段的特征表现为：

（1）产品销量增长缓慢，逐步达到最高峰，然后开始缓慢下降；

（2）产品的销售利润也从成长期的最高点开始下降；

（3）市场竞争非常激烈，各种品牌、各种款式的同类产品不断涌现。

在产品成熟期，企业要采取各种措施，最大限度地延长这一阶段。一般而言，有以下三种基本策略可供选择：

（1）市场改进策略。市场规模的标志是销量的大小。从市场的角度分析，销量取决于"品牌使用人数"和"使用者的使用频率"，即销量＝品牌使用人数×使用者的使用频率。因此，市场改进策略的核心在于系统性地提升这两个因素。提升品牌使用人数，通常可采取三种办法：第一，促进用户转化，通过相应营销手段将潜在用户转化为实际使用者；第二，进入新的细分市场，即通过市场细分策略，识别并开拓新的目标市场；第三，争取竞争者的顾客，即通过某种办法吸引竞争者的顾客试用或采用自身的产品。

提升当前使用者的使用频率，亦可采取三种策略：第一，增加使用次数，即努力使顾客更频繁地使用该产品；第二，增加每个场合的使用量，即努力使用户在每次使用时增加该产品的使用量；第三，开发该产品的各种新用途，并使人们相信它有更多功能。

（2）产品改进策略，即通过改进现有产品的特性，以吸引新用户或增加新用户使用量的策略。具体可采用以下几种方式：第一，品质改进，即增加产品的某些使用价值和功能，如耐用性、可靠性、速度、口味等；第二，功能改进，即增加产品的新特点（如尺寸、重量、材料、添加物、附件等），提高产品的功能性、安全性或便利性；第三，样式改进，即提高产品的外形美观性或使产品的外形多样化，增加产品的选择性，适应消费者丰富多样的需求。

（3）营销组合改进策略。企业在改进产品的同时，还应努力改进营销组合的一个或几个要素，刺激销售。如价格、广告、人员推销、营业推广、服务等都可以适当改进。营销组合改进策略面临的主要问题是很容易被竞争者模仿，因此，不大可能获得预期的利润。

（四）衰退期特征及营销策略

在成熟期，产品的销量从缓慢增加到顶峰后会发展为缓慢下降。一般情况下，如果销量呈现加速下滑态势，并且利润水平很低，就可以认为这种产品已进入生命周期的衰退期。这一阶段的特征是：

（1）产品销量由缓慢下降变为迅速下降，消费者的兴趣已完全转移；

（2）价格已下降到最低水平；

（3）多数企业无利可图，被迫退出市场；

（4）留在市场上的企业逐渐减少产品附加服务、削减促销预算等，以维持最低成本的经营。

产品一旦进入衰退期，在战略上看，及时退出是最优选择，企业的策略应侧重转型。企业应积极开发新产品取代老产品，同时，还要根据市场的需求情况，保持适当的生产量以维持一部分市场占有率，并做好撤出市场的准备。具体可以采用如下营销策略：

（1）维持策略，即保持原有的细分市场和营销组合策略，把销售规模维持在一个低水平上。待到适当时机，便停止该产品的经营，退出市场。

（2）集中策略，即把资源集中使用在最有利的细分市场、最有效的销售渠道和最易销售的品种、款式上。简言之，缩短经营战线，在最有优势的市场上获得尽可能多的利润，此举也有利于缩短产品退出市场的时间。

（3）榨取策略，即大幅度减少营销费用，以增加短期利润。但这样做也加速了产品的衰退进程。

(4) 放弃策略。对于大多数企业来说，当产品进入衰退期已无利可图时，应当果断地停止生产，致力于新产品的开发。但企业在淘汰疲软产品时，到底应采取立即放弃、完全放弃还是转让放弃，应慎重抉择，妥善处理，力争将企业损失降到最低。

总体来看，产品生命周期各阶段的特征如表 8-2 所示。

表 8-2　产品生命周期各阶段的特征

特征	导入期	成长期	成熟期	衰退期
销量	低	迅速增长	达到顶峰	下降
成本	单位成本高	单位成本一般	单位成本低	单位成本低
利润	负利润	增长的利润	高利润	下降的利润
顾客	创新者	早期采用者	大多数消费者	数量下降
竞争者	几乎没有	数量增加	数量稳定，开始下降	数量下降
营销目标	创造产品知名度，鼓励顾客试用	市场份额最大化	利润最大化，同时保持市场份额	减少支出，并赚取品牌收益
战略产品	提供基本品	提供产品延伸服务和保障	品牌和产品样式的多样化	逐步淘汰弱势产品
定价	成本加成定价	定价以渗透市场	迎合或赶超竞争者定价	降价
分销	建立选择性分销	建立密集分销	建立更加密集的分销	逐步减少盈利少的网点
广告传播	在早期采用者和经销商中建立产品知名度	在大众市场上建立知名度和引起顾客兴趣	强调品牌差异和利益，并鼓励品牌转换	减少到维持忠诚顾客的最低水平

> **知识链接**
>
> **长安汽车的产品生命周期**
>
> 详细内容，
> 请扫描二维码阅读。
>
>
>
> 二维码 8-3

第二节　新产品开发

产品生命周期理论告诉我们，企业得以生存和发展的关键在于不断创造新产品和改进旧产品。创新是使企业永葆青春的唯一途径。从短期看，新产品的开发和研制是一项耗资巨大且风险极大的活动；但从长期看，新产品的推出能使企业开拓新的市场、扩大产品销量、收获丰厚利润和增强市场竞争力。因此，有远见的企业把新产品的开发看作企业营销中一项具有战略性的重要策略。

一、新产品开发的概念及种类

营销学视角与纯技术视角的新产品在内涵与外延上都不相同，前者比后者的内容要宽泛得多。营销学认为，产品只要在功能或形态上得到改进，与原有产品产生差异，能为顾客带来了新的利益都可以称为新产品。新产品的"新"，是相对于一定的时间、地点和企业而言的。此外，新产品的"新"，不仅需要生产者、销售者认可，更重要的是其新属性、新功能、新用途、新特点等得到消费者的认可和接受。按创新的程度不同，可将新产品分为四种基本类型。

（一）完全创新产品

完全创新产品与纯技术视角的新产品完全一致，指全部采用新原理、新技术和新材料研制出来的市场上从未有过的产品。这是绝对的新产品，它的创新程度最高，往往代表了科学技术取得的新突破。例如，电话、飞机、尼龙、复印机、电视、电脑等就是19世纪60年代到20世纪60年代之间世界公认的最重要的新产品。这些新产品的诞生都是某种科学技术的新创造和新发明，因而极为难得，同时它们也不是一般的企业能创造出来的。因为一个完全创新产品的出现，从理论到应用，从实验试制到组织大批量生产，需要技术、资金、时间的保证，还要承担巨大的投资风险。因此，实力较强、规模较大的企业出于市场战略方面的考虑，为引领市场潮流，不仅应重视开发完全创新产品，还要考虑短期利益和市场占有率，重视开发相对新产品，即在原有产品的基础上进行更新换代、改革与仿制。

（二）换代新产品

换代新产品指采用新材料、新元件、新技术，使原有产品的性能有重大突破的产品。例如，手机由按键手机发展到触屏手机；洗衣机从单缸洗衣机发展到双缸洗衣机和全自动洗衣机等。换代新产品的技术含量比较高，是在原有产品基础上的新发展，因此它是企业进行新产品开发、提高竞争力的重要创新方式。由于各个时期的换代新产品在原理、技术和材料上有一定的延续性，所以企业开发换代新产品较开发完全创新产品，技术上难度有所降低，投入产出比更高且风险更小。

(三) 改革新产品

改革新产品指从不同侧面对原有产品进行改革创新而创造的产品。以下情况均属于这种类型：采用新设计、新材料改变原有产品的品质，降低成本，但产品用途不变；采用新式样、新包装、新商标改变原有产品的外观而不改变其用途；把原有产品与其他产品或原材料加以组合，使其增加新功能；采用新设计、新结构、新零件增加其新用途，例如佳洁士3D炫白牙膏和汰渍去污笔等。由于改革新产品的技术含量低或不需要使用新技术，所以企业依靠自身力量比较容易开发。它可以增强企业的竞争力、延长产品生命周期、减少研制费用、降低开发风险和提高经济效益，在新产品的开发中，属于此类型的新产品要占绝大多数。

(四) 仿制新产品

仿制新产品指企业仿制市场上已有产品而生产的产品。这种产品对较大范围的市场而言，已不是新产品，但对本地区或本企业来说，则可能是新产品。仿制是开发新产品最便捷的方式，风险也较小，只要有市场需求，又有生产能力，就可以借鉴现成的样品和技术来开发本企业的新产品。仿制新产品能缩短产品开发时间，节约研发费用，提高产品质量，但应注意，仿制新产品不能完全照搬照抄原有产品，应对原有产品尽可能有所改进，突出某些方面的特点，以提高新产品的竞争力。另外，要妥善处理好产品的专利权和技术转让问题，防止违反法律法规。

以上四种新产品尽管"创新"的角度和程度不同，科技含量相差悬殊，但都有一个共同特点，就是消费者在使用时，认为它与同类产品相比更具特色，能带来新的利益和获得更多的满足。

二、新产品开发的意义与原则

开发新产品是企业优化产品结构和增强竞争力的重要途径。新产品的开发体现了一家企业的创新能力，是企业核心竞争力的展示，也是贯彻现代营销观念的核心思想——满足消费者不断变化的需求的具体体现。在科学技术迅猛发展，市场竞争日益激烈的今天，新产品开发有助于推动社会进步、促进企业发展和满足消费者需求。

二维码8-4

首先，新产品开发是推动社会进步，促进生产力发展的重要条件。其次，新产品开发是满足消费需求，提高企业效益的根本途径。再次，新产品开发是巩固市场，保证市场占有率的主要手段。最后，新产品开发是应对竞争，降低风险的有力武器。详细内容，请扫描二维码阅读。

新产品的研制对企业的生产与发展至关重要，然而成功地开发新产品并非易事。为了提高新产品开发的成功率，企业在研发新产品时，应该遵循以下基本原则：①根据市场需求选择产品开发的重点；②根据企业资源和实力确定产品开发的方向；③产品要有企业特色；④产品要有经济效益。详细内容，请扫描二维码阅读。

二维码8-5

三、新产品开发的方式

由于新产品的形式比较广泛,企业的能力和条件存在差异,因此新产品开发的方式也有所不同。较常用的有四种方式。

(一) 独立研制

所谓独立研制,就是企业依靠自己的科研技术力量研发新产品。这种方式能够结合企业自身的特点,形成自己的产品系列,使企业在某一方面具有领先地位。但因独立研制要求企业具备较强的技术实力和投入较多的资金,所以一般适用于拥有较强科研力量的大中型企业或企业集团。

(二) 协作开发

协作开发是指企业与科研机构、高等学校、社会上有关专家或其他单位联合进行新产品开发。这种方式可使科研人员迅速将其科技成果运用到实际中来,企业也可从产品设计和技术等方面得到指导和帮助,既充分发挥各自特长,又使双方都能受益。但由于技术力量来自各个不同单位,需要有效协调,因此在实践操作中往往很有难度。

(三) 技术引进

技术引进是指企业引进国外的成熟技术进行新产品开发,或直接引进设备生产新产品。采用这种方式,企业可以节省研发费用,缩短开发时间,较快地掌握产品制造技术,及时生产出新产品并投放市场,成功率较高。但也应注意,企业引进的技术或设备,通常是别人正在使用或已经使用过的,引进前必须认真进行市场容量和产品发展前景分析,充分重视技术或设备的先进性和适用性,避免盲目引进而造成不良后果。

(四) 研制与引进相结合

这是指企业在引进先进技术的基础上,结合自身专长研制新产品。这种方式既可以使独立研制和技术引进相互补充,有机结合,加快消化吸收别人的先进技术,又能不断创新,不仅时间省、投资少、风险小,而且可使产品更具特色和吸引力,有利于提高企业的技术水平和经济效益。

四、新产品开发的组织

新产品的开发需要创新作为动力,创新的特点决定了新产品开发组织与一般管理组织相比具有以下突出的特征:①具有高度的灵活性;②拥有充分的自主权;③拥有较高的管理职权。详细内容,请扫描二维码阅读。

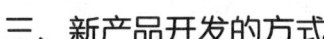

二维码 8-6

新产品开发涉及的人员和组织如下:

(1) 产品经理。产品经理是专门负责某类或某种产品的计划、生产、销售等一系列工作的经理人员;在许多企业里,他们也负责新产品的开发工作。但产品经理往往习惯于把主要精力放在现有产品的生产上，而忽略新产品的开发，也缺乏开发新产品的专业知识与技能，所以仅依靠产品经理来组织新产品的开发是不够的。

（2）新产品经理。为了克服将新产品开发任务交给产品经理的不足，一些企业在产品经理的架构下设置了新产品经理一职，专门负责新产品的开发工作。这样一是能使新产品开发的功能专业化；二是使新产品经理能集中投入更多的时间与精力，有助于提高新产品开发的成功率。但是由于新产品经理隶属于产品经理，所以新产品的开发思路往往也只局限于某一产品领域，很难在更大的范围内得以拓展。对于一些大企业来说，采用这样的做法更有可能使新产品的开发缺乏整体观念，甚至出现相互排斥和互争资源的现象。

（3）新产品开发部。一些大企业为了避免上述矛盾，也为了加强对新产品开发工作的指导，专门在企业层面成立了新产品开发部，全权负责新产品的开发工作。新产品开发部除集中有关专家进行新产品的开发研究外，还承担组织和筛选新产品构思，协调新产品的开发与研制，开展新产品试销和设计营销策略组合等职能。这种组织方式的优点是权力集中、建议集中、见解独立，有助于企业进行决策，并保护新产品开发工作的稳定性和管理规范性。缺点是不易协调各职能部门间的矛盾。

（4）新产品开发项目组。这是根据新产品开发需要而成立的、专门负责新产品的研究、设计、试制、生产、销售的组织，由各业务部门的专业人员临时组成，互相协助又各司其职。一旦新产品开发成功，成为企业的常规产品，该小组就自行解散。这种任务型项目组的优点在于目标明确，并能调动各方面的力量集中攻关，不存在常设机构那种效率低下的情况，是进行新产品开发的良好组织形式。在新产品开发部领导之下，根据任务的需要，设立若干新产品开发项目组，是新产品开发最好的组织形式之一。

（5）新产品开发委员会。有些企业在其最高层级设立新产品开发委员会，通常由企业的最高管理层和一些职能部门组成。这是一种高层次的新产品开发参谋和管理组织，统一协调企业的新产品开发工作。这种方式不仅有利于对企业的新产品开发工作进行统筹规划，而且也能将新产品开发工作放在企业总体发展规划的高度来进行研究，使新产品的开发更具有全局意义。但缺点是开发委员会成员之间容易权责不清，产生互相推诿的现象，且各部门目标不一致，决策速度较慢。

由于企业各自情况不同，企业新产品开发的组织机构也是不一样的。企业有必要从自身的实际情况和需要出发，建立适宜的新产品开发组织，以便迅速而有效地开发新产品。另外，企业也可以实行契约式新产品开发，即不通过自己的力量来开发，而是聘请社会上独立的研究开发人员或开发机构来为企业开发新产品。

> **知识链接**
>
> **策略产品经理：数据赋能业务**
>
> 详细内容,
> 请扫描二维码阅读。
>
>
> 二维码 8-7

五、新产品开发的程序

开发新产品对企业满足消费者需求，赢得市场竞争并不断发展壮大至关重要。同时新产品开发又是一项艰巨而复杂的工作，它不仅需要投入大量的资金，而且其最终能否被消费者所接受，也存在很大的不确定性。因此，新产品开发具有一定的风险。为了把这种风险降到最低，提高新产品开发的成功率，为企业创造较大的经济效益，企业开发新产品时必须遵循一套科学的方法和程序，严格执行和管理。从营销的观点出发，新产品的开发过程通常要经历8个阶段，如图8-4所示。

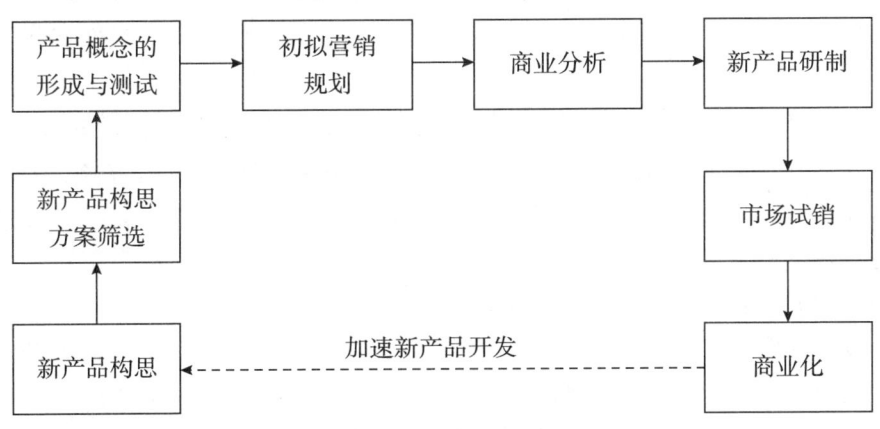

图8-4 新产品的开发过程

> **知识链接**
>
> **从顾客那里汲取新创意的七种办法**
>
> 详细内容,
> 请扫描二维码阅读。
>
>
> 二维码 8-8

（一）新产品构思

新产品构思是指为满足一种新需求而提出的富有新意、创造性的设想。一个成功的新产品，首先由一个既有创见、又符合市场需求的构思发展而来。新产品的构思越多，则从中挑选出最合适、最有发展希望的构思的可能性也就越大。因此，这一阶段企业营销部门的主要任务是：寻找——积极地在不同环境中寻找好的产品构思；激励——积极地鼓励企业员工提出产品构思；提高——将所汇集的产品构思转送企业内部有关部门，征求改进意见，使其内容更加充实和科学。企业搜集丰富的新产品构思并从中捕捉开发新产品的机会，是成功开发新产品的第一步。新产品构思的来源可以归纳为如下几个方面：

（1）消费者和用户。顾客的需要和欲望是寻求新产品创意的逻辑起点。企业可以通过问卷调查、深度访谈、接待用户来信来访、倾听用户的意见与投诉等途径，准确把握他们的欲望和需求，从中发现新产品的构思。除上述传统方法外，新媒体时代还可以通过社交媒体、电商平台等渠道获得用户反馈，同时，许多企业正致力于打造自己的私域流量池，以更快速地响应用户需求。

（2）经销商。他们与消费者和用户有密切的联系，消费者和用户的需求，首先会直接反馈给经销商。而且多数经销商会同时销售多类别产品和多种竞争产品，掌握的信息比较丰富，能够提出可行的新产品设想及改进建议。

（3）科研机构和高等学校。它们是新技术和新发明的发源地，每年都有大量的科研成果需要转化为新产品，企业加强与它们的联系，可以获得许多有创意和有价值的新产品设想。

（4）企业员工。包括企业的中高层管理人员、营销人员、产品研制开发人员以及普通员工，企业应该建立起鼓励创新的企业文化和相关的规章制度，打破年龄、地位、资历等阻碍因素，调动所有员工的积极性和创造性，使他们热爱企业，关心企业，为改进企业产品、服务和生产流程做出贡献。比如，阿里巴巴鼓励员工创新，激励员工建言献策，其每年实施的新项目中，都会体现员工创意点子。

（5）竞争对手。竞争对手产品的成败得失可以为企业的新产品构思提供借鉴和参考，这也是新产品构思的重要来源之一。企业可以通过各种途径了解竞争对手开发的新产品，或购买竞争对手的现有产品进行剖析，找出不足并加以改进，这有助于开发出更胜一筹的新产品。

（二）新产品构思方案筛选

新产品构思方案筛选是指运用一系列评价标准，对各种新产品构思方案进行比较，从中找出最有潜力的构思的过程。筛选的目的主要有：

（1）权衡各个构思的费用、潜在效益和风险，尽早发现和放弃不良创意，找出不可能成功的创意。在筛选的过程中要避免误舍和误用。

（2）筛选的过程有助于修改和完善原有构思。

（3）筛选可以促进跨职能的联系与交流。对不同的创意进行评分时，评价者都要讲述自己的评判标准和理由，这是各个职能部门进行交流的好机会，可以充分吸取相关知识。

筛选应遵循如下标准：

（1）市场成功的条件，包括产品的潜在市场增长率，竞争程度及前景，企业能否获得较高的收益。

（2）企业内部条件，主要衡量企业的人、财、物等资源，企业的技术条件及管理水平是否适合生产这种产品。

（3）销售条件，指企业现有的销售结构是否适合销售这种产品。

（4）利润收益条件，指新产品是否符合企业的营销目标，需要综合考虑其获利水平及对企业现有产品销量的影响。实施这一标准的目的是剔除那些明显不适当的产品构思。

新产品构思方案筛选可通过新产品构思加权评分表进行。表8-3展示了一个比较典型的新产品构思加权评分表。

表8-3 新产品构思加权评分表示例

产品成功的必要条件	相对权重（A）	企业能力水平（B）											得分（A×B）
		0.0	0.1	0.2	0.3	0.4	0.5	0.6	0.7	0.8	0.9	1.0	
企业声誉	0.200							√					0.120
营销能力	0.200										√		0.180
研发能力	0.200								√				0.140
人力资源	0.150							√					0.090
财务能力	0.100										√		0.090
生产能力	0.050									√			0.040
销售地点	0.050				√								0.015
采购与供应	0.050										√		0.045
综合得分	1.000												0.720

注：综合得分0.000—0.400为"劣"，0.410—0.750为"中"，0.760—1.000为"良"。目前可以接受的最低分数为0.700。

表8-3中第一栏是某新产品成功的必要条件；第二栏是按照这些条件在进入市场时的重要程度分别给予不同的权重；第三栏是对某新产品成功进入市场的能力给予不同的评分；第四栏是企业能力水平与各项成功因素权重的乘积，相加后得到该构思是否符合本企业的目标与战略的综合得分。最后根据评分等级的标准划分等级。表中该新产品构思的综合得分为0.720，略高于该评分表设定的最低分数0.700，说明该构思可以保留。

值得注意的是，产品成功的必要条件并不局限于表中列出的8项，企业应该根据构思的特征和企业的实际情况去确定。至于对各个必要条件的权重设定，也应由企业根据实际情况而确定。

在筛选阶段，应力求避免两种偏差。一种是漏选良好产品构思，对其潜在价值估计不足,失去发展机会;另一种是采纳了错误的产品构思,仓促投产,造成失败。

(三) 产品概念的形成与测试

产品概念和产品构思是有区别的,产品概念是产品构思的具体化,它离现实的产品又近了一步。产品概念是用文字、图像、模型等对产品的功能、形态、结构以及基本特征的详细描述,是可以立即按其进行生产的具体设计方案。消费者不会考虑购买产品的构思,却会对具体的产品概念产生兴趣。

对新产品构思提出问题的回答可形成多个产品概念,即谁使用该产品?产品的主要利益是什么?适用于什么场合?企业要尽可能把各种产品概念的设计方案列出来,然后对产品概念进行定位,以确定最终的产品研发方向。

产品概念形成以后,必须对其进行评价和测试,以确定产品概念的发展前景和开发价值。产品概念的测试通常从两个角度来进行:一是市场竞争的角度,主要是将所设计的产品概念放在市场定位图中,观察其在某一位置上的竞争激烈程度,从而决定是否进行开发以及开发哪种产品概念;二是满足需求的角度,主要采用概念说明书的方式,说明新产品的功能、效用、特性、规格、包装、售价等,如有需要还应附上图片或模型,连同问卷提交给有代表性的消费者进行测试和评估。测试所获得的信息能使企业进一步充实产品内涵,以确定最佳的新产品概念。

(四) 初拟营销规划

通过测试选择了最佳的新产品概念之后,企业就要制定一个将该产品引入市场的初步营销规划,并随着产品研发的逐步推进不断地加以完善。初步拟定营销规划主要包括三方面的内容:

(1) 描述目标市场的主体规模、结构,消费者的购买行为和特点,产品的市场定位,对前期的销量、市场占有率、利润率的预测等;

(2) 描述该产品的预期价格、分销策略以及第一年的营销预算;

(3) 描述预期的长期销售额和利润目标,以及不同时期的营销组合策略等。

(五) 商业分析

商业分析的任务是在初步拟定营销规划的基础上,从经济效益方面对新产品概念进行可行性分析,进一步考察新产品概念是否符合企业的营利性目标,是否具有商业吸引力,具体包括预测销量及成本利润估计。

(1) 预测销量。对新产品销量的预测可参照市场上类似产品的销售发展历史,并考虑各种竞争因素、市场规模、市场潜力,分析新产品的市场地位和市场占有率。此外,还应考虑产品的复购率,即新产品是一定时期内顾客只购买一次的耐用品,还是非经常性购买的产品,或是经常购买的产品。不同的购买频率,也会使产品销量在时间上有所区别。

(2) 成本利润估计。预测产品一定时期内的销量以后,就可估计该时期的产品成本和利润收益。产品成本主要包括新产品研发费用、市场调研费用、生产费用、销售推广费用、管理费用等。结合暂定的产品价格可计算出每年的预计利润和亏损,从而对产品概念在商业上是否可行进行判断。

(六) 新产品研制

指将通过商业分析后的新产品概念送交开发部门或技术工艺部门试制成为产品模型或样品,使产品概念转化为产品实体。同时还要进行包装的研制和品牌的设计,对产品进行严格的功能测试和消费者测试。前者主要测试新产品是否安全可靠、性能质量是否达到规定的标准、制造工艺是否先进合理等。后者则是请消费者加以试用,征集他们对产品的意见。在测试的基础上对样品做进一步改进,以确保具有产品概念所描述的所有特征,并达到质量标准。

产品研制是新产品开发程序中最具有实质意义的一个重要步骤。只有通过产品研制,投入资金、设备、劳动力、技术等各种资源,才能使产品概念实体化,发现不足与问题,改进设计,进而证明这种产品概念在技术、商业上的可行性。如果某一产品概念因技术上不过关或成本过高等原因而被否定,则该项产品的开发过程即告终止。

(七) 市场试销

经过测试合格的样品即为正式的新产品,在大批量投放市场之前,还要选择具有代表性的小规模市场进行试销。新产品试销既能帮助企业了解市场的情况,又能检测产品包装、价格、广告的合理性,还能发现产品性能的不足之处,为产品正式投入市场打好基础,为企业是否大批量生产该产品提供决策依据。

新产品市场试销的主要决策涉及:

(1) 试销地点。试销地点应具有企业目标市场的基本特征,地区范围不宜过大。

(2) 试销时间。时间长短要综合考虑产品特征、平均重复购买率、竞争者状况和试销费用等因素。复购率高的新产品,试销时间应长一些,至少应经历一到两个购买周期,因为只有重复购买才能说明消费者喜欢新产品。

(3) 试销应取得的资料。在试销过程中,企业要注意收集新产品的试用率、复购率、销售趋势、购买对象等信息,以及消费者对产品质量、品牌、包装的意见等。

(4) 试销所需要的费用开支。

(5) 试销的营销策略以及试销成功后应进一步采取的战略行动。

当然,并不是所有产品都需要进行市场试销,有的产品可以直接推向市场,如价格昂贵的特殊品、高档消费品以及市场容量不大的高价工业品等。市场试销主要是面对那些使用面较广,生命周期较长以及市场容量较大的产品。

由于市场试销需要投入大量的资金,所以是否进行市场试销应根据试销费用的数额与不试销可能造成的损失额的比较来决定。只有当不试销带来的损失大于试销费用时,企业才值得进行市场试销。市场试销中还必须注意的是,竞争者有可能立即对试销中的新产品进行仿制,一些仿制能力极强的企业很可能在新产品还未批量上市之前已抢先推出仿制产品。所以企业针对市场试销的新产品,一方面要加强专利保护,另一方面要保证关键技术自主可控。

(八) 商业化

新产品试销成功后,就可以正式批量生产,全面推向市场,实现新产品的商业化。为确保新产品成功批量上市,企业要注意以下几个问题:

正确选择投放时机。一般而言,季节性产品适合在使用季节到来之前投放市场;日用消费品适合在每年的销售旺季(如"五一"、"十一"、元旦、春节等)到来之前投放市场;替代性较强的产品应在企业被替代产品库存较少的情况下投放市场;尚需改进的新产品则应等到产品进一步完善之后再投放市场,切忌匆忙上市而造成初战失利陷入被动。

正确选择投放地区。新产品不一定立即向全国市场投放,可以先集中在某一地区市场开展公关宣传和广告促销活动,以打开销路,在拥有一定的市场份额后,再逐渐向其他地区拓展。

正确选择目标市场。目标市场的选择应以试销或研发阶段收集的资料为依据。最理想的目标市场应由最有潜力的消费者群体构成,该群体中一般包含以下几类人群:最早采用该产品的带头购买者;大量购买该新产品的顾客;其购买行为具有一定的传播影响力的消费者等。

制定有效的营销组合策略。新产品批量上市时,还要正确制定消费者愿意接受的价格,选择合适的分销渠道,实施多种多样、行之有效、富有创意的促销措施,以使新产品能在市场上迅速提高知名度,扩大销路。

第三节 新产品的采用与扩散

一、新产品特征与市场扩散

新产品市场扩散,是指新产品上市后随着时间的推移不断地被越来越多的消费者所采用的过程。也就是说,新产品上市后逐渐地扩张到其潜在市场的各个部分。新产品能否较快地为市场所接受,取决于很多因素,但新产品本身所具有的特征显然也是影响其市场扩散程度的一个重要因素,其特征具体来说有以下四个方面:①新产品的相对优点;②新产品的适应性;③新产品的简易性;④新产品的明确性。详细内容,请扫描二维码阅读。

二维码 8-9

二、消费者采用新产品的过程与市场扩散

(一) 消费者采用新产品的过程

采用与扩散的区别,仅仅在于看问题的角度不同。采用过程是从微观角度考察消

费者个人由接受新产品到成为重复购买者的各个心理阶段,而扩散过程则是从宏观角度分析新产品如何在市场上传播并被市场所采用的更为广泛的问题。消费者对新产品的采用过程客观上存在着一定的规律性。美国营销学者埃弗里特·罗杰斯(Everett Rogers)调查了数百人接受新产品的实例,总结归纳出人们接受新产品的程序和一般规律,他认为消费者接受新产品一般要经历以下五个重要阶段:认知、兴趣、评价、试用和正式采用。

认知。这是个人获得新产品信息的初始阶段。新产品信息的主要来源是广告或者其他间接的渠道,如商品说明书、技术资料等。显然,人们在此阶段所获得的信息还不够系统,只是一般性的了解。

兴趣。指消费者不仅认识了新产品,并且产生了兴趣。在此阶段,消费者会积极地寻找有关资料,并进行对比分析,研究新产品的具体功能、用途、使用方法等问题,如果感到满意,将会产生初步的购买动机。

评价。这一阶段消费者主要权衡采用新产品的边际价值。比如,对比采用新产品获得的收益和可能承担风险,从而对新产品的吸引力做出判断。

试用。指顾客开始小规模地试用新产品。通过试用,顾客会评价自己对新产品的认识及购买决策的正确性。企业应尽量降低失误率,详细介绍产品的性质、使用和保养方法。

正式采用。顾客通过实际体验获得满意效果后,逐渐放弃原有产品,全面转向新产品并形成稳定的购买习惯。

(二) 消费者对新产品的反应差异与市场扩散

在新产品的市场扩散过程中,由于社会地位、消费心理、价值观、个人性格等多种因素的影响和制约,不同消费者对新产品的反应具有很大的差异,罗杰斯根据这种接受程度快慢的差异,把采用者划分为五种类型,即创新采用者、早期采用者、早期大众、晚期大众、落后购买者。从新产品上市算起,采用者的采用时间大体服从统计学中的正态分布,约有68%的采用者(早期大众和晚期大众)落入平均采用时间加减一个标准差的区域内,其他采用者的情况类推,见图8-5。

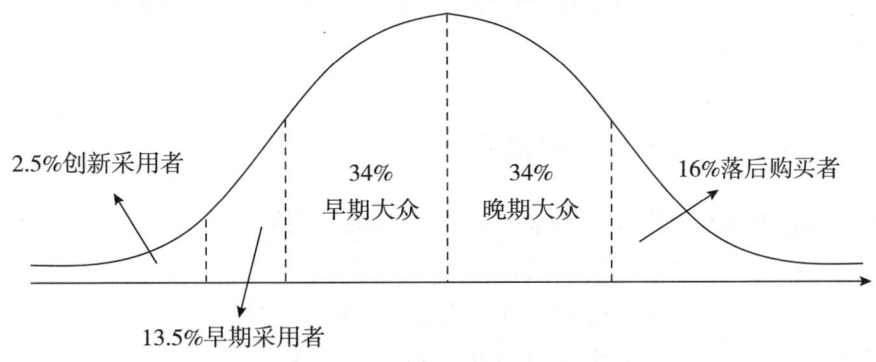

图8-5 新产品采用者的类型分布

创新采用者，也称"消费先驱"，占全部潜在采用者的 2.5%。任何新产品都由少数创新采用者率先使用。他们通常富有个性，勇于革新冒险，性格活跃，消费行为很少听取他人意见，经济宽裕，社会地位高，受过高等教育，易受广告等促销手段的影响。如果他们的采用效果较好，就会大力宣传，影响后面的使用者，因此他们是企业投放新产品时的极好目标。

早期采用者。这类人群占全部潜在采用者的 13.5%，他们一般是某个群体中具有较大影响力的人，年轻、勇于探索，对新事物比较敏感并有较强的适应性，经济状况良好，对早期采用新产品具有自豪感。这类消费者对广告及其他渠道传播的新产品信息很少有成见，媒体对他们有较大的影响力，但与创新采用者相比，他们更谨慎。

早期大众。这类人群占全部潜在采用者的 34%，他们一般较少受保守思想影响，接受过一定的教育，有较好的工作和稳定的收入；对社会中有影响的人物特别是自己所崇拜的"舆论领袖"的消费行为具有较强的模仿心理；不甘落后于潮流，但由于特定的经济条件所限，购买高档产品时持非常谨慎的态度。他们经常是在征询了早期采用者的意见之后才采用新产品。研究他们的心理状态、消费习惯，对提高产品的市场份额具有很大的意义。

晚期大众。指较晚地跟上消费潮流的人，这类采用者占全部潜在采用者的 34%。他们的工作岗位、受教育水平及收入状况往往比早期大众略差，对新事物、新环境多持怀疑或观望态度，往往在产品成熟阶段才进行购买。

落后购买者。这类采用者是采用新产品的落伍者，占全部潜在采用者的 16%。他们受传统思想束缚很深，思想非常保守，对任何变化都持怀疑态度，对新事物、新变化多持反对态度，固守传统消费行为方式，在产品进入成熟阶段后期甚至衰退阶段才接受产品。

这种采用者分类给企业的启示是：为了确保新产品被市场快速接受，企业必须认真研究创新采用者和早期采用者的特点，并寻找适合他们的营销策略。

第四节　数字化新产品开发与市场测试

一、数字化新产品开发的关键要素

数字技术的快速发展不仅为企业提供了更高效、更智能的开发工具，还使企业获取了全新的市场机会。数字化新产品开发不仅能够加速产品上市速度，提升产品质量，还能够通过数据分析更好地了解消费者需求，实现精准营销。

在数字化时代，新产品开发不仅意味着技术的应用，更意味着对市场需求的精准把握和快速响应。数字化新产品开发具有以下几个关键要素：

1. 技术平台

数字化新产品开发离不开先进的技术平台支持。这包括云计算、大数据、人工智能等关键技术,它们为产品开发提供了强大的数据处理、分析和预测能力。企业应根据自身业务需求,选择适合的技术平台,构建高效、灵活的产品开发环境。

2. 用户洞察

深入了解用户需求是数字化新产品开发的核心。通过在线调查、用户访谈等多种方式,企业可以收集大量用户数据,运用数据分析工具挖掘用户痛点和需求。这些数据为产品设计提供了宝贵的参考,能帮助企业开发出更符合市场需求的产品。

3. 敏捷开发

敏捷开发方法强调快速迭代、持续交付和及时反馈。在数字化新产品开发中,敏捷开发方法能够显著提高开发效率,缩短产品上市周期。同时,通过不断迭代和测试,企业可以及时发现并修复产品中的问题,提升产品质量。

4. 跨界合作

跨界合作是数字化新产品开发的重要趋势。通过与不同行业的合作伙伴建立战略合作关系,企业可以共享资源、技术和市场机会,共同开发创新产品。这种合作模式有助于企业突破传统行业界限,拓展新的市场空间。

二、数字化新产品开发的流程

数字化新产品开发是一个系统化的过程,涉及多个阶段的紧密配合和持续优化,具体包括四个关键阶段:

1. 需求分析与产品规划

在数字化新产品开发的起始阶段,企业需要对市场需求进行深度剖析,明确产品的市场定位及目标用户群体。以华为为例,在开发其 Mate 系列智能手机时,工作人员通过市场调研发现,高端商务人士对于手机的性能、续航及拍照能力有着极高的要求。基于此,华为制定了详细的产品规划,明确 Mate 系列手机应具备强大性能、超长续航及卓越的摄影功能,以满足目标用户的需求。

2. 原型设计与开发

基于详尽的需求分析与产品规划,企业开始着手进行产品原型的制作。这包括用户界面设计、交互设计以及后台系统的架构与开发。以小米为例,在开发其智能家居生态系统时,小米注重用户界面设计的简洁与直观,确保用户能够轻松上手;同时,交互设计强调设备间的互联互通与智能控制,提升了用户的整体体验。此外,小米还开发了强大的后台系统,以支持智能家居设备的稳定连接与高效管理。

3. 测试与优化

原型设计完成后,企业需要对产品进行多轮严格的测试,以确保其质量与稳定性。以腾讯为例,在开发其微信支付功能时,腾讯进行了多轮功能测试、性能测试及安全性测试。通过测试,腾讯发现并修复了支付过程中的潜在漏洞与风险,确保了微信支付的安全与稳定。同时，腾讯还积极收集用户反馈，根据用户的实际需求对微信支付功能进行了持续的优化与改进。

4. 发布与迭代

经过充分的测试与优化，企业可正式将产品投放至市场。以字节跳动为例，在推出其短视频应用抖音时，字节跳动制定了周密的营销策略，通过社交媒体宣传、明星代言及线下活动等多种方式，迅速吸引了大量用户的关注与喜爱。同时，字节跳动还根据市场反馈及用户需求的变化，对抖音进行了持续的迭代与优化，不断推出新功能、修复漏洞并提升用户体验，从而保证了抖音在短视频领域的领先地位。

三、数字化市场测试的方法与策略

在数字化市场中，有效的测试方法和策略对于评估产品性能、优化用户体验以及把握市场趋势至关重要。以下是几种常见的数字化市场测试方法：

1. A/B 测试

A/B 测试是一种科学且高效的数字化市场测试方法，其核心在于同时向用户展示两个或多个不同版本的产品界面或功能，并收集用户行为数据以分析各版本的优劣势。以阿里巴巴旗下的淘宝为例，淘宝在进行商品详情页优化时，可能会采用 A/B 测试来比较不同设计版本的用户点击率、转化率等关键指标。通过对比不同版本的数据，淘宝能够迅速发现符合用户偏好的界面设计，从而优化商品详情页设计，提升用户体验和购物效率。

2. 用户反馈收集

用户反馈是数字化市场测试中不可或缺的数据来源。企业可以通过多种渠道收集用户反馈，如在线调查、用户访谈等，以了解用户对产品的满意度、反馈及建议。以腾讯为例，腾讯在其微信产品的迭代过程中，非常重视用户反馈的收集与分析。通过设立用户反馈渠道，如微信公众号、小程序内的反馈入口等，腾讯能够实时获取用户对微信功能的评价与建议。这些反馈数据为腾讯提供了宝贵的改进方向，有助于其不断优化微信功能，提升用户体验。

3. 数据分析与预测

数据分析与预测在数字化市场测试中扮演着至关重要的角色。企业可以通过收集和分析用户行为数据、市场趋势数据等，深入了解市场需求和用户偏好。同时，运用数据分析工具进行预测，企业能够把握未来市场的发展趋势和潜在机会。以京东为例，京东通过大数据分析用户的购物行为、偏好及市场趋势，从而预测未来一段时间内不同商品类别的需求量。基于这些预测数据，京东能够提前调整库存结构，优化供应链管理，从而确保商品的充足供应并降低库存积压风险。

4. 模拟测试

模拟测试是一种在虚拟环境中对产品进行测试的方法，通过模拟真实市场环境来评估产品的性能、稳定性和兼容性等。以字节跳动旗下的抖音为例，抖音在推出新功能或优化现有功能时，可能会采用模拟测试来评估新功能在真实市场环境中的表现。通过模拟大量用户同时使用新功能的情况，抖音能够发现潜在的性能瓶颈、稳定性问题或兼容性问题，并在产品上市前进行修复和优化，从而降低市场风险并提升用户体验。

四、数字化新产品开发与市场测试的挑战与对策

在数字化时代，新产品开发与市场测试是企业实现创新和增长的关键环节。然而，这一过程也面临着诸多挑战。请扫码阅读企业在数字化新产品开发与市场测试中常见的挑战及其应对策略。

二维码 8-10

案例分享

海尔：用户驱动的互联网转型

详细内容，
请扫描二维码阅读。

二维码 8-11

本章提要

详细内容，
请扫描二维码阅读。

二维码 8-12

本章习题与练习

1. 解释产品生命周期的概念，并描述典型的产品生命周期阶段。
2. 阐述产品生命周期各阶段的特征及其对应的营销策略，并举例说明。
3. 什么是新产品？按照创新程度的不同，新产品可以分为哪些类型？举例说明。
4. 描述新产品开发的原则、方式与完整程序，并讨论每个环节的重要性。
5. 分析消费者采用新产品的过程，并描述在新产品市场扩散过程中不同消费者对新产品的反应差异。
6. 解释数字化新产品开发与市场测试的意义，列举数字化市场测试的主要方法与策略。

第九章 价格策略

【学习目标】

1. 理解企业定价的重要性及决定因素。
2. 掌握影响企业定价的内外部因素。
3. 理解成本导向、需求导向和竞争导向定价法。
4. 熟悉新产品定价策略及其适用条件。
5. 了解企业常用的定价策略,如折扣定价策略和心理定价策略。
6. 掌握企业价格调整策略及消费者和竞争者的反应。
7. 认识数字化定价的方法、实践及未来发展趋势。

【思政目标】

详细内容,请扫描二维码阅读。

二维码 9-1

价格是营销组合因素中十分敏感而又难以控制的因素,与产品、渠道和促销不同,其变化异常迅速,其合理性直接关系着市场对产品的接受程度,影响着市场需求和企业利润的多少,并关乎生产者、中间商、消费者等各方面的利益。因此,价格策略是企业营销组合策略中极其重要的组成部分。

【思维导图】

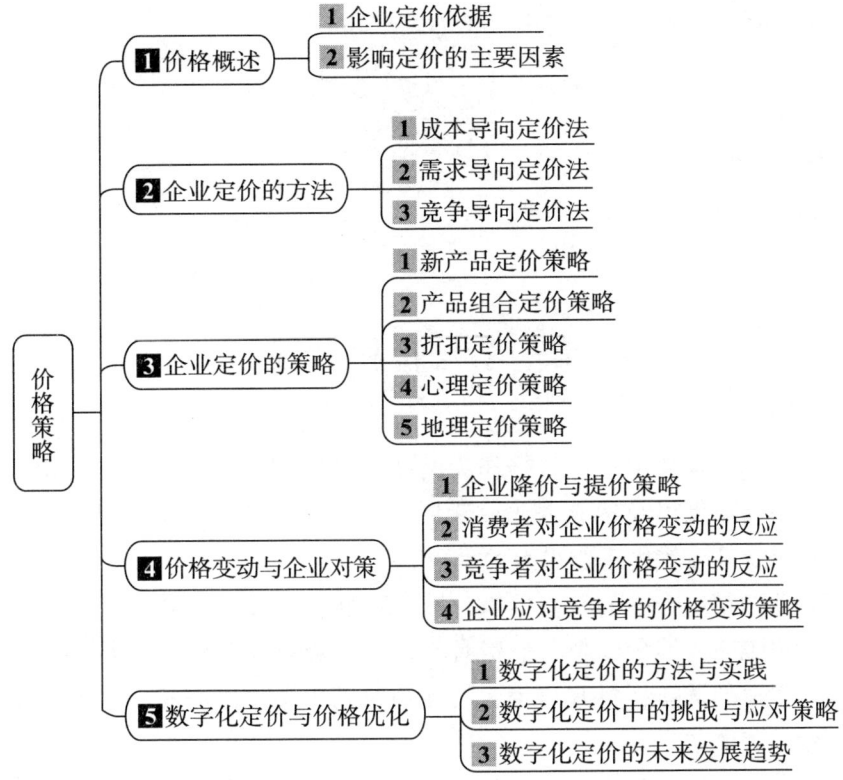

> **案例导入**
>
> **肯德基的 KCOFFEE 加入 9.9 元鏖战**
>
> 详细内容，请扫描二维码阅读。
>
>
>
> 二维码 9-2

第一节 价格概述

在复杂多变的市场环境中，价格作为商品交换的核心要素，扮演着调节市场供需平衡、引导消费者决策以及达成企业运营目标等多重关键角色。掌握定价的基本原理和方法对于提升企业营销管理水平至关重要。

价格是企业营销组合中的核心要素，其合理性将直接影响企业营销组合的整体效果。合理的价格策略能够积极刺激消费者心理，本身就具备促销的功能。此外，价格还影响着销售渠道的选择，只有与企业的促销及销售渠道策略相协调的价格策略，才能最大化营销的整体效果。

在市场竞争中，价格是不可或缺的重要元素。当市场竞争激烈时，企业可根据实际情况，适时调整价格策略以赢得市场。然而，单纯的价格竞争，如为了提高销量而将价格降至正常水平以下，甚至低于成本，意图将竞争对手挤出市场后再提价获取超额利润，这种策略往往易于被模仿，且可能导致竞争双方受损。因此，企业应采取更全面和长远的竞争策略。

同时，价格变动直接决定了企业盈利的多少。在销量和生产成本或经营成本保持稳定的条件下，价格的高低直接决定了企业的盈利水平。因此，制定合理的价格策略对于企业实现盈利至关重要。

一、企业定价依据

（一）产品价值是企业定价的基础

经济学的基本原理明确指出，价值是价格的基础，而价格是价值的货币表现形式。因此，在制定价格时，产品的价值构成了企业定价的根本依据。这里的"价值"，指的是凝结在产品中的社会必要劳动时间所代表的一般人类劳动或物化劳动。具体而言，社会必要劳动时间决定了生产某一产品所需劳动量的平均值，这个平均值是衡量产品价值的关键。当企业能够以低于社会必要劳动时间的个别劳动时间生产产品时，便能获得超额利润；反之，则可能导致利润减少甚至亏损。

在实际经济活动中，受市场供求关系、竞争格局以及国家政策等多重因素的影响，产品价格可能会暂时偏离其价值。然而，从长远和宏观角度看，这种偏离是暂时的，价格始终围绕价值上下波动，且总体上保持与价值的一致性。这种价格波动现象并非对价值规律的否定，而是价值规律在复杂多变的市场环境中发挥作用的必然结果。理解这一点，有助于企业把握市场动态，制定合理的价格策略以应对市场变化。

（二）产品价格的构成

价格是产品价值的货币体现，也是商品交换的价值尺度。为了制定合理的价格，企业须深入了解价格的构成要素，这些要素通常包括生产成本、流通费用、利润和税金。

生产成本。作为商品价值的核心组成部分，生产成本反映了生产资料转移价值和支付给工人的劳动报酬。它是制定价格的最低界限，确保企业能够补偿生产过程中的物质消耗和劳动报酬，维持简单再生产的进行。若产品价格低于生产成本，企业将面临亏损风险。

流通费用。流通费用包括商品从生产到消费的过程中产生的劳动消耗，如采购、运输、储存和销售等环节的费用。这些费用反映了商品在流通领域的成本。

利润。利润指企业在生产和流通过程中为社会创造的价值扣除生产成本和流通费用后的剩余部分。利润水平是衡量企业经济活动效果的重要指标，直接影响国家、企业、消费者及员工的利益。

税金。税金是企业根据税法规定向国家缴纳的一部分纯收入，也是价格构成的重要因素。税金通过调节税率影响不同行业和产品的价格，进而实现对生产、企业利润和价格的宏观调控。

> **知识链接**
>
> **绿色定价与可持续发展**
> 详细内容，
> 请扫描二维码阅读。
>
>
>
> 二维码 9-3

二、影响定价的主要因素

企业在制定价格策略时，需要基于明确的企业目标，深入剖析消费者需求特性、成本结构以及竞争对手的产品与价格情况，进而选择恰当的定价方法，确定产品的最终市场价格。值得注意的是，随着企业目标或市场环境的变化，应适时调整价格以适应新的条件。定价的基本流程如图 9-1 所示，它揭示了定价决策的复杂性和多维性。

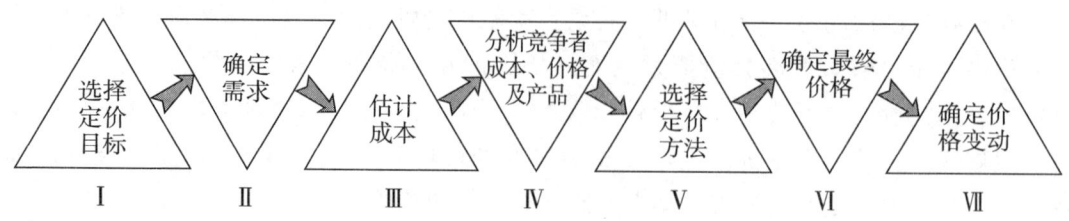

图 9-1 定价的基本流程

定价过程受到企业定价目标、产品成本、产品特性、营销组合、市场供求关系、竞争态势、政策法规等多重因素的深刻影响。这些因素相互交织、相互影响，形成了一个错综复杂的关系网。接下来，我们将详细探讨影响定价的内部因素和外部因素。

（一）影响定价的内部因素

1. 企业定价目标

定价目标，即企业通过设定或调整特定价格水平以期达到的预期目的，它是企业营销目标体系的关键组成部分。在制定企业战略时，营销目标体系作为职能战略，需要服务于企业总体战略目标的达成；同时，企业的定价目标不仅要体现营销总目标，还需要与其他营销组合目标相协调。企业产品与市场定位越明确，定价目标就越清晰，价格策略的制定也就越直接。企业的定价目标主要包括：

（1）生存目标。当企业面临营销环境的重大变革，难以按正常价格销售产品时，生存便成为定价的首要考量。例如，在企业产能过剩、面临激烈竞争或试图改变消费者需求时，企业应设定较低价格，以确保生产线的持续运转和库存的快速周转。此时，生存优先于利润，只要价格能覆盖变动成本和部分固定成本，企业即可维持生存。在价格敏感型市场中，这种定价目标更易达成，企业可通过折扣价格、保本价格甚至亏损价格出售产品，以促进销售、回收资金、维持运营，为扭转不利局面创造条件、争取时间。

（2）利润目标。许多企业将利润最大化作为经营目标，并据此制定价格。利润最大化目标意味着企业在确保利润最大化的前提下确定产品价格。然而，追求最大利润并不等同于设定过高价格。企业的利润取决于总收入与总成本之差，而盈利的多少不仅受价格高低影响，还受合理价格激发的需求增长和销售规模扩大的制约。这需要企业深入了解其需求函数和成本函数。然而，在实践中难以精确预测相关函数，且在此目标驱动下，企业可能忽视其他营销组合因素、竞争对手的反应以及相关价格政策与法规，从而影响其长期效益。

（3）市场占有率目标。市场占有率，又称市场份额，指企业销售额占整个行业销售额的百分比，或某企业某产品在某市场上的销量占同类产品在该市场销售总量的比重。市场占有率是企业经营管理水平和竞争力的综合体现。提高市场占有率有助于增强企业控制市场的能力，确保产品的销路稳定，同时提升企业定价主动权，使企业有机会获取更高利润。

作为定价目标,市场占有率与利润紧密相关。从长期来看,较高的市场占有率往往能带来高利润。以市场占有率为定价目标具有获取长期较好利润的可能性。企业以提高市场占有率为目标时,应综合考虑自身生产经营能力、营销组合的配套安排、市场需求状况、竞争态势等因素做出价格决策。

在实践中,市场占有率目标被国内外众多企业采用,其方法是通过长时间的低价策略保持和扩大市场占有率,增强企业竞争力,最终获取最优利润。然而,这一目标的顺利达成须满足以下条件:市场对价格高度敏感,低价能刺激需求迅速增长;企业具备雄厚经济实力能承受短期亏损,或生产成本低于竞争对手;生产与分销的单位成本随产销量增加而下降;企业充分了解竞争对手情况,有把握从其手中夺取市场份额。否则,企业不仅无法达成目标,反而可能遭受损失。此外,在企业的宏观营销环境中,政府可能对市场占有率进行政策和法律限制。例如,美国的反垄断法对单个企业的市场占有率进行限制,以防止少数企业垄断市场。在此情况下,盲目追求高市场占有率往往会受到政府干预。

(4) 质量目标。企业也可将树立产品质量领导地位作为定价目标。为维持产品质量,企业需要付出较高代价,如采用先进技术、精湛工艺、优质原料、独特配方等,使产品在同类产品中脱颖而出。因此,企业需要设定较高价格,以弥补高质量产品的高成本,并将更多资金投入科技、广告、服务等方面,使产品成为市场上的常青树。在国际市场上,名牌衬衣的价格往往是普通衬衣的几倍甚至几十倍。而消费者一旦认可名牌产品的质量,便愿意支付较高价格。这种定价目标通常被同行业中实力较强的企业所采用。

(5) 其他定价目标。企业还可采用其他定价目标。例如,为树立良好企业形象,企业可能在一定时期内对优质产品设定较低价格,让利于民。另外,一些非营利组织选择某种定价目标的目的可能是抵消部分或全部成本。如一家非营利医院可能旨在通过定价覆盖全部运营成本。

2. 产品成本

为维持企业生存和正常运营,一般来说,产品销售价格必须高于其生产成本与流通费用之和,即产品成本。因此,成本构成价格的下限。成本分为不同类型,每种成本对企业定价的影响程度各异。

固定成本,指在既定生产经营规模范围内,不随产品生产种类及数量变化而变化的成本费用,如厂房费用、机器折旧费、借贷利息等支出。

变动成本,指随生产产品种类及数量变化而相应变化的成本费用,如原材料、燃料和动力、辅助材料、生产工人工资等支出。

总成本,指全部固定成本与变动成本之和。当产量为零时,总成本等于固定成本。一般情况下,企业制定的价格必须高于产品的总成本。

平均固定成本,指将固定成本总额平均分摊到每个单位产品上的成本。尽管固定成本总额保持不变,但平均固定成本却会随着产量的增加而逐渐降低,这再次凸显了规模效益的重要性。在长期定价决策中,平均固定成本是一个不容忽视的考量因素。

平均变动成本,指将变动成本总额平均分摊到单位产品上的成本。在生产初期,平均变动成本可能较高,但随着产量的增加,它会逐渐降低。然而,当产量增加到一定程度后,受边际产量递减规律的影响,平均变动成本可能会开始上升。

平均成本,即总成本与总产量之比,是每个单位产品的平均成本。为了确保总成本得到补偿,单位产品的价格至少不能低于平均成本,否则企业将无法实现盈利。

边际成本,指增加或减少一单位产品所引起的总成本的变动量。边际成本与平均成本在概念上和数值上存在差异。企业在确定产品定价时,需要考虑边际成本,以确保每增加一单位产品销售所带来的额外收益至少能覆盖其边际成本。

机会成本,指企业为从事某项经营活动而放弃的从事另一项经营活动的机会,或利用一定资源获得某种收入时所放弃的另一种收入。对机会成本进行分析后,企业需要在经营中正确选择经营项目,选择的依据是实际收益必须大于机会成本,从而使有限资源得到最佳配置。在制定价格时,企业需要考虑机会成本,以确保定价决策能够最大化企业整体利益。

3. 产品属性

(1) 产品特色属性。它对定价的影响主要体现在三个方面:

第一,产品的异质性。异质性越强,定价自由度越大;同质性越强,由于消费者更不易于对比而定价自由度越小。

第二,产品的主观享受性。主观享受性越强,定价自由度越大;当客观实用性较强时,由于消费者更易于判断而定价自由度更小。例如,艺术品的定价空间远大于日用品。

第三,产品的可获得性。可获得性越低,定价自由度越大,价格通常较高;易于获得的产品,定价自由度较小,价格通常较低。

(2) 产品质量属性。针对不同质量水平的产品,企业应制定不同价格,采取不同的价格策略。表9-1指出了企业可以采用的产品质量-价格组合策略。

表9-1 产品质量-价格组合策略

组合策略	含义	适用场景
优质高价(高值战略)	以高品质产品匹配高价格,吸引追求品质、对价格不敏感的消费者	适用于品牌影响力大、技术领先、产品差异大的高端市场
优质低价(超值战略)	以低价提供高质量产品,靠成本控制获得价格优势	适合能控制成本,想在中低端或价格敏感市场获得优势的企业

(续表)

组合策略	含义	适用场景
中质中价（价值对等战略）	产品质量与价格适中，满足大众需求	用于竞争激烈、产品同质化严重的大众消费市场
低质低价（经济战略）	低质量产品对应低价格，满足基本需求	适用于临时性、一次性或对质量要求低的产品领域
低质高价（风险战略）	用高价卖低质量产品，存在损害消费者利益和企业声誉的风险	一般不提倡，仅在特殊或不正当竞争场景下出现

4. 营销组合因素

在营销策略中，定价策略最易受其他组合因素的影响。从企业追逐利润的角度看，企业希望产品尽可能卖出高价以获取利润；而消费者则基于对产品认知价值的判断来决定愿意支付的最高价格。因此，企业需要通过广告、人员推销等手段提高产品认知水平，使高价格能被市场接受。同样，如果企业的产品策略和促销策略重点在于降低成本费用，则产品只能通过低价格获取市场。在制定价格时，企业需要综合考虑产品策略、促销策略、渠道策略等因素，以确保定价策略与整体营销策略相协调。

（二）影响定价的外部因素

1. 市场供求关系

市场供求关系对价格的影响极为显著。在商品经济环境中，供求关系与价格之间的互动，是价值规律和供求规律共同作用的结果。

（1）价格与需求的关系。此处所提及的需求，特指具备购买欲望与购买能力的有效需求。尽管影响需求的因素众多，但在此我们主要探讨价格对需求的一般性作用。在假定其他条件恒定的情况下，价格与需求量之间呈现出反向变动的关系：产品价格下降会刺激需求量的增加，反之，产品价格上升则会抑制需求量的增长，这便是需求法则的核心。

（2）价格与供给的关系。供给指在特定时间段内，生产者愿意并能够以某一价格出售的产品数量。有效的供给需要同时满足出售意愿与供应能力两个条件。价格与供给量之间的关系同样遵循一定的法则，且呈现出正向变动的趋势：价格上涨会刺激供给量的增加，而价格下降则会导致供给量的减少。

（3）供求关系与均衡价格的形成。在价格的影响下，需求与供给的变化方向呈现出相反的趋势。当某一价格水平下需求量与供给量相等时，市场便达到了均衡状态，此时的价格即均衡价格，对应的交易量则为均衡交易量。当市场价格高于均衡价格时，购买者会减少购买量，导致需求量下降；而生产者则因高价的吸引增加供给量，使得市场出现供过于求的局面，产品积压，竞争加剧，最终迫使价格下降。相反，当市场价格低于均衡价格时，低价会激发消费者的购买欲望，促使他们增加购买量；但生产者却因利润微薄而减少供给量，导致市场供不应求，从而推动价格上涨。这一过程循环往复，最终迫使价格趋向于均衡价格。均衡价格，即理论上的稳定销售价格，是市场供求关系平衡的结果。然而，需要强调的是，由于市场环境的复杂性和多样性，供求之间的平衡是相对的、有条件的；不平衡则是绝对的、常态化的。供求关系总是在平衡与不平衡之间循环往复，因此价格也呈现出反复波动的特征。

（4）价格与需求弹性。需求弹性，又称需求价格弹性，是指因价格变动所引起的需求的相应变动率，反映了需求变动对价格变动的敏感程度。

需求弹性用弹性系数 E 表示，该系数是需求量变动百分比与价格变动百分比的比值。其公式为：

$$E = \frac{\frac{\Delta Q}{Q}}{\frac{\Delta P}{P}} \qquad (9-1)$$

式中，E 为需求弹性系数，Q 为原需求量，ΔQ 为需求的变动量，P 为原价格，ΔP 为价格的变动量。

需求量与价格的变化方向是相反的，因此 E 会出现负数。为比较需求弹性的大小，这里仅取绝对值。定价时考虑需求弹性的意义在于，从其弹性的大小来决定企业的价格策略。不同产品具有不同的需求弹性系数。需求弹性主要分为以下四种类型：

• $E=0$，称为完全无弹性，意味着价格变动不会引起需求量任何变化。这类商品通常具有不可替代性和刚性需求特征，如急救药品、特定医疗设备等。企业对此类产品可采用成本加成定价法，但需要注意社会伦理和监管限制。

• $E=1$，称为单位弹性，反映需求量与价格呈等比例变化。这类商品价格变动时，总收益保持不变。企业在定价时可采用通行市场价格，并通过优化产品特性或服务等非价格手段提升竞争力。典型案例为部分替代品丰富的日常消费品。

• $E>1$，称为富有弹性，表明价格变动会引起需求量更大幅度的反向变化。这类商品多为非必需品或存在大量替代品，如奢侈品、高端电子产品等。企业在定价时应谨慎评估价格调整幅度，适度降低价格可显著扩大市场份额，而提价则可能导致销量锐减。

• $E<1$，称为缺乏弹性，表示需求量变动幅度小于价格变动幅度。生活必需品如食盐、基础药品等通常呈现此特征。企业可采取适度提价策略提升利润空间，但需注意价格上限受消费者支付能力制约。降价促销对此类商品效果有限，难以带来销量显著增长。

（5）价格与消费者需求。消费者需求对企业产品定价策略的影响主要体现在以下三个方面：

第一，需求能力，或实际支付能力。企业在确定产品价格时，必须充分考虑消费者的支付意愿及实际支付能力。这一因素直接决定了企业产品在市场中的可接受价格上限，即消费者愿意并能够承担的最高价格水平。

第二，需求强度。这是指消费者对于获取某种商品的渴望程度。一般而言，消费者对某一产品的需求强度越大，对价格的敏感度就越低；反之，需求强度越小，价格敏感度就越高。因此，企业在确定定价时，需要权衡消费者对产品的需求强度与价格敏感度之间的关系。

第三，需求层次。不同需求层次的消费者对同一产品的需求强度存在差异，进而对价格的敏感性也有所不同。通常，处于较高需求层次的消费者对价格的敏感度相对较低，他们更注重产品的品质、品牌和服务等非价格因素；而处于较低需求层次的消费者则对价格更为敏感。因此，针对高需求层次的市场定位，企业应采取相应的高价格策略，以体现产品的独特价值和品质。同时，在制定价格策略时，企业还需要综合考虑目标市场的整体需求层次及消费者的支付能力，以确保定价策略的合理性和有效性。

2. 竞争因素

企业定价策略深受市场竞争状况的影响。在现实中，市场多处于不完全竞争状态，竞争强度因此成为企业制定价格策略时的重要考量。企业需要首先评估竞争强度，这取决于产品技术的难易程度、专利保护情况、供求形势及具体的市场竞争格局。同时，深入了解竞争对手的价格策略及其市场实力至关重要。产品成本构成了价格的下限，而市场需求则决定了价格的上限。在这一价格区间内，具体定价还需要参考竞争对手同类产品的价格水平。因此，企业须对比分析自身与竞争对手在产品状况、品牌、企业形象及竞争优劣势等方面的差异，明确产品在市场中的定位，并据此制定价格策略。此外，企业还须密切关注竞争对手的动态变化，及时调整定价策略以应对市场竞争。

3. 政策法规因素

鉴于价格涉及供应商、销售商及消费者的切身利益，并对宏观经济发展产生重要影响，政府部门有时会对部分产品价格进行政策干预。在此情况下，政策法规成为企业定价的重要依据。例如，政府为保护生产者利益，防止农产品价格过低影响再生产，会在供过于求时设定最低限价；对于日常必需品，若因供需失衡或垄断导致价格飙升，政府则可能设定最高限价以保障消费者权益。此外，政府还会发布参考性指导价格，以引导生产与需求，调节市场。因此，企业在定价时必须严格遵守相关政策法规。

4. 互联网因素

近年来，互联网的迅猛发展对传统的定价模式产生了深远影响，不仅重塑了买卖双方的互动方式，还赋予了双方在定价上的新权利。

对于买方而言，线上商城的兴起大幅降低了价格比较的成本，使得"货比三家"变得极为便捷。消费者只用轻点鼠标，即可轻松浏览并比较不同商家的商品价格，从而选择性价比更高的商品。此外，随着互联网的普及，免费非实物商品和服务日益增多，如免费APP等，这对付费APP开发商构成了新的挑战，迫使其重新思考定价策略。

对于卖方而言，互联网同样带来了诸多优势。线上商品调价变得更为简单迅速，只需要在后台轻松操作即可完成全网价格替换，大大节省了时间和成本。更重要的是，互联网为卖方提供了实现价格定制化的可能，通过向会员顾客展示更优惠的价格，卖方能够针对不同顾客群体实施差异化定价策略，这在线下销售中往往难以实现。这种价格定制化在一定程度上能够提升顾客满意度和忠诚度，从而提高收益。

此外，互联网的即时沟通性也为买卖双方带来了极大的便利。通过互联网平台，买卖双方可以即时交流、协商价格，这不仅促进了交易的达成，还提高了市场的透明度和效率。总的来说，互联网的迅猛发展正在深刻改变着传统的定价模式和买卖双方的互动方式，为企业提供了更多的定价策略，也为消费者带来了更多选择。

> **知识链接**
>
> **价值共创视角下的定价策略和消费者参与**
>
> 详细内容，请扫描二维码阅读。
>
> 二维码9-4

第二节　企业定价的方法

成本、需求和竞争是影响企业定价行为的三个核心要素。在营销实践中，鉴于市场环境和产品特性的差异，不同类别的产品往往对某一特定因素特别敏感，从而促使企业在制定产品价格时更倾向于考虑该因素，进而形成了成本导向、需求导向和竞争导向这三大类基本的定价方法。

一、成本导向定价法

成本导向定价法，是以企业的生产或经营成本作为制定价格依据的一种基本定价方法。按照成本定价的性质不同，成本导向定价法又可细分为以下几种：

（一）总成本加成定价法

这种定价方法把所有为生产某种产品而发生的耗费均计入成本的范围，计算单位产品的变动成本，合理分摊相应的固定成本，再按一定的目标利润率来决定价格。其计算公式为：

$$\text{单位产品价格} = \text{单位产品总成本} \times (1 + \text{目标利润率}) \tag{9-2}$$

例9-1　某电视机厂生产2 000台电视机，总固定成本为600万元，每台电视机的变动成本为1 000元，确定目标利润率为25%。则采用总成本加成定价法确定价格的过程如下：

单位产品固定成本 = 总固定成本 ÷ 生产量 = 6 000 000 ÷ 2 000 = 3 000（元）

单位产品变动成本为 1 000 元

单位产品总成本 = 单位产品固定成本 + 单位产品变动成本 = 4 000（元）

单位产品价格 = 4 000 × （1 + 25%） = 5 000（元）

采用总成本加成定价法时，合理制定目标利润率至关重要，这需要企业综合考虑市场环境、行业特点等多种因素。某一行业的某一产品在特定市场以相同的价格出售时，成本低的企业能够获得较高的利润率，而且在进行价格竞争时拥有更大的回旋空间。

采用总成本加成定价法时，成本的确定基于销量达到某一预设水平的假设之上。因此，一旦产品销售遭遇困难，预期利润的实现将面临挑战，甚至可能连成本补偿都无法保障。然而，这种方法也具备一定的优势：首先，它简化了定价流程，便于企业进行经济核算；其次，若行业内所有企业均采用此方法定价，则价格水平趋于一致，有助于减少价格竞争；最后，基于总成本加成定价法制定的价格对买卖双方而言都相对公平，既确保了卖方获得合理的利润，又避免了买方感觉受到额外剥削。总成本加成定价法广泛应用于租赁业、建筑业、服务业、科研项目投资以及批发零售等领域。即便某些企业不直接采用此方法定价，也常将其作为制定参考价格的重要依据。

（二）目标收益定价法

目标收益定价法，又称投资收益率定价法，是根据企业的投资总额、预期销量和投资回收期等因素来制定价格。

例 9 – 2 假设上例中建设电视机厂的总投资额为 800 万元，投资回收期为 5 年，预期销量为 2 000 台，则采用目标收益定价法确定价格的基本步骤为：

目标收益率 = 1/投资回收期 × 100% = 1/5 × 100% = 20%

单位产品目标利润额 = 总投资额 × 目标收益率 ÷ 预期销量

$$= 8\ 000\ 000 \times 20\% \div 2\ 000 = 800（元）$$

单位产品价格 = 企业固定成本 ÷ 预期销量 + 单位产品变动成本 + 单位产品目标利润额

$$= 6\ 000\ 000 \div 2\ 000 + 1\ 000 + 800 = 4\ 800（元）$$

与总成本加成定价法相类似，目标收益定价法也是一种生产者导向的产物，很少考虑到市场竞争和需求的实际情况，只是从保证生产者利益的角度出发制定价格。另外，先确定产品销量，再计算产品价格的做法完全颠倒了价格与销量的因果关系，把销量视为价格的决定因素，在现实中很难行得通。尤其是对于那些需求价格弹性较大的产品，用这种方法制定出来的价格，无法保证销量的必然实现，那么，预期的投资回收期、目标收益等也就只能成为一句空话。不过，对于需求比较稳定的大型制造业，供不应求且价格弹性小的商品，市场占有率高、具有垄断性的商品，以及大型的公用事业、劳务工程和服务项目等，在科学预测价格、销量、成本和利润四要素的基础上，目标收益定价法仍不失为一种有效的定价方法。

(三) 变动成本定价法

也称边际贡献定价法。即仅计算变动成本，省去固定成本，而以预期的边际贡献补偿固定成本并获得收益。当边际贡献为零时，产品价格等于变动成本。其公式为：

$$产品价格 = 变动成本 + 边际贡献 \qquad (9-3)$$

所谓边际贡献，就是只计算变动成本而不计算固定成本时的收益，即边际贡献 = 销售收入 – 变动成本。当边际贡献 > 固定成本时，企业将盈利；当边际贡献 < 固定成本时，企业将亏损；当边际贡献 = 固定成本时，则企业不盈不亏。

例 9 – 3 生产某产品需要固定成本 90 万元，单位产品变动成本为 10 元，年产量为 10 万件，每件售价 20 元，目前订货量为 8 万件，生产能力有富余。现有客户出价 16 元，再购 1.5 万件，企业应接受还是不接受？

若不接受，当前边际贡献 = 20×8 – 10×8 = 80（万元），由于边际贡献 80 万元小于固定成本 90 万元，此时企业处于亏损状况，亏损为 10 万元；

若接受，边际贡献 = (20×8 + 16×1.5) – 10×(8 + 1.5) = 89（万元），此时边际贡献 89 万元 < 固定成本 90 万元，企业仍处于亏损状况，亏损为 1 万元。显然，企业应接受这笔订单。因为虽然同样处于亏损状态，但边际贡献增加了，企业损失减少了。

值得说明的是，变动成本定价法通常只适合于竞争激烈、市场供过于求、企业生产任务不足的情况。此时企业为维持生产、保住市场而暂时采用此方法，因此这只是供短期内使用的一种灵活定价方法。

(四) 盈亏平衡定价法

在销量既定的条件下，企业产品的价格必须达到一定的水平才能实现盈亏平衡、收支相抵。既定的销量就称为盈亏平衡点，这种制定价格的方法就称为盈亏平衡定价法。科学地预测销量和已知固定成本、变动成本是盈亏平衡定价的前提。在此方法下，为了确定价格可利用如下公式：

$$盈亏平衡点价格 = 固定总成本 \div 销量 + 单位产品变动成本 \qquad (9-4)$$

例 9 – 4 某企业年固定成本为 100 000 元，单位产品变动成本为 30 元，年产量为 2 000 件，则该企业盈亏平衡点价格 = 100 000 ÷ 2 000 + 30 = 80（元/件）。

以盈亏平衡点确定价格只能使企业的生产耗费得以补偿，而不能得到收益。因此，在实际中均将盈亏平衡点价格作为价格的最低限度，通常在加上单位产品目标利润后才作为最终市场价格。有时，为了开展价格竞争或应对供过于求的市场格局，企业会采用这种定价方法以取得市场竞争的主动权。

从本质上说，成本导向定价法是一种卖方定价方法。它忽视了市场需求、竞争和价格水平的变化，在有些情况下与定价目标相脱节，不能与之很好地配合。此外，运用这一方法制定的价格均是建立在对销量主观预测的基础上，从而降低了价格制定的科学性。

二、需求导向定价法

现代营销观念要求,企业的一切生产经营必须以消费者需求为中心,并在产品、价格、渠道和促销等方面予以充分体现。只考虑产品成本,而不考虑竞争状况及顾客需求的定价,不符合现代营销观念。根据市场需求强度及消费者对产品的认知差异来确定价格的方法叫作需求导向定价法,又称"市场导向定价法""顾客导向定价法",主要方法包括认知价值定价法、需求差异定价法和逆向定价法。

(一) 认知价值定价法

认知价值定价法依据的是消费者对商品价值的认知,而非企业的成本费用水平。企业可以通过各种营销策略和手段,在消费者心中构建并强化这种价值认知。以曾经的月饼市场为例,市场上不乏天价月饼,尽管这些月饼在口感和用料上与散装月饼并无明显差异,但它们凭借精致的包装,成功树立了高端月饼的形象,通过较低的额外包装成本实现了产品溢价的大幅提升。

认知价值定价法的核心挑战在于准确获取消费者对商品价值的认知信息。若企业高估消费者的认知价值,定价过高,可能导致销量下滑;反之,若低估,则可能使定价低于应有水平,减少企业收入。因此,企业必须通过全面的市场调研,深入了解消费者的需求偏好,结合产品的性能、用途、质量、品牌、服务等因素,准确判断消费者对商品的认知价值,并据此定价。

以浓缩酱油为例,假设一个家庭每月消耗两瓶单价为 4.5 元的普通酱油,而一瓶浓缩酱油可满足同样家庭一个月的用量,定价为 7 元。这种定价策略是基于消费者的认知价值,而非产品的实际成本。因为消费者每月可节省 2 元,所以这一价格是可接受的。认知价值定价法的精髓在于,企业需要向潜在顾客提供并展示相较于竞争对手更高的价值。

(二) 需求差异定价法

需求差异定价又称价格歧视策略,是一种以销售对象、销售地点、销售时间等条件变化所引发的需求差异为基础,针对不同情况在基础价格上加价或减价的方法。具体而言,这种差异定价主要体现在以下几个方面:顾客差异、产品差异、位置差异、时间差异。实施需求差异定价法需满足以下条件:市场细分性、套利限制、竞争约束、成本效益、法律与顾客接受度。详细内容,请扫描二维码阅读。

二维码 9-5

(三) 逆向定价法

逆向定价法是指企业依据消费者能够接受的最终销售价格,考虑中间商的成本和利润后,逆向推算出中间商的批发价和生产企业的出厂价。这种定价方法不以实际成本为主要依据,而是以市场需求作为定价的出发点,在考虑中间商利益的基础上力求使价格为消费者所接受。采用逆向定价法时,企业可以通过以下公式计算价格:

批发价 = 零售价格 ÷（1 + 零售商毛利率）　　　　　　　　（9 – 5）

出厂价 = 批发价格 ÷（1 + 批发商毛利率）　　　　　　　　（9 – 6）

如某种规格为 200 克/只的大闸蟹在市场上的零售价格为 128 元/500 克，零售商毛利率为 20%，批发商毛利率为 10%，则经过逆向计算，可以得出批发价约为每 500 克 107 元，出厂价约为每 500 克 97 元。

利用逆向定价法制定的价格能够反映市场需求状况，有利于企业建立与中间商的良好合作关系，在保证中间商正常利益的基础上，使产品迅速向市场渗透，并可根据市场供应情况及时调整，定价方式比较简单、灵活。逆向定价法比较适合于需求弹性大，花色品种多，产品更新快，市场竞争激烈的产品。

> **知识链接**
>
> **情感价值定价**
>
> 详细内容，
>
> 请扫描二维码阅读。
>
>
>
> 二维码 9 – 6

三、竞争导向定价法

竞争导向定价法是一种以市场竞争分析为基础，参考竞争对手价格水平制定企业产品价格的策略。此方法尤其适用于那些市场竞争激烈且供求关系相对稳定的产品领域。它能在价格层面排斥竞争对手、提高市场占有率，并激励企业引入新技术。竞争导向定价法通常涵盖以下三种具体策略。

（一）随行就市定价法

随行就市定价法是指企业参照行业内的平均价格水平来确定自身产品的售价。这种"顺应市场潮流"的定价方式，主要适用于需求弹性较小或供求关系基本平衡的产品。在此情境下，单个企业若提高价格，可能会导致顾客流失；而降价则未必能带来需求和利润的增长。因此，随行就市成了一种相对稳妥的定价选择。它既能避免挑起价格战，维持与同行的和谐共处，降低市场风险，又能确保企业获得平均成本补偿，获取适度利润，且易于被消费者所接受。若企业能进一步降低成本，则有望获取更多利润。因此，随行就市定价法是竞争导向定价中最常见的一种，尤其受到中小企业的广泛青睐。在现实经济环境中，诸如玉米、棉花、石油等大宗商品多采用此定价方法。

（二）密封投标定价法

密封投标定价法是工程投标企业常采用的一种定价方式。某些单位采购建筑施工、设备制造、项目设计等产品或劳务时，常采用密封投标定价法，即预先公布招标内容，各竞标者根据招标要求，以密封形式提交报价。竞标企业在定价时，更多地依赖于对预期竞争中可能形成的价格的判断，而非单纯基于企业成本或市场需求。为了在投标中胜出，竞标企业需要制定比其他企业更具竞争力的低价。然而，定价仍须保持在一个合理的最低界限之上。即便企业迫切希望中标，通常也不会愿意设定标价低于单位产品的边际成本，因为这将意味着企业无法收回固定成本，甚至无法补偿变动成本。同时，企业也不能因过分追求利润而标价过高，因为这将大大降低中标的机会。

确定投标价格的步骤为：首先，企业根据自身成本情况，确定几个备选的投标价格方案，并依据成本利润率计算出企业可能盈利的各个价格水平。其次，分析竞争对手的实力和可能报价，确定本企业各个备选方案的中标机会。竞争对手的实力包括产销量、市场占有率、信誉、声望、质量、服务水平等多个维度，其报价水平则在分析历史资料的基础上得出。最后，根据每个方案的盈利预期和中标概率，计算出每个方案的期望利润：

$$每个方案的预期利润 = 每个方案可能的盈利水平 \times 中标概率 \qquad (9-7)$$

最后，结合企业的投标目标，选择最合适的投标方案。

（三）竞争价格定价法

竞争价格定价法是指企业根据自身产品的实际情况以及与竞争对手产品的差异化程度来确定价格。这是一种积极主动的定价方式，通常被实力雄厚或产品独具特色的企业所采用。定价步骤包括：

（1）将市场上竞争产品的价格与企业自身估算的价格进行比较，划分为高于、等于或低于企业估算价格三个层次；

（2）将本企业产品的性能、质量、成本、产量等与竞争产品进行全面对比，深入分析造成价格差异的根本原因；

（3）基于上述综合指标，明确本企业产品的特色、优势及市场定位，并根据定价目标，确定最终的产品价格；

（4）持续关注竞争产品的价格动态，及时分析价格变动的原因，并据此调整本企业的产品价格。

第三节　企业定价的策略

定价策略是企业在特定情境下，根据既定的定价目标所采用的定价方针和价格措施。它作为指导企业定价的行动准则，直接服务于定价目标的达成。鉴于产品、销售渠道及市场状况的差异，企业需综合考虑多种因素，采取灵活多变的定价策略，与营销组合中的其他要素协同，以促进销售增长，提升整体效益。

一、新产品定价策略

企业在推出新产品时,首先要考虑的便是新产品的定价问题,新产品的定价合理与否,将直接关系到新产品能否顺利打开销路、占领市场和获得预期利润,对于新产品以后的发展具有十分重要的意义。企业在推出新产品时,可选择以下定价策略。

(一) 撇脂定价策略

撇脂定价策略亦称取脂定价或撇油定价,是一种以高价进入市场的策略,指在新产品初次面市时,设定较高价格,迅速回收投资、获取高额利润,并降低市场风险。此策略因类似于从牛奶表面撇取脂肪而得名,常应用于价格敏感度较低的产品市场。

撇脂定价策略通常适用于以下情形:

(1) 流行商品、全新或换代产品上市初期,此时消费者对新产品的认知尚未达到理性状态,购买动机多源于求新求异。企业借此心理,通过高价策略不仅可获得丰厚利润,还能提升产品形象,塑造高价、优质、名牌的市场印象。

(2) 受专利保护或难以仿制的产品,这类产品因市场独家经营,即使采取高价策略也较易被消费者接受。

(3) 与同类产品、替代产品相比具有显著优势或不可替代功能的新产品。

(4) 高价策略所得利润足以弥补因高价导致需求减少而产生的损失。

撇脂定价策略的优势在于,在消费者求新心理强的市场中,高价有助于开拓市场;企业拥有较大主动权,产品进入成熟期后,价格可逐步下调,吸引新消费者;高价策略可控制需求增速,使之与生产能力相匹配。

然而,此策略亦伴随风险:高价虽利润丰厚,但可能阻碍市场拓展和销量增长,不利于市场占领和稳定;价格远超价值,可能损害消费者利益,引发他们抵制;高价还可能吸引竞争者加入,导致价格下降,影响企业长期经营。因此,采用撇脂定价策略的企业须持续推出独特产品,保持市场领先地位。

(二) 渗透定价策略

与撇脂定价策略相对的是渗透定价策略,这是一种低价营销策略,亦称薄利多销策略。该策略在新产品上市时,利用消费者追求低价的心理,刻意设定较低价格,以吸引大量消费者,迅速扩大市场份额,提升市场占有率。

渗透定价策略的优势在于:产品能迅速获得市场认可,赢得消费者和经销商的支持,易于打开销售渠道,并有助于实现规模经济效益;低价策略能降低竞争对手进入市场的意愿,缓和市场竞争,为企业赢得时间以增强自身实力。

然而,这一策略也存在较大风险,其盈利依赖于销量的显著提升。低价策略可能影响企业资金的周转效率,特别是在研发投入较大的情况下更为显著。此外,长期维持低价可能形成消费者的价格预期,一旦企业试图提价,可能引发消费者的抵触情绪。在国际市场中,长期低价策略还可能引发反倾销诉讼。

因此，企业在决定是否采用渗透定价策略时，须综合考虑市场需求、竞争态势、供给情况、市场潜力、价格弹性、产品特性以及企业发展战略等多方面因素。总体而言，渗透定价策略是通过牺牲短期利益来换取长期利益。要达成这一目标，企业须满足以下条件：产品应具备足够多的市场需求和较高的需求价格弹性，以确保在规模经济条件下实现盈利；企业的生产成本和经营费用应能随着生产经营经验的积累而逐渐降低。

（三）满意定价策略

满意定价策略，亦称适中定价策略，是介于撇脂定价策略与渗透定价策略之间的一种定价方法。该策略旨在通过设定一个平衡各方利益的价格点，以满足供求双方的期望。鉴于撇脂定价策略可能因价格高昂而引发消费者反感，而渗透定价策略则可能引发价格战并延长资金回收周期，满意定价策略通过采取适中价格，有效规避了上述风险，因此广受企业青睐。

此策略尤其适用于需求价格弹性较小的日常消费品和主要生产资料。此外，为了保持产品线定价策略的一致性，企业也常采用满意定价策略。例如，比亚迪的某款车型（如比亚迪秦）就采用了这一策略。其定价适中，广受市场欢迎，市场规模远超一些高价位的"豪华型"细分市场。即使在该款车型供不应求的情况下，比亚迪仍坚持数年不变地采用满意定价策略，以避免对已采用撇脂定价策略的高端车型的销售造成不利影响。

满意定价策略通过获取平均利润，既能吸引消费者，又能避免价格战，从而在市场上稳固地位，实现长远发展。然而，要确定一个既能满足企业利润要求又能满足消费者期望的价格点，确实是一项具有挑战性的任务。

二、产品组合定价策略

企业为了迎合不同细分市场的需求，通常会同时生产并经营一个系列或多个系列的产品。在对这些产品进行定价时，企业需要更加注重产品组合的整体利润最大化，而非孤立地衡量单个产品的利润水平。只要整体能够盈利，某些产品的价格甚至可以设定在低于其成本的水平。

（一）产品线定价

产品线定价是指企业根据产品线内各项目之间的差异（如质量、性能、档次等），并参考竞争对手的产品与价格，来确定各产品项目之间的价格差距。这样做的目的是形成不同的市场形象，吸引多样化的顾客群体，从而扩大产品销售，获取更多的利润。例如，企业会根据笔记本电脑的功能和配置，将其划分为多个型号，并针对高中低档的产品定位，分别制定相应的价格，以满足不同消费者的需求。

在具体实施时，企业首先需要确定产品线中最低价格的产品，以吸引消费者购买；其次，企业应确定最高价格的产品，它在产品线中扮演着展示品牌质量和收回成本的角色；最后，企业需要对产品线中的其他产品根据其角色制定不同的价格。在许多行业中，营销人员都会为产品线中的某一产品预先设定好价格点。

（二）选择品定价

许多企业在提供主要产品的同时，还会附带提供一些可供选择的产品。选择品的价格水平应在综合考虑多方面因素后确定。例如，有的饭店酒水价格较高，而食物价格较低，其主要依靠酒水收入获取利润；有的饭店则相反，酒水价格较低，食物价格较高，其主要依靠食物收入盈利。由于选择品属于非必需附带品，顾客的自主选择空间较大，因此只有当选择品能够满足消费者的特定需求时，消费者才会接受较高的价格。

（三）补充品定价

有些基本产品需要配以补充品才能正常使用，例如电动剃须刀与替换刀片、智能手机与手机壳/保护膜等。通常情况下，基础商品（如电动剃须刀或智能手机）的购买频率相对较低，而补充品（如替换刀片或手机壳/保护膜）的购买频率则较高，且价格弹性较大。因此，企业往往会采取降低基础商品价格、提高补充品价格的策略，主要依赖补充品的高价来获取利润。然而，值得注意的是，如果补充品的价格设置得过高，可能会引发消费者的不满，进而对基础商品的销量产生负面影响。

（四）分部定价

服务性企业经常采用分部定价策略，即收取一笔固定费用，再加上可变的使用费。例如，游乐园通常先收取门票费，如果游客想体验其他项目，则需要再交费。服务性企业在制定固定费用和可变使用费时，面临着与补充品定价相似的问题。为了推动人们购买服务，固定费用应设定得较低，而利润则可以从使用费中获取。

（五）副产品定价

在生产加工肉类、石油产品和其他化工产品时，经常会产生副产品。如果副产品价值很低，处理费用高昂，就会对主产品的定价产生影响。制造商确定的价格必须能够弥补副产品的处理费用。如果副产品对某一顾客群有价值，就应该按其价值进行定价。如果副产品能够带来收入，将有助于企业在面临竞争压力时制定较低的价格。

（六）组合产品定价

企业经常以某一价格出售一组产品，如套装化妆品、一揽子旅游方案等。对组合产品进行定价时，关键在于使一组产品的总价格低于其中每个产品项单独购买时的价格之和，这样才能对顾客产生吸引力。这种定价策略的主要优点在于能够吸引消费者购买那些原本并不打算购买的产品，从而提高企业的销量，并减少交易次数，降低交易成本。

三、折扣定价策略

折扣定价策略是销售者为回报或激励购买者的特定行为，如批量采购、提前支付、淡季消费等，对其产品基本价格进行下调，从而给予购买者一定的价格优惠。这一策略包含以下几种常见形式：

（一）现金折扣

现金折扣，亦称付款期限折扣，是对那些选择现金交易或按约定日期提前付款的顾客所提供的价格优惠。这种策略旨在缩短资金周转周期，降低销售费用，并减少经营风险。折扣率通常依据买方提前付款期间的利息率、提前付款期限以及经营风险的大小来确定。

（二）数量折扣

数量折扣是基于买方购买数量的增加而给予的折扣，旨在鼓励顾客增加购买量。这种折扣分为一次性折扣和累计折扣两种形式：

（1）一次性折扣。即根据顾客一次性购买产品的数量或金额来确定折扣额度。购买数量越多或金额越大，折扣力度越大。这种策略适用于能够大量交易的单项产品，有助于吸引流动消费者并鼓励他们进行批量购买。

（2）累计折扣。即在一定时期内，当购买一种或多种产品的数量或金额超过规定标准时，给予顾客的价格优惠。折扣的大小与成交数量或金额成正比。这种策略有利于维护老顾客关系，适用于单位价值较小、花色品种复杂、不宜一次大量进货的产品，以及大型机器设备和耐用消费品。

（三）功能折扣

功能折扣，又称交易折扣或贸易折扣，是企业根据其中间商在产品销售中所承担的功能、责任和风险的不同，而给予的价格优惠。这种折扣旨在补偿中间商的相关成本和费用，并鼓励他们大批量订货、扩大销售、争取顾客，从而与生产企业建立长期稳定的合作关系。一般而言，批发商获得的折扣较大，而零售商获得的折扣较小。

（四）季节折扣

季节折扣是企业为鼓励顾客在淡季购买商品而提供的一种价格优惠。由于某些商品的生产是连续的，而消费却具有明显的季节性，因此通过提供季节折扣，可以刺激顾客提前进货或在淡季采购。这有助于企业减轻库存压力、加速商品流通、迅速收回资金，并促进企业均衡生产，降低因季节需求变化所带来的市场风险。例如，商家在夏季对冬季服装进行打折促销便是季节折扣的一种应用。

（五）价格折让

价格折让，又称推广津贴，是企业为扩大产品销路而向中间商提供的促销补贴。这是价格折扣的一种特殊形式，旨在鼓励中间商和顾客增加对企业产品的购买和消费。价格折让有多种表现形式，包括：

（1）以旧换新折让，即在回收同类产品旧货的同时，在新货售价上给予相当于旧货残值的折扣。这种策略多用于耐用消费品的销售上，如电视机、电冰箱等。

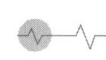

（2）促销折让，即有奖销售。当零售商为生产企业产品刊登广告或设立橱窗时，生产企业除负担部分广告费外，还在产品价格上给予一定优惠。这种方法尤其适合在新产品导入期采用。

（3）免费服务折让，即在提供有形产品的同时，为顾客提供免费服务，如送货上门、免费安装等。这是市场竞争从价格竞争转向非价格竞争的重要手段。

（4）特约优惠折让，即企业给予特约经销商的一种价格优惠。其目的是抵制市场假冒产品、维护企业和产品声誉，并优化对最终消费者的售后服务。

四、心理定价策略

心理定价策略是依据消费者的心理动机和需求偏好，针对不同类型消费者在购买产品或服务时的心理状态，灵活制定企业产品或服务价格的策略。具有不同需求动机和偏好的消费者，面对相同的产品或服务，可能会产生不同的价格接受度。以下是几种常用的心理定价策略。

（一）尾数定价策略

尾数定价，又称非整数定价，是企业利用消费者求廉、求实的心理，将商品价格设定为带有尾数的形式，以激发消费者的购买欲望。这种策略广泛应用于基本生活用品，心理学家的研究表明，价格尾数的微小差异能显著影响消费者的购买行为。例如，将牙膏定价为3.9元而非4.0元，尽管仅相差0.1元，却能让消费者感觉前者更便宜。同时，某些尾数价格还能增强消费者的真实感，如98.95元的葡萄酒，会让消费者认为其价格是经过企业精确计算的，从而增加对产品的信任感。在运用尾数定价策略时，还需要考虑消费者偏好和地域风俗，如我国消费者普遍偏好数字8（寓意发财），而忌讳数字4（与"死"谐音）。此外，国外市场研究表明，带有弧形线条的数字（如5、8、0、3、6）更易为消费者接受，而不带弧形线条的数字（如1、4、7）则相对不受欢迎。

（二）整数定价策略

整数定价策略与尾数定价策略相反，企业故意将商品价格设定为整数，以彰显产品的高品质与档次，满足消费者追求高档消费的心理。此策略常用于高价位的耐用品、礼品及消费者认知有限的产品。对于高档产品，消费者往往将价格视为衡量质量的重要标准，形成"价高质优"的固有印象，从而有助于产品销售。整数定价策略常以偶数，特别是以"0"结尾的数值呈现，如豪华汽车品牌劳斯莱斯、宾利等，通过高价策略精准捕捉了购买者彰显身份、地位与财富的心理需求。

（三）声望定价策略

声望定价策略是企业利用消费者对名牌产品或名店的仰慕心理，制定高价以提升产品形象，满足购买者对地位的追求。此策略有双重效益：一是强化产品的高端定位，以价格诠释卓越品质；二是满足消费者的虚荣心理，将高价视为身份与地位的象征。

对于质量难以直观评估的产品，如部分非生活必需品及具有独特民族风格的手工艺品，采用声望定价策略尤为适宜，可通过强调品牌、包装等，给予消费者高度的心理满足。

（四）习惯定价策略

在长期市场交易中，部分商品已形成了稳定的消费者习惯价格。企业在确定此类商品的价格时，应充分考虑消费者的习惯，采用习惯定价策略。对于消费者已习惯的价格，不宜轻易变动，否则可能引发消费者对产品质量的怀疑或不满情绪，导致购买转移。在不得不提价时，应采取更换包装、品牌或推出新产品等措施，避免消费者对新价格产生抵触心理，并引导消费者逐步习惯新的价格。

（五）招徕定价策略

招徕定价策略是企业通过有意降低少数商品价格来吸引顾客的定价方式。企业选择特定商品进行低价促销，旨在利用消费者的求廉心理，吸引其进店消费，并带动其他商品的销售。消费者在选购特价商品时，往往会关注店内其他价格正常或偏高的商品，从而实现以少数商品价格的损失来扩大其他商品销售的目的。例如，拼多多的商家参与"百亿补贴"活动，通过以近乎"全网最低价"的价格销售部分商品，提高销量和销售额，同时吸引更多消费者进入店铺浏览，带动其他商品的销售。采用此策略时，企业需要注意以下几点：降价幅度要大，接近或低于成本，以引起消费者兴趣和购买动机；降价品数量要适当，避免企业亏损过多或引发消费者反感；降价品应为品种新、质量优的适销产品，与低劣、过时商品明显区分开来，以免损害自身声誉。

（六）参考价格策略

消费者在选购商品时，通常会使用"参考价格"这一概念，将实际观察到的价格和记忆中的参考价格或外部参照价格（如相似商品的价格、标注的"建议零售价"等）进行比较，以形成对商品的心理价位。因此，企业应根据可能根植于消费者记忆中的参考价格及外部参照价格来设定更合适的定价。同时，企业也可通过改变参考价格和外部参照价格来影响消费者的心理价位。常见的参考价格包括：公平价格（消费者认为产品应有的价值）、最近一次支付的价格、上限/下限价格（消费者愿意支付的最高/最低价格）、竞争者的历史价格、预期的未来价格以及通常的折扣价格等。

五、地理定价策略

通常，产品的生产和消费之间存在着一定的时间和空间距离。为了使产品能够满足消费者的需求，企业必须承担产品的空间位移所带来的费用，包括运输、仓储、装卸、整理、保险以及再包装等。这些费用需要在产品的定价中得到合理的体现，而地理定价策略正是为了解决这些费用的分摊问题而制定的一种定价方法。以下是地理定价策略的主要形式：

(一) 产地交货价格

产地交货价格是指卖方按照出厂价格将货物交付给买方，或者在买方指定的某种运输工具上交货的价格。在国际贸易术语中，这种价格通常被称为离岸价格或船上交货价格。一旦货物交货，其所有权即转移给买方，此后运输过程中的所有费用均由买方承担。产地交货价格对卖方而言较为简便，成本和风险也较低，但可能对扩大销售产生一定的制约。

(二) 目的地定价策略

目的地定价策略是指卖方承担从产地到目的地的所有运费和保险费的价格。在国际贸易术语中，这种价格被称为到岸价格或成本加运费和保险费价格。它进一步细分为目的地船上交货价格、目的地码头交货价格以及买方指定地点的交货价格。目的地定价由出厂价格加上产地至目的地的手续费、运费和保险费等组成，尽管操作相对复杂，卖方承担的费用和风险较大，但有助于扩大销售，提高市场占有率。

(三) 统一交货价格

统一交货价格，也称送货制价格，是指卖方将产品送到买方所在地，不论路途远近，均统一制定相同的价格。这种价格类似于到岸价格，运费按平均运输成本核算。这种策略能够减轻远距离顾客的价格负担，使买方认为产品运送是一项附加的免费服务，从而激发其购买意愿，有助于扩大市场占有率。这种策略适用于体积小、重量轻、运费低或运费占成本比例较小的产品。

(四) 分区交货价格

分区交货价格，也称区域价格，是指卖方根据顾客所在地区的远近，将整个市场划分为若干个区域，并在每个区域内实行统一的价格。这种价格介于产地交货价格和统一交货价格之间。采用这种策略，同一价格区域内的顾客无法享受来自卖方的额外价格优惠，而处于两个价格区域交界处的顾客可能会面临不同的价格负担。

(五) 运费津贴价格

运费津贴价格是指为了弥补产地交货价格策略的不足，减轻买方的运输和保险等费用负担，卖方补贴其部分或全部运费。这种策略有助于降低偏远地区顾客的运费成本，保持企业的市场占有率，并持续开拓新市场。

知识链接

透明度定价

详细内容，
请扫描二维码阅读。

二维码 9-7

第四节 价格变动与企业对策

产品价格的稳定是相对的,而变动则是绝对的。产品价格确定,并不意味着它将一成不变。随着销售时间、地点、目标市场、市场供求状况及定价目标等因素的变化,企业需要灵活调整产品价格,以适应市场变化。

一、企业降价与提价策略

随着社会进步、新技术应用、市场复杂化及经济理性认知的深化,企业间的竞争日益多元化和深层次化。价格竞争作为传统而有效的竞争手段,在市场环境和竞争对手价格变动时,企业应灵活调整现行价格,以增强产品市场竞争力。

企业产品价格变动由内外部多方面因素引起。企业凭借成本优势主动调整价格,以价格作为竞争利器,称为主动变价。而竞争对手主动调整价格,企业为应对竞争而被动调整价格,则称为被动变价。无论是主动还是被动,价格变动的形式主要包括降价和提价两种。

(一) 企业降价

企业降价的原因复杂多样,涉及外部需求、竞争态势、政策规定的变化,内部战略调整、成本变动等。具体原因包括:

(1) 生产能力过剩时,企业为提高生产能力利用率,若无法通过改进产品或加强营销来扩大销售,降价可能成为考虑选项。

(2) 在激烈的竞争下,特别是价格竞争导致市场占有率下降时,企业可能通过直接降价来应对,以保住市场份额。

(3) 当企业成本费用低于竞争者时,降价可作为掌握市场主动权或提高市场占有率的策略,进一步通过规模效应降低成本。

(4) 宏观经济衰退时,消费者普遍收入减少、支出缩减,企业可能通过降价刺激需求。

(5) 为达到促销目的,如清减库存或推出新产品,企业也可能选择降价。

企业在执行降价策略时,必须审慎考虑降价可能给营销带来的潜在负面影响。具体而言,降价策略可能引发顾客误解,认为降价是产品质量下降或功能减少的反映;尽管降价可能暂时提升企业的市场占有率,但这并不等同于提升顾客忠诚度,企业应避免陷入"市场占有率虚高而顾客忠诚度不足"的困境;此外,降价行为往往容易激起竞争对手的强烈反应,导致企业陷入难以逆转的"价格战旋涡";最后,频繁或大幅度的降价还可能削弱企业在商业市场中的竞争地位和长期盈利能力,因为相较于维持高价策略的企业,频繁降价的企业可能面临更低的现金储备水平,从而影响其持续发展的能力。

(二) 企业提价

提价虽能增加企业利润，但也可能导致竞争力下降、消费者不满、经销商抱怨，甚至受到政府干预和同行指责。尽管如此，企业提价仍时有发生，主要原因包括：

（1）产品成本增加，如原材料价格上涨或生产管理费用提高，企业为保持利润率而提价。

（2）通货膨胀环境下，物价上涨导致企业成本费用增加，企业往往会通过提价将压力转嫁给中间商和消费者。

（3）产品供不应求时，提价可遏制过度需求，缓解市场压力，使供求平衡，同时获取高额利润，为扩大生产创造条件。

企业在产品市场优势明显、产品处于成长期、商品销售旺季或竞争对手提价等情况下，可选择提价。提价应尽量采用间接方式，以减少不利影响。同时，企业应通过多种渠道向顾客解释提价原因，减少顾客不满，维护企业形象。

无论是降价还是提价，企业都应关注价格变动的幅度、频率和时机，以取得预期效果。同时，价格变动和调整须符合政府政策和法律要求。

二、消费者对企业价格变动的反应

企业所确定的价格能否被消费者接受是衡量价格变动成功与否的重要标志。不同市场的消费者对价格变动的反应是不同的，即使处在同一市场的消费者对价格变动的反应也可能不同。

消费者可能会这样理解企业某种产品的降价：这种产品的样式过时了，将被新型产品所代替；这种产品有某些缺陷，销售不畅；企业财务困难，难以继续经营下去；这种产品的价格还要进一步下跌；这种产品的质量下降了。

企业提价通常会影响销售，但是购买者对企业某种产品的提价可能会这样理解：这种产品很畅销，不赶快买就买不到了；这种产品很有价值；销售者想尽量取得更多利润。

此外，消费者在面对不同价值层次产品的价格调整时，反应各不相同。对于价值较高且日常消费频繁的产品，消费者对其价格变动尤为敏感；而对于价值相对较低、购买频率不高的产品，即便单价有所提升，消费者的关注度也可能相对较低。值得注意的是，消费者不仅关注产品价格本身的变动，更看重产品的综合成本，这涵盖了产品的购置成本、使用成本以及后续的维护与服务费用。因此，若企业能够成功向消费者传达某产品的综合成本低廉的信息，即便其定价略高于市场竞品，也依然能够吸引消费者，获得更高的利润回报。

以家电行业为例，近年来，中国多家知名家电企业在面对市场竞争与消费升级时，采取了差异化的价格策略。例如，海尔、美的等品牌在推出其高端智能家电产品时，如海尔卡萨帝系列冰箱、美的 COLMO 高端智能空调等，适当上调了市场售价，以反映其技术创新、品质保证及高端品牌定位。与此同时，为了提高市场份额并满足不同层次消费者的需求，这些品牌也相应降低了中低端产品的价格，如海尔统帅系列、美的 i 青春系列等，以通过价格优势来吸引更多价格敏感型消费者。通过这种"高低搭配"的价格策略，家电企业不仅确保了高端产品线带来的利润增长，还通过中低端产品的价格优势，留住了对价格敏感的消费者，从而实现了市场份额与利润的双重提升。

三、竞争者对企业价格变动的反应

企业在制定价格调整策略时，必须全面考察消费者的反馈以及竞争者的反应。特别是在行业竞争者数量有限、产品同质化程度高且消费者具备高度辨识能力和专业知识的情况下，竞争者的应对策略显得尤为重要。

若企业仅面临一个强大的竞争对手，其反应模式可归为两类：

第一类，若竞争者倾向于以固定模式回应对手的价格调整，这种反应相对可预测。企业可通过深入分析该竞争者的内部文档、历史应对案例来预判其行动，亦可通过与竞争者紧密合作的客户、供应商、代理商及金融机构等渠道搜集信息，以更精准地预测其可能的反应。

第二类，若竞争者将每次价格变动视为独特的挑战，并根据自身即时利益做出决策，此时企业需要深入探究竞争者的即时利益构成。这要求企业对竞争者的财务状况、销售业绩、生产能力、顾客忠诚度及战略目标进行全面调查与分析。例如，若竞争者的核心目标是扩大市场份额，则其可能会跟随价格调整；若目标为利润最大化，则可能通过增加广告投入、加大产品推广力度、提升产品品质等非价格手段进行回应。

面对多个竞争者时，企业在调整价格的过程中需要分别评估每个竞争者的潜在反应。若竞争者行为模式相似，选取有代表性的竞争者进行分析即可；若各竞争者在规模、市场份额或企业策略等关键维度上存在显著差异，其对价格变动的反应也可能大相径庭，此时企业需要逐一细致分析每个竞争者可能采取的行动。

总之，企业在调整价格策略时，应充分利用内外部资源，综合考量并预测竞争者可能的反应，从而制定出恰当的营销应对策略。

四、企业应对竞争者的价格变动策略

在同质产品市场上，由于各企业的产品没有显著差异，因而消费者对产品价格较为敏感。若一家企业降价，其他企业也必须随之降价，否则消费者就会流向降价的企业；若一家企业提价，而其他企业不随之提价，那么提价的企业就不得不取消提价，否则消费者就会流向没有提价的企业。

在异质产品市场上，由于各企业的产品存在细微或明显的差异，消费者在选择时会综合考虑产品价格、质量、服务、可靠性等多个因素。因此，在异质产品市场上，

消费者对较小的价格差异反应相对不敏感。尽管如此,当一家企业提价时,如果其他企业并未跟随提价,那么这家提价的企业可能会面临市场份额减少的风险,因为消费者可能会转向那些价格更为稳定或更具吸引力的竞争对手。

然而,这并不意味着提价企业必须立即取消提价,提价企业需要根据市场反应、产品定位以及品牌忠诚度等多方面因素来综合评估,并可以采取其他非价格策略来巩固市场地位。总的来说,在异质产品市场上,企业对竞争者价格变动的反应拥有更大的自由度和灵活性,要根据自身情况灵活调整策略,以应对市场的变化。

企业在对竞争者的价格变动进行分析时必须弄清楚以下问题:

竞争者调价的目的是什么?

竞争者打算暂时改变价格还是永久改变价格?

如果对竞争者的价格变动置之不理,那么本企业的市场占有率和利润率会如何变化?

其他企业是否会对竞争者的价格变动做出反应?

竞争者对本企业可能做出的反应又会有何反应?

企业面对竞争者精心策划的价格变动行为,除非早有预见和准备,否则很可能需要迅速准确地做出分析和判断。通常企业会根据具体情况从以下几种对策中进行选择:

(1)维持原有的营销组合不变。这种做法主要适用于以下情况:市场对价格并不敏感;保持价格不变,企业的市场份额不会明显下降;跟进降价可能会过多损失企业利润等。

(2)保持价格不变,调整其他营销组合策略。指企业运用非价格策略,如改进产品、提高服务水平与加强沟通等手段来应对竞争者。这种方式适合于那些需求价格弹性较低的商品。这样不仅有助于减少企业利润损失,还能提升品牌形象。

(3)以相同或不同幅度降低价格。这一策略适用于以下情况:市场对价格很敏感,维持原价会使产品失去大批顾客;跟随降价可以使产品的销量和产量大幅度增加,从而形成规模效应;市场份额减少后,将来很难恢复;降价可保持原有的竞争格局等。

(4)提高价格。这是一种"反其道而行"的应对策略。虽然有可能导致市场份额进一步丧失,但引导得当则会使消费者更加认同企业的品牌价值。这一策略适用于以下情况:产品具有明显特色;产品品牌已有一定的知名度和美誉度;企业在行业中处于领先地位;商品需求价格弹性较小。

由于企业在面对竞争者的价格变动时,应对策略往往是在被动情况下做出的,而且时间非常紧迫。为减少因仓促应变带来的不利影响,企业应建立一套预警系统,随时分析监测,并预先设计反应对策,如此才能在动态变化的环境中谋求生存和发展。

> **知识链接**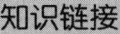
>
> **全球价值链与价格策略**
>
> 详细内容,
> 请扫描二维码阅读。
>
>
>
> 二维码 9-8

第五节　数字化定价与价格优化

数字化定价不仅能够帮助企业更准确地捕捉市场需求,制定符合市场规律的价格策略,还能够通过实时数据分析,实现价格的动态调整和优化,从而提高企业的市场竞争力和盈利能力。

一、数字化定价的方法与实践

企业面临着快速变化的市场环境和激烈的竞争,传统的定价方法已难以满足市场需求。因此,企业需要借助先进的技术和方法来优化定价策略,以实现利润最大化和提升市场竞争力。

通过大数据分析,企业可以了解市场需求的变化趋势,预测未来的市场需求量,从而制定出更加符合市场需求的价格策略。通过对竞争对手的价格、市场份额、产品特性等数据进行分析,企业可以了解竞争态势,制定出具有竞争力的价格策略。

利用机器学习算法,企业可以建立价格预测模型,根据历史价格数据和市场趋势,预测未来的价格水平。通过实时收集和分析市场数据,动态定价系统能够自动调整价格,以适应市场变化。这种系统可以基于消费者行为、库存水平、竞争产品价格等多种因素进行定价决策。

价格优化软件可以帮助企业进行价格测试,通过对比不同价格下的销售额和利润水平,找到最优价格点。利用价格优化软件,企业可以建立利润最大化模型,综合考虑成本、销量和价格等因素,制定出能够实现利润最大化的价格策略。

以下是几种主要的数字化定价策略及其实践应用:

1. 个性化定价

(1) 基于消费者画像的定价。企业可以根据消费者的基本信息,如年龄、性别、收入水平、购买历史等,为不同消费者提供个性化的价格。这种定价策略能够更好地满足消费者的需求,提高客户满意度。

(2) 基于购买行为的定价。通过分析消费者的购买行为,如购买频率、购买数量、

购买时间等,企业可以制定出更加灵活的价格策略。例如,对于购买频率较高的消费者,可以提供一定的折扣或优惠。

2. 动态定价

(1) 基于市场需求的动态定价。企业可以根据市场需求的变化,实时调整价格。例如,在需求旺盛时提高价格,在需求低迷时降低价格,以实现利润最大化。

(2) 基于库存水平的动态定价。通过实时监控库存水平,企业可以根据库存情况调整价格。例如,当库存积压时,可以通过降价促销来减少库存;当库存紧张时,可以适当提高价格以增加利润。

3. 价值定价

(1) 基于产品价值的定价。企业可以根据产品的价值来制定价格。对于高品质、高附加值的产品,可以制定较高的价格;对于普通品质的产品,则制定较低的价格。这种定价策略能够体现产品的差异化特点,提高市场竞争力。

(2) 基于消费者感知价值的定价。通过分析消费者对产品的感知价值,企业可以制定出更加符合消费者心理预期的价格。例如,对于具有独特卖点或品牌形象的产品,可以制定较高的价格。

二、数字化定价中的挑战与应对策略

在数字化时代,企业通过收集和分析大量消费者数据来优化定价策略,从而实现利润最大化和提升市场竞争力。然而,这一过程也带来了诸多挑战。以下是企业在数字化定价中常见的挑战及应对策略:

1. 数据隐私与安全

企业不可避免地需要广泛收集并深入分析大量消费者数据,然而,所收集的数据可能直接关系到消费者的个人隐私,从而面临着数据泄露及被滥用的高风险。

为了有效应对数据隐私保护方面的挑战,企业应着手建立一套健全的数据隐私保护机制,该机制旨在全方位确保消费者数据的安全性与合规性使用。在此基础上,还需要不断加强员工的培训力度,切实提升全员对数据隐私保护重要性的认知。

2. 价格歧视与公平性

个性化定价策略的实施可能会引发价格歧视的问题,即企业针对不同消费者群体设定不同的价格。这种做法旨在使利润最大化,可能导致消费者感觉不公平,进而对企业的品牌形象和客户信任关系造成负面影响。价格差异的存在,容易让消费者产生被剥削的感觉,影响其对品牌的忠诚度与满意度。

为了缓解这一挑战,企业应致力于确保个性化定价策略的公平性与透明度。在制定价格策略时,须认真考量消费者的利益与感受,力求在追求经济效益的同时,避免过度的价格歧视现象。此外,加强与消费者的沟通显得尤为重要,企业应主动解释价格差异背后的原因及其合理性,比如基于成本、需求弹性或市场竞争等因素的调整,从而获得消费者的理解,维护良好的客户关系。

3. 价格竞争与价格战

数字化定价技术的广泛应用，无疑加剧了市场竞争的激烈程度。在这样一个高度竞争的环境中，企业往往面临价格战的风险，尤其是在同质化产品泛滥的市场中。价格战不仅可能导致企业利润空间被大幅压缩，严重时还可能引发全行业的亏损局面。数字化定价使得价格信息更加透明，消费者能够轻松对比不同商家的报价，这使得价格成为影响消费者购买决策的重要因素之一，从而进一步加大了企业面临的价格竞争压力。

为了有效应对价格战带来的挑战，企业应从多个维度出发，构建自身的竞争优势。首先，提升产品质量和优化服务是关键。通过不断改进产品设计、采用更优质的材料、提升售后服务质量等方式，企业可以打造差异化竞争优势，降低单纯价格竞争的影响。其次，创新营销策略同样重要。企业可以利用大数据分析消费者行为，精准定位目标市场，通过创意广告和个性化推广吸引消费者，提升品牌知名度和美誉度。最后，企业还应积极探索与其他企业的合作机会，通过资源共享、优势互补，实现共赢发展。这种合作模式有助于稳定市场秩序，共同推动整个行业的健康发展，从而在一定程度上缓解价格战带来的负面影响。

三、数字化定价的未来发展趋势

随着技术的不断进步和市场环境的快速变化，数字化定价正逐渐成为企业提升竞争力和盈利能力的关键策略。未来，数字化定价将呈现出以下几大趋势：

1. 智能化定价

随着人工智能技术的不断进步，智能化定价将成为数字化定价的重要趋势。企业可以利用人工智能算法进行更加精准的价格预测和优化，实现价格的智能化调整和管理。

2. 数据驱动的定价决策

未来，数据将成为企业定价决策的重要依据。通过收集和分析更多维度的数据，企业可以更加全面地了解市场需求、竞争态势和消费者偏好，从而制定出更加科学合理的价格策略。

3. 跨渠道定价协同

随着全渠道营销的发展，企业需要实现跨渠道定价的协同。通过整合不同渠道的价格数据和信息，企业可以制定出更加一致和协调的价格策略，提高整体营销效果和客户满意度。

4. 价格与营销策略的融合

企业可以通过价格与其他营销手段的协同，如举办促销活动、发放优惠券、升级会员权益等，共同推动销售增长和市场份额提升。

数字化定价已成为企业营销的重要手段之一。通过大数据分析、人工智能算法等技术手段进行价格优化和管理，企业能够更好地适应市场变化、满足消费者需求并提高盈利能力。在实施数字化定价策略时，企业也需要注意数据隐私与安全、价格歧视与公平性、价格竞争与价格战等挑战与风险。未来，随着技术的不断进步和市场的不断发展，数字化定价将呈现出更加智能化、数据驱动和跨渠道协同的趋势。企业应积极应对这些变化和挑战，不断创新和优化数字化定价策略以推动企业的持续发展。

案例分享

小米为什么火爆：消费者需求角度的透视

详细内容，请扫描二维码阅读。

二维码 9-9

本章提要

详细内容，请扫描二维码阅读。

二维码 9-10

本章习题与练习

1. 列举并解释影响企业定价的主要因素。
2. 什么是需求价格弹性？举例说明其类型及对企业定价的影响。
3. 阐述企业的定价目标主要包括哪些，并解释其重要性。
4. 详细说明企业定价的三种主要方法及其适用场景。
5. 在新产品推出时，企业可以采取哪些定价策略？分析各自的优缺点。
6. 列举并解释常用的折扣定价策略。
7. 列举并解释常用的心理定价策略，并分析其对企业销售的影响。
8. 分析企业提价或降价的主要原因，并讨论这些原因对企业利润和市场地位的影响。
9. 结合数字化定价的背景，分析其在企业营销中的意义和作用。
10. 讨论数字化定价中的挑战与应对策略，以及未来数字化定价的发展趋势。

第十章
分销渠道策略

【学习目标】
1. 掌握分销渠道的概念、流程及核心功能。
2. 熟知分销渠道的各种类型、特征及应用。
3. 分析分销渠道设计的影响因素及策略制定。
4. 精通分销渠道的设计、管理及优化方法。
5. 了解批发商与零售商的类型、特点及功能。
6. 理解物流管理决策内容及供应链管理策划。
7. 掌握数字化分销渠道的定义、设计、管理及优化策略。

【思政目标】
详细内容,请扫描二维码阅读。

二维码 10-1

在数字化时代背景下,分销渠道已成为企业市场竞争力的核心影响因素。企业需要全面掌握分销渠道的概念、流程及核心功能,熟知各类分销渠道的特征及应用,以灵活应对市场变化。同时,深入分析分销渠道设计的影响因素,科学制定策略,精通分销渠道的设计、管理与优化,以确保渠道的高效运转。此外,随着电子商务的蓬勃发展,数字化分销渠道的重要性日益凸显,企业须紧跟时代步伐,掌握数字化分销渠道的定义、设计、管理及优化策略,以实现可持续发展。同时,物流管理与供应链管理也是提升分销效率、降低成本的关键环节,不容忽视。

【思维导图】

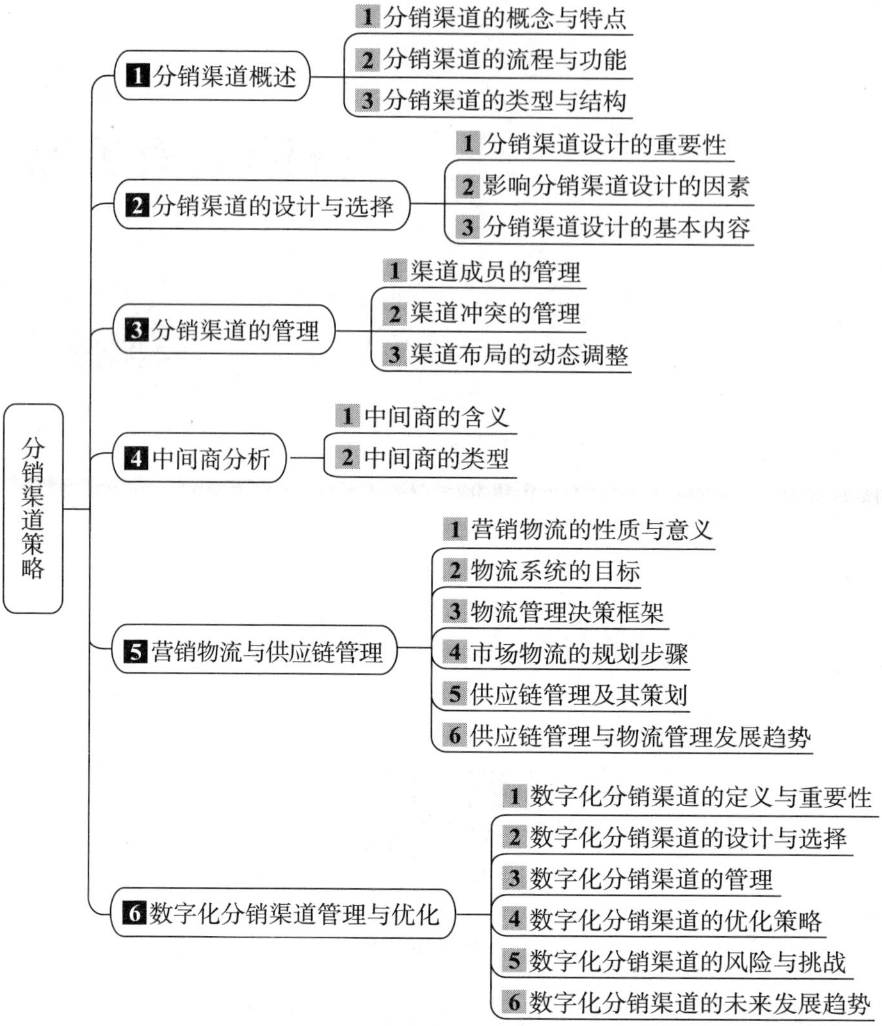

分销渠道策略
- 1 分销渠道概述
  - 1 分销渠道的概念与特点
  - 2 分销渠道的流程与功能
  - 3 分销渠道的类型与结构
- 2 分销渠道的设计与选择
  - 1 分销渠道设计的重要性
  - 2 影响分销渠道设计的因素
  - 3 分销渠道设计的基本内容
- 3 分销渠道的管理
  - 1 渠道成员的管理
  - 2 渠道冲突的管理
  - 3 渠道布局的动态调整
- 4 中间商分析
  - 1 中间商的含义
  - 2 中间商的类型
- 5 营销物流与供应链管理
  - 1 营销物流的性质与意义
  - 2 物流系统的目标
  - 3 物流管理决策框架
  - 4 市场物流的规划步骤
  - 5 供应链管理及其策划
  - 6 供应链管理与物流管理发展趋势
- 6 数字化分销渠道管理与优化
  - 1 数字化分销渠道的定义与重要性
  - 2 数字化分销渠道的设计与选择
  - 3 数字化分销渠道的管理
  - 4 数字化分销渠道的优化策略
  - 5 数字化分销渠道的风险与挑战
  - 6 数字化分销渠道的未来发展趋势

> **案例导入**
>
> Lululemon——以社区为核心的全渠道战略
>
> 详细内容,请扫描二维码阅读。
>
>
>
> 二维码 10-2

第一节　分销渠道概述

一、分销渠道的概念与特点

(一) 分销渠道的概念

分销渠道是指产品或服务从生产领域流向消费领域的过程中,由一系列相互关联的机构所构成的通道体系。这些机构共同协作,确保产品或服务能够顺畅地通过市场交换环节,最终转移至消费者和用户手中供其使用。简而言之,分销渠道是由一系列相互依存的组织所构成的,它们共同促进了产品或服务在市场中的流通与消费。

(二) 分销渠道的特点和重要性

分销渠道构成了产品从生产者至最终消费者或用户的完整流通路径。无论这一路径是否包含中间环节,以及包含多少中间环节,其起始点均为生产者,终点则是实现产品价值的最终消费者或用户。

分销渠道的组织结构由涉及产品流通过程的各类渠道成员构成,这些成员包括生产者自身的销售部门、中间代理商、批发商、零售商以及负责实体分配的储运企业等。这些渠道成员,无论是企业还是个人,都承担着协助生产者转移产品所有权的共同职责。

分销渠道是连接生产者与消费者的桥梁,这一桥梁由多个流转环节紧密相连而成。例如,生产者的产品通过其销售机构卖给批发商,再由批发商转售给零售商,最终由零售商销售给消费者,这便是某一特定产品的分销路径。当渠道成员间发生购销行为时,这些流转环节便相互衔接,共同推动产品从生产者流向消费者,形成了一条畅通无阻的分销通道。

分销渠道不仅承载着调研、购销、融资、储运等多重职能,还负责在恰当的地点、以适宜的价格、质量和数量提供产品或服务,以满足目标市场的需求。同时,分销渠道各成员还需要共同努力,开拓市场、刺激需求,并在面对外部竞争时进行自我调节与创新。

分销商的存在简化了企业与消费者之间的交易流程，减少了交易联系。利用分销商可以减轻企业的分销工作量，有效节省分销成本，从而降低社会交易成本。在图10－1所示的例子中可以看到，由于分销商的存在，企业与消费者之间的交易联系减少了。所以，利用分销商可以减少企业的分销工作量，从而有效地节省企业的分销成本。

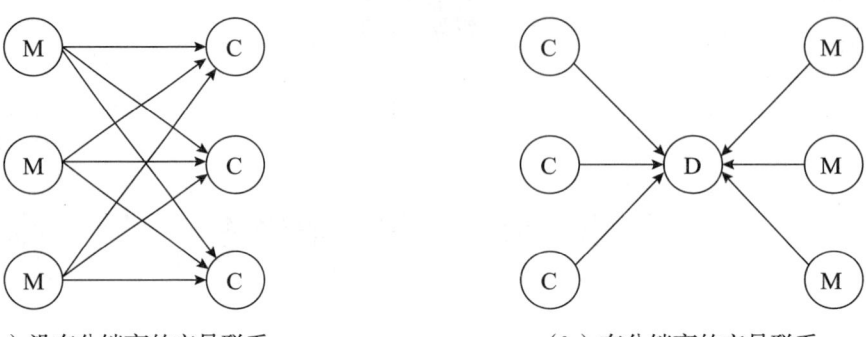

（a）没有分销商的交易联系　　　　（b）有分销商的交易联系

M——生产商；C——消费者；D——分销商

图10－1　分销商的经济效果

二、分销渠道的流程与功能

（一）分销渠道的流程

在分销渠道中，各成员所执行的活动构成了一系列不同种类的"流"。它们使渠道的各类组织机构紧密相连，共同塑造了分销渠道的多样形态。

1. 实物流

实物流是指实体产品或服务从生产者向消费者和用户转移的过程，其核心环节包括产品的运输和储存。在分销渠道的运作中，渠道成员通常需要在不同时间点持有适量的存货以满足市场需求。然而，过量的存货会带来过高的备货成本，影响渠道的整体效益。因此，合理组织和优化实物流，成为提高分销渠道效率和效益的关键要素之一。承载这一实物流的是实体分配渠道，如图10－2所示，它确保了产品能够顺畅地从生产者流向终端顾客。

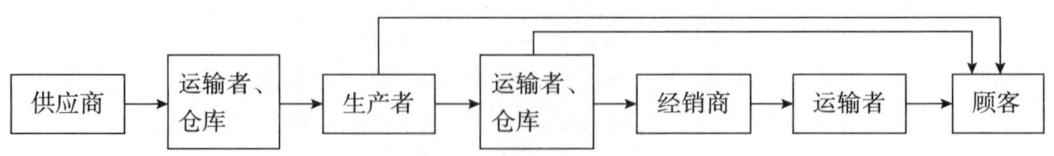

图10－2　分销渠道中的实物流

2. 所有权流

所有权流，亦称商流，指的是产品所有权或持有权在分销渠道中，从一个成员转移到另一个成员的过程。这一流程通常伴随着购销活动的进行，在渠道中逐步推进。

承载所有权流的是整个分销渠道体系，如图 10-3 所示，它详细描绘了产品所有权如何在不同渠道成员间传递，直至到达终端的顾客。

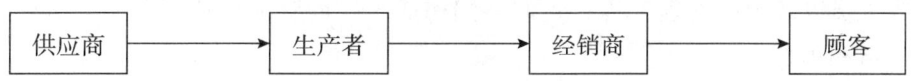

图 10-3　分销渠道中的所有权流

3. 付款流

货款在各分销成员之间的流动过程被称为"付款流"。承载付款流的是结算付款渠道，如图 10-4 所示。

图 10-4　分销渠道中的付款流

4. 信息流

在分销渠道中，各营销中间机构相互传递信息的过程就是"信息流"。通常渠道中每一对相邻机构间都进行双向的信息交流，而互不相邻的机构间也可能会有信息交流。承载信息流的是信息沟通渠道，如图 10-5 所示。

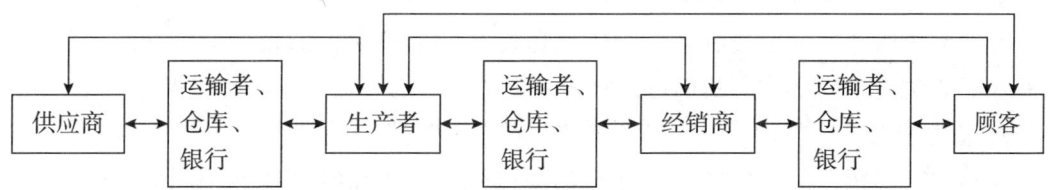

图 10-5　分销渠道中的信息流

5. 促销流

促销流是指分销渠道中一个成员通过广告、人员推销、宣传报道、公共关系等多种促销活动对另一个成员或终端顾客施加积极影响的过程。所有渠道成员都肩负着对顾客进行促销的职责，这既包括广告、公共关系和销售促进等面向广大群体的促销手段，也涵盖人员推销等针对个体的促销策略。承载这一促销信息流的是促销渠道，它构成了分销渠道中信息传递的重要一环。图 10-6 详细描绘了促销信息在渠道内部的传递过程。

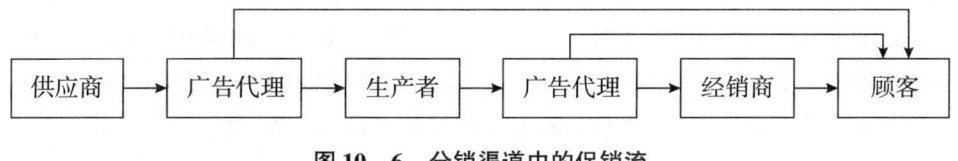

图 10-6　分销渠道中的促销流

除上述五种主要流程外，针对某些具有回收属性的产品，还可能存在"逆向流"。一般而言，以下几类产品容易产生逆向流：①可重复使用的产品或容器，例如酸奶瓶、化学品灌装桶等；②经过修理后可重新出售的产品，如部分电子产品；③可回收处理的垃圾和废品。在逆向流中，常见的中间商包括制造商的回收中心、社区回收站点、废品回收人员以及中央处理厂等，它们共同构成了逆向物流网络，负责处理这些产品的回收与再利用。

（二）分销渠道的功能

在发达的商品经济中，生产者与消费者之间存在时间与空间、信息与服务的分离，分销渠道作为连接两者的桥梁，发挥着以下关键功能：信息桥梁、产品整理、所有权转移、促销推广、资金流动、服务支持、产品定位、文化表达，详细内容，请扫描二维码阅读。

二维码 10-3

此外，分销渠道还具备咨询、调研、预测及风险承担等功能，这些功能丰富了产品或服务的价值，满足了消费者的多元化需求，为营销活动提供了全面支持。有效组织与顺畅运行的分销渠道对价值系统的整合至关重要，有助于构建企业的整体竞争优势。

三、分销渠道的类型与结构

（一）直接渠道与间接渠道

在产品或服务的流通过程中，分销渠道扮演着至关重要的角色。根据产品在流通过程中是否经过中间环节，我们可以将分销渠道划分为直接渠道与间接渠道。

1. 直接渠道

直接渠道是指产品从生产者直接流向终端顾客，无须经过任何中间商的转手。这种方式在工业品分销中尤为常见，特别是大型设备、专用工具以及需要提供专门服务的工业品，几乎均采用直接渠道。随着科技的进步，消费品的直接渠道也得到了显著发展。

直接渠道主要适用于以下情形：一是产品用途单一，生产厂家直接根据用户的特殊需求进行加工和供应；二是产品技术复杂，服务要求高，需要一条龙的服务体制；三是产品用户集中，购买批次少但批量大；四是鲜活食品、手工业制品等传统产业，因产品特性或地域限制，常采用直接渠道以确保新鲜度和定制化服务；五是邮购、电话电视购物、网络购物等新兴服务业，通过直接渠道能实现便捷、高效的交易。图10-7列出了分销渠道的基本类型，其中零级渠道属于直接渠道类型。

直接渠道的优点在于销售及时、市场反馈直接、便于产销沟通、售后服务完善、流通费用节省以及有利于控制商品价格。然而，其缺点也显而易见，即生产者在产品销售上需要投入大量的人力、物力、财力，且销售范围受到较大限制，从而影响销量。

2. 间接渠道

间接渠道则是指生产者通过中间商将其产品或服务销售给终端顾客或用户。这是一种多层次的分销方式，一般需要经过一至两个中间商，有的甚至经过三个或更多的

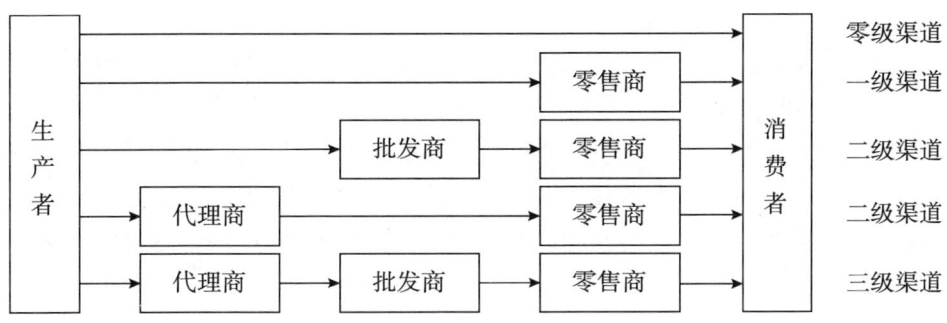

（a）消费品分销渠道

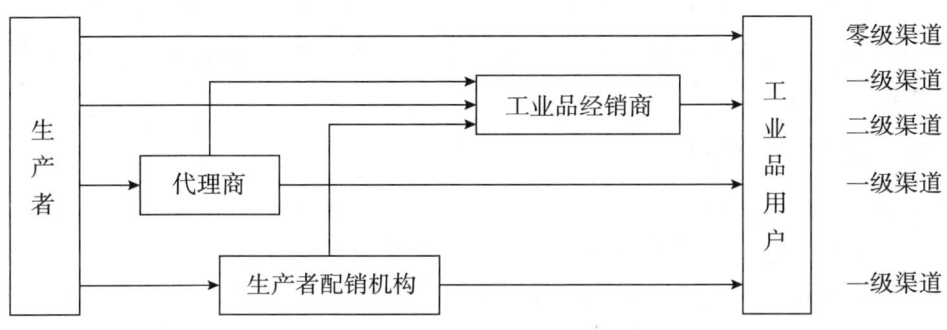

（b）工业品分销渠道

图 10－7　分销渠道的基本类型

中间商。根据中间环节的多少，我们可以将间接渠道进一步划分为一级、二级和三级渠道，如图 10－7 所示。

一级渠道是指生产者和消费者（或用户）之间仅经过一层中间环节。在消费品市场中，这一中间环节通常是零售商；而在工业品市场中，则可能是代理商或经销商。二级渠道则是指生产者和消费者（或用户）之间经过两层中间环节，如消费品市场中的零售商和批发商（或代理商），以及工业品市场中的代理商（或生产者配销机构）和经销商。三级渠道则是指包含三级中间商的渠道类型，主要适用于一些消费面广的日用品，如肉类食品及包装类产品的生产者。

间接渠道是日用消费品分销渠道的主要类型，部分工业品也采用此方式。采用间接渠道意味着生产者需要在一定程度上放弃对销售方式和销售对象的控制，从而增加了市场风险。然而，大多数生产者缺乏直接组织市场销售的财力和经验，而采用间接渠道可以发挥中间商在广泛提供产品和进入目标市场方面的优势。特别是中间商能够协调生产者提供的产品组合与消费者所需组合之间的矛盾，包括处理产品差异、时间差异、地点差异和所有权差异等一系列问题，这是生产者难以替代的。

（二）长渠道与短渠道

长渠道与短渠道的划分依据是产品从生产者转移至消费者过程中经过的中间环节

数量。

长渠道指的是生产者通过两个或更多中间商将产品销售给消费者或用户。对于销量较大、销售范围广泛的产品，长渠道尤为适用。通过批发商或代理商，再由零售商转售给消费者，这种方式能够让生产者充分利用各类中间商的资源及其高度专业化的优势，减轻资金压力和减少人员投入，从而获得广泛的市场覆盖面。长渠道的缺点是生产者对产品的控制力减弱，获取市场信息更为困难；流通费用的增加也不利于减轻消费者的价格负担。

短渠道则是生产者仅通过一个中间环节或直接销售产品。对于销量大、市场集中或产品技术复杂、价格较高的情形，短渠道更为合适。短渠道能够迅速将商品送达消费者手中，减少商品使用价值的损失，便于开展售后服务，并节省费用开支，降低产品价格。然而，其缺点在于市场覆盖面相对较小；生产者需要承担更多的商业职能，不利于集中精力搞好生产。

（三）宽渠道与窄渠道

宽渠道与窄渠道的划分则是根据生产者在某一区域目标市场选择的中间商数量来确定的。宽渠道指的是生产者通过尽可能多的批发商或零售商在广泛的市场上销售其产品，渠道覆盖率较高，适用于普通日用消费品。窄渠道则是生产者仅利用较少的批发商或零售商在有限的市场上销售，渠道覆盖率较低，适用于专业性强的产品或贵重耐用消费品。窄渠道使生产者易于控制分销，但市场覆盖面受到限制。

根据分销渠道的宽窄，可以进一步细分为密集型分销、选择型分销和独家分销三种形式。

1. 密集型分销。作为宽渠道的典型代表，强调通过最大化中间商数量实现市场全覆盖；

2. 选择型分销。属于窄渠道范畴，表现为在特定区域精选若干合格的中间商合作；

3. 独家分销。作为窄渠道的极端形式，指在特定区域仅授权单一中间商独家经营。

（四）传统分销渠道与整合分销渠道

在分销渠道的广阔领域中，渠道成员间的相互关联程度构成了区分不同类型分销渠道的关键特征。基于相互联系的紧密程度，我们可以将分销渠道细分为传统分销渠道与整合分销渠道两大类。

1. 传统分销渠道

传统分销渠道是由相互独立的生产者、批发商和零售商所构成的分销网络。在这一渠道体系中，各成员之间的联系较为松散。他们保持一定的距离，通过讨价还价和谈判来确定销售条件，并在其他方面追求各自利益的最大化，往往忽视了整体的协同效益。传统分销渠道展现出一个高度分散的销售组织结构，它在现实商业环境中占据着主导地位，被多数企业所采用。然而，随着营销环境的持续演变，传统分销渠道正面临着前所未有的挑战。

传统分销渠道的特点在于其成员间的独立性。这种独立性虽然赋予了各成员一定的自主权，但也导致了渠道内部协调性的缺失。由于缺乏统一的战略规划和协同行动，传统分销渠道在面对市场竞争时往往显得力不从心。此外，成员间的利益冲突也时有发生，进一步削弱了渠道的整体竞争力。

2. 整合分销渠道

整合分销渠道则是对传统分销渠道的一种革新与超越。它强调渠道成员之间的纵向或横向联合，以及利用多渠道覆盖同一目标市场，以实现规模经济效益。这种分销渠道正逐渐成为越来越多企业的首选。整合分销渠道主要包括垂直渠道系统、水平渠道系统、多渠道分销系统和全渠道分销系统几种形式。

（1）垂直渠道系统，又称纵向营销系统，是由生产者、批发商和零售商形成的统一联合体。在这一系统内，渠道成员之间采取不同程度的一体化经营或联合经营策略，形成一个专业化管理和集中计划的销售组织网络。垂直渠道系统通过整合上下游资源，实现了渠道内部的协同与高效运作。垂直渠道系统和传统分销渠道的对比如图10-8所示。

根据整合方式的不同，垂直渠道系统可以进一步细分为公司式垂直渠道系统、契约式垂直渠道系统和管理式垂直渠道系统三种形式。

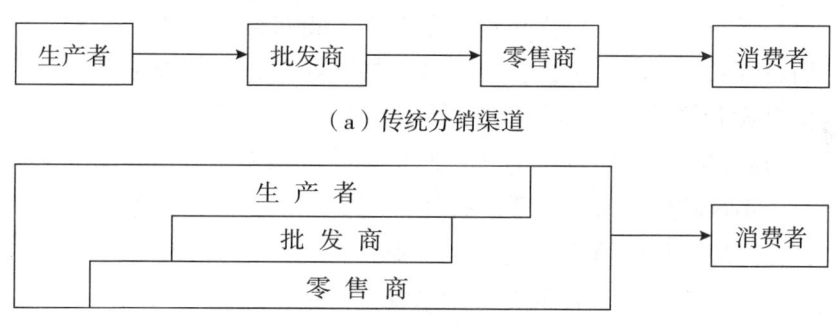

图10-8 传统分销渠道与垂直渠道系统的对比

公司式垂直渠道系统。这是一种高度集成的分销模式，由一家大型企业全面拥有并统一管理其内部的生产者、批发机构和零售机构。该系统通过控制分销渠道的多个层次，甚至整个分销网络，实现了工商一体化的经营策略。由于企业规模庞大，该系统能够吸纳并整合多元产权主体，将它们纳入同一所有权体系下，形成分工明确、协同高效的运营机制。这种整合减少了内部矛盾与冲突，增强了整体协调性。以华为为例，它不仅拥有自主的生产线，还通过自建或并购的方式，牢牢掌控了部分分销和零售环节，如华为专卖店和线上商城。这种垂直整合策略，使华为能够精准控制产品质量，提高分销效率，优化客户服务，实现从生产到销售的全程精细化管理。

契约式垂直渠道系统。即由不同层级的生产者和经销商，通过签订契约形成的紧密联合体。该系统主要包括批发商组织的连锁店、零售商合作社以及特许经营机构等。契约关系促使各成员共同追求经济效益和销售效果的最大化。以肯德基在中国的经营模式为例，它采用了特许经营的契约式垂直渠道系统。加盟商与肯德基签订特许经营合同，获取品牌使用权、经营指导和技术支持，并遵循肯德基的统一标准和要求。这种合作模式，使肯德基能够迅速提升市场份额，同时保持品牌的一致性和服务质量。

管理式垂直渠道系统。这是指由渠道中某个实力雄厚的成员来主导和协调整个分销渠道的销售管理活动的系统。该系统并非由同一所有者下的相关部门构成，而是由一家规模大、实力强的企业出面组织，渠道成员承认相互依赖关系，并愿意接受该企业的领导，以实现产品流通活动的协调与管理。阿里巴巴作为电商领域的佼佼者，通过其平台，协调和管理着庞大的供应商、分销商和零售商网络。通过制定规则、提供技术支持和数据分析，阿里巴巴帮助渠道成员提升销售效率和服务质量，实现了对整个分销渠道的有效管理。

（2）水平渠道系统，亦称横向营销联盟，指的是处于同一市场层级的两家或多家企业，通过多样化合作模式共同创造并把握新的营销机遇的渠道体系。这些企业可能因资金、技术、生产或营销资源匮乏而难以独立开拓新市场；或出于风险规避的考量；抑或认识到联合行动能带来最佳的协同效应。因此，它们构建了一种共生合作的渠道系统，旨在实现效益最大化。

水平渠道系统的成员间的合作可以是临时的，也可以是长期稳定的。面对新兴市场机会，它们通过联合行动，整合各自资源，共同规避风险，携手开发市场并分享成果。这种合作模式促进了企业间的优势互补，实现了互利共赢。

在中国，滴滴出行与快的打车的合并便是一个典型例子。两者均为网约车服务平台，通过合并，不仅减少了市场竞争的损耗，还实现了资源的高效整合，共同提升了市场竞争力，更好地满足了消费者的出行需求。

（3）多渠道分销系统，又称混合营销系统，是指企业建立两条或更多的分销渠道以覆盖一个或更多细分市场的渠道体系。这种系统通过多样化的分销渠道来满足不同顾客的需求和偏好。多渠道分销系统一般分为两种类型：一种是生产者通过多种渠道销售同一商标的产品（双重分销）；另一种是生产者通过多渠道销售不同商标的差异性产品。此外，还有一些企业通过同一产品在销售过程中的服务内容与方式的差异来形成多条渠道。

多渠道分销系统为生产者提供了多方面的利益。首先，它扩大了产品的市场覆盖面，使企业能够更广泛地接触和覆盖潜在客户。其次，通过多渠道分销系统，企业可以降低渠道成本并提高销售效率。不同渠道之间的竞争和互补关系有助于企业优化资源配置并降低运营成本。最后，多渠道分销系统能够更好地适应不同顾客的要求。企业可以根据不同顾客的需求和偏好来选择合适的分销渠道和服务方式，从而提高顾客满意度和忠诚度。

（4）全渠道分销系统是一种综合性的商业运营策略，旨在深度整合与协同线上线下的各类销售与服务渠道。该系统涵盖了实体店铺、电商网站、移动应用、社交媒体、电话销售、电视购物等多种渠道形式，具有以下核心特点。

渠道融合性。全渠道分销系统打破了线上线下的界限，将它们视为一个不可分割的整体。消费者可以在网上下单后选择到附近实体店自提，或者在实体店体验产品后通过线上渠道完成支付购买，实现线上线下的无缝衔接。

信息共享性。在该系统中，各个渠道之间的商品信息、库存数据、客户信息等能够实现实时共享和同步更新。例如，当线上渠道的某款商品库存不足时，系统会自动显示附近实体店的库存情况，并引导消费者前往购买，从而提升消费者的购物体验和效率。

服务一致性。全渠道分销系统确保消费者无论通过哪个渠道与企业接触，都能享受到相同水平和质量的服务。这包括售后政策的统一执行、客服回应的标准和质量的保持等，为消费者提供稳定可靠的购物保障。

营销协同性。该系统能够实现线上线下营销活动的相互配合和协同作战。例如，线上发起的促销活动可以同步在实体店进行，实体店也可以提供与线上相匹配的服务和支持，从而增强营销效果，提升品牌影响力。

数据分析能力较强。全渠道分销系统能够综合分析来自各个渠道的数据信息，深入挖掘消费者行为、市场趋势等关键要素。这有助于企业更准确地了解市场需求和消费者偏好，从而优化产品组合、提升服务质量和制定更加精准的营销策略。例如，企业可以根据不同渠道的销售数据调整商品的铺货策略，以实现更高效的市场布局和资源配置。

第二节　分销渠道的设计与选择

一、分销渠道设计的重要性

分销渠道设计，是指为达成既定的营销目标，对备选的分销渠道结构进行全面评估与精心选择，旨在开发或优化现有的分销渠道体系。营销活动的核心在于满足消费者的多元化需求，而分销渠道正是连接生产者与消费者的关键桥梁。因此，分销渠道设计的优劣，直接关系到企业产品价值能否充分实现。一个科学的分销渠道，能够迅速且高效地将商品推向目标市场，为生产商及中间商带来更为丰厚的现实利益与长远回报。

在进行渠道设计时，企业需要基于两个前提条件：一是拥有清晰明确的产品或服务概念，能够切实满足顾客需求；二是产品或服务需要拥有明确的目标市场定位。若企业提供的产品或服务对目标市场缺乏真正的价值，如价格不合理、质量不高或缺乏其他竞争优势，抑或企业的目标市场定位模糊不清，那么即便分销渠道设计得非常完善,也难以挽救其失败的命运。因此,渠道设计需要严格遵循以下两个原则:一是以合理的价格提供可靠的产品或服务,最大限度减少消费者的不便;二是精准定位各类细分的目标市场,并提供恰如其分的产品以满足其特定需求。

具体地说,分销渠道设计应明确回答:

为使最终顾客满意,通常需要分销渠道系统提供哪些服务?

可以在营销或后勤方面做出哪些努力去提供这些服务?

由哪一类机构提供这些服务,可以做得更好并同时兼顾整体组织效率和效益?

潜在的渠道成员更愿意明确分工、各自承担责任,还是以某一组织为核心直接整合共同目标?

二、影响分销渠道设计的因素

有效的渠道设计旨在以较低的费用为目标市场提供高水平的服务,并确保该渠道结构在各种情境下均具备适用性。这种理想的渠道结构应具备较强的目标市场覆盖能力,能够最大程度地提升目标市场顾客的满意度,并为生产者带来丰厚的利润。然而,实现这样的渠道设计需要应对多重因素的挑战。因此,生产者在选择分销渠道时,必须全面考虑企业欲达成的市场目标及所有相关影响因素,具体如表10-1所示。

表10-1 分销渠道设计的影响因素

影响因素		渠道模式			
		长渠道	短渠道	宽渠道	窄渠道
市场因素	潜在市场的规模	大	小	大	小
	潜在市场地理分布	分散	集中	分散	集中
	消费者的购买习惯	频率高,量小	频率低,量大	频率高,量小	频率低,量大
	市场上竞争者情况	保持与竞争者不同的模式			
产品因素	产品单价	不高	高	不高	高
	产品易损或易腐性	弱	强	弱	强
	产品的体积与重量	小而轻	大而重	小而轻	大而重
	产品的技术性	弱、简单	强、复杂	弱、简单	强、复杂
企业因素	企业实力	小而弱	大而雄厚	小而弱	大而雄厚
	管理水平与经验	低而少	高而丰富	低而少	高而丰富
	控制渠道的意愿	弱	强	弱	强
	服务能力	弱	强	弱	强
中间商因素	合作的可能性	大	小	大	小
	费用	低	高	低	高
	服务	量多质高	少或无	量多质高	少或无
环境因素		经济环境、技术环境、社会文化环境、政策法律环境			

对市场因素、产品因素、企业因素、中间商因素和环境因素的详细介绍，请扫描二维码阅读。

三、分销渠道设计的基本内容

二维码 10 – 4

分销渠道设计的精髓在于构建一个既能灵活应对环境变化，又能有效控制交易成本的体系框架。此框架旨在整合合作伙伴的互补资源，强化各自在价值链中的核心竞争力，从而共同创造出更大的顾客价值。鉴于分销渠道的复杂性和战略长期性，设计过程中必须遵循严格的规范，明确基本内容。设计这样一个系统，关键在于确立渠道目标及其限制条件，识别并评估主要的渠道选项。

（一）分析市场需求特征

设计分销渠道的首要步骤是深入理解目标市场的消费者行为，包括他们购买什么、在哪里买、为何买、何时买以及如何买。营销人员须明确目标顾客在购买产品时期望的服务类型和水平。这些服务涵盖：批量大小、等候时间、空间便利、产品品种、服务支持，详细内容，请扫描二维码阅读。

二维码 10 – 5

设计者须精准把握目标顾客的服务需求，并意识到提升服务水平将增加渠道成本，可能导致价格上涨。顾客在权衡服务质量和价格时，会有不同的偏好，如折扣商店的成功证明了消费者愿意接受较低的服务水平以获得价格优势。

（二）确定渠道目标和限制条件

有效的渠道设计始于明确企业想要进入的市场。尽管市场选择看似独立于渠道设计，但实际上两者相辅相成。有利的市场环境与高效的渠道相结合，是企业盈利的关键。渠道设计的核心在于寻找到达目标市场的最优路径。生产者需要在市场、产品、中间商、企业自身及外部环境等多重限制条件下，明确其渠道目标。这不仅要求企业对市场有深刻洞察，还要求企业综合考虑内部资源、渠道成员能力及外部环境因素，以确保渠道设计既符合市场需求，又能有效支持企业战略目标的达成。

（三）确定渠道选择方案

在确立了渠道目标之后，企业需要精心挑选能够助力达成这些目标的中间商及其合作模式，从而生成多个备选渠道方案。鉴于不同方案在效果上存在显著差异，企业必须从中筛选出可行的最优解。确定主要渠道选择方案涉及几个核心议题：选择中间商的类型、规划中间商数量、与中间商建立条件限制与责任关系，以及评估渠道选择方案。

1. 选择中间商的类型

企业的首要任务是明确哪种类型的中间商能最有效地履行产品营销职能。在选择中间商时，企业应依据目标市场特性和自身状况，力求选择效率最高的中间商推动产品销售，达成企业目标。生产者在选择渠道时，须对能够触及目标市场的各类中间商进行梳理。常见的中间商类型包括：

（1）生产者的代理商。企业可以在不同地区或最终用户行业中，聘请代理商销售产品。这些代理商通常具备深入了解当地市场的能力，能够帮助企业拓展销售网络。

（2）工业品经销商。企业可以在特定地区或最终用户行业中，寻找愿意购买并经营该产品线的经销商，赋予其独家经销权，并提供合理的价格、产品培训和促销支持。这种合作方式有助于企业在特定市场建立稳定的销售基础。

（3）企业销售人员。企业可以扩大直接销售团队，派遣销售代表至各地区，负责与所有潜在客户进行联系。此外，企业还可针对特定行业设置专职销售人员，以深化与这些行业的联系。

2. 规划中间商数量

在确定了中间商类型后，企业还须规划每一层级渠道上的中间商数量。通常，企业面临密集型分销、选择型分销和独家分销三种渠道策略选择。

密集型分销策略以实现最大市场覆盖为目标，通过广泛布局销售网点满足消费者即时购买需求。典型案例如711便利店在全球的密集分布，以及中国石化加油站配套的易捷便利店。该策略特别适用于生活必需品、冲动型消费品等高频次购买商品，能有效提升品牌曝光度和市场渗透率。但需要注意，过度扩张可能导致分销成本攀升，且因中间商数量庞大，企业对其管控力度往往较弱，可能引发价格体系混乱等问题。

选择型分销策略聚焦于平衡市场覆盖面与渠道控制力，通过在特定区域甄选有限数量的优质中间商建立合作关系。家电行业普遍采用此模式，如知名品牌在各省市设立区域性代理商。这种策略既能保障足够的市场覆盖面，又可借助中间商的本地化服务能力维护品牌声誉，尤其适用于选购品、需要专业安装的商品及处于试销阶段的新产品。相较于密集型分销，其渠道管理成本显著降低，企业对市场价格和服务的掌控力也更强。

独家分销策略通过区域排他性授权建立深度合作关系，通常需要签订严格的经销协议。奢侈品品牌、高端医疗器械企业多采用此模式，仅在指定城市设立唯一代理商。该策略能最大限度保障渠道控制力，强化品牌高端形象，并促进厂商与中间商共同投入资源开拓市场。但应警惕的是，过度依赖单一中间商可能引发市场覆盖不足的风险，且需要建立完善的监督机制防止合作方损害品牌利益。

这三种渠道策略的关系如图10-9所示。

3. 与中间商建立条件限制与责任关系

在决定采用间接渠道，将产品营销职能委托给不同类型的中间商执行前，企业须与渠道成员建立全面的条件限制与责任关系。中间商的介入使生产者与消费者的关系变得间接，生产者营销目标的达成依赖于中间商对营销职能的履行。然而，中间商作为独立实体，有自己的利益诉求，不会牺牲自身利益以满足生产者的营销要求。因此，建立生产者与中间商之间的条件限制与责任关系至关重要。通过构建这种关系，可确保营销职能顺利且有效地执行。

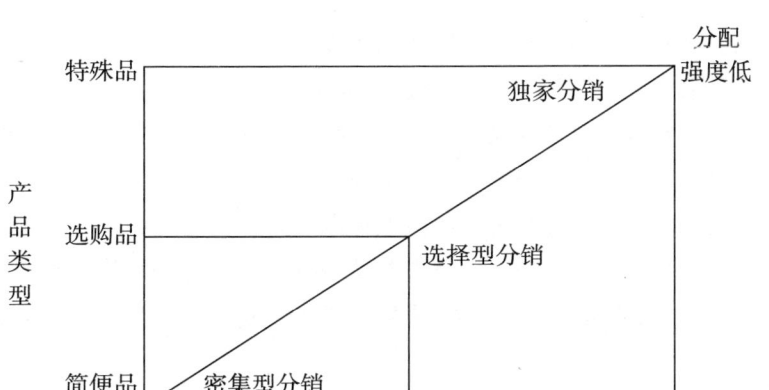

图 10–9　三种渠道策略的关系

与渠道成员建立的条件限制与责任关系被称为贸易关系,主要包括以下四个方面。

第一,价格政策。价格涉及渠道成员的切身利益,每个成员对此都极为敏感。因此,生产者在制定价格策略时须谨慎行事。通常,生产者会制定产品价目表和折扣明细表,根据中间商的类型或购买量给予不同折扣。实施价格折扣时,既要确保中间商感到公平合理,又要保持根据不同购买动机灵活调整折扣的能力。价格折扣的执行往往是引发渠道冲突的主要原因之一,如零售商对生产者向连锁零售商提供折扣价感到不满,批发商也对大量购进商品却未能获得最佳折扣感到不满。

第二,销售条件。这主要指付款条件和生产者对产品的保证。付款条件与生产者利益紧密相关,大多数生产者会对提前付款的中间商给予折扣优惠。同时,生产者还须向中间商提供产品保证,如不合格产品的退换、产品跌价损失的补偿等,以此吸引中间商大量采购产品。

第三,地域权利。这是指生产者授予中间商在某一地区独家销售的权利。中间商通常期望明确生产者将授权其他中间商的具体范围,并渴望获得其所在地区的独家销售权,同时希望生产者能够认可并统计其在该地区的全部销售业绩。

第四,相互服务与责任。这是生产者与中间商相互为对方提供服务的约定。相互服务的项目通常在对等基础上制定和履行,这在生产者使用特许经销和独家代理渠道时尤为明显。例如,麦当劳向其特许经销商提供经营场所、促销支持、档案保存系统、培训和一般管理技术等,同时要求特许经销商制定设备标准、配合新的促销方案、提供所需信息及购买指定食物等。在使用密集型分销渠道时,由于生产者仅向中间商提供促销媒介和技术支持,中间商可能仅向生产者提供销售结果报告,而对顾客购买行为的深入分析及促销媒介的分发工作则显得不够积极。

4. 评估渠道选择方案

若企业需要从多个渠道设计方案中挑选最佳方案,则每个方案都应从经济性、可控性和适应性三个方面进行综合考量。

经济性标准，即企业比较各渠道方案所能带来的最大利益，以确定利润率最高的渠道。可控性标准，即企业对所使用渠道的控制程度。适应性标准，即企业要考虑分销渠道对未来环境变化的适应能力，也就是渠道的应变能力。详细内容，请扫描二维码阅读。

二维码10-6

以上三种标准中，经济性标准最为关键。企业选择渠道并非单纯为了控制或适应，而是为了获取最大的经济效益。通过综合评估经济性、可控性和适应性，企业能够选出最适合自身发展的渠道方案，为产品营销奠定坚实基础。

知识链接

渠道绩效评价

详细内容，请扫描二维码阅读。

二维码10-7

第三节 分销渠道的管理

渠道管理主要涉及对渠道成员的管理、对渠道冲突的管理，以及对渠道布局的动态调整等多个方面。企业唯有加大对分销渠道的管理力度，才能确保渠道按照既定的模式和路径顺畅运作，从而验证渠道设计的有效性，并让生产者与中间商均能获取合理的利润回报。

一、渠道成员的管理

（一）选择渠道成员

企业在设计并构建好分销渠道体系后，必须谨慎选择渠道成员。选择渠道成员的环节构成了渠道管理的核心部分。鉴于企业实力、规模、产品特性等各方面的差异，选择中间商的过程中常会遇到以下三种典型情况：部分企业能轻松吸引大量有资质且愿意加入其渠道系统的中间商；部分企业则需要付出较大努力才能找到合适的中间商；还有部分企业即便竭尽全力，也难以找到足够数量或理想质量的中间商。

二维码10-8

无论面对何种情况，企业在遴选中间商时均须保持严格标准。因为对消费者而言，渠道成员直接代表了企业形象，其营销能力在很大程度上影响着企业的成功。因此，企业在选择中间商时，需要设定明确的标准，并综合考量以下因素：实力、信誉、发展潜力。详细内容，请扫描二维码阅读。

> **知识链接**
>
> **常见的招商模式**
>
> 1. 代理招商模式
>
> 企业将产品在特定区域或领域的销售代理权授予代理商。代理商负责开拓市场、销售产品，并承担一定的库存和销售任务。例如，某化妆品品牌在某个省份指定一家代理商，负责该省的市场推广和销售工作。
>
> 2. 经销招商模式
>
> 经销商从企业处购买产品，然后在自己的渠道内进行销售。经销商通常需要自行承担库存风险和销售压力。比如，一家食品企业与各地的经销商合作，将产品供应给经销商，再由它们分销给零售商。
>
> 3. 加盟招商模式
>
> 主要适用于连锁经营的行业，如餐饮、零售等。加盟商按照总部的要求进行店面装修、经营管理，并支付加盟费和一定的管理费。
>
> 4. 分销招商模式
>
> 企业通过建立多层级的分销网络，招募分销商来销售产品。分销商根据自身的销售业绩获取相应的提成或奖励。一些电商平台招募大量的分销商，通过它们的推广实现产品销售。
>
> 5. 托管招商模式
>
> 企业将自己的业务或项目委托给专业的托管机构进行运营和管理，托管机构按照约定获取收益。比如，某商场将部分区域的经营托管给专业的运营机构。
>
> 6. 股权招商模式
>
> 企业通过出让部分股权，吸引投资者成为股东，共同参与企业的发展和经营。一些新兴的科技企业在发展初期，会通过这种方式获取资金和资源。
>
> 7. 众筹招商模式
>
> 企业通过众筹平台向众多投资者募集资金，投资者可以获得产品、服务或一定的回报。例如，创意产品企业通过众筹平台为新产品的研发和生产筹集资金。
>
> 8. 园区招商模式
>
> 产业园区、创业园区等通过提供优惠政策、完善的配套设施和服务，吸引企业入驻。比如，高新技术产业园区为入驻企业提供税收优惠、场地补贴等。

（二）培训渠道成员

选定中间商后，应通过合同或协议形式明确双方的合作内容与权责关系。为确保渠道顺畅高效运行，需要为代理商或经销商制订培训计划并实施。培训内容涵盖技术培训及陈列技术培训。

技术培训，使渠道成员深入了解产品的技术特点、应用场景、使用方法和保管要求，以便在销售时能准确介绍和演示产品。

陈列技术培训，教授渠道成员如何突出产品特色，有效展示产品，提升商品吸引力。通过这些培训，渠道成员能够在顾客面前展现出专业性和影响力，成为产品领域的专家。

（三）激励渠道成员

与企业员工相似，渠道成员同样需要激励以激发其积极性。为了激励渠道成员高效完成任务，生产者首先要深入理解各中间商的不同需求和动机。一般而言，独立的中间商首先将自己视为顾客的采购代理，与供应商进行价格谈判，之后才是作为生产者的销售代理。中间商更注重销售符合顾客需求的商品，通过重新组合商品，成套销售给顾客。此外，中间商最重视整体商品销售，若无特定激励，通常不会为单一产品投入过多销售努力。

1. 激励方式

激励的出发点是了解中间商的需求，并据此采取相应的激励措施，具体包括：

提供适销产品，中间商认为适销对路的产品是销售成功的关键，因此生产者应提供符合市场需求的产品。

合理利润分配，在产品定价时充分考虑中间商利益，根据进货量、信誉、财务实力和管理水平给予不同价格折扣，确保中间商获得理想利润。

促销支持，生产者承担全部或部分宣传推广费用，协助中间商安排商品陈列、举办展览、操作演示，并提供销售培训，这些都将受到中间商的欢迎。

资金支持，提供付款优惠，如分期付款、延期付款等，以缓解中间商的资金压力。

信息共享，及时将市场信息反馈给中间商，分享生产与营销规划，为中间商制订销售计划提供依据。

2. 协调与中间商的关系

企业在协调与中间商的关系时，常采用合作、合伙及制订分销计划三种方式。

（1）合作，指在双方相互满意的前提下，建立合作关系并签订合同，这是应用最广泛的方式。企业可采用正面或负面激励措施来激励中间商。正面激励包括高毛利、特别优惠、奖励计划、销售竞赛等；负面激励则包括降低毛利、延迟交货等。

在通过管理中间商实现合作的过程中，企业可利用五种渠道权利，以改变中间商行为，使之更符合企业利益：

强制权利，当中间商行为违背企业利益或合作目标时，企业可选择终止或暂停合作、收回资源等方式。

奖励权利，当中间商达成合作目标或出色完成任务时，企业有权给予奖励，以促进下一次合作及良好关系的建立。

法定权利，通过合同规定中间商行为，借助法律强制力进行约束，实现持续有效的监督和控制。

专家权利，拥有核心技术和专业知识的企业能在中间商面前树立专家形象，从而吸引它们合作。然而企业应注重技术保护并持续创新，以避免丧失技术优势和话语权。

名誉权利，企业的高知名度使中间商以合作为荣，并愿意进行主动宣传。

（2）合伙，即建立长期稳定的合作关系。企业在了解中间商期望的基础上，制订双赢合作计划，涵盖市场覆盖、产品供应、市场开发、财务要求、技术支持和服务、市场信息等方面。

（3）制订分销计划，即采用先进的方法，构建生产者与中间商需求融合、有计划、有专门管理的纵向营销系统。生产者设立专门部门，负责规划中间商关系，了解中间商需求，制订经营计划，帮助中间商实现最佳运营。双方共同策划营销活动，如陈列计划、培训计划、广告和促销方案等。

（四）评价渠道成员

为有效激励中间商，企业须建立长期评估机制，定期考察中间商的配额完成情况、平均存货水平、送货时间、受损货物处理、促销合作及客户服务质量。对表现优异的中间商给予奖励，对表现不佳者提出批评，必要时更换渠道成员，确保营销活动顺利开展。通过持续的评估与反馈，企业能不断优化渠道结构，提升整体运营效率。

渠道成员管理流程如图 10-10 所示。

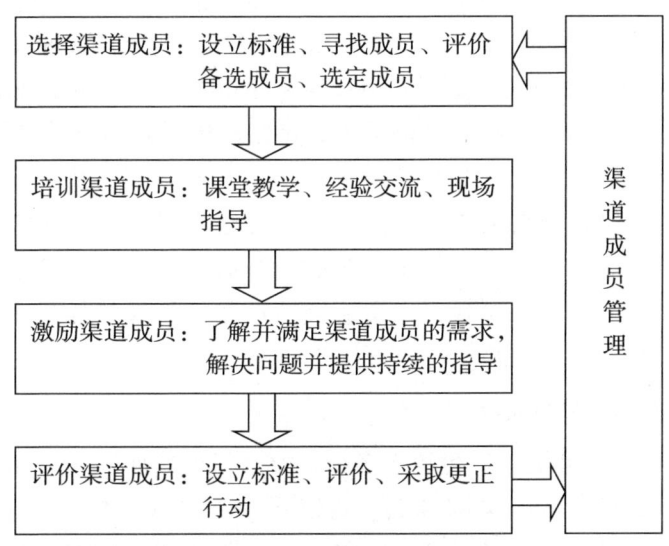

图 10-10 渠道成员管理流程

二、渠道冲突的管理

在渠道管理中，无论渠道设计多么精细，渠道成员多么优秀，渠道冲突都是难以避免的。这主要是因为各个独立的业务实体在追求自身利益最大化的过程中，难免会产生利益不一致的情况。因此，深入了解渠道冲突的类型、产生原因及管理方式，对于维护渠道稳定和提升整体绩效至关重要。

（一）渠道冲突的类型

渠道冲突是指同一渠道中不同环节或同一环节中不同成员之间的矛盾。根据冲突产生的环节和后果严重性，我们可以将渠道冲突分为以下几种类型：

(1) 垂直渠道冲突。垂直渠道冲突主要发生在同一条渠道中的不同层次之间。例如，分销商可能凭借其渠道资源优势，向生产者提出更高的利润要求；下游渠道成员可能因缺乏商业信用而导致交易困难；上游企业可能对其渠道成员的信任度下降，而渠道成员对上游企业的忠诚度也可能随之降低。这些冲突往往源于双方对利润、风险、权力等方面的不同期望和认知。

(2) 水平渠道冲突。水平渠道冲突则发生在渠道内同一层次的成员之间。例如，特许经销商之间可能因争夺区域市场份额而产生冲突；零售商之间可能因对同一品牌的价格战而损害彼此的利益。其中，窜货行为是危害最大的冲突之一。窜货行为不仅会降低分销渠道的运行效率，导致企业渠道价格体系的紊乱，还可能使经销商对产品丧失信心，甚至破坏企业的分销渠道网络。

(3) 多渠道冲突。这是指一个生产者已经建立的两个或更多的渠道在向同一市场出售其产品时产生的冲突。这种冲突本质上是几种分销渠道在同一个市场内争夺同一客户群而引起的利益冲突。例如，某服装生产者既建立自己的专卖店销售服装，又选择大型百货店销售，还授权一些商店特许经销。在这种情况下，各渠道成员可能会认为自己的销量被其他渠道抢夺，尤其是当某一渠道的价格降低时，渠道之间的冲突会变得异常激烈。

(4) 良性冲突与恶性冲突。根据渠道冲突后果的严重性不同，我们还可以将其分为良性冲突和恶性冲突。良性冲突是指渠道成员之间的矛盾能够促进更好更新的观点与方法产生，相互之间的攻击行为尚未失去理智，不具有破坏性，有利于提高整体渠道绩效。而恶性冲突则是指渠道成员之间的敌对情绪和对抗超过一定的限度，对渠道关系和渠道绩效产生破坏性影响，带来严重的消极后果。这种冲突会分散渠道成员为达成整体目标所付出的努力，导致渠道资源被消耗在相互报复的行动中，进而加剧渠道成员之间的不信任和敌视。

（二）渠道冲突产生的原因

二维码 10-9

渠道冲突的产生源于多个方面，但根本原因主要是渠道成员的目标及利益不一致。具体来说，有以下几个方面：生产者与中间商目标不一致、渠道成员的任务和权利不明确、渠道成员的市场知觉差异、中间商对生产者的依赖过高。详细内容，请扫描二维码阅读。

（三）渠道冲突的具体管理方式

二维码 10-10

虽然渠道冲突在某些情况下有积极影响，但绝大多数冲突往往具有消极作用。因此，对渠道冲突进行管理有助于化解消极冲突，维护渠道稳定和提升整体绩效。

(1) 确定冲突管理过程。渠道冲突管理需要经历一个系统的过程，在每个阶段，管理者都需要采取相应的措施来应对渠道冲突，如图 10-11 所示。详细内容，请扫描二维码阅读。

(2) 确定冲突管理策略。根据产生冲突的原因和冲突的严重程度，管理者可以采

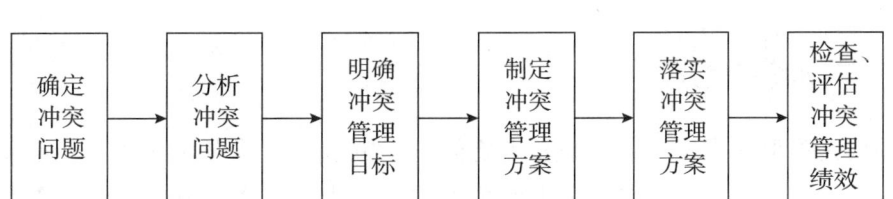

图 10-11 渠道冲突管理流程

取以下策略来应对渠道冲突：

确立超级目标。当企业面临竞争对手的挑战时，确立超级目标是团结渠道各成员的根本途径。超级目标是指渠道成员共同努力以达成单个成员无法达成的目标，如提高市场份额、提升产品品质或增强顾客满意度等。这些目标需要具有共同性和挑战性以激发渠道成员的积极性和合作精神。

互换人员。在两个或两个以上的渠道环节中互换人员可以促进相互理解和达成共识。通过互换人员，渠道成员可以亲身体验对方的工作环境和挑战，从而更加理解对方的观点和行为。这有助于减少误解和偏见并促进自我约束和合作精神的提升。

合作。邀请渠道成员参与企业的咨询会议、董事会等活动可以增进彼此的了解和信任。通过向渠道成员传达生产者的目标，明确其可获得的利益等方式，可以促进渠道成员之间的合作和支持。这有助于缓和当下的冲突并避免潜在冲突。

协商。当渠道成员之间产生冲突时，面对面地交流是解决问题的关键。在协商过程中，双方应本着求大同存小异的原则相互理解和让步。通过开诚布公地交流信息与心平气和地协商，可以找到共同点并消除分歧，最终实现对彼此目标的理解和认同。

仲裁。当管理者运用以上管理策略无效时，可以考虑采取仲裁策略来解决冲突。若双方同意，可以将冲突交给中立的第三方解决。这种策略可以确保冲突的公正解决并避免进一步的损害和冲突升级。然而，需要注意的是，仲裁结果并不总是能够令所有相关方满意，因此需要谨慎使用这种方式并寻求达成共识和妥协的可能性。

三、渠道布局的动态调整

鉴于市场环境的复杂多变，为确保销售渠道的高效运作，生产者需要持续调整与优化其渠道布局，以适应市场变迁。渠道调整主要涵盖以下三种策略：渠道成员调整、分销渠道重构、全面渠道变革。详细内容，请扫描二维码阅读。

二维码 10-11

第四节 中间商分析

为了成功利用中间商向消费者推销产品或服务，生产者必须深入了解并研究中间商的特点、类型、职能以及其发展趋势，这样才能有效达成销售目标。

一、中间商的含义

中间商是指那些在生产者与消费者之间,积极参与商品交易活动,促进买卖行为实现的经济组织或个人,且这些组织或个人须具备法人资格。中间商行业作为一个独立的产业,专注于将商品从生产领域转移到消费领域,即我们通常所说的商业。商业的产生是社会分工不断深化的结果。追溯至人类历史上的第三次社会大分工,商人的出现标志着商业的初步形态形成。随着商品生产与交换的持续演进,商业也经历了显著的成长。商业的专业化极大地推动了生产与消费的发展。按职能不同,中间商主要可以分为以下几类:

批发商。批发商会买进产品,获得产品的所有权,再将产品出售给下游中间商或零售商,赚取差价。

代理商。代理商往往负责为企业寻找顾客,代表企业和顾客进行谈判并最终达成交易。但是他们和批发商的本质区别在于他们并不取得商品的所有权。

辅助服务机构。这类机构既不直接参与商品的买卖,也不负责与客户沟通,而是为交易的实现或商品的流通提供必要的辅助服务。这些服务包括但不限于商品的运输、仓储、资金支持(如银行服务)、广告宣传等。

> **知识链接**
>
> **中间商存在的原因**
> 详细内容,
> 请扫描二维码阅读。
>
>
>
> 二维码 10-12

二、中间商的类型

按中间商与消费者的关系,也就是与最终消费者的接近程度,可将其划分为批发商和零售商两种基本类型。

(一)批发商

1. 批发与批发商的概念

批发是指一切向以经营为目标的客户销售物品或服务的商业活动。批发面向的不是最终消费者,而是有商业用途的零售商或商业客户。

所谓批发商是指专门从事批发业务的企业或个人。批发商的产品不是出售给最终消费者的,而是出售给最终消费者以外的组织。批发商处于商品流通的起点或中间环节,一方面它向生产企业购买商品,另一方面它向零售商或其他批发商批发商品。当批发商的商业交易结束时，商品仍处在流通领域。

批发商是激活流通体系的关键性环节，它维系着生产者和零售商的关系，对促进生产者与零售商的沟通，改善企业的经营管理，提高经济效益，满足市场需求，稳定市场起着不可忽视的作用。

2. 批发商的特点

与零售商相比，批发商具有以下特点：

销售对象不同。批发商面向转售者或生产者销售商品，而零售商面向最终消费者销售商品。

销售批量不同。批发商从事大宗买卖，批量购进，批量销售，而零售商是批量购进，零星销售。

地区分布不同。大型批发商主要分布在全国性的经济中心城市——大城市，中小批发商主要集中在地方性的经济中心——中小城市；而零售商则分散在全国各地广大消费者中间。批发商的数量较零售商少得多，但所覆盖的贸易区域比零售商大。

3. 批发商的职能

批发商是分销渠道中的重要环节。批发商可以参与分销渠道一部分或全部业务流程。这些流程包括实物流、所有权流、付款流、信息流、促销流等。在产品（服务）分销系统中，批发商承担职能的多少，取决于不同市场对产品品种、编配和储运的需求等情况。总体而言，由于产品品种多，中间消费和最终消费者需求多变，批发商职能地发挥有利于企业为市场提供更多的选择，如规模、服务、运输模式等。批发商的主要职能具体表现在以下几个方面：

销售与促销。批量进货是颇受生产者欢迎的，故批发商能以较低价成交。批发商具有较广泛的业务关系，客户基本不受区域限制。

购买与编配商品。批发商有能力也有条件选择顾客需要的产品品种，从而方便顾客并节省时间。

分装。批发商整买商品，拆零销售，可满足小客户的需要，为顾客节约了成本。

仓储。多数批发商备有仓库和存货，可减少供应商和零售商的仓储成本和风险。

运输。批发商能提供快速运输服务，方便顾客。

融资。批发商能为零售商提供贷款上的支持，如准许赊销等；也能为生产者提供财务援助，如提早订货，按时付款等。

承担风险。批发商持有商品所有权，因此需要承担商品因失窃、破损、腐烂或过时等可能发生的费用开支及经营风险。

市场信息。向生产者和零售商提供关于竞争者动态、新产品信息，以及价格变化等方面的情报。

管理服务与咨询。批发商通过为零售商培训销售人员，帮助零售商优化店面布置和商品陈列，建立会计与存货管理制度，提供必要的培训与技术服务。这些服务旨在提高零售商的运营效率和销售业绩，从而促使生产者的产品更高效地触达消费者。

4. 批发商的类型

批发商的种类很多，它们经营的产品品种和承担的营销职能各不相同，可以根据不同的标准将其分别归类。现代的批发业主要由三种批发商组成：商人批发商、经纪人和代理商、生产者与零售商的分销部和办事处。

（1）商人批发商也称独立批发商，是独立的经营者，对经营的产品拥有所有权。商人批发商是批发商最主要的类型，依据不同划分标准又可分为不同类别：

根据所具有的职能和提供的服务是否完整，可以将其分为完全服务批发商和有限服务批发商。前者具有批发商的全部职能，提供存货、雇用固定销售人员、信贷、送货及协助管理等服务；而后者为了减少成本费用，降低批发价格，只对其供货者和顾客提供一部分或极少的服务，如不提供赊销和送货的现购自运批发商、承销批发商等。

根据所经营的范围，商人批发商又可分为一般商品批发商、单一种类批发商和专业批发商。一般商品批发商是指商品经营范围广，品种繁多的商人批发商。其销售的产品比较普通，价位也不高，如小五金、小百货等。单一种类批发商经营的商品仅限于某一类商品。专业批发商则是指经营专业化程度较高的商品的批发商，其客户主要是专业商店。

（2）经纪人和代理商是非独立的批发商，从事购买、销售的洽商工作，对产品不拥有最终的所有权。通常，经纪人和代理商提供的服务比有限服务批发商要少，其主要职能是中介，为买卖双方提供信息与便利，并在成交后收取一定佣金（比例一般在2%～10%）。经纪人和代理商主要包括以下几种形式：

经纪人。经纪人是一种独特的代理商。它的作用是为买卖双方牵线搭桥，协助他们谈判，由雇用方付费，不备有存货，也不参与融资或承担风险，如房地产经纪人、保险经纪人、证券经纪人等。

代理批发商，是指获得企业正式授权，在特定区域内负责代理产品购销业务的批发商，其角色可灵活代表卖方或买方。代理批发商主要分为两类：一类是生产者企业代理商，这类代理商根据与生产厂家签订的合同，负责代理销售该厂家的全部或部分产品，合同内容详尽，涵盖双方权限、代理区域、定价政策、佣金比例、订单处理、送货服务等条款，常被生产者用作成本优化和拓展市场的工具，尤其是在未建立直接分销网络的市场；另一类是销售代理商，同样基于合同关系，但更类似于生产者的远程销售部门，拥有在代理区域和价格设定上的更大自主权，且能同时代理多家专业生产厂家的产品，实现多元化的销售组合。

采购代理商。它们并不帮助生产厂家销售产品，而是帮助其采购所需物资（全部或部分）。它们并不代理批发某一类产品，而是专为一家或几家企业代理采购物品。采购代理商俗称"买手"，通常熟悉市场，消息灵通，能向企业提供质量高、价格低的采购品。采购代理商通常要负责代理采购、收货、验货、储运并将货物交付买主等。

（3）生产者与零售商的分销部和办事处，指生产者与零售商不通过独立或非独立的批发商，而是通过设立分销部和办事处自行经营批发业务。分销部和办事处的区别在于：分销部拥有商品储存能力，而办事处不具备商品储存功能。但它们的主要任务都是了解当地的市场动态并加强商品促销活动。

5. 批发业发展新趋势

随着互联网的迅猛发展和经济全球化的不断深入，电子商务迎来了前所未有的繁荣，为批发商乃至整个批发业带来了全新的机遇与挑战。批发商能够借助先进的信息技术和互联网平台，实时收集并共享市场、库存、物流等关键信息，从而显著优化运营水平，降低成本。经济全球化不仅为中国批发业开辟了更为广阔的全球市场，还促使跨国经营成为众多批发商探索的新经营模式。与此同时，批发业的集中度也将持续增强，众多优秀的大型流通企业将凭借更强的国际竞争力脱颖而出，满足日益变化的市场需求。

（二）零售商

1. 零售及零售商的概念

零售是指直接向最终消费者出售货物和服务供个人或家庭使用的一切活动。也就是说，商业用途的活动不属于零售的范畴。不管是生产者、批发商还是零售商，也不管它们采取什么方式进行销售活动，只要它们的销售活动直接面对最终消费者，都可以归入零售的范畴。

所谓零售商是指主要从事零售活动的企业或个人。零售商促使企业生产的产品由流通领域进入消费领域，由于它处于流通领域的末端，所以，一方面零售商能直接满足消费者日常生活的需要，从而影响整体经济的增长；另一方面零售商能及时地向供应商反馈最终消费者对企业产品的意见，有利于产品的改进，并更好地满足消费者需求。

2. 零售商的特点

与批发商相比，零售商的商业活动具有以下显著的不同特点：

交易频繁且数额小，零售交易次数多，但每笔交易的金额相对较小。

现货交易与当面挑选，零售交易多为现货交易，消费者可以当面挑选商品，而批发交易则更多采用期货交易方式。

购买者随机性强，零售交易中的购买者往往具有较强的随机性，而批发交易中的购买者则具有较强的计划性。

商品种类综合，零售商提供的商品种类较为综合，以满足消费者的多样化需求，而批发商则更专注于某一类商品的供应。

地域性强，零售活动范围通常局限于地方市场，而批发活动则可能辐射到更广泛的区域甚至全国市场。

3. 零售商的职能

作为分销渠道系统的末端，零售商直接连接消费者，承担着实现产品最终价值的重任。在商品流通过程中，零售商履行着以下职能，以满足生产者、批发商和消费者的需求：

（1）分类、组合、配货职能。零售商作为消费者的采购代理人，将购进的商品按照消费者需求进行分类、组合和搭配，使消费者能够方便地购买到所需商品，满足其综合需求。这一职能弥补了生产者提供产品的单一化与消费者需求多样化之间的差距。

（2）服务职能。零售商在销售商品的同时，还提供多样化的服务，以方便消费者购物并促进销售。这些服务主要包括：

自助式服务。购物过程完全由消费者自主进行，包括商品的挑选、比较和支付。这种服务模式有助于降低零售商在销售人员方面的成本，常见于便利店和无人售货机等场景。

自选式服务。在大型超市等场所，零售商通常会安排工作人员为消费者提供基本帮助，如指路、介绍商品和提供挑选建议等。此外，一些企业还会与超市合作，派遣自己的销售人员入驻超市，以更好地推广和销售产品。

有限服务。这类零售商在销售商品之余，还会为消费者提供更周到、更全面的服务，如退换货等。在购物过程中，它们还会为消费者提供更多信息和帮助。

全方位服务。在这种服务模式下，销售人员会在消费者购物的每个环节都提供周到的服务，确保消费者获得良好的购物体验。由于这种服务模式需要高素质的销售人员，成本较高，因此通常适用于销售高价值产品的零售商。

（3）储存商品及承担风险职能。零售商需要储存一定量的商品，以确保消费者能够随时购买到所需商品，满足其不同时间的需求。同时，零售商还需要承担商品在储存过程中可能产生的各种成本。

（4）融资职能。零售商通过信用销售方式，如赊销、分期付款等，为消费者提供融资便利。

（5）信息传递职能。零售商处于生产者、批发商与消费者之间的交汇点，来自生产者、批发商以及消费者需求变化的信息往往在零售商处汇集。零售商负责整合沟通这些信息，起到促进生产、引导消费的作用。

（6）娱乐职能。店铺零售商不仅销售商品，还向消费者提供娱乐体验。通过店面美化、商品展示及宣传设计的艺术化，给消费者带来美的享受。若零售商兼营娱乐服务，则更能体现其娱乐职能。例如，一些购物中心和百货商场会设置娱乐设施和活动区域，以吸引消费者并延长其购物时间。

4. 零售商的类型

零售商业形态日新月异，新的组织形式不断涌现。从过去绝大部分零售活动都在实体店铺中完成，到如今无店铺零售的比例持续上升，零售商的形式正经历着不断的丰富与变革。基于经营是否涉及实体店面以及所有权行使方式的不同，我们可以将零售商划分为商店零售商、无店铺零售商以及零售商组织这三大基本类型，而每一类型下又包含着多样化的具体形式。

（1）商店零售商。商店零售商指的是那些拥有固定场所和空间用于商品陈列与销售，顾客的购买活动在这些实体店铺内完成的零售商。这类零售商的类型及基本特点，可参见表10-2。

第十章 分销渠道策略

表 10-2 商店零售商的类型和基本特点

类型	选址	商圈与目标顾客	规模	商品（经营）结构	商品售卖方式	服务功能	管理信息系统
1. 食杂店	位于居民区内或传统商业区内	辐射半径0.3千米，目标顾客以相对固定的居民为主	营业面积一般在100平方米以内	以香烟、饮料、酒、休闲食品为主	柜台式和自选式相结合	营业时间每天12小时以上	初级或不设立
2. 便利店	商业中心区、交通要道以及车站、医院、学校、娱乐场所、办公楼、加油站等公共活动区	商圈范围小，顾客步行5分钟内可到达，目标顾客主要为年轻人。顾客多为有目的的购买	营业面积100平方米左右，利用率高	以即食食品为主，小百货为辅，有即时消费性、应急性、小容量、商品种类3 000种左右，售价高于市场平均水平	以开架自选为主，结算在收银处统一进行	营业时间每天16小时以上，提供即食食品的辅助设备，开设多项服务项目	程度较高
3. 折扣店	居民区，交通要道等租金相对便宜的地区	辐射半径2千米左右，目标顾客主要为商圈内的居民	营业面积为300—500平方米	商品平均价格低于市场平均水平，自有品牌占有较大的比例	开架自选，统一结算	用工精简，为顾客提供有限的服务	一般
4. 中小型超市	商业中心区或居民区	辐射半径2千米左右，目标顾客以居民为主	营业面积6 000平方米以下	经营包装食品、生鲜食品和日用品。食品超市与综合超市的商品结构不同	自选销售，出入口分设，在收银处统一结算	营业时间每天12小时以上	程度较高

(续表)

类型	基本特点						
	选址	商圈与目标顾客	规模	商品（经营）结构	商品售卖方式	服务功能	管理信息系统
5. 大型超市	商业中心区、城郊接合部、交通要道及大型居住区	辐射半径在2千米以上，目标顾客以居民、流动顾客为主	实际营业面积在6 000平方米以上	大众化衣、食、日用品齐全，一次性购齐，注重自有品牌开发	自选销售，出入口分设，在收银处统一结算	停车场面积不低于营业面积的40%	程度较高
6. 仓储式会员店	坡乡接合部的交通要道	辐射半径在5千米以上，目标顾客以中小零售店、餐饮店、集团购买和流动顾客为主	营业面积6 000平方米以上	以大众化衣、食、日用品为主，自有品牌占相当部分，商品在4 000种左右，实行低价、批量销售	自选销售，出入口分设，在收银处统一结算	设有与营业面积相当的停车场	程度较高并对顾客实行会员制管理
7. 百货店	商业中心区、历史中形成的商业集聚地	目标顾客以追求时尚和品位的流动顾客为主	营业面积6 000—20 000平方米	综合性，门类齐全，以服饰、鞋类、箱包、化妆品、家庭日用品、家用电器为主	采取柜台销售和开架面售相结合的方式	注重服务，设置有餐饮、娱乐等服务项目和设施	程度较高
8. 专业店	商业中心区以及百货店、购物中心内	目标顾客以有目的的选购某类商品的流动顾客为主	根据商品特点而定	以销售某类类商品为主，体现专业性，深度性，品种丰富，选择余地大	采取柜台销售或开架面售方式	从业人员具有丰富的专业知识	程度较高

(续表)

类型	选址	商圈与目标顾客	规模	基本特点 商品（经营）结构	商品售卖方式	服务功能	管理信息系统
9. 专卖店	商业中心区，商业街以及百货店、购物中心内	目标顾客以中高档消费者和追求时尚的年轻人为主	根据商品特点而定	以销售某一品牌系列商品为主，销量少、质优、毛利高	采取柜台销售或开架售货方式，商店陈列、照明、包装、广告讲究	注重品牌声誉，从业人员具备丰富的专业知识，提供专业性服务	一般
10. 家居建材商店	城乡接合部，交通要道或居住比较集中的楼盘地区	目标顾客以拥有自有房产的顾客为主	营业面积在6 000平方米以上	商品以改善、建设家庭居住环境有关的装饰、装修等用品、日用杂货、技术及服务为主	采取开架自选方式	提供一站式购物和一条龙服务，停车位在300个以上	较高
11. 购物中心（社区购物中心）	商业中心区	商圈半径为5—10千米	建筑面积为5万平方米以内	20—40个租赁店，包括大型综合超市、专业店、专卖店、饮食服务及其他店	各个租赁店独立开展经营活动	停车位在300—500个	各个租赁店各自的信息系统使用
11. 购物中心（市区购物中心）	市级商业中心	商圈半径为10—20千米	建筑面积10万平方米以内	40—100个租赁店，包括百货店、大型综合超市、各种专业店、专卖店、饮食店、杂货店以及娱乐服务设施等	各个租赁店独立开展经营活动	停车位在500个以上	各个租赁店各自的信息系统使用

(续表)

类型	选址	商圈与目标顾客	基本特点				
			规模	商品（经营）结构	商品售卖方式	服务功能	管理信息系统
11. 购物中心（城郊购物中心）	城乡接合部的交通要道	商圈半径为30—50千米	建筑面积10万平方米以上	200个租赁店，包括百货店、各种专业合超市、专卖店、饮食店、杂货店及娱乐服务设施等	各个租赁店独立开展经营活动	停车位在1 000个以上	各个租赁店使用各自的信息系统
12. 工厂直销中心	一般远离市区	目标顾客多为重视品牌的有目的的购买者	单个建筑面积100—200平方米	为品牌商品生产商直接设立，商品均为本企业的品牌	采用自选式售货方式	多家店共有500个以上停车位	各个租赁店使用各自的信息系统
13. 硬折扣店	居民区，交通要道等租金相对便宜的地区（与折扣店相似）	目标顾客为认为线下购物更能购得质优价廉产品的中年消费群体	相较于折扣店更小	高比例的自有品牌商品，相对于折扣店而言，提供更有限的商品，但是价格更低	开架自选，统一结算	为顾客提供有限的服务	一般
14. 目录商店	商业中心区、副商业中心区	商业中心区的顾客	规模较小，仅供某些商品样品或商品清单的陈列	商品类类繁多，加成低，周转快，也销售有品牌的商品	顾客通过样品目录来选购商品，商店再从仓库或工厂调货交付给顾客	为顾客提供送货服务	程度较高，需要店铺和仓库进行即时的仓储和物流信息交互

（2）无店铺零售商。这类零售商没有固定的营业场所或营业场地，由厂家或商家直接将商品递送给消费者。无店铺零售商的类型和基本特点见表 10-3。

表 10-3 无店铺零售商的类型和基本特点

类型	基本特点			
	目标顾客	商品（经营）结构	商品售卖方式	服务功能
1. 电视购物	以电视观众为主	商品具有某种特点，与市场上同类商品相比，同质性不强	以电视作为向消费者进行商品宣传展示的渠道	送货到指定地点或自提
2. 邮购	以地理上相隔较远的消费者为主	商品包装具有规则性，适宜储存和运输	以邮寄商品目录为主向消费者进行商品宣传展示，并取得订单	送货到指定地点
3. 网上商店	有上网能力，追求快捷性的消费者	与市场上同类商品相比，同质性强	通过互联网进行买卖活动	送货到指定地点
4. 自动售货机	以流动顾客为主	以香烟和碳酸饮料为主，商品品种在 30 种以内	由自动售货机器完成售卖活动	没有服务
5. 电话购物	根据不同的产品特点，目标顾客不同	商品种类单一	主要通过电话完成销售或购买活动	送货到指定地点或自提
6. 企业采购	以大型企业组织的员工为主	以某种或者某几种商品为主，进行大批量售卖	通过企业采购员和销售代表签订采购合同	价格优惠和送货到企业

（3）零售商组织。零售商组织是以多店铺联盟的形式开展零售活动的组织。参与该组织的商店既可以是同一所有者经营的多个店铺，也可以是不同所有者拥有的多个商店。通过商店间的联合，旨在缓解过度竞争，提升零售业的规模经济效益，并有效降低运营成本。零售商组织主要包括以下几种类型：

独立商店。这类商店通常由业主自主经营，仅设有一个店铺，是零售业中最基础的存在形式。

连锁商店，也称联号商店。这是流通领域内若干同行业店铺通过共同进货或授予特许经营权等方式相互连接，实现服务标准化，共享规模效益的现代商业组织。连锁商店主要分为三种形式：一是直营连锁，即所有店铺均归单一所有者管理；二是特许连锁（亦称加盟连锁），店铺所有者通过获得特许经营权加入连锁体系；三是自愿连锁，由独立的零售商自愿联合，依据合同约定进行联合采购与分销。直营连锁与特许连锁、自愿连锁的主要区别在于前者具有高度统一性，而后两者在合同规定范围内统一行动，合同之外则享有较大自由度。

消费者合作社。这是一种消费者所有制的零售组织，由消费者自行投资、自行管理并分享收益，体现了消费者共同参与和民主管理的原则。

零售企业集团。这是以大型零售机构为核心，将拥有不同类型商品和形式的机构整合在一起，实现配销与管理功能的综合化，开展多样化经营，为消费者提供全方位、多功能的服务。零售企业集团通过资源整合与业务协同，增强了市场竞争力，提升了消费者体验。

> **知识链接**
>
> **特许经营**
>
> 即业务的创始人（特许人）以合同约定的形式，允许受许人有偿使用其名称、商标、专有技术、产品及运作管理经验等从事经营活动，并对其进行规划、指导和控制的商业活动形式。
>
> 特许经营往往有三个特点：第一，特许人必须拥有能授予受许人的品牌或标识；第二，受许人需要付费来加入特许人的特许经营体系；第三，特许人给予受许人一套完整的经营方法体系。

5. 零售业发展新趋势

随着市场的持续演进，零售业已发生深刻变革，呈现出与往昔截然不同的面貌。消费者购物习惯与消费观念的转变、消费结构的调整以及零售业整体环境的变化，共同催生了众多新兴零售业参与者和零售模式。在此背景下，零售业的发展正展现出一系列新趋势。

临时性零售与组合型零售崭露头角。面对日益激烈的市场竞争和逐年攀升的商铺租金，传统单一零售模式难以承受高昂的经营成本，于是，组合型零售模式应运而生，成为零售业的新宠。便利店入驻加油站、文创店嵌入书店、烟酒店融入超市……这些创新组合不仅为零售商提供了更多接触优质目标顾客的机会，也有效提升了销售额。同时，临时性零售因其无须长期承担店铺租金，能营造限时抢购氛围而备受青睐，成为各大商业区乃至超市内常见的零售方式。

大型零售商不断涌现，加剧了市场竞争。随着中国消费者消费能力的显著提升，国内零售业涌现出一批大型企业，如华润万家、永辉、盒马鲜生等。同时，改革开放后，众多国际零售业巨头也纷纷进军中国市场，如家乐福、麦德龙、沃尔玛等大型商超，以及711、罗森等便利店。这些零售企业的出现，不仅提升了零售业的竞争强度，还凭借雄厚的资源吸引了大量渠道商，占据了丰富的渠道资源，使得零售业环境更加充满挑战。

服装快消行业异军突起，成为时尚业与零售业的新宠。UR、优衣库等时尚快消品牌纷纷入驻商场，展现了服装快消品的发展趋势。相较于过去时尚潮流需要数月才能流入市场的状况，快消品牌凭借其科学现代化的供应链和渠道系统，大幅缩短了这一时间差，让消费者能够即时购买到潮流服装。此外，服装快消行业的快速发展还能使企业迅速升级产品，持续吸引消费者购买新奇、时尚的商品。

线上零售业的兴起对零售业产生了深远影响。互联网与电子商务的蓬勃发展催生了"线上零售"这一新零售模式。消费者无须亲临超市购物，只用通过手机打开天猫超市、多多买菜等APP即可完成购买。线上零售将传统零售的渠道成本转化为价格优势和配送优势，吸引了大量用户。特别是在疫情防控期间，线上零售更是成为众多家庭的优选购物方式，彰显了其强大的市场潜力和生命力。

第五节　营销物流与供应链管理

在当今全球化的市场环境中，相较于将产品销售出去，将其高效、准确地送达消费者手中往往是更大的挑战。企业需要制定关于产品或服务的储存、装卸及运输的最佳策略，以确保消费者能在恰当的时机、于合适的地点接收到所需的产品。实体分销与物流管理的效率，不仅深刻影响着顾客的满意度，还直接关系到企业的成本控制与运营效益。

一、营销物流的性质与意义

在一些管理人员的认知中，实体分销或许仅局限于卡车与仓库的管理，然而，现代意义上的物流涵盖了更广泛的领域。实体分销（Physical Distribution），或称营销物流（Marketing Logistics），是一个涵盖了从原材料到最终产品及相关信息，从起运地至消费地的全面计划、执行与控制的过程。其核心目的在于满足消费者需求，并为企业创造利润。简而言之，营销物流旨在确保恰当的产品在恰当的时间与地点送达恰当的消费者手中。

传统实体分销模式往往以工厂产品为起点，侧重于寻找低成本途径将产品送达消费者手中。然而，当今的营销人员更倾向于从市场需求出发，反向影响工厂生产，即秉持营销物流的理念。营销物流不仅关注产品的外部分销（即从工厂至消费者的运输），还涵盖内部分销（即从供应商至工厂的原材料及产品运输）。它涉及对整个供应链的全面管理，包括原材料、最终产品及相关信息在供应商、运输者、仓库、生产者、经销商与终端顾客之间的流动与增值过程，如图10-12所示。

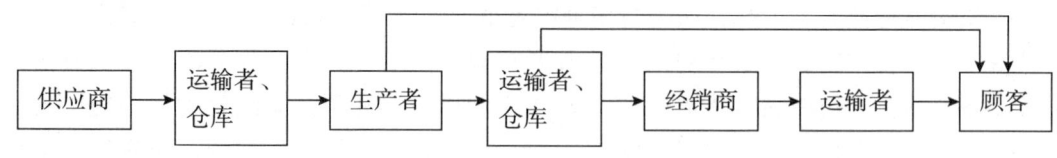

图 10-12 营销物流：管理供应链

因此，物流管理者需要与供应商、采购部门、营销团队、渠道成员及顾客紧密合作，共同致力于预测、信息系统建设、采购管理、生产计划制订、订单处理、存货控制、仓储规划及运输安排等多方面工作。

当前，企业愈发重视物流工作，这主要源于以下原因：第一，物流服务的优化或成本的降低能为企业带来显著的竞争优势。第二，物流效率的提升不仅能为企业自身节省成本，还能惠及消费者。产品平均价格的 20% 往往用于发货与运输，如福特每年需要承担约 40 亿美元的物流成本，其运输中的成品车、生产部件及修理零件总量高达 5 亿吨。若能削减这部分成本，即使幅度不大，也将实现显著的费用节约。第三，产品种类的急剧增加对物流管理提出了更高要求。例如，沃尔玛拥有超过 10 万种商品，其中 3 万种为日用百货。大规模产品的订货、配送、储存与控制对物流系统提出了严峻挑战。

此外，信息技术的发展为分销效率的提升带来了诸多机遇。企业广泛运用供应链管理软件、基于网络的物流系统、即时销售扫描、产品统一编码、卫星传输及订单与支付数据的电子传输等技术，实现对供应链中的实物流、信息流及付款流等的协同管理。

二、物流系统的目标

顾客购买行为深受服务水平的影响，而物流服务水平的高低则受多重因素制约，包括但不限于交货准时性、紧急订货能力、搬运的可靠性、次品退货与补偿机制以及供应商存货管理等。部分企业追求以最低成本提供最优的顾客服务，但遗憾的是，物流系统难以在最大化满足消费者需求的同时实现成本最小化。最优顾客服务往往意味着快速交货、库存充足、灵活分拣、宽松退货政策等，这些均会增加分销成本。相反，追求最低分销成本则可能导致交货延迟、库存减少、集中运输，进而降低顾客服务水平。

因此，物流系统的核心目标应设定为：以最低成本提供既定水平的顾客服务。为达成这一目标，企业需要首先深入研究顾客对物流服务的具体需求，并根据这些需求的相对重要性排序，优化物流服务，为每个细分市场设定合适的服务标准。同时，企业还应关注竞争对手的服务水平，通常期望至少达到行业平均水平。但需要注意，企业的最终目标是利润最大化，而非销量最大化。因此，在提供高水平服务所带来的收益与成本之间，企业需要进行权衡。部分企业选择提供较少服务以降低价格，而另一些企业则提供更多服务并相应提高价格以覆盖成本。

物流成本通常涵盖订单处理、运输、仓储（包括固定与变动成本）、收发货以及管理等多个方面。在实际分析中，可采用以下公式计算物流总成本：

$$D = T + FW + VW + S \qquad (10-1)$$

式中：D 为物流总成本，T 为总运输成本，FW 为总固定仓储成本，VW 为总变动仓储成本，S 为平均交货延误损失。

三、物流管理决策框架

在追求既定的物流目标过程中，企业需要对物流活动中的关键要素做出一系列明智的选择，以构建一个高效且成本效益最优的物流系统。这一过程主要涵盖以下四个核心决策领域：

1. 订单处理决策

订单处理是企业从接收订单至完成交付并收回款项的全周期管理过程，涉及订单传递、录入、客户信息核实、库存与生产计划制订、发货、发票开具及款项回收等多个环节。这一流程的长短直接影响成本、顾客满意度及企业利润。随着计算机与通信技术的飞速发展，订单处理速度显著加快。例如，通用电气利用先进技术，能在极短时间内完成从信用审核到发货指令下达、信息更新及销售代表反馈的全过程，总耗时不超过 15 秒，极大提升了订单处理效率与顾客体验。

2. 仓储布局与管理决策

由于生产与销售存在周期性差异，企业需要维持一定量的库存以应对市场需求波动，尤其是在农产品等季节性生产领域。仓储决策的关键在于确定合理的仓库数量与布局。一方面，增设仓库能缩短订单响应时间，但会增加仓储成本；另一方面，企业可选择自建仓库或租用公共仓库。前者控制力强、信息传递快、运营效率高，后者则灵活性高，可根据需求调整仓库位置与规模。

企业在制定仓储策略时，须综合考虑目标顾客群、市场覆盖范围、交通条件、销量预测及服务要求，以决定仓储地点、数量及仓库规模。近年来，随着第三方物流系统的成熟，部分企业选择外包仓储与分销服务，以集中资源于核心业务，提升整体运营效率。

3. 存货管理决策

存货水平直接影响顾客满意度与成本结构。存货过多会导致资金占用、资源浪费；存货不足则可能引发缺货、紧急生产与运输成本上升，损害顾客关系。因此，存货决策须平衡增加存货的成本与由此带来的销售增长及利润提升之间的关系。

为优化存货管理，许多企业采用准时制（Just-in-Time，JIT）物流系统，通过精确预测、快速响应与灵活配送，大幅减少存货水平及相应成本。例如，戴尔常年维持着极低的存货水平，存货量通常仅够 3~5 天使用，远低于竞争对手的 40~60 天水平，其依靠高效的供应链体系确保及时补货，极大降低了存货成本。

4. 运输决策

在物流管理中，运输决策占据着举足轻重的地位，其核心在于精准选择适宜的运输工具。当前，主流的运输方式涵盖了公路、铁路、水路、管道、空运以及针对数字产品的因特网传输，每一种方式都拥有其独特的优势与特定的适用场景。

公路运输因其高度的灵活性与快捷性而备受青睐，尤其适用于短途高价值货物的快速配送。相比之下，铁路运输在大宗货物的长距离运输中展现出了卓越的成本效益，如煤炭、矿石及农产品等，其规模经济效应显著。

水路运输以其低廉的成本成为大宗低价值非易腐货物的理想选择，尽管其速度相对较慢且易受天气影响。而管道运输则专注于石油、天然气及化学品等长距离、定点输送任务，其高效且安全的特点确保了这些特殊货物的稳定供应。

空运以其无可比拟的速度优势，成为紧急、高价值或远距离运输的首选，如生鲜商品、精密仪器等，尽管其成本相对较高。与此同时，互联网传输作为数字时代的新兴物流方式，为数字产品提供了几乎零成本的全球分销渠道，极大地拓宽了物流服务的边界。

此外，联运策略通过巧妙地结合不同运输方式，如铁路与公路联运、海路与陆路联运、空路与陆路联运等，利用集装箱化技术实现了不同运输模式之间的无缝衔接，从而提供了更加灵活、高效的物流解决方案。每种联运方式都能根据客户的特定需求，提供诸如成本节约、时间效率提升等独特优势。因此，企业在选择运输方式时，需要全面考虑速度、频率、可靠性、运载能力、可用性及成本等多个维度，并深入评估其对其他物流要素（如库存管理与订单处理）的潜在影响，以制定出既符合自身业务发展目标，又能有效应对市场竞争的物流策略。通过持续的技术创新与流程优化，不断提升物流效率与顾客服务水平，从而在激烈的市场竞争中占据有利地位。

四、市场物流的规划步骤

市场物流的规划是一个系统性工程，通常遵循以下四个严谨且有序的步骤来完成。

（1）明确企业服务目标。首先要深入理解并确定企业的目标顾客群体对于物流服务的需求与期望。这需要细致分析顾客需求的优先级，以此为依据来确定企业物流服务的核心目标和战略重心。通过这一过程，企业能够确保物流服务与顾客需求的高度契合。

（2）构建渠道网络。基于已明确的服务目标，企业需要围绕最重要的客户需求来精心设计和构建高效、合理的渠道网络。此过程不仅涉及渠道结构的规划，还包括在搭建过程中选择采用的设备和技术，以及仓库的地理位置等关键决策，以确保渠道网络的优化与高效运行。

（3）优化信息系统。为了提升物流管理的智能化与精准度，企业需要引进或升级现有的信息管理系统。通过引进更先进的信息管理系统或在原有系统基础上进行改良，企业能够在销量预测、库存管理、运输管理等多个关键环节采取更为科学、有效的运营策略，从而显著提升物流效率。

（4）实施服务与运营。最后，企业需要运用已构建的成熟的渠道网络与改进后的信息系统及运营系统，为顾客提供高质量的物流服务。这包括及时解决顾客面临的问题，精准满足顾客的多样化需求，以及通过持续优化服务流程与提升服务质量，提高顾客的满意度与忠诚度。

五、供应链管理及其策划

自 20 世纪 80 年代后期以来，新经济环境的兴起带来了经济不确定性及用户需求的多元化增长，同时，技术的飞速发展推动了物流管理向供应链管理的深刻转型。尽管供应链管理概念提出得相对较晚，但其凭借卓越的实用性和适应性，迅速在全球范围内得到了广泛推广和深入发展。

（一）供应链管理及其主要活动

供应链，作为一个复杂而精细的功能网络结构，其关键在于围绕核心企业，通过对信息流、物流、资金流的全面控制，将原材料供应商、生产商、分销商、零售商及终端客户紧密地联结在一起。在这个错综复杂的网络中，每个贸易伙伴都扮演着双重角色：既是其下游客户的供应商，又是其上游供应商的客户。供应链管理涵盖了从供应商到终端客户之间，涉及最终产品或服务的形成、交付及所有相关业务活动的全过程。它涵盖了供应、生产计划、物流和需求四大关键领域，并在一个组织内部实现了满足用户需求的所有职能的整合。

供应链管理实际上是企业组织生产和营销的一种高效方式，它以同步化、集成化的生产计划为指导，依托各种先进技术，特别是互联网技术的强大支持，围绕供应、生产、需求满足等核心环节展开。其目标是在满足服务水平要求的同时，有效降低系统总成本，通过将供应商、生产商、销售商、物流商及终端客户连接成紧密的网链结构，来高效组织生产与销售商品。这一过程中，商流、物流、信息流、资金流的系统设计、计划、运行和控制等活动发挥着至关重要的作用。

供应链管理的核心活动包括：首先，制定明确的渠道战略并确定分销强度，以确保产品能够顺畅地通过供应链流通；其次，培养和协调供应链成员之间的战略伙伴关系，以满足消费者独特需求并创造更大价值；最后，全面管理供应链中的物流要素，包括信息和客户需求的精准管理、基于消费者需求的生产计划制订、原材料和部件从产地到生产现场的运输与储存管理，以及工厂、仓库和配送中心内部或分销中心之间的原材料、半成品和成品的流通管理，以确保它们能够及时到达中间商和终端客户手中，同时平衡供应链成本与顾客要求的服务水平。

（二）供应链管理策划

在设计供应链时，每家企业都需要从整体角度考虑供应链的成员组成和模式选择。供应链的设计应始于对目标顾客需求的深入洞察，然后企业根据创造顾客价值的目标，通过资源的有效组织来达成这一目标。供应链管理需要根据价值链末端的情况来确定价值链首段的决策。实质上，供应链是由企业间的供需关系连接而成的市场链，也是一条体现企业竞争实力的价值增值链。

供应链管理策划是指对整个供应链系统进行计划、协调、操作、控制和优化的全面策划过程。它主要涉及供应计划、生产计划、存货及物流计划等四个方面。供应链管理策划需要以顾客需求为起点，以供应链中的各个企业为对象，追求总成本的最小化和整个供应链的高效率。

在实施供应链管理之前，企业需要深入了解自身在供应链中的地位和作用，掌握企业内部及供应链伙伴的实际情况，并具备对供应链进行全面管理的能力。企业需要认真分析市场环境、竞争态势以及自身发展方向，从而制定出符合自身特点的供应链管理策略。通过不断优化供应链管理流程、提升供应链协同效率、加强供应链风险管理等措施，企业可以在激烈的市场竞争中保持领先地位并实现可持续发展。

六、供应链管理与物流管理发展趋势

随着科技环境的日新月异，供应链管理与物流管理领域正经历着深刻的变革。多种技术进步和商业趋势正不断塑造着这一行业的发展前景。我们将详细探讨以下几种具有代表性的发展趋势。

（一）先进计算机技术的革新应用

先进的计算机技术，特别是自动识别系统、通信技术以及供应链管理软件的广泛应用，极大地提升了物流运作的效率。例如，条形码和无线电射频技术已成为自动识别系统的核心。在亚马逊的配送中心，先进的订单拣选系统借助计算机终端的指导，使得工作人员能够高效地完成商品拣选和包装流程。无线电射频技术则通过无线电信号扫描商品的条形码，快速准确地识别商品标签，指导员工在仓库中精确定位所需商品。此外，仓库管理软件在监测拣选效率、定位商品、检查拣选和存储模式，以及将这些流程与客户的订单运输相结合方面发挥着关键作用。亚马逊在引入这些先进的供应链技术工具后，运营效率得到显著提升。

这些先进技术的主要目标之一是确保供应链经理能够实时获取最新的信息。以往，物流管理人员常将运输系统比作"黑洞"，因为产品和原材料在运输过程中仿佛消失了一般，直到它们出现在工厂、商店或仓库时，才重新进入人们的视野。然而，如今已有系统能够追踪货物运输状态、监督运输速度和承运人的位置，并据此及时做出路线调整决策。这些技术的运用，极大地增强了供应链的透明度、提高了物流的响应速度。

（二）物流职能的外包与第四方物流的兴起

在高效的供应链管理部署中，外部合作伙伴正逐渐成为不可或缺的重要组成部分。物流外包作为分销行业中发展迅猛的领域，将生产商或供应商的采购、运输管理或其他供应链功能全部转交给独立的第三方执行。许多制造商正转向将外部合作伙伴视为物流专家，而将自身精力专注于最擅长的核心能力上。物流合作伙伴提供全面的物流解决方案，包括人员、基础设施以及为全球各地的消费者提供服务。物流外包不仅降低了库存成本，加速了产品流通，还显著提高了顾客满意度。

然而，第三方物流方式在合作双方目标可能不一致等情况下存在一定的局限性。因此，企业对于能够提供全方位、整合的供应链管理服务的需求持续增长。在此背景下，第四方物流应运而生。第四方物流最早由著名管理咨询企业埃森哲提出，美国供应链管理专家约翰·加托尔纳（John Gattorna）将其定义为"一个供应链的集成商，它整合与管理企业内部和具有互补性的服务供应商所拥有的不同资源、能力和技术，以提供一整套供应链解决方案"。相较于第三方物流，第四方物流拥有更完备的供应链管理能力，并能提供更多附加值。它实际上是对"外协物流"服务水准的一次重大提升。

第四方物流的主要服务包括：设计第三方物流解决方案、编制供应链管理的物流软件、进行供应链一体化全程管理等。在国外，关于第四方物流的讨论已如火如荼，且已有企业开始相关运作。作为供应链的一部分，第三方物流通常无法向客户提供整个供应链的物流服务，即便在供应链的某些环节，第三方物流也只能完成部分任务。而第四方物流在第三方物流的基础上，对管理和技术等物流资源进行了进一步整合，为用户提供全面的供应链物流解决方案。

第四方物流的基本功能涵盖三个方面：一是供应链管理功能，即管理从货主、托运人到用户、顾客的整个供应过程；二是运输一体化功能，包括协调运输企业、物流企业之间的业务操作衔接；三是供应链再造功能，根据货主、托运人在供应链战略上的要求，及时调整战略战术，确保其高效运作。第四方物流成功的关键在于以"行业最佳"的物流方案为客户提供服务与技术。相比之下，第三方物流要么独自提供服务，要么通过与关系密切的转包商合作提供服务，难以提供技术、仓储和运输服务的最佳组合。因此，第四方物流不仅是第三方物流的"协助提高者"，更是货主的"物流方案集成商"。

第四方物流企业的主要运作方式包括：超能力组合，即与第三方物流共同开发市场，提供技术支持、供应链策略、市场进入能力和项目管理等专业服务；方案集成商，即为客户提供运作和管理整个供应链的解决方案，对本身和第三方物流的资源、能力和技术进行综合管理，提供全面的、集成的供应链方案；行业创新者，即为多个行业开发和提供供应链解决方案，以供应链整合和同步为重点，为整个行业带来最大利益。

为了加强供应链的协作和外包管理，必须统一供应链企业应用的技术标准，以提高供应链的信息共享度和透明度，提升第四方物流企业工作的准确性和效率。

（三）移动商务的蓬勃兴起

在电子商务发展的初期，由于智能手机尚未广泛普及，移动商务并未得到足够重视。然而，随着近十几年来移动终端的不断开发和普及，智能手机和平板电脑的用户数量急剧增长。因此，移动商务拥有了庞大的用户基础。同时，经过长时间的竞争，电子商务平台逐渐规范化，几家在竞争中胜出的平台方也积累了足够的资源进军移动商务领域。此外，电子支付的移动端化成为决定性因素，使得微信、支付宝等发展成为商业交易的主流支付渠道。在这一系列条件的共同作用下，中国正式步入移动商务时代。

移动端相较于电脑端具有诸多优势，如用户量更大、使用频次更高、支付更便捷等。因此，商家，尤其是互联网行业企业，将大量宣传和运营资源投入移动商务中。除常见的移动端广告外，还出现了"线下宣传，线上选购"的新模式。例如，在韩国，商家将商品照片贴在墙上，消费者通过手机扫码即可下单购买。这种创新的商业模式进一步推动了移动商务的发展。

然而，在智能手机日益融入人们日常生活的同时，用户隐私泄露问题也时有发生。这要求商家、用户和相关监管部门共同努力，为移动商务营造一个良好、健康的环境。商家应加强数据保护措施，确保用户信息的安全；用户应提高隐私保护意识，谨慎分享个人信息；监管部门则应制定严格的法律法规，对违规行为进行严厉打击。通过这些措施的实施，我们可以期待移动商务在未来继续蓬勃发展，为消费者带来更多便利和惊喜。

> **知识链接**
>
> 京东"亚洲一号"智能物流园
>
> 详细内容，请扫描二维码阅读。
>
>
>
> 二维码 10-13

第六节　数字化分销渠道管理与优化

一、数字化分销渠道的定义与重要性

数字化分销渠道已成为现代企业营销战略的核心组成部分，它利用互联网、移动应用等数字平台，实现了广泛覆盖、高效互动和精准营销。

数字化分销渠道是指利用互联网、移动应用和其他数字平台来销售产品或服务的渠道。这些渠道包括电子商务平台、社交媒体、移动应用、电子邮件等。数字化分销渠道的重要性在于其能够为企业提供广泛的客户覆盖、提高市场响应速度、降低运营成本，并优化客户体验。

当今消费者的购买行为已经发生了显著变化。他们越来越倾向于通过在线平台获

取信息、比较产品,并最终完成购买。因此,企业需要构建一个高效、灵活的数字化分销渠道体系,以适应这种变化。

> **知识链接**
>
> **数字化分销渠道的特点**
>
> 详细内容,请扫描二维码阅读。
>
>
>
> 二维码 10 – 14

二、数字化分销渠道的设计与选择

企业在设计数字化分销渠道时,应遵循以下步骤以确保策略的有效实施:

1. 明确目标市场与消费者特征

企业须深入剖析目标市场,明确消费者的特征、购买行为及偏好。精准的市场定位是选择适宜数字平台和渠道策略的前提,有助于企业更有效地触达并满足潜在客户需求。

2. 精选数字平台与渠道

根据目标市场的特性,企业应精心挑选合适的数字平台。年轻消费者群体可能更倾向于社交媒体和移动应用,而企业客户则可能更偏爱电子商务平台和专业网站。选择合适的平台能够确保信息传达的准确性和有效性。

3. 优化用户体验

选定平台后,企业应致力于优化网站和移动应用的用户体验。这包括简化导航、提升加载速度、优化购物流程等,以提升用户满意度和忠诚度。一个优质的数字平台是吸引用户、促进转化的关键。

4. 构建全渠道营销体系

数字化分销渠道应与线下渠道相结合,形成全渠道营销体系。通过线上线下渠道的互动和协同,企业能够提供更全面、更个性化的服务,优化客户体验,提升品牌忠诚度。

5. 制定有针对性的营销策略

企业还应根据不同数字平台的特点,制定有针对性的营销策略。在社交媒体上,可通过互动营销、内容营销等方式提高品牌知名度;在电子商务平台上,则可通过促销活动、限时折扣等手段吸引用户购买。精准投放和灵活调整营销策略,能够更有效地利用数字化分销渠道,达成营销目标。

三、数字化分销渠道的管理

数字化分销渠道的管理,关键在于以下几个方面:

1. 内容管理：持续更新与保持吸引力

内容是数字化分销渠道的核心，企业应确保内容的定期更新，以保证信息的准确性和时效性。同时，内容须具备吸引力和互动性，激发用户的购买兴趣，引导他们深入探索并做出购买决策。通过高质量的内容，企业能够与用户建立深度连接，提升品牌忠诚度。

2. 客户关系管理系统应用

客户关系管理系统是利用数字化渠道收集客户数据，深入分析客户行为、提供个性化服务的有效工具。通过客户关系管理系统，企业能够精准把握客户需求，提供量身定制的产品推荐和服务，从而显著提升客户满意度和忠诚度。客户关系管理系统的应用，有助于企业构建以客户为中心的经营模式。

3. 数据分析与优化

数据分析与优化是数字化分销渠道管理的关键环节。企业应深入分析用户数据，包括访问量、购买行为、转化率等关键指标，以全面了解渠道表现，发现潜在问题，并据此进行优化。通过数据分析，企业能够不断优化网站结构和购物流程，提升用户体验和购买效率。

4. 社交媒体营销价值挖掘

社交媒体作为数字化分销渠道的重要组成部分，其营销价值不容忽视。企业应在社交媒体平台上积极建立品牌形象，与用户进行互动，开展多样化的促销活动。同时，社交媒体也是收集用户反馈和意见的重要窗口，有助于企业深入了解用户需求和偏好，为产品改进和服务优化提供有力支持。

5. 多渠道协同营销

数字化分销渠道应与线下渠道、传统广告等营销手段相结合，形成多渠道协同的营销体系。通过跨渠道的互动和整合，提高整体营销效果，助力企业在激烈的市场竞争中占据优势地位，实现可持续发展。

四、数字化分销渠道的优化策略

在数字化分销渠道的持续优化过程中，以下策略尤为关键：

1. 个性化推荐：利用大数据与人工智能技术

借助大数据和人工智能技术，企业能够深入挖掘用户购买历史、浏览行为等数据，实现精准的产品与服务推荐。这不仅提升了用户体验，还显著提高了购买转化率，成为数字化分销渠道优化的核心策略。

2. 用户体验优化：界面与流程的双重提升

优化用户体验是数字化分销渠道管理的永恒主题。企业应持续关注并优化界面设计、导航及购物流程，激发用户购买欲望，提升用户的品牌忠诚度。

3. 社交媒体互动：增强品牌知名度与用户参与度

社交媒体作为与用户互动的重要平台，对提升品牌知名度和用户参与度至关重要。

企业应积极发布有价值的内容,开展创意互动活动,吸引用户关注和参与,进一步巩固品牌形象和市场地位。

4. 移动优先策略:满足多样化需求

随着移动互联网的迅猛发展,移动应用已成为数字化分销渠道的关键组成部分。企业应制定并实施移动优先策略,不断优化移动应用的用户体验和功能,确保满足用户多样化需求,提升整体服务质量。

5. 数据驱动营销:提高营销效率与降低成本

数据驱动营销正逐渐成为主流趋势。企业利用大数据和人工智能技术深入分析用户数据,挖掘需求和偏好,制定有针对性的营销策略和促销活动。这种精准营销方式不仅提高了营销效率,还降低了成本,为企业带来了显著的经济效益。

6. 跨渠道整合:实现全渠道营销

跨渠道整合是数字化分销渠道优化的重要方向。企业通过整合数字化分销渠道与传统渠道,形成全渠道营销体系,实现不同渠道间的协同与互动,提高整体营销效果和客户满意度,助力企业在竞争中占据领先地位。

7. 客户关系管理优化:深入了解客户需求

利用客户关系管理系统收集和分析客户数据,深化对客户需求和偏好的理解,提供个性化服务和推荐。通过不断优化客户关系管理,企业能够进一步提升客户满意度和忠诚度,为长期发展奠定坚实基础。

五、数字化分销渠道的风险与挑战

在数字化分销渠道的发展过程中,企业不可避免地会遇到风险与挑战。首先,数据安全和隐私保护成为关注重点。由于数字化分销渠道涉及大量用户数据的收集和处理,企业必须强化数据安全和隐私保护措施,确保用户数据的安全性和合规性,以维护用户信任和企业声誉。

其次,市场竞争的激烈程度不容忽视。数字化分销渠道市场汇聚了众多优秀企业,为了在竞争中脱颖而出,企业需要不断创新和优化营销策略,提升市场竞争力。这要求企业具备敏锐的市场洞察力和灵活的应变能力,以应对瞬息万变的市场环境。

再次,技术的快速更新迭代也给数字化分销渠道带来了挑战。企业应不断跟进和学习新技术,以确保自身技术实力和创新能力与市场发展保持同步。这要求企业加大研发投入,培养高素质的技术人才,以应对技术更新带来的冲击。

从次,用户对体验的要求日益提高,成为数字化分销渠道发展过程中不可忽视的挑战。优质的用户体验能够吸引用户并促进其做出购买决策,而糟糕的用户体验则可能导致用户流失。因此,企业需要持续优化用户体验,提高用户满意度,以巩固市场地位并提升品牌形象。

最后,法律法规的约束也是数字化分销渠道必须面对的挑战。数字化分销渠道涉及的法律法规众多且复杂,企业应深入了解并严格遵守相关法律法规,以确保合规经营。

这要求企业加强法律意识和提高风险管理能力，以应对可能出现的法律风险和合规问题。

六、数字化分销渠道的未来发展趋势

随着技术进步和市场需求的演变，数字化分销渠道展现出以下几个发展趋势。

1. 智能化营销：大数据与人工智能的深度融合

智能化营销将成为数字化分销渠道的核心驱动力。借助大数据分析和人工智能技术，企业能实现更精准的营销定位和个性化推荐，显著提升营销效果和用户满意度。这种智能化方式不仅提高了营销效率，更为用户带来了贴心、个性化的购物体验，提升了用户的品牌忠诚度。

2. 社交媒体电商化：互动与交易的深度融合

社交媒体电商化趋势愈发显著。社交媒体平台凭借其庞大的用户基础和高度互动性，正逐步融入电子商务领域，形成全新商业模式。企业可通过社交媒体平台与用户直接互动和交易，缩短销售周期，提升用户体验和销售效率。这种深度融合为企业开辟了新的增长点，带来了广阔的市场机遇。

3. 全渠道融合：构建无缝购物体验

全渠道融合是数字化分销渠道未来发展的重要方向。数字化分销渠道将与传统渠道进一步整合，形成全渠道营销体系。通过不同渠道的协同和互动，企业能为用户提供全面、便捷、个性化的购物体验，提高整体营销效果和客户满意度。全渠道融合有助于企业在激烈的市场竞争中占据优势地位，实现可持续发展。

4. 移动应用创新：满足多样化需求

移动应用创新将继续引领数字化分销渠道的发展。随着移动互联网的普及和用户对移动应用需求的提升，企业需要不断优化移动应用的功能和用户体验，以满足用户多样化需求。通过创新移动应用的设计和功能，企业能吸引更多用户关注和使用，提升品牌知名度和市场竞争力。

5. 数据驱动决策：支撑未来发展

数据驱动决策将成为数字化分销渠道未来发展的重要支撑。通过收集和分析大量用户数据，企业能更准确地了解市场需求和竞争态势，制定有效的营销策略和产品开发策略。这种数据驱动的决策方式不仅提高了企业的运营效率和市场反应速度，还为企业带来了可持续的发展动力，助力企业在数字化时代保持领先地位。

案例分享

月星家居：打造"泛家居"新零售之路

详细内容，
请扫描二维码阅读。

二维码 10-15

本章提要

详细内容,请扫描二维码阅读。

二维码 10-16

本章习题与练习

1. 简述分销渠道的基本功能。
2. 简述分销渠道包括哪些类型。
3. 简述影响分销渠道选择和设计的主要因素有哪些。
4. 简述渠道成员管理的基本流程。
5. 简述渠道冲突的类型及产生原因。
6. 简述批发商和零售商的异同。
7. 物流管理决策主要包括哪些内容?
8. 数字化分销渠道与传统渠道相比有哪些优势?
9. 如何理解并应用数字化分销渠道的管理与优化策略?

第十一章 促销策略

【学习目标】

1. 理解促销的定义、作用及其在营销中的重要性。
2. 掌握人员推销的特点、形式、流程及其在销售中的作用。
3. 明确广告的作用、决策内容及其在新媒体时代的应用。
4. 了解营业推广的概念、作用及主要决策内容。
5. 掌握公共关系的概念、特点及其在促销组合中的作用。
6. 理解促销组合的构成要素及主要影响因素。
7. 理解整合营销传播的含义、特点及其在数字化时代的应用策略。
8. 熟悉数字化促销的特点及主要策略。

【思政目标】

详细内容,请扫描二维码阅读。

二维码 11-1

在当今竞争激烈的市场环境中,促销策略对提升企业销售业绩和品牌影响力具有不可替代的作用。系统分析人员推销、广告、营业推广和公共关系等促销手段,对全面掌握促销组合的应用技巧,并理解其如何受到多种因素的影响至关重要。同时,理解促销策略的新趋势——整合营销传播的理念,能帮助企业更好地与消费者沟通,传递一致的品牌信息,从而达成市场目标。数字化促销的兴起,更为企业带来了前所未有的机遇与挑战。

第十一章 促销策略

【思维导图】

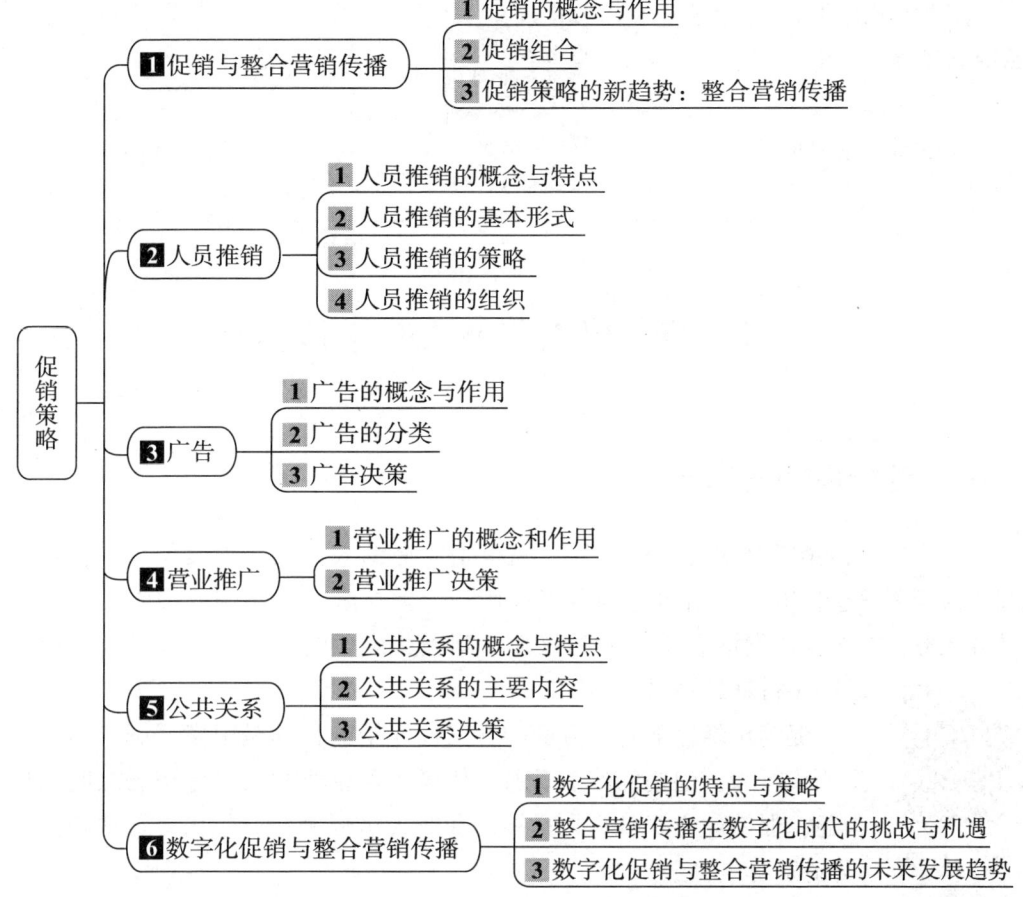

> **案例导入**
>
> 毛绒文创席卷全国，为何品牌都开始"Jellycat 化"？
>
> 详细内容，请扫描二维码阅读。
>
>
>
> 二维码 11-2

第一节　促销与整合营销传播

一、促销的概念与作用

促销，作为营销组合中的关键一环，是指企业借助人员或非人员的方式，将产品或服务的相关信息精准传递给目标消费者或用户，旨在激发、影响或说服其购买特定产品或服务，或至少激发潜在消费者的兴趣，刺激其产生购买欲望，并最终促使其采取购买行动的一系列活动。

二维码 11-3

促销包括以下几个方面的含义：促销的目的是引发、刺激消费者产生购买行为；促销的本质是通过传播实现企业同其目标市场之间的信息沟通；促销的方式分为人员推销和非人员促销。详细内容，请扫描二维码阅读。

二维码 11-4

促销在营销中扮演着不可或缺的角色，其重要性体现在以下几个方面：信息传播与品牌塑造；需求创造与市场拓展；产品差异化与竞争力提升；市场反馈与效益提升；品牌价值塑造与提升。详细内容，请扫描二维码阅读。

二、促销组合

（一）促销组合的含义

促销组合，亦称营销沟通组合，是企业基于产品特性和营销目标，将人员推销、广告、营业推广和公共关系等方式有机地整合起来，形成一套协同一致、高效运作的促销体系，旨在最大化整体促销效果，顺利达成企业目标。这一策略的制定遵循着效率最大化与成本最小化的基本原则。随着互联网及社交媒体的蓬勃发展，口碑传播变得愈发广泛且具有影响力，成为现代促销组合中不可忽视的一环。

促销组合作为系统化整体策略，其四大基本促销方式构成了策略的四大子系统，每个子系统包含一系列可变因素，即具体的促销手段或工具。这些因素的调整意味着促销组合关系的变化，预示着新促销策略的诞生。促销组合概念的提出，不仅体现了现代营销理论的核心——整体营销，也预示着"整合营销传播"思想的萌芽，强调了营销沟通的一致性和协同性。

(二) 影响促销组合的因素

企业在确定促销组合时，需要综合考虑多方面因素，以确保策略的有效性与针对性。

1. 促销目标

促销活动的根本目的是通过信息宣传、引导和提示，激发消费者的购买欲望，影响其购买行为，实现产品从生产到消费的顺利转移。不同企业、不同市场环境、不同时期的促销活动，其促销目标各异。促销目标是决定促销形式组合的关键因素。例如，迅速提升销量与塑造品牌形象就是两种截然不同的促销目标，前者侧重短期效益，可能更倾向于使用广告和营业推广；后者则注重长期效益，需要运用广泛的公共关系和强有力的广告宣传，且广告宣传的策略与内容需要和前者有显著区别。

2. 产品属性

根据属性不同，可将产品分为生产资料和生活资料。生产资料因其技术性强、购买者少但购买量大、金额高，更适合采用以人员推销为主的促销组合；而生活资料市场购买者众多、产品标准化程度高，更适合以广告为主的促销组合。当然，这并非绝对，需要根据具体情况灵活调整。

3. 产品生命周期

产品所处生命周期阶段不同，促销目标和促销组合应相应调整。在导入期，可能需要更多依赖广告和人员推销来建立品牌认知；成长期，社交渠道和口碑传播变得重要，适合采用事件营销和体验营销；成熟期，广告和营业推广成为维持市场份额的关键；衰退期，则需要通过价格促销等手段刺激消费。产品生命周期与促销目标、促销组合的关系如表 11-1 所示。

表 11-1 产品生命周期与促销目标、促销组合的关系

产品生命周期	促销目标	主要促销组合方式
导入期	认识了解产品	广告，以及适当的人员推销
成长期	增进兴趣与偏好	广告、公共关系
成熟期	创造和保持竞争优势	广告、营业推广、公共关系
衰退期	促成信任、提醒购买	价格促销为主，辅以广告等

4. 市场条件

市场覆盖范围、市场类型及竞争态势均会影响促销组合的选择。小规模本地市场以人员推销为主，而全国乃至全球市场则更多依赖广告。消费者市场因消费者在地理

位置上分散，倾向于使用广告等非人员促销形式；生产者市场则因用户集中、购买量大，更适合人员推销。在竞争激烈的市场中，企业还需要密切关注竞争对手的促销策略，灵活调整自身策略以保持竞争优势。

5. 促销预算

促销活动的实施需要考虑成本效益。企业应根据自身财务状况、促销目标、产品生命周期等因素，合理制定促销预算，确保在达成促销目标的同时，实现成本的有效控制。

（三）促销的基本策略

促销策略主要分为推式策略和拉式策略，以及两者结合的推拉结合策略。

1. 推式策略

推式策略是指企业利用人员推销，以中间商为主要促销对象，把产品推向分销渠道，最终推向消费者。一般适合于单位价值较高的产品；性能复杂、需要进行演示的产品；流通渠道较短、市场比较集中的产品，如图 11-1 所示。

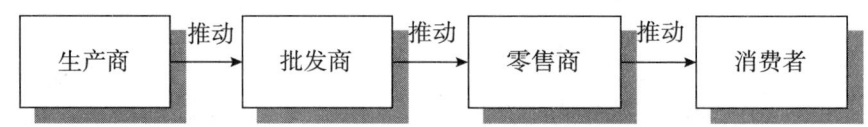

图 11-1 推式策略

2. 拉式策略

拉式策略是指企业利用广告、营业推广和公共关系等促销方式，以最终消费者为主要促销对象，设法激发消费者对产品的兴趣和需求，促使消费者向中间商、中间商向生产商购买该产品。一般适合于单位价值较低的日常用品；流通环节较多、流通渠道较长的产品；市场范围较广、市场需求较大的产品，如图 11-2 所示。

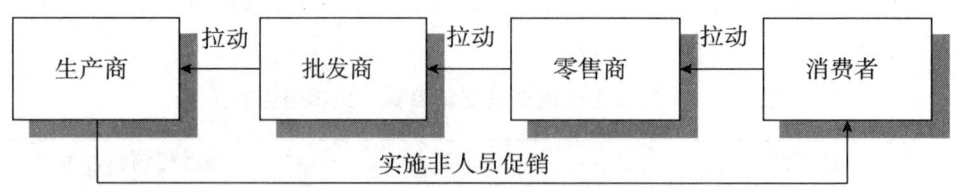

图 11-2 拉式策略

3. 推拉结合策略

在营销实践活动中，更多的是推拉结合的混合策略，也就是综合运用促销组合方式，在向中间商进行大力促销的同时，通过广告、营业推广和公共关系等促销方式刺激市场需求。其程序如图 11-3 所示。

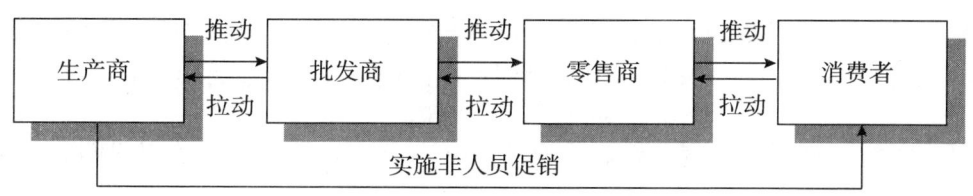

图 11–3　推拉结合策略

三、促销策略的新趋势：整合营销传播

随着市场环境的变化，20世纪90年代以来，促销策略出现了新的变化或发展趋势，这就是整合营销传播理论的兴起。作为一种实战性极强的操作性理论，整合营销传播理论兴起于市场经济最发达的美国。时至今日，该理论并没有因为时间的推移而褪色，反而在当今的新媒体环境中随着各种营销实践的开展而愈发闪耀。

（一）整合营销传播的含义

整合营销传播理论的先驱、全球第一本整合营销传播专著的作者——唐·E. 舒尔茨（Don E. Schultz）教授认为整合营销传播是一个业务战略过程，它是指制定、优化、执行并评价协调的、可测度的、有说服力的品牌传播计划，这些活动的受众包括消费者、内部和外部受众及其他目标人群。

素以整合营销传播为己任的跨国广告公司奥美（Ogilvy）则认为：整合营销传播"融合各种传播技能和方式，为客户解决市场问题或创造宣传机会"。

有关整合营销传播的观点还有很多。根据上述观点，我们可以看出整合营销传播主要包括以下几个方面的内容：

（1）整合营销传播使用多种传播手段，并对这些手段进行整合，其目的是统筹协调企业与消费者的接触点，并确保所有的传播手段向消费者发出同一个声音。

（2）整合营销传播不仅以顾客为研究对象，还应该研究包括与企业经营活动有直接、间接利害关系的一切利害关系者，如企业雇员、投资者、社区、大众媒体、政府机构、竞争对手等。

（3）整合营销传播是一个过程。整合营销传播不是对这些对象进行一次性整合，而是分阶段一步步地进行。

（4）整合营销传播是一种强调整合所带来的附加值的营销传播理念，重点在于传播。

（二）整合营销传播的阶段性和层次性

整合营销传播是一个概念，也是一个过程，整合意味着完整，实现传播活动的完整性便可以产生协同效应。每家企业在进行整合营销传播时所遇到的机遇与挑战不尽相同，这主要取决于它们的业务、所依赖的渠道、客户数据的可获得性、市场细分的能力等。但最重要的决定因素是企业的管理模式和战略方针。尽管各企业情况各异，但在进行整合时还是有一些共同之处，各企业在进行营销传播时也要经历相似的阶段或层次。

舒尔茨概括了企业进行整合营销传播时必经的四个阶段，如图 11-4 所示。

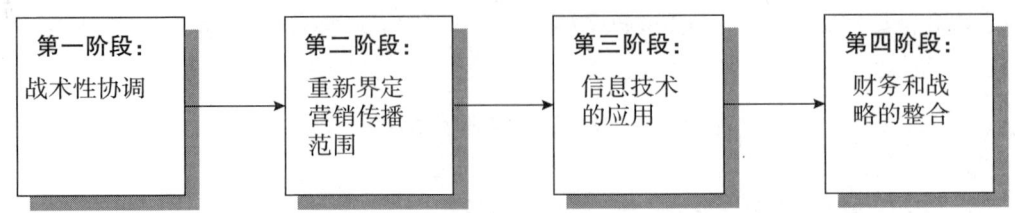

图 11-4 整合营销传播的四个阶段

（1）战术性协调。企业的整合营销传播活动起始于协调。通常，企业需要制订品牌管理计划，确定拟发布的与品牌有关的信息，并通过多方面整合广告信息，力求在多媒介、多维度的传播过程中形成协同效应。

（2）重新界定营销传播范围。在这一阶段，企业致力于更加广泛的传播活动，而不仅限于传统的促销活动。这些传播活动范围更广，既包括针对企业内部雇员、销售人员的对内营销，也包括针对营销中介、业务伙伴、最终顾客的对外营销。

（3）信息技术的应用。在这一阶段，企业开始利用信息技术来整合过去使用过的各种营销传播形式。例如，借助数据库技术等研究顾客态度和行为数据上的差异，也就是说，从广泛营销转换到识别顾客的独特需要，进而实施定制化传播。在此期间，企业开始关注顾客群体的现实需求和潜在需求，而不是简单地关注市场份额。

（4）财务和战略的整合。在这一阶段，企业基于对顾客及其市场价值、财务价值及潜在价值的评估，实施财务和战略的整合，而不是简单地基于企业所想要达成的目标。企业以可评估的投资回报率为基础，进行营销传播投资。

美国科罗拉多大学的汤姆·邓肯（Tom Duncan）教授从传播领域的角度提出了整合营销传播的四种整合层次（见表 11-2），这些层次揭示了整合营销传播活动的领域：从狭隘封闭的企业独白到开放互动的对话，最后从内到外形成了一种渗透整个企业的独特文化。

表 11-2 整合营销传播的四种整合层次

层次	名称	描述/重点	实例
1	统一形象	一个面孔、一种声音，注意建立强影响力的品牌形象	顺丰快递
2	一致声音	前后一致的声音和面孔，对不同受众（顾客、同行、供应商等）传递不同信息	格力
3	好听众	采取双向传播策略：在网络社交媒体上积极开展活动、建立粉丝俱乐部，注重长期联系	小米、江小白
4	世界级公民	关注社会、有环保意识、有健全的企业文化	华为、苹果

（三）企业实施整合营销传播的效果

国内外企业的营销实践证明，实施整合营销传播可达到如下效果：整合传播工具；优化传播效果；减少交易费用；聚焦目标受众。详细内容，请扫描二维码阅读。

二维码 11－5

（四）整合营销传播与传统促销策略的区别

市场环境的变化、消费者的日渐成熟和信息技术的发展，使得企业对促销提出了更高的要求，即沟通和促销应在更深、更广的层面上进行整合。相对于传统的促销策略而言，整合营销传播更强调买卖互动、传播分众和效果可控。

（1）买卖互动。传统促销往往是单方面的，卖方拥有信息优势，需要向消费者传递信息。然而，在消费者主导的市场下，消费者掌握了更多对企业有价值的信息。因此，整合营销传播要求企业不仅要向消费者传递信息，还要尽可能获取消费者的反馈。这一转变要求企业将促销视为双向互动过程，而非单方面的信息传递。

（2）传播分众。大多数传统促销的信息沟通是通过大众传媒进行的，由于媒体传播的广泛性，促销不可避免地会出现与企业目标市场相比过于分散以至于浪费的倾向。整合营销传播更强调分众。分众是与大众相对的一个概念，指的是在大众消费者中按一定的细分标准进行的人群划分。企业所选择的分众是与其目标市场相对应的。在分众的要求下，企业应选择一些能够实现有效定向沟通的媒体或形式，如有线电视、直邮广告、电话促销、网络广告等，有些分众促销甚至达到了"定制促销"，即一对一的地步。

（3）效果可控。传统促销的一个主要问题是促销的效果较难把握，尤其是广告，因为企业往往无法确切地知道有多少人接收到了广告信息。现在，技术的发展为促销克服这一问题提供了条件，也使得整合营销传播越来越强调效果的可衡量性。例如发布网络广告，就要及时统计每条广告被多少用户点击过，以及这些用户浏览广告的时间、地理分布和反应情况等。广告主可以实时评估广告效果，进而判断广告策略的合理性并进行相应调整，以及根据广告的有效访问量进行评估，并按效果付费。

（五）整合营销传播的要点

归纳起来，整合营销传播有以下基本要点：

（1）在整合营销传播中，居于核心的是消费者的心理和认知。因此，必须对消费者的动机、认知、记忆、联想和态度有更充分的认识，并确保沟通活动的针对性和一致性。

（2）整合营销传播强调真正意义上的整合，即战略和战术的整合、沟通要素的整合、媒体的整合、企业及相关利益者的整合等。在整合的过程中要考虑到整合并不是企业将所有资源平均分配到各种选项中，而是有针对性地做出权衡。例如，企业在整合媒体资源时，应该考虑到目标客户最常使用的媒体是什么、较常使用的媒体是什么、可能根本不会使用的媒体是什么，在调研结果的基础上分配企业的资源，对促销的传播媒体进行整合。

(3) 整合传播的目的不是一次性交易,而是希望与消费者维系长期的关系,即实现关系营销。这就要求企业在沟通中,有计划地与消费者进行适时适地的双向交流沟通,同时要建立全面的顾客数据库,实现数据库营销。

> **知识链接**
>
> **新媒体时代的整合营销传播**
>
> 新媒体时代的整合营销传播是指在数字化和社交媒体高度发达的环境下,将多种营销传播渠道和工具进行有机整合,以实现更高效、更精准、更有影响力的营销效果。在新媒体时代,整合营销传播具有以下特点:
>
> 1. 多渠道融合:涵盖了传统媒体(如电视、报纸、杂志)和新媒体平台(如社交媒体、短视频平台、网络直播、电子邮件等)。例如,一个品牌可能会在电视上投放广告,同时在微博、抖音等平台开展线上活动。
>
> 2. 数据驱动决策:依靠大数据分析,深入了解消费者的行为、兴趣和需求,从而精准定位目标受众,制定个性化的营销策略。比如,通过分析用户的浏览历史和购买记录,向其推送符合其偏好的产品信息。
>
> 3. 互动性增强:消费者不再是被动的信息接收者,而是能够积极参与营销活动,与品牌进行互动和交流。常见的形式有在社交媒体上评论、点赞、分享,以及线上问答、投票等。
>
> 4. 内容为王:优质、有价值且有吸引力的内容成为吸引消费者的关键,包括有趣的短视频、有深度的文章、精美的图片等。
>
> 5. 实时性和敏捷性:能够迅速响应市场变化和消费者反馈,及时调整营销策略和传播内容。

第二节 人员推销

一、人员推销的概念与特点

(一) 人员推销的概念

人员推销,作为企业营销策略中的关键环节,指的是企业指派专业销售人员直接面向消费者推广产品或服务的一种互动式促销活动。在这一过程中,销售人员作为企业与市场之间的桥梁,凭借其专业技能与人际交往能力,通过面对面的交流或电话访问等形式,积极劝说并引导潜在顾客做出购买决策,从而有效扩大企业的市场份额。尽管人员推销是一种历史悠久的促销手段,但在当代营销环境中,其独特价值依然显著,特别是在复杂的交易谈判与成交细节磋商中,人员推销的作用尤为不可替代。

(二) 人员推销的特点

相较于其他促销方式,人员推销的核心特性在于其直接性与互动性,具体体现在以下几个方面:方式灵活;注重人际关系;针对性强;促成及时购买;信息的双向沟通;销售人员可承担其他营销职能。详细内容,请扫描二维码阅读。

二维码 11-6

尽管人员推销具有诸多优势,但其高昂的人力成本、有限的覆盖范围以及优秀销售人才的稀缺性,也是企业在采用时需要审慎考虑的因素。因此,企业应注重销售团队的精选与培训,同时探索人员推销与其他促销方式的协同作用,如数字营销、社交媒体推广等,以构建多元化的营销组合,最大化营销效能。总之,人员推销作为一种高效且灵活的促销手段,在现代营销中依然占据着举足轻重的地位,其成功实施的关键在于精准定位、高效沟通与持续创新。

二、人员推销的基本形式

一般来说,人员推销有三种基本形式。

1. 上门推销

上门推销是最常见的人员推销形式。它是指由销售人员携带样品、说明书和订货单等走访顾客,推销产品。这种推销形式可以针对顾客的需要提供有效的服务,方便顾客,故为顾客广泛认可和接受。

2. 柜台推销

柜台推销是指营业员接待进入商店的顾客,推销产品。营业员在与顾客的当面接触和交谈中,介绍产品、回答问题、促成交易。柜台推销与上门推销正好相反,它是"等顾客上门"的推销方式。由于商店里的产品种类齐全,能满足顾客多方面的购买需求,为顾客提供较多的购买便利,并且可以保证产品完好无损,故顾客比较乐于接受这种方式。

3. 会议推销

会议推销是指利用各种会议向与会人员宣传和介绍产品,开展推销活动。譬如,在订货会、交易会、展览会、物资交流会等会议上推销产品。这种推销形式接触面广、推销集中,可以同时向多个推销对象推销产品,成交额较大,推销效果较好。

三、人员推销的策略

人员推销具有很强的灵活性。在面对面的交谈中,有经验的销售人员善于审时度势,即根据当时的环境、交谈气氛,针对推销对象的特点和产品的性质巧妙地运用推销策略,促成交易。人员推销的策略主要有以下三种:

1. 试探性策略（或"刺激－反应"策略）

该策略指销售人员利用刺激性较强的方法，促使顾客购买。销售人员在并不十分了解顾客需求的情况下，事先设计好能引起顾客兴趣、刺激顾客购买欲望的推销语言，投石问路，对顾客进行试探，观察其反应，然后根据具体反应采取相应推销措施。如重点提示产品的特色及优点，进行示范性操作，出示图片资料，赠送产品说明书或提供产品使用指南等，激发顾客的进一步关注，并及时有效地处理顾客异议，排除成交障碍，促使顾客采取购买行为。

2. 针对性策略（或"配方－成交"策略）

该策略指销售人员用事先准备好的有针对性的话题与顾客交谈，说服顾客，达成交易。这种策略在销售人员事先已基本掌握顾客需求的情况下适用。销售人员在与顾客接触前必须做好充分的准备，搜集大量有针对性的资料、信息；熟悉产品满足顾客要求的性能；准备好推销话术和方式。在与顾客交谈时，一定要站在替顾客排忧解难的角度，实事求是，以理服人，言语诚恳，让顾客感到销售人员的确是自己的好参谋，是真心为自己服务的，从而产生强烈的信任感，愉快地达成交易。

3. 引导性策略（或"诱发－满足"策略）

该策略指顾客在与销售人员交谈之前未感到或没有强烈意识到某种需求，销售人员运用刺激顾客需求的说服方法和手段唤起顾客的潜在需求，诱导其购买。这是一种"创造性推销"，要求销售人员有很高的推销技巧：先设计出吸引力强的购买建议，引发顾客产生某方面的需求，激起顾客强烈的购买欲望，然后抓住时机向顾客介绍产品，从而引导其购买。采用这种策略，销售人员要设身处地为顾客着想，恰如其分介绍产品，这样才能不失时机地把商品"推"向顾客。

> **知识链接**
>
> **人员推销的步骤**
> 详细内容，
> 请扫描二维码阅读。
>
>
>
> 二维码 11-7

> **知识链接**
>
> **大客户营销的销售流程**
>
> 大客户营销的销售流程通常包括以下几个主要阶段：
>
> （1）客户识别与筛选。收集潜在大客户的信息，包括企业规模、行业地位、业务需求等。通过分析这些信息，筛选出符合企业目标和产品定位的大客户。
>
> （2）客户需求分析。与大客户进行深入沟通，了解其业务痛点、发展目标和对

产品或服务的具体需求；运用调研、访谈等方法，深入挖掘客户潜在需求。

（3）定制解决方案。根据客户需求，整合企业的资源和能力，为大客户定制个性化的解决方案；确保解决方案切实解决客户问题，提供独特的价值。

（4）方案展示与沟通。以专业的方式向大客户展示定制的解决方案；清晰地阐述方案的优势、实施步骤和预期效果，解答客户的疑问和顾虑。

（5）谈判与签约。依据方案的细节、价格、服务条款等与大客户进行谈判，达成一致后，签订正式的合同。

（6）项目实施与交付。组建专门的团队，按照合同要求执行项目，确保按时、高质量地交付产品或服务；保持与客户的密切沟通，及时处理实施过程中的问题。

（7）客户跟进与维护。项目交付后，持续跟进客户的使用情况和满意度；提供必要的售后服务和支持，促进长期合作关系的建立。

四、人员推销的组织

（一）人员推销的组织结构

人员推销活动并非个体销售活动，而是由群体构成的团队活动，因此，企业必须从组织上构建推销队伍的合理结构。企业人员推销的组织结构设计可以参考以下几种模式。

1. 区域式组织结构

区域式组织结构是指企业将目标市场划分为若干销售区域，每个销售人员负责一个区域的全部销售业务。实行区域式组织结构需要确定销售区域的大小和边界。这种组织结构设计具有若干优点：①责任明确，能鼓励销售人员工作；②销售人员相对长期地在某一地区工作，有助于与顾客建立牢固的关系；③可以节省推销费用（主要是差旅费）。但这种组织结构比较适合产品品种简单、市场相似程度较高的企业。

2. 产品式组织结构

产品式组织结构是指企业将产品分成若干类，每一个或每几个销售人员为一组，负责其中一类或几类产品的推销。这种组织结构适合于产品技术复杂、产品间毫无关联或产品类别很多的情况。若单个顾客购买本企业许多不同类的产品，这种组织结构会因为多头推销而增加成本和顾客的困惑。

3. 顾客式组织结构

顾客式组织结构指企业将目标市场按顾客的属性进行分类，不同的销售人员负责向不同类型的顾客进行推销活动。顾客的分类可依其产业类别、顾客规模、分销渠道等进行，如奶制品企业的直接顾客就可以分为连锁超市、餐饮业、学校食堂、食品加工企业等。这种组织结构的主要优点在于销售人员有条件深入了解不同用户的需求，以便更好地满足其需求，提高推销的成功率。不足之处是：如果顾客区域过于分散，销售路线过长会相应地增加销售费用。

4. 复合式组织结构

复合式组织结构是指当企业的产品类别多、顾客的类别多且分散时，综合考虑区域、产品和顾客因素，按区域 – 产品、区域 – 顾客、产品 – 顾客或者区域 – 产品 – 顾客配置销售人员的销售组织模式。

需要注意的是，没有一种单一结构对所有企业和情况都适用。企业应根据具体情况选择最符合客户要求和最适合总体营销战略的销售结构。近年来，由于大客户或关键客户对企业的重要性提升，更多的企业开始针对重点顾客设置专门的客户经理岗位，甚至还配置数名专业人员负责为某一位大客户提供服务，如像宝洁这样的大企业也需要为沃尔玛这种关键客户配置专门的客户经理。

（二）销售队伍的规模

企业在确定了人员推销组织结构之后，还需要合理确定销售队伍的规模，这也是人员推销决策中的重要一环。确定销售队伍规模的方法主要有三种：销售百分比法、销售能力法和工作量法。

销售百分比法，指企业根据历史资料计算出销售队伍的各种成本费用占销售额的百分比，以及销售人员的平均成本，然后对未来销售额进行预测，从而确定销售人员的规模。

销售能力法，指企业通过测量每个销售人员在范围大小不同、销售潜力不同的区域内的销售能力，计算出在各种可能的销售人员规模下企业的销售额和投资回报率，以确定推销人员规模。

工作量法，指企业根据不同顾客的需要，确定总的工作量，进而确定所需销售人员的规模。它的基本步骤如下：①将顾客按销量大小分成不同类别；②确定每类顾客所需的访问次数（对每个顾客每年的推销访问次数）；③每类顾客的数量乘以各自所需的访问次数就是整个地区的访问工作量（每年的总访问次数）；④确定一个销售人员每年可进行的平均访问次数；⑤将总的年访问次数除以每个销售人员的平均年访问次数即所需销售人员数量。

> **知识链接**
>
> **人员推销的管理**
>
> 详细内容，
> 请扫描二维码阅读。
>
>
>
> 二维码 11 – 8

第三节 广告

一、广告的概念与作用

(一) 广告的概念

广告指广告主按照一定的预算,支付一定的费用,通过一定的媒体有计划地向公众传递有关商品、劳务和其他信息,借以影响受众的态度,进而引导或说服其采取购买行动的一种大众传播活动。在信息化程度越来越高的现代社会中,广告是企业促销活动中最有效和最常用的手段,因为广告能迅速而广泛地向消费者和用户提供产品信息。

从以上定义可以看出,广告主要具有以下特点:①广告是一种有计划、有目的的活动;②广告的主体是广告主,客体是消费者或用户;③广告的内容是与商品或劳务有关的信息;④广告的手段是借助广告媒体直接或间接传递信息;⑤广告的目的是促进产品销售或树立良好的企业形象。

(二) 广告的作用

广告以其独特的作用成为促销的主要手段之一。广告的作用主要包括以下几个方面:①介绍产品;②促进尝试性购买;③开拓新市场、发展新顾客;④保持或扩大市场占有率;⑤树立品牌形象,扩大企业影响力;⑥与渠道和终端建立良好的关系。详细内容,请扫描二维码阅读。

二维码 11-9

总之,广告的作用是多方面的,在品种日益繁多的现代商品市场上,广告已经成为企业在竞争中取胜的必要手段。

二、广告的分类

广告的分类是指为适应广告决策和策划的需要,按照一定的标准将广告活动划分为不同的类型,亦称广告形态。了解广告的分类,有利于企业围绕其营销目标,恰当地选择广告种类和手法,准确地传达广告信息和主题,合理地进行广告安排和组合。

(一) 按广告的内容划分

根据广告内容的不同,可将其划分为产品广告、服务广告和公共关系广告。

产品广告主要传递企业产品或服务的品牌、质量、性能、特点等信息,以宣传、推销企业的产品(包括有形产品和无形产品)为主旨。其数量在现代广告中占有较高的比重。

服务广告是宣传企业在销售某类产品时所提供的附加服务项目的广告,如对顾客

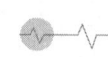

购买的空调实行免费送货、安装、维修等，以激发消费者购买某产品的欲望。

公共关系广告是为了提升企业知名度和美誉度，以宣传企业整体形象为主要内容的广告，它既包括直接传递企业宗旨、概况等信息的企业广告（或称声誉广告），也包括企业参与某项社会活动的倡议或响应广告，以及为慈善机构向社会集资、募捐，或配合政府有关部门开展的诸如戒烟、环保等方面活动的社会公益广告。

（二）按广告的目标划分

按照广告具体目标的不同，可将其分为开拓性广告、劝导性广告和提醒性广告。

开拓性广告是一种以介绍、说服为目标的广告，其目的在于引导消费者产生初次需求，向消费者宣传新产品的质量、性能、品种、用途、价格以及服务等情况，以消除消费者对企业生产和销售的产品的顾虑，加深消费者对这些商品的认识，促使消费者建立起购买这些产品的信心，使企业迅速占领目标市场。

劝导性广告是一种竞争性广告，其目的是促使消费者建立起特定的需求，对本企业的产品产生偏好。劝导性广告应着重宣传产品的用途，说明产品的特色，突出自身产品与其他品牌的同类产品相比的优越之处，努力介绍产品的品牌与商标，使消费者对某种品牌的产品产生偏好，以稳定产品的销售。

提醒性广告是一种加强消费者对商品的认识和理解的强化性广告。提醒性广告着重宣传商品的市场定位，以引导消费者产生"回忆性"需求，使企业某一品牌的产品在退出市场之前，仍能满足一部分老顾客的需求。

（三）按广告的诉求划分

消费者购买行为的产生往往源于不同的动机，广告的诉求即广告所期望激发的消费者的购买动机。依此标准，广告可分为感情诉求和理性诉求两大类。

感情诉求广告指通过广告为无生命的产品赋予生动的感性色彩，与消费者对某种情感的追求相契合，即动之以情，从而促使其采取购买行动。

理性诉求广告指通过直接或间接的形式科学论证产品的优点，理性地说服受众，即晓之以理，使其在信服的基础上选择购买。

此外，依据传播的地域广度，广告可被细分为地方性广告、区域性广告、全国性广告以及国际性广告。鉴于媒体技术的飞速发展，从媒体的角度出发，广告的分类更加多元，包括但不限于报纸广告、杂志广告、广播广告、电视广告、户外广告、POP广告（售点广告）、网络广告（含社交媒体广告、搜索引擎广告、视频流媒体广告等）、邮寄广告以及通过新兴技术如增强现实、虚拟现实展示的广告等。

根据广告发挥效用的时间长短，可将其划分为即时广告、近期广告与战略广告。其中战略广告往往着眼于品牌长期建设，其重要性在现代营销中日益凸显。

依据产品所处生命周期的不同阶段，广告策略亦有所区分：导入期广告侧重于市场渗透与品牌认知建立；成长期广告则着重于扩大市场份额，强化品牌形象；成熟期广告致力于维护现有客户群，探索产品新用途或细分市场；衰退期广告可能聚焦于促销策略，以延长产品生命周期或平稳过渡到新产品线。

值得注意的是，随着数字营销时代的到来，诸如程序化购买广告、影响者营销、内容营销等新型广告形式不断涌现，进一步丰富了广告的分类维度与表现形式，使得广告策略的制定更加精细化与个性化。

三、广告决策

企业在进行广告决策时，在确定目标受众的动机之后，必须进行广告五要素的决策，即任务（Mission）——确定广告目标；资金（Money）——编制广告预算；信息（Message）——设计广告信息；媒体（Media）——选择广告媒体；测评（Measurement）——评价广告效果。我们也可称其为"5M决策"，如图11-5所示。

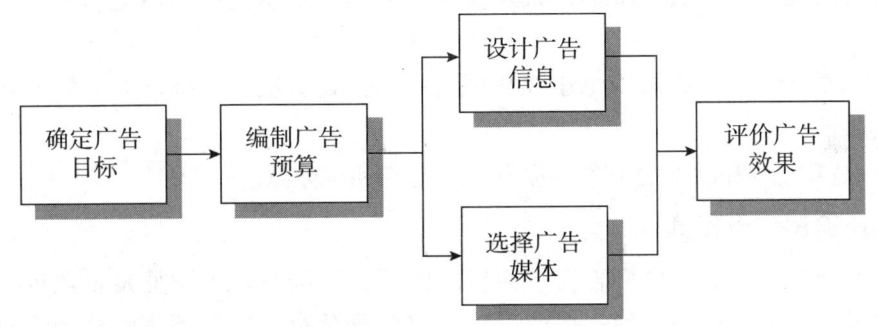

图11-5 广告"5M决策"

（一）确定广告目标

所谓广告目标，是指企业借助广告活动，在规划期内所期望达到的最终效果。其实质是要在特定的时间对特定的受众进行特定的信息沟通。广告目标对广告总体活动具有指导意义，也是制定广告战略和决策的首要步骤及准则。

广告目标的确定，首先取决于企业的经营目标和市场状况，如产品所处的生命周期、竞争对手战略、企业的市场地位等，据此明确广告活动的目的，然后再根据广告活动的目的来选择和确定广告的目标。在广告活动中，广告活动的目的体现了企业经营目标和市场竞争的要求，相对比较抽象；而广告的目标则是对广告活动的目的进行具体化、数量化。一般而言，完整的广告目标包括五个方面的内容：

（1）时间跨度，即广告活动的规划期，从何时起至何时止；

（2）地域界线，即广告活动传播的地域范围；

（3）目标受众，即面向哪一部分广告受众进行宣传；

（4）性质描述，即期望通过广告互动达到什么样的效果，比如，是销量提升还是知名度提高；

（5）数量指标，这也是评定广告实施效果的重要依据。例如，对某品牌的广告目标可以这样来表述：截至今年12月1日，通过广告，本品牌在北京市18~40岁的女性消费者中的知晓度由 30% 提升至 80%。

企业在营销活动的不同阶段，或面临不同任务时，有以下不同的广告目标可供选择：

（1）推出新产品。在推出新的大类产品时，刺激消费者对新产品产生初始需求；即使是以类似品牌名称延伸原产品线，企业也需要通过广告向消费者告知新产品的推出，并刺激消费者的需求。

（2）提示顾客重复购买。尤其当产品进入成熟期后，这一目标在保住老顾客方面特别重要。

（3）支持人员推销。即利用广告让潜在顾客认识企业和产品，便于销售人员开展推销工作。

（4）给予经销商支持。显然，批发商和零售商都希望生产商通过广告支持产品的销售。

（5）反击替代品。广告有助于强化现有顾客的购买决策，降低顾客转向替代品牌的可能性。

（6）提升企业和品牌的形象，提高员工士气和自豪感。

（二）编制广告预算

广告预算是企业为从事广告活动而投入的预算。确定广告预算是企业进行广告决策的第二步。广告目标确定后，企业必须确定广告预算。广告预算的合理性对企业来说至关重要。预算太少，达不到广告效果；预算太多，又会造成浪费，降低效益。

通常可供企业选择的确定广告预算的方法有以下几种：

（1）承受能力法，即根据企业的资金实力来决定广告预算。生产企业确定广告预算的方法是：从企业产品的市场售价中减去批发商与零售商的价差以及本企业的生产成本，再确定企业可用于广告的费用比例。

（2）销售额百分比法，即根据销售额的一定百分比制定广告预算。这种方法使广告费用与销售收入挂钩，简便易行。但它忽视了广告的促销作用，颠倒了二者的关系，忽视了未来市场的环境变化，并且二者的比例系数很难确定。

（3）竞争平衡法，即参考竞争对手的广告费用而确定自己的广告费用，广告预算与竞争者大体相同。这种方法有助于避免广告战的白热化，但也忽视了竞争者广告费用的合理性，此外，竞争者的具体情况与本企业是存在差异的。

（4）目标任务法，即根据企业营销的目标和任务确定广告预算。这是一种较科学的方法，但它也带有主观性，因此，也需要采用上述某些方法加以修正。

（5）投资收益法，即根据广告投资预期所能产生的收益决定广告预算。但广告的收益较难预测。因此，广告预算必须综合考虑各种因素，综合运用各种方法以校正某种方法的缺陷。

在实践中，制定广告预算还要考虑以下几种因素的影响：

（1）产品生命周期阶段。产品所处的生命周期阶段不同，所需的广告费用也不同。

一般来说，导入期需要较多的广告投入，以扩大产品的影响力；成长期则需要投入大量广告费用，大力进行广告促销，以提高产品的竞争力；成熟期则通过投入适量广告费用维持品牌形象，优化广告策略以提高性价比，同时关注新市场的开拓或新产品的推广；衰退期则应缩减广告费用。

（2）市场占有率的高低。市场占有率越高，广告预算的绝对额越大，但面向广大消费者的产品的人均广告费用却比较低；反之，市场占有率越低的产品，广告预算的绝对额也较小，但人均广告费用并不低。

（3）竞争的激烈程度。竞争越激烈，越需要大量的广告投入；反之，如果市场上的同类竞争产品较少，广告投入则可以相对少一些。

（4）广告频率的高低。广告必须达到一定的宣传频率才能给受众留下较深的印象，所以根据受众的广告接收情况，设置一定的广告宣传频率，也就决定了所需投入的广告费用大小。

（5）产品的差异性。高度同质的产品，消费者对品牌的敏感度不高，广告的效果不明显，应降低广告预算；高度差异化的产品，因为具有一定的垄断性，不打广告也会取得较好的销售效果。而具有一定的差异但这种差异又不足以达到垄断地位的产品，因为市场竞争激烈，广告预算反而应该比较多。

（三）设计广告信息

设计广告信息是企业进行广告决策的第三步，即根据促销活动所确定的广告目标来设计广告的具体内容。广告信息的设计需要创造性和艺术性，这是广告取得成功的重要保证。信息设计主要包括确定信息内容、设计表达结构、设计表达形式和选择信息发送者几个步骤。

（1）确定信息内容。信息内容也称广告主题或广告诉求。一般来说，信息内容有理性诉求、情感诉求和道德诉求三种，需要做到表达清晰，定位准确。在确定广告信息时也可以借助一些重大活动或节目进行策划，比如奥运会、情人节等。

（2）设计表达结构。信息表达结构设计需要确定结论形式、论证方式和表达次序，并做到创意新颖。

①结论形式。结论形式指选择广告是向受众提供一个明确的结论，还是让受众自己得出结论。提出明确结论适用于较为复杂或专用的产品，如金利来男装的广告语"金利来，男人的世界"，但在有些情况下，过分明确的结论反而会影响人们对产品的接受度。

②论证方式。论证方式指选择广告是一味地赞誉某一产品，还是在赞誉的同时指出它的某些不足。前者称为单向论证，后者称为双向论证。当受众对产品已经预先有了偏好时，单向论证能取得较好的效果；双向论证则对受教育水平较高，或接受过反宣传的受众更为有效。

③表达次序。表达次序指选择广告是先提出最强有力的论点，还是将其留到最后提出。在进行单向论证时，首先提出最强有力的论点有助于立即引起受众的注意

和兴趣,这对以报刊为媒体的广告尤为重要。在进行双向论证时,还存在先提出正面论点还是反面论点的问题。如果广告受众对产品已经预先有了否定倾向,那么从反面论点开始论证则是明智之举,这样有助于先消除受众疑虑,进而使受众接受正面论点。

(3) 设计表达形式。设计信息的表达形式,就是选择最有效的信息符号来表达信息内容和信息结构。广告信息的表达形式往往受到媒体特性的制约。第一,不同媒体所能传播的信息符号有所不同,如印刷媒体不能传递声音,广播媒体不能传播文字或图像。第二,广告媒体制约着信息表达的时间与空间,例如,广播、电视有时间限制,报纸、杂志有版面限制。因此,在设计信息的表达形式时,必须采用与媒体相适应的信息符号,选择与一定时间和空间条件相适应的信息表达形式。第三,要注意表达形式的个性化和艺术性,增强广告的特色和审美价值,从而提升广告信息的吸引力和传播效果。

(4) 选择信息发送者。广告的说服力还会受到信息发送者的影响。广告受众对信息发送者越信任,广告的说服力就越强。信息发送者的可信性主要来源于专业知识、可靠性和性格魅力三个方面。例如,人们容易接受医生对药品的推荐,这是因为医生具有专业知识;人们容易相信和接受名人对产品的推荐,这是因为名人具有号召力。

(四) 选择广告媒体

广告,从本质上来讲是一种沟通信息的传播活动,它的实现往往需要借助一定的传播媒体。广告媒体就是介于广告发布者与接受者之间,用以传递信息的手段与设施。

广告媒体选择得是否恰当,直接影响着广告效果的实现。企业在选择广告媒体时,应充分考虑不同的媒体在广告内容承载力、覆盖面、送达率、展露频率、影响力与费用等方面的差异以及各种媒体的特性。正确地选择广告媒体是广告决策中一项非常重要的工作。

广告媒体的种类很多,报纸、杂志、广播、电视是传统的四种大众传播媒体,互联网被称为第五种大众传播媒体。除大众传播媒体以外,还有户外媒体、直接邮寄等多样化的传播方式,它们各有优缺点,如表11-3所示。

表11-3 不同广告媒体的特点

媒体	优点	缺点
报纸	灵活,弹性大,时效性强,本地市场覆盖率高,容易被受众接受,有较高的可信度	保存性差,复制质量低,相互传阅者不多
杂志	权威性较高,针对性强,印刷质量高,保存期较长,可读性强	缺乏灵活性,周期长,发行量有限,读者面窄
广播	迅速及时,传播范围广,安排灵活,制作简单,成本低	时间固定,表现手段单调

(续表)

媒体	优点	缺点
电视	强烈的感官刺激，覆盖范围广，广告播放时间弹性大	成本高，受众选择性小，干扰多
直接邮寄	可以选择接受者，灵活、方便，可以避开同一媒体的广告竞争，有人情味	相对成本较高，由于滥寄容易引起受众反感
户外媒体	灵活，有较长的展露时间，重复性高，费用低，竞争少	受众没有选择，创新余地较小
互联网	有很高的选择性，交互性强，可以使用多种元素表现，可以借助社交媒体产生热点话题，成本低	可选择的社交媒体太多，需要企业仔细斟酌，对创新和趣味性的要求较高

广告媒体也可以分为付费媒体、免费媒体和自有媒体三类。付费媒体包括企业直接付费制作的广告、开展的促销活动等；免费媒体又被称为赢得媒体、口碑媒体，是指企业无须任何直接花费就可以获得公共关系和口碑效应，比如新闻故事、微博以及涉及品牌的社交网络对话等。其中，社交媒体在免费媒体中起到关键作用。自有媒体则主要指的是企业直接控制的传播渠道，如企业的官方网站、官方社交媒体账号等。

> **知识链接**
>
> **影响广告媒体选择的因素**
> 详细内容，
> 请扫描二维码阅读。
>
>
>
> 二维码 11-10

（五）评价广告效果

广告效果是指广告通过广告媒体传播之后所产生的影响，或者说媒体受众对广告宣传的结果性反应。广告的效果主要体现在三方面，即广告的传播效果、广告的促销效果和广告的社会效果。广告的传播效果是前提和基础，广告的促销效果是广告效果的核心和关键，广告的社会效果则是广告对社会风气和价值观念的影响。

1. 广告传播效果的评价

主要评价广告能否将信息有效地传递给目标受众。传播效果的评价可分为事前测试和事后评估。

事前测试有三种方法：第一种是直接评分法，即让消费者观看本企业产品的各种备选广告，请他们给不同的广告打分，以此来测试广告效果；第二种是组合测试法，请消费者看或听一组广告，不限制时间，然后请他们回忆广告内容，其结果可表明广告内容中突出的地方以及易懂性、易记性；第三种是实验室测试法，即用仪器测试消费者对于广告内容的生理反应。但这类测验只能测量广告的吸引力，无法衡量消费者的信任、态度和意图。

事后评估是在广告发布后对消费者进行的测试。一种是回忆测试，即让接触过广告媒体的人回忆最近几次媒体刊播的广告及其产品，其结果可说明广告的注意度和记忆度。另一种是识别测试，即让接触媒体者从若干广告中辨认哪个广告是他们过去曾经看过的，由此可说明广告在消费者脑海中留下的印象。

2. 广告促销效果的评价

促销效果是广告效果的核心。广告的促销效果主要评估广告所引起的产品销售额及利润的变化状况。评估广告的促销效果，可以通过两种方法进行：

一是历史资料分析法。这是由研究人员根据同步或滞后的原则，利用最小平方回归法求得企业过去的销售额与企业过去的广告支出两者之间关系的一种测量方法。在西方国家，不少研究人员在应用多元回归法分析企业历史资料，评估广告的促销效果方面，取得了重大进展。

二是实验设计分析法。用这种方法来评估广告对促销的影响，可选择不同地区，在某些地区进行比平均广告水平强50%的广告活动，在某些地区进行与平均广告水平相同的广告活动，在另一些地区进行比平均广告水平弱50%的广告活动。这样，从150%、100%、50%三类广告水平的地区销售记录中，就可以看出广告活动对企业促销究竟有多大影响。

3. 广告社会效果的评价

作为广告刊播之后对社会产生的影响，广告的社会效果往往涉及社会伦理道德、风俗习惯、价值观念、宗教信仰等意识形态领域，因此，很难用量化的指标加以衡量。评估广告的社会效果时应主要考虑广告信息的真实性、合法性，以及广告是否符合社会道德规范，是否有利于满足人们的精神文化生活需要，是否能够倡导健康文明的消费方式等。

> **知识链接**
>
> **广告领域应用的新技术**
> 详细内容，
> 请扫描二维码阅读。
>
>
>
> 二维码 11-11

第四节　营业推广

一、营业推广的概念和作用

（一）营业推广的概念

营业推广，又称销售促进，是企业在某段时期内采用特殊的手段对消费者进行强烈的刺激，以促进企业销量迅速增长的一种策略。营业推广常用的手段包括：赠送样品、发放优惠券、有奖销售、以旧换新、组织竞赛和现场示范等。营业推广有时也用于对中间商的促销，如转让回扣、支付宣传津贴、组织销售竞赛等。

营业推广相较于其他促销策略的显著特点在于：它以强烈的视觉呈现和特殊的优惠为特征，给消费者以不同寻常的刺激，从而激发他们的购买欲望。营业推广不能作为一种经常的促销手段来使用，但在某一个特定时期内，其对于促进销量的迅速增长是十分有效的。

（二）营业推广的作用

营业推广的作用包括：可以吸引消费者购买；可以奖励品牌忠实者；可以更好地达成企业营业目标。详细内容，请扫描二维码阅读。

但是，营业推广也存在下列不足：①影响范围较小，它只是广告和人员推销的一种辅助的促销方式；②刺激强烈，但时效较短，是企业快速造势的一种短暂促销方式；③过分渲染或长期频繁使用，容易使顾客对卖者产生疑惑，反而对产品或价格的真实性产生怀疑。为此，企业要合理使用营业推广促销工具，既要有效地发挥它的作用，又要避免它的负面影响。

二维码 11-12

二、营业推广决策

（一）确定推广目标

企业应当根据目标市场的特点和总体营销目标来确定营业推广目标，一般有三个方面的目标：以消费者为目标的推广；以中间商为目标的推广；以销售人员为目标的推广。详细内容，请扫描二维码阅读。

（二）选择营业推广工具

企业可以根据市场类型、营业推广对象、竞争形势、国家政策以及各种推广工具的特点灵活选择推广工具。

二维码 11-13

1. 面向消费者的营业推广工具

赠送促销。向消费者赠送样品或试用品，赠送样品是介绍新产品最有效的方法，缺点是费用高。样品可以选择在商店或闹市散发，或随其他产品附送，也可以通过公开广告赠送，或上门派送。

折价券。在购买某种商品时，使用折价券可以免付一定数额的款项。折价券可以通过广告或直邮的方式发送。

包装促销。以较优惠的价格提供组合包装和搭配包装的产品。

抽奖促销。顾客购买一定的产品之后可获得抽奖券，凭券进行抽奖有机会获得奖品或奖金，抽奖可以有各种形式。

现场演示。企业派促销员在销售现场演示本企业的产品，向消费者介绍产品的特点、用途和使用方法等。

联合推广。企业与零售商联合促销，将一些能显示企业优势和特征的产品在商场集中陈列，边展示边销售。

参与促销。消费者通过参与各种促销活动，如技能竞赛、知识比赛等，有机会获得企业的奖励。

会议促销。各类展览会、博览会、业务洽谈会期间的各种现场产品介绍、推广和销售活动。

2. 面向中间商的营业推广工具

批发回扣。企业为鼓励批发商或零售商多购进自己的产品，在某一时期内给经销本企业产品的批发商或零售商提高回扣比例。

推广津贴。企业为促使中间商购进企业产品并帮助企业推销产品，可以给予中间商一定的推广津贴。

销售竞赛。根据各个中间商销售本企业产品的实绩，分别给优胜者以不同的奖励，如现金奖、实物奖、度假奖等，以起到激励的作用。

扶持零售商。生产商对零售商专柜的装潢予以资助，提供POP广告，以强化零售网络，促使销售额增加；可派遣厂方信息员或代培销售人员。生产商这样做的目的是提高中间商推销本企业产品的积极性和能力。

3. 面向销售人员的营业推广工具

红利提成或超额提成。具体做法有：一是从企业的销售利润中提取一定比例的金额作为奖励发放给销售人员；二是销售人员按销售利润的多少提取一定比例的金额，销售利润越大，提取的百分比越大。

销售竞赛。销售竞赛的内容包括销售金额、销售数量、市场渗透率、销售服务评分等。规定奖励的级别、比例与奖金（品）的数额，以鼓励销售人员。对成绩优异、贡献突出者，给予现金、休假、提级晋升、精神奖励等。

特别推销金。企业给予销售人员一定数额的金钱奖励，以鼓励其努力工作。

（三）制订营业推广企划方案

企业制订一个行之有效的营业推广企划方案，要涉及以下内容：

（1）刺激程度，即营业推广对推广对象的刺激程度。一般来说，营业推广刺激程度小时，销售反应也小。只有达到一定刺激程度，才能使推广活动引起推广对象的广泛注意。当刺激程度超过一定标准时，推广活动一方面可能会立竿见影，使销量快速增长，但由于成本过高会使产生的利润随销量的增长而降低；另一方面，过于激烈的刺激，可能不但不会引起推广对象注意，反而会引起其逆反心理，使其产生诸如产品有问题等不利于企业的猜疑。

（2）刺激对象的范围。企业需要对促销对象的范围进行明确的规定。实际中，企业的推广对象可能必须具备一定的条件，比如要有一定的购买力等。制订营业推广方案时，企业必须根据推广目标确定推广活动的对象范围。

（3）持续的时间。营业推广是一个短期促销行为。所以，企业要恰当地控制推广活动的持续时间。持续时间太短，许多顾客可能来不及参加，会降低企业应得的利润，影响推广效果；营业推广持续时间太长，不仅会失去吸引力，还会增加企业的成本负担。

（4）营业推广的途径，即企业为开展特定营业推广活动所选择和使用的具体方法、渠道或媒介。不同推广途径的运营成本、触及的目标群体，以及预期的效果均可能存在差异。例如，发放一张优惠券，可以通过产品包装内附带、邮寄广告送达或在指定商店领取等途径进行。然而，这些途径的覆盖范围和执行费用往往各不相同。因此，企业需要综合权衡，针对目标市场的消费者特点，选择既可节省费用又高效的推广途径。

（5）营业推广的预算。一般有两种方式确定预算：一是销售人员根据全年营业推广活动的内容、所运用的营业推广工具及相应的成本费用来确定营业推广预算。营业推广成本由管理成本（如印刷费、邮寄费和促销活动费）加激励成本（如赠送奖品或减价等成本）乘以在这种交易中售出的预期单位数量而组成。二是按照习惯比例来确定各项营业推广预算占总营销预算的比率。不同市场上不同品牌预算费用的比例是不同的，并且受产品生命周期和竞争者营业推广预算的影响。经营多品牌的企业应将其营业推广预算在各个品牌间进行协调，以取得尽可能大的效益。

（四）测试和执行营业推广方案

为了保证营业推广的效果，企业在正式实施推广方案之前，必须对推广方案进行测试。测试的内容主要包括刺激程度和规模是否最佳、所选用的工具是否恰当、实施的方法效率如何等。发现不恰当的部分要及时进行调整。一般的测试基本在小范围内进行，以节约时间和成本。

测试通过后，企业还应制订执行计划，以有效地执行推广方案并进行控制。执行计划中要包括两个关键的时间因素：前置时间和后延时间。前置时间是指推出方案之前的准备时间，这段时间的工作包括推广的设计、修改、批准、制作、传送等；后延时间是指从营业推广活动开始到推广的产品大部分到达消费者手中的这段时间，这段时间的工作包括实际推广运作和管理。

（五）评估营业推广效果

为了改进营业推广方法，需要对营业推广的效果进行评估。事实上，很多企业往往忽视了这种工作。一般对营业推广进行评估，有四种方法：第一，最普遍的一种方法是对推广之前、推广期间和推广之后的营业情况进行比较。第二，对那些在推广时购买这个商品，而事后又转向购买其他品牌商品的顾客进行调查。第三，如果企业还需要进一步研究，可以对消费者进行深入调查，考察有多少消费者还记得这次营业推广活动、他们的做法如何、多少人从中获益，以及这次推广对于他们之后的品牌选择的影响程度。第四，企业还可以针对营业推广的作用、期限等进行细致的分析。有些大企业在选定的区域内对全国营业推广方法进行逐一评判，以评估不同策略的效果。

> **知识链接**
>
> **营业推广的创新方式**
>
> 1. 直播带货与虚拟购物
>
> 品牌通过直播平台，让主播实时展示和介绍产品，并与观众互动，解答疑问，直接促成购买。利用虚拟购物技术，企业能够让消费者在虚拟环境中"逛店"，身临其境地查看和选择商品。
>
> 2. 个性化视频推广
>
> 根据消费者的个人信息和购买历史，为其生成专属的视频广告，可增加品牌亲和力和吸引力。
>
> 3. 盲盒式促销
>
> 消费者购买时不知道具体的产品内容，会产生惊喜感和好奇心，增加购买欲望。
>
> 4. 共享优惠
>
> 鼓励消费者将优惠信息分享给朋友或社交媒体群组，当达到一定的分享数量或一定量的新用户参与时，所有参与者都能获得更大的优惠。
>
> 5. 沉浸式体验营销
>
> 例如，汽车品牌在商场设置模拟驾驶体验区，让消费者在虚拟场景中感受车辆性能，同时提供购车优惠。
>
> 6. 社交挑战
>
> 发起与品牌相关的社交挑战，如创意拍照、短视频创作等，参与者有机会获得产品或折扣。
>
> 7. 逆向拍卖
>
> 消费者给出他们愿意为产品支付的价格，商家根据情况决定是否接受。
>
> 8. 积分捐赠
>
> 消费者购物获得的积分不仅可以用于兑换商品，还可以选择捐赠给慈善机构，提升消费者的参与感和对品牌的好感度。
>
> 9. 快闪店与游击营销
>
> 在打破常规的地点开设短期的快闪店，制造话题和新鲜感，吸引消费者关注。

10. 基于位置的优惠推送

利用手机定位技术,当消费者靠近店铺时,推送个性化的即时优惠信息。

第五节 公共关系

一、公共关系的概念与特点

"公共关系"一词源于美国,其英文缩写为 PR(Public Relations),简称公关。

美国公共关系协会曾这样定义公共关系:公共关系是一个在组织及其公众之间建立互利关系的战略性沟通过程。

美国公共关系专家弗雷泽·西泰尔(Fraser Seitel)在《公共关系实务(第14版)》中对公共关系下的定义是:公共关系是一个有计划的过程,立足于双方都满意的双向沟通,通过健全的人格和适当的表现来影响公众的看法。他指出公共关系的核心是:"做正确的事",适当的公共关系必须建立在强烈的道德感之上。

公共关系有利于树立企业的良好形象,沟通与协调企业内部以及企业与社会公众的各种联系,有利于创造良好的营销环境。

公共关系作为促销组合的一个重要组成部分,与其他方式相比,具有以下特点:

(1)从公共关系目标来看,公共关系注重长期效应。

公共关系要达成的目标是树立企业良好的社会形象,创造良好的社会关系环境。达成这一目标并不强调即刻见效,而是注重长期效应。企业通过各种公共关系策略,能树立良好的产品形象、企业形象和社会形象,能创造良好的社会关系环境,从而能长时间地促进销售,稳固地占领市场。

(2)从公共关系对象来看,公共关系注重双向沟通。

企业不是孤立的经济组织,每时每刻都与相关的社会公众发生着频繁而广泛的经济联系和社会联系,公共关系的对象就是各种社会关系。企业公共关系,是指企业除要与政府职能部门、媒介机构、社会团体、供应商等建立良好关系外,还要与消费者、员工等社会公众建立良好的关系,既要了解公众,又要让公众认识企业、愿意购买企业的产品和接受企业提供的服务。

(3)从公共关系手段来看,注重间接促销。

公共关系的手段是有效的信息传播,这种信息传播并不意味着直接介绍和推销产品,而是通过积极参与各种社会活动,宣传企业营销宗旨,扩大知名度,从而加深社会各界对企业的了解和信任,最终达到促进销售的目的。

二、公共关系的主要内容

公共关系的主要任务是沟通和协调企业与社会公众之间的关系，以争取公众的理解、认可与合作，以扩大销售。这一任务决定了其工作的主要内容是企业要正确处理与公共关系对象的关系。企业公共关系对象的特点与要求不同，公共关系工作的内容就有差异。公共关系的主要内容包括：

（1）正确处理企业与消费者的关系。

消费者是企业的关键评判者。消费者对企业的印象和评价，决定着企业能否保持和扩大市场占有率，决定着企业的生存和发展。因此，公共关系工作要树立以消费者为中心的思想，主动、积极地争取消费者，处理好与他们的关系。

企业要处理好与消费者之间的关系，须注意以下两点：一是企业要宣传竭诚为消费者服务的宗旨，必要时可以适当地公开一些企业的业务，以取得消费者的理解和支持，建立良好的企业信誉。二是企业要进一步深入地了解消费者的需求，将有关信息及时反馈给企业决策机构，以便及时改进企业的产品或工作，更好地满足消费者的需求。这样才有助于企业巩固和加深与消费者的良好关系，创造适应企业生存与发展的市场环境。

（2）正确理解企业与政府的关系。

政府不仅是国家权力的执行机关，而且是引导企业适应宏观经济发展要求的宏观调控者。企业的活动应服从政府的监管。因此，企业公共关系工作必须正确处理与政府的关系。在遵守国家法律法规，自觉接受政府有关部门的指导和监督的同时，企业应主动与政府有关部门沟通信息，赢得政府的信赖与支持。

（3）正确处理企业与社区及新闻媒介的关系。

社区关系指的是企业与其所在城镇、乡村、街道的政府机构、非政府组织及居民之间的相互联系。企业与社区之间存在着紧密而复杂的联系，只有建立起和谐融洽的社区关系，企业才能在当地稳固发展。因此，企业应当积极回应并满足社区提出的合理要求。在生产经营过程中，企业应重视安全生产，保护环境；提供卓越的服务，并适当参与公益活动；积极主动地承担社会责任，为社区带来福祉。

现代传媒，包括报纸、杂志、广播、电视以及新兴的互联网媒体等，对企业的影响极为深远。这些传媒渠道能够塑造社会舆论，影响公众意见，进而间接地规范企业的行为。因此，现代传媒成了公共关系人员争取公众支持、达成公共关系目标的关键渠道。企业的公共关系人员应当与现代传媒保持持续且广泛的联系，通过积极合作来开拓市场，提升企业的知名度，并树立良好的社会形象。在新广告形式下，企业还可以利用数字营销、内容营销等手段，通过现代传媒平台更有效地传递企业价值，增强与公众的互动和连接。

（4）正确处理企业与其他企业的关系。

这里的其他企业主要是与本企业有经济业务往来的企业，如工业用户、供应商、中间商、金融机构等，是企业公共关系活动的主要对象。企业应和与自己有业务往来的工商企业进行有效的沟通，以推动相关活动顺利进行。

（5）正确处理企业内部公众关系。

企业内部公众关系是企业内部员工关系、部门间关系及股东关系的总称。企业内部员工关系及部门间关系是否融洽直接关系到企业经营目标能否达成。为此，公共关系工作要做到：加强企业内部各方面的纵向和横向的信息交流，增进相互了解，协调各方面利益关系，解决各种矛盾，培养集体精神和协作精神，保证企业整体的正常运转；合理满足员工的物质文化生活需要，改善员工的生活条件，使员工在企业里感到温暖和愉快，从而加强企业的凝聚力；提高员工的责任心，提升员工参与决策的积极性和民主管理意识；激发员工的工作潜能，使员工具备主动、积极进取的精神，充分调动员工的想象力和创造力，为企业的长期发展培育生机。

股东关系是企业内部公众关系的重要部分，指企业与投资者的关系。公共关系工作一方面应维护原股东对企业的兴趣和了解，从而坚定股东的信心；另一方面要吸引更多的新股东，不断拓展资金来源的渠道。

三、公共关系决策

企业的公共关系活动必须遵循一定的程序，进行全面的规划和安排，有条不紊地实施，方能达到预期的目的。公共关系决策需要经历以下步骤。

1. 确定公共关系目标

开展公共关系活动要明确公共关系目标。目标的确定是公共关系活动取得良好效果的前提条件。企业应根据营销的总目标及公众对企业的意见来确定具体的公共关系目标。一般来说，企业的公共目标主要有以下几类：①在开发新产品、新技术时，要让公众有足够的了解；②开辟新市场之前，要向新市场所在地的公众宣传组织的声誉；③转产其他产品时，要树立组织新形象，使之与新产品相适应；④参加社会公益活动，增加公众对组织的了解和好感；⑤在社区开展公共关系活动，与组织所在地的公众积极沟通；⑥本组织的产品或服务在社会上造成不良影响后，积极开展公共关系活动以挽回影响；⑦创造一个良好的消费环境，在公众中普及与本组织有关的产品或服务的消费方式；等等。

2. 确定公共关系对象

公共关系的对象是公众，但不是单一的公众，而是社会各方面公众的组合。企业一般的公共关系对象有企业内部公众、媒介公众、顾客公众、政府公众、社区公众及业务往来公众等。企业公共关系传播的目标对象取决于公共关系的目标，不同的公共关系目标决定了公共关系传播对象侧重点的不同。如果公共关系目标是提高消费者对本企业的信任度，毫无疑问，公共关系活动应该重点根据消费者的权利和利益要求来开展。如果企业与社区关系紧张，公共关系活动就应该主要针对社区公众来开展。确定公共关系对象时要注意两点：一是侧重点是相对的。企业在针对某类对象进行公共关系活动时不能忽视了与其他公众沟通；二是在某些时候（如企业出现重大危机等），企业必须加强与各类公共关系对象的沟通，尽可能争取各方的理解和支持。

3. 选择公共关系活动方式

企业可以根据公共关系目标、企业的规模、活动范围、产品类别、市场性质等，灵活地选择不同的公共关系活动方式，以便有效地达成公共关系目标。

（1）利用新闻媒介。新闻媒介一般指以报纸、杂志、广播、电视和互联网社交媒体为主的新闻传播工具。新闻媒介面向社会，涉及范围广、影响大，能够支配社会舆论，引导公众意见，因而具有很强的说服力，因此，企业应当争取一切机会和新闻界建立联系，及时将具有新闻价值的信息提供给这些新闻媒介，扩大企业在消费者中的影响，加深顾客印象。

（2）赞助和支持各项公益活动。作为社会的一员，企业有义务支持各项公益活动。这些活动往往会被各种新闻媒介广泛地报道，企业能从中得到特殊的利益，建立一心为大众服务的形象。但在实践中，企业应注意自己的能力限度，以及活动的互惠性。

（3）参加各种社会活动。企业通过举办新闻发布会、展销会、博览会等各种社会活动，向公众进行市场宣传，推荐产品，介绍知识，以获得公众的了解和支持，提高他们对企业产品的兴趣和信心。

（4）公共关系广告。即企业为形成某种具有积极意义的社会风气或宣传某种新观念而做的广告。如企业对过度吸烟、饮酒危害健康以及勤俭节约、遵守交通秩序等社会风尚的宣传均属此列。公共关系广告在客观效果上，能够有效地提升企业的知名度和美誉度，树立企业关心社会公益事业的良好形象。

（5）印制宣传品。制作介绍企业发展历史，宣传企业宗旨，介绍企业产品以及有关员工培养、企业经营现状及动态等内容的宣传品，这也是企业传播信息，树立形象的重要途径。宣传品应以赠送为主，印刷精美，以增加公众兴趣和提高其保留价值，同时应在宣传品上注明本企业的地址和电话号码、邮编等，以方便公众联系。

（6）建立健全企业内部的公共关系制度。企业应当关心员工的福利，鼓励他们的工作积极性和创造性。企业可以通过开展针对员工家属的公共关系活动，密切与社会各界的联系。

4. 实施公共关系方案

实施公共关系方案的过程，就是把公共关系方案确定的内容变为现实的过程，是企业利用各种方式与各类公众进行沟通的过程。实施公共关系方案是企业公共活动的关键环节。实施公共关系方案，需要做好以下工作。

（1）做好实施前的准备。开展任何公共关系活动之前，都要做好充分的准备，这是保证公共关系方案成功实施的关键。公共关系准备工作主要包括公共关系实施人员的培训、公共关系实施的资源配置等。

（2）消除沟通障碍，提高沟通的有效性。公共关系传播中存在着方案本身的目标障碍，实施过程中语言、风俗习惯、观念和信仰的差异以及传播时机不当、组织机构臃肿等多方面形成的沟通障碍和突发事件的干扰等影响因素。消除不良影响因素，是提高沟通效果的重要条件。

（3）加强公共关系实施的控制。企业的公共关系实施如果没有得到有效的控制，就会产生偏差，从而影响公共关系目标的达成。公共关系实施中的控制主要包括对人力、物力、财力、时机、进程、质量、阶段性目标以及突发事件等方面的控制。公共关系实施的控制流程包括制定控制标准、衡量实际绩效、将实际绩效与既定标准进行比较以及采取纠偏措施。

5. 评估公共关系效果

评估效果是企业公共关系活动的最后一个阶段。评估效果的目的在于为今后的公共关系工作提供资料和经验。需要说明的是，公共关系评估并不是在公共关系实施后才进行的，而是贯穿于整个公共关系活动之中。公共关系评估的内容包括：

（1）公共关系程序的评估，即对公共关系的调研过程、公共关系计划的制订过程和公共关系实施过程的合理性和效益性进行客观的评价。

（2）专项公共关系活动的评估，主要包括对企业日常公共关系活动效果的评估、企业单项公共关系活动（如联谊活动、庆典活动等）效果的评估、企业年度公共关系活动效果的评估等方面。

（3）公共关系状态的评估。企业的公共关系状态包括舆论状态和关系状态两个方面。企业需要从内部和外部两个角度对企业的舆论状态和关系状态进行评估。

> **知识链接**
>
> **鸿星尔克捐款事件**
>
> 详细内容，
> 请扫描二维码阅读。
>
>
>
> 二维码 11 – 14

第六节　数字化促销与整合营销传播

在数字化时代背景下，促销策略与整合营销传播面临着前所未有的变革与挑战。本节将深入探讨数字化促销的特点与策略，以及数字化时代下的整合营销传播实践，旨在为企业制定有效的数字化营销策略提供指导。

一、数字化促销的特点与策略

数字化促销是指利用数字技术、互联网平台及社交媒体等新媒体渠道进行的促销活动。它打破了传统促销方式的时空限制，实现了信息的即时传播与互动，极大地提升了促销活动的效率和效果。

数字化促销具有以下特点：

（1）即时性与互动性。数字化促销能够实现信息的即时传递和消费者的即时反馈，形成双向互动，增强消费者的参与感和体验感。

（2）个性化与精准化。借助大数据和人工智能技术，数字化促销能够精准定位目标客户群体，实现个性化营销，提高促销活动的针对性和有效性。

（3）低成本与高效率。数字化促销降低了传统促销方式中的印刷、物流等成本，同时提高了信息传播的速度和广度，达成了低成本高效率的营销目标。

以下是几种主要的数字化促销策略：

（1）社交媒体营销，指利用微博、微信、抖音等社交媒体平台，通过内容营销、社交分享等方式，扩大品牌知名度和影响力。企业可以发布有趣、有价值的内容，吸引用户的关注和互动，进而将他们转化为潜在客户。

（2）搜索引擎优化与搜索引擎营销，指通过优化网站结构和内容，提高网站在搜索引擎结果页面的排名，从而增加网站的曝光度和流量。同时，利用搜索引擎广告等付费推广方式，进一步提升品牌知名度和销售转化率。

（3）电子邮件营销，指通过向目标客户发送定制化的电子邮件，传递促销信息、产品推荐等内容，实现精准营销。电子邮件营销具有成本低、传播速度快、覆盖面广等优势。

二、整合营销传播在数字化时代的挑战与机遇

整合营销传播是指企业通过多种传播渠道和方式，向目标受众传递一致的品牌信息和营销信息，以实现品牌知名度的提升和销售目标的最大化。在数字化时代，整合营销传播面临着新的挑战和机遇。

1. 明确品牌定位与目标受众

整合营销传播的第一步是明确企业的品牌定位和目标受众。企业需要深入了解自身的品牌形象、核心竞争优势以及目标受众的特征和需求，以便有针对性地选择合适的传播渠道和策略。

2. 整合线上线下营销渠道

在数字化时代，线上线下营销渠道的整合变得尤为重要。企业需要将线上渠道（如社交媒体、搜索引擎等）与线下渠道（如传统广告、促销活动、实体店面等）有机结合，实现全方位的营销覆盖。通过线上线下渠道的协同作战，提高品牌曝光度和销售转化率。

3. 建立一体化的营销内容战略

整合营销传播需要确保在不同的传播渠道上传递一致的品牌形象和信息。企业应制定一体化的营销内容战略，包括统一的品牌调性、视觉风格和内容主题。传递一致的品牌信息，能提升品牌的认知度和记忆度，增强消费者对品牌的好感度。

4. 实现数据驱动的营销决策

在数字化时代，数据扮演着至关重要的角色。整合营销传播需要依靠数据驱动的方法，通过数据分析和评估，及时调整和优化营销策略。企业可以利用各种数据分析工具和技术，监测营销活动的效果，了解受众的反馈和行为，从而做出更加科学合理的营销决策。

5. 持续监测与优化营销效果

整合营销传播并非一劳永逸，而是需要持续不断地监测和优化。企业应建立完善的监测机制，定期评估各种传播活动的效果，发现问题并及时调整。通过持续的优化和改进，不断提升营销效果，适应市场变化，保持竞争优势。

三、数字化促销与整合营销传播的未来发展趋势

随着数字技术的不断发展和消费者行为的变化，数字化促销与整合营销传播将呈现以下趋势：①智能化与自动化。②虚拟现实与增强现实技术的应用。③社交媒体与内容营销的深度融合。④数据驱动的精准营销与个性化推荐。⑤跨渠道营销整合与无缝衔接。详细内容，请扫描二维码阅读。

数字化促销与整合营销传播是企业在数字化时代背景下达成营销目标的重要手段。企业需要明确品牌定位与目标受众，整合线上线下营销渠道，建立一体化的营销内容战略，实现数据驱动的营销决策，并持续监测与优化营销效果。同时，企业还应关注数字化促销与整合营销传播的未来趋势，不断创新营销策略和手段，以适应市场变化和消费者需求的变化。通过数字化促销与整合营销传播的有机结合，企业可以在激烈的市场竞争中脱颖而出，实现可持续发展。

二维码 11－15

案例分享

拼多多团购促销——是朋友就"砍一刀"

详细内容，请扫描二维码阅读。

二维码 11－16

本章提要

详细内容，请扫描二维码阅读。

二维码 11－17

本章习题与练习

1. 什么是促销组合？它受到哪些因素的影响？
2. 何谓整合营销传播？它和传统促销策略有何区别？
3. 简述人员推销的步骤。
4. 广告有何作用？企业如何进行广告决策？
5. 何谓营业推广？它有何作用？
6. 常见的消费者营业推广工具有哪些？举例予以说明。
7. 简述公共关系的概念及其主要内容。
8. 描述数字化促销的特点，并列举其在新媒体渠道中的应用。

第十二章
网络营销基础

【学习目标】
1. 深入理解互联网和大数据的基本概念及其核心特征。
2. 全面掌握网络营销的主要特征及其相较于传统营销的优势。
3. 熟练掌握网络营销的基本理论框架及其在实践中的应用。
4. 清晰认识网络营销与传统营销在多个维度上的异同点。
5. 熟练掌握网络营销环境分析的具体步骤和方法。
6. 了解并掌握网络消费者调研的完整过程及其重要性。

【思政目标】

详细内容,请扫描二维码阅读。

二维码 12-1

在当今这个信息爆炸、数据驱动的时代,网络营销以其独特的优势,正深刻地重塑着企业与消费者之间的互动关系。它突破了传统营销模式的时空界限,使信息的传递更为迅速精准。随着互联网技术的飞速发展,特别是社交媒体的广泛应用,网络营销环境已进化为一个高度集成、实时互动的复杂系统。大数据的运用,更是为网络营销提供了强大的决策支持和洞察能力。

【思维导图】

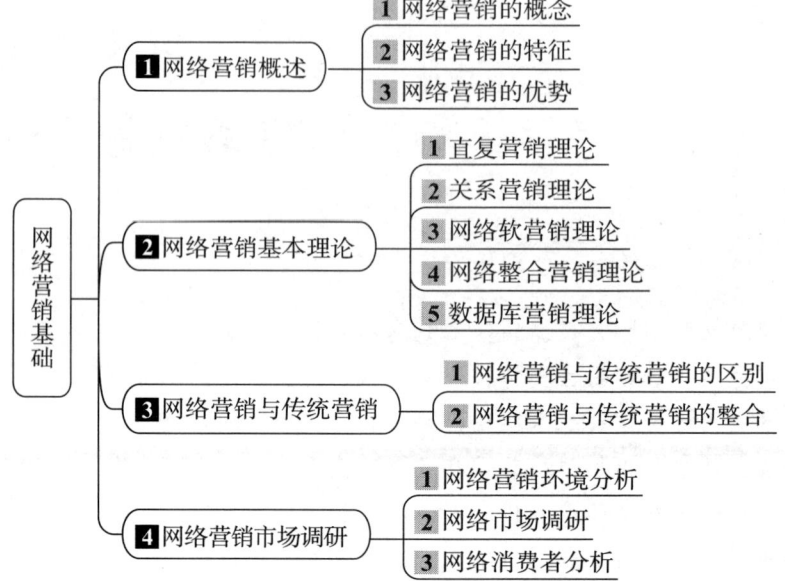

> **案例导入**
>
> 你加入"羊群"了吗?——"羊了个羊"的出圈之路
>
> 详细内容,请扫描二维码阅读。
>
>
>
> 二维码 12-2

第一节 网络营销概述

一、网络营销的概念

网络营销的起源可追溯至 1994 年。在这一年,全球首幅网络广告的亮相以及 Yahoo(雅虎)这一具有划时代意义的搜索引擎的问世,激发了人们对互联网商业价值的无限憧憬。网络营销迅速崛起,成为备受瞩目的新兴营销手段。

网络营销,简而言之,就是利用信息技术来创造、传播和传递客户价值,旨在为客户、商业伙伴乃至整个社会带来利益。它是将信息技术融入传统营销活动的一种创新方式,构成了企业整体营销战略的关键一环,旨在推动企业总体经营目标的达成。

对于网络营销的概念,我们可以从以下三个维度进行理解:

(1) 网络营销并不等同于网上销售,其内涵更为广泛。

(2) 网络营销活动不仅局限于线上,而是线上线下相结合的全方位营销。

(3) 网络营销建立在传统营销理论基础之上,是对传统营销模式的继承与创新。

二、网络营销的特征

随着互联网技术的日益成熟,互联网如同一种强大的"万能胶",将企业、团体、组织和个人紧密地连接在一起,使得信息交换变得前所未有的便捷。互联网所具备的营销特性,赋予了网络营销以下显著特征:

(1) 全量数据分析。互联网技术的发展使得从感应器、移动终端、网页等多渠道采集的大数据能够被深入分析,进而挖掘出有价值的信息。在大数据时代,商务数据分析摒弃了传统的抽样调查方式,转而对海量数据进行全面分析,从而有效避免了抽样误差和片面性。

(2) 决策数据化。在大数据时代,数据分析的重点已从判断因果关系转向识别需求。网络营销将消费行为与营销决策全面数据化,形成了一个闭环的营销流程,即"消费—数据分析—营销活动—效果评估—再消费"。全面、及时的大数据分析为企业制定营销决策提供了有力支撑,显著提升了企业的营销竞争力。

(3) 强调时效性。在网络时代,消费者的消费行为和购买方式极易发生变化。因此,在消费者需求最强烈时及时进行营销至关重要。领先的网络营销企业提出了时间营销策略,通过技术手段精准捕捉消费者的需求,并及时响应,确保消费者在决定购买的"黄金时间"内接收到商品广告。

(4) 个性化营销。互联网提供了丰富的消费者信息,企业可以利用这些资源对消费者的多渠道行为和生命周期各阶段的行为数据进行记录和分析,从而制定高度精准、绩效可量化的营销策略。对于既有消费者,企业可以通过分析其信息推断其购物偏好,进行定制化推送;对于潜在消费者,企业可以利用大数据分析预测其对产品特性的偏好,从而精准定位、改进产品并开展有针对性的营销。

三、网络营销的优势

互联网和大数据技术的快速发展推动着网络营销的变革。与传统营销相比,网络营销具有以下显著优势:

一是能够提高企业营销效率。网络营销有助于企业实现渠道优化和营销信息的精准推送。通过分析消费者在社交平台上的信息记录,企业可以获取消费者购买产品或服务的渠道信息,进而优化营销渠道。同时,利用大数据技术,企业还可以对消费者进行分类,并有针对性地向其推送相关营销信息。

二是能够提升消费体验。大数据技术使企业能够对消费者群体进行精准分析,从而根据分析结果对特定消费者进行划分,并向潜在消费者传递其所需的产品信息。对于消费者而言,获取高价值的产品信息有助于其做出正确的购买决策。此外,网络营销企业还应关注消费者使用产品后的体验和感受,以便对产品进行持续改进。

三是能够促进营销平台互联互通。消费者在互联网上的生活化存在使得企业能够更全面地了解消费者需求。人们的日常生活已深度融入互联网平台,网络营销需要将碎片化的消费者信息重新整合,形成消费者画像,以实现个性化营销。因此,网络营销的发展促进了各大互联网平台的相互融合与互联互通。在打通线上平台的同时,网络营销也推动了线上线下营销平台的融合。媒体通过跨界融合的方式实现了报纸、电视、互联网的有机结合与资源共享。由此获得的大量消费者信息经过集中处理,转化为形式多样的营销信息,并通过不同平台进行传播,从而提升了营销效果。

> **知识链接**
>
> **互联网与大数据**
>
> 详细内容,
> 请扫描二维码阅读。
>
>
>
> 二维码 12-3

第二节　网络营销基本理论

网络营销以其独特属性，展现出了有别于传统营销的显著特征，这些特征挑战了传统营销理论的全面适用性。为此，我们需要立足于传统营销理论的坚实基础，紧密融合网络环境的特性和消费需求的深刻变迁，积极探索营销理论的新进展与创新方向。网络营销理论虽属于营销理论范畴，却强化了传统理论中的某些核心观念，并对特定观点进行了修正或全新解读。这一过程既是对传统理论的传承，也是在新市场环境中的理论拓展与深化，展现了理论的动态发展与创新活力。

一、直复营销理论

直复营销理论自20世纪80年代起便备受瞩目。根据美国直复营销协会的定义，直复营销是利用一种或多种广告媒体相互作用，旨在产生可度量的反应和（或）达成交易的营销体系。其中，"直"意味着不通过中间分销渠道，直接通过媒体连接企业与消费者；"复"则强调企业与顾客之间的交互，顾客对企业的营销投入有明确的反馈和回应，企业可据此统计并评价营销效果，进而及时改进策略，追求更满意的结果。

相较于传统的分销方式，直复营销具有诸多优势，如减少中间环节、提供详尽商品信息、降低销售成本、突破地域限制、优化营销时机、便于顾客反馈信息等。这些优势在网络环境下表现得尤为突出，网络营销活动更贴合直复营销的理念。因此，直复营销理念对网络直复营销具有重要指导意义，同时，网络信息技术也推动了直复营销的发展。

网络直复营销具体有以下几个特点：

（1）互动性增强。直复营销作为一种相互作用体系，尤为注重营销人员与目标顾客之间的双向信息交流，旨在克服传统营销中单向信息交流的局限性。在网络直复营销中，企业借助互联网开放、自由的双向沟通网络，实现了与顾客的双向互动式交流。企业向消费者提供信息的同时，也在接收消费者的反馈，顾客可通过网络直接向企业表达需求和提出建议。这种交流方式使企业能够基于顾客需求进行精准营销，提高营销效率和效果，增强竞争力。

（2）一对一服务优化。直复营销活动为每个目标顾客提供了直接向营销人员反馈的渠道，企业可据此找出不足，为下一次活动做好准备。网络直复营销的独特优势在于，顾客可方便地通过互联网向企业提出建议和购买需求，获取售后服务。企业则通过分析顾客的建议、需求及服务要求，掌握消费特征，准确满足个性需求，优化经营管理，降低营销成本，提升顾客满意度。

（3）跨时空性。直复营销活动中，企业与顾客的"信息双向交流"不受时间和空间限制。由于互联网具有全球性和持续性特征,企业可低成本地突破时空限制与顾客双向交流。顾客也可随时随地向企业提出要求和反映问题,根据个人时间安排灵活获取信息。因此,企业能通过直复营销活动创造突破时空限制的营销互动,赢得更多机会。

(4)效果可精确测定。直复营销活动的重要特性之一是效果可测定。互联网作为直接沟通工具,便于企业与顾客沟通和交易。由于沟通费用和信息处理成本低,借助数据库技术和网络控制技术,企业可轻松处理每个顾客的订单和需求,而不用考虑顾客数量、购买量的多少。因此,互联网使企业能以最低成本最大限度地满足顾客需求,同时细分目标市场、提高营销效率。网络直复营销作为有效的营销策略,具有可测试性、可度量性、可评价性和可控制性,能大大改进营销决策的效率和执行效用。

二、关系营销理论

关系营销理论是 20 世纪 80 年代中期由美国营销学者巴巴拉·杰克逊（Barbara Jackson）所倡导的一种新型营销理念。该理论主要包含两大核心要点：从宏观角度看,营销活动会对包括顾客市场、劳动力市场、供应市场、内部市场、相关者市场,以及政府、金融市场等在内的广泛领域产生影响;从微观层面而言,企业与顾客之间的关系处于不断变化之中,营销的核心已从过去简单的一次性交易关系转变为注重建立、维持和加强长期关系,以确保参与各方的目标得以达成。

企业置身于复杂的社会经济大系统中,其营销目标的达成深受众多外部因素的影响。企业的营销活动是一个与消费者、竞争者、供应商、分销商、政府机构及社会组织等发生相互作用的复杂过程。正确理解和处理这些个人与组织的关系,不仅是企业营销活动的核心,也是决定企业成功与否的关键所在。

关系营销的核心在于维护顾客,使企业拥有稳定的客户资源。企业通过提供令顾客高度满意的产品或服务,加强与顾客的联系,保持长期的顾客关系,并在此基础上开展营销活动,以达成企业的营销目标。研究显示,一个不满意的顾客可能会影响 8 笔潜在的交易,甚至波及 25 个潜在顾客的购买意愿。同时,争取一个新顾客的营销成本往往是维护一个老顾客成本的 5 倍。因此,注重维护与顾客的关系,提升顾客的忠诚度,能够为企业带来长远的利益。关系营销倡导的是企业与顾客之间的双赢。

互联网作为一种高效、低成本的双向沟通渠道,为建立和维护企业与顾客之间的长期关系提供了有力保障。首先,利用互联网,企业可以直接接收顾客的订单,顾客也能直接提出个性化需求。企业借助柔性化生产技术,能最大限度地满足顾客需求,为顾客在消费产品或服务时创造更多价值。同时,企业还能从顾客需求中洞察市场趋势,细分市场,精准定位,从而有效减少营销费用,提高对市场需求的反应速度。其次,借助互联网,企业能更便捷地为顾客提供服务,保持与顾客的紧密联系。互联网不受时间和空间限制的特性，极大地方便了顾客与企业的沟通。顾客可以通过互联网迅速、简便地获得企业服务。再次，通过互联网交易，企业可以实现对从产品质量、服务质量到交易服务等整个过程的全面控制。最后，利用互联网，企业还能更便捷地与相关企业和组织建立合作伙伴关系，实现双赢发展。

三、网络软营销理论

软营销理论是对工业经济时代以大规模生产为特征的"强势营销"模式的反思与超越，它强调企业不仅要满足顾客的基本生理需求，更要兼顾其高层次的精神和心理需求。因此，企业在开展营销活动时，务必要尊重消费者的感受和体验，促使消费者在愉悦的心境下主动接纳企业的营销活动。

（一）网络软营销与传统强势营销

传统强势营销以企业为主导，其典型手段包括传统广告和人员推销。传统广告往往通过信息灌输在消费者心中留下印记，却时常忽视消费者的实际需求与偏好，导致消费者被动接受广告信息的"洗礼"。而在人员推销中，推销人员常常不顾被推销对象的意愿与需求，仅凭个人判断主动推销，这种做法同样缺乏对消费者感受的考量。

相比之下，网络软营销则是在网络环境下，企业摒弃向顾客强行灌输概念的做法，转而传递合理信息，实现信息共享与整合营销。网络软营销从消费者的体验和需求出发，采用拉式策略吸引消费者关注企业，以达到营销效果。消费者普遍对过于强硬的商业广告和推销方式感到反感，他们更倾向于在个性化需求的驱动下，自主寻找相关信息。软营销广告以"润物细无声"的方式，迎合了消费者的这种需求，逐渐渗透，让消费者在不知不觉中了解产品。

软营销与强势营销的根本区别在于主动方的不同：软营销的主动方是消费者，而强势营销的主动方是企业。消费者在心理上倾向于成为主动方，而网络的互动特性为他们成为主动方提供了可能。软营销是一种基于柔和、关怀、双赢原则的营销法则，它从"要你买、请你买、求你买"的传统营销方式，转变为"我要买"的新型营销方式。

需要注意的是，传统强势营销与网络软营销并非完全对立，企业应根据不同的产品、时机和条件，将二者有机结合。

（二）网络软营销理论的相关概念

网络软营销理论包含两个重要的基本概念：网络社区和网络礼仪，它们是实施网络软营销的基本出发点。

1. 网络社区

网络社区是随着网络技术的发展以及人们在网络空间中行为的扩展而出现的新型社会活动空间。它是指人们基于某种需求，在网络空间相互交流而形成的具有共

同目标的社会群体。网络社区包括 BBS/论坛、贴吧、群组、个人空间等在内的多种网上交流空间。同一主题的网络社区聚集了具有共同兴趣的访问者，他们经常相互交流、展开讨论，形成了如程序员、游戏玩家、户外旅游爱好者、摄影爱好者等社区。

网络社区存在于网络空间，由相应的组织进行管理和维护，为社区居民提供服务，以满足他们的基本需求。网络社区内的每个成员享有充分的参与自由，人与人、人与群体、群体与群体之间以合作、竞争、同化、冲突、适应等各种形式进行互动。他们在共同目标的驱动下，追求某种情感、兴趣或利益。网络社区也是一个互利互惠的组织，人们在互联网上解答他人的问题，同时从他人那里获得所需答案。基于网络社区的特点，许多敏锐的营销人员已开始利用这种紧密关系，将其转化为企业的利益源泉。

2. 网络礼仪

网络礼仪是指在网上交往活动中形成的被广泛接受的礼节和仪式。它是人们在互联网上交往需要遵循的礼节，是互联网自诞生以来逐步形成与不断完善的一套良好、不成文的网络行为规范。如不进行喧哗的销售活动，不在网上随意传送带有欺骗性质的邮件等。网络礼仪是一切网上行为都必须遵守的准则，网络营销也不例外。网络营销的经营者必须树立网络礼仪意识，遵循网络礼仪规则。例如，广告不能随意打扰人们的生活，当顾客需要在网络上寻找产品或服务信息时，企业应提供易于导航、易于搜索有效信息的服务工具，为消费者提供方便、快捷、高效的服务，满足消费者的需求。企业在网络营销活动中应坚持以消费者为中心，在遵循网络礼仪规则的基础上取得良好的营销效果。

四、网络整合营销理论

网络整合营销理论是网络营销领域中的一个新兴理念。它源于传统营销理念，并随着网络营销的发展而逐步演化形成。网络技术的飞速发展不仅使整合营销的可行性得以提高，还使整合营销的特性和优势能得到充分发挥，显著提升了顾客在整个营销过程中的地位。网络的互动性使得消费者能够真正参与营销活动的全过程，不仅增强了其参与的主动性，还加强了其选择的自主性。因此，网络营销必须将顾客整合到整个营销流程中，从他们的需求出发开展营销活动，并在整个过程中持续与顾客互动，确保每个营销决策都紧密围绕顾客需求展开。

在个性化消费需求日益增长的背景下，企业正在探索一种现代营销思想，以适应消费市场的变化，满足消费者的需求，从而赢得更多市场份额。基于这一需求，网络整合营销理论应运而生。该理论摒弃了传统营销理论中的"4P 理论"，逐渐转向以"4C 理论"为基础和前提。其核心理念是：不急于制定产品策略，而是深入研究消费者的需求和欲望，销售消费者真正想要购买的产品；暂时搁置定价策略，转而研究消费者为其需求所愿意支付的成本；不再过分关注渠道策略，而是着重考虑如何为消费者提供购买商品的便利性；摒弃传统的促销策略，转而加强与消费者的沟通和交流。

企业在"4C理论"的基础上，寻找最佳的营销决策，旨在实现满足消费者需求与企业利润最大化的双重目标。在网络营销中，可以灵活运用传统的"4P理论"，并使其与以顾客为中心的"4C理论"相结合，逐步形成和完善网络营销中的整合营销理论。

在网络营销模式下，顾客的个性化需求得到了更好的满足，顾客对企业的产品或服务越来越认同，进而形成顾客忠诚。这种新营销模式使得企业与客户之间的关系变得非常紧密且稳固，形成了"一对一"的分销模式（One-to-One Marketing）。这种模式被称为网络整合营销，它始终以客户为出发点，体现了企业与客户不断交互的特点。

1. 产品或服务以顾客需求为中心

由于互联网具有出色的互动性和引导性，用户可以在企业的引导下通过互联网对产品或服务进行选择或提出具体要求。企业则可以根据顾客的选择和要求及时进行生产并提供服务，使顾客的需求能够跨时空得到满足。同时，企业还可以及时获取顾客需求信息，并根据这些信息组织生产和销售，从而提高生产效益和营销效率。

2. 以顾客接受的成本为定价依据

在网络营销中，价格应以顾客能接受的水平为基准来制定，并根据这一成本组织生产和销售。企业以顾客为中心定价时，必须测定市场中顾客的需求以及对价格的认同。在互联网上，企业可以轻松地实现这一点。顾客可以通过互联网提出自己能够接受的价格，企业则根据这一价格提供柔性的产品设计和生产方案供用户选择，直到顾客认同并确认后再组织生产和销售。在网络营销中，这一切都是在企业服务器程序的引导下完成的，无须设置固定的销售场所、聘请专门的工作人员或支付巨额的广告费用，因此成本极低。

3. 分销渠道以方便顾客为主

网络营销采用了一对一的分销模式，实现了跨时空的销售。顾客无须外出，即可轻松浏览海量的产品信息，从中挑选心仪的商品，并随时通过互联网下单购买。企业则依靠高效便捷的配送系统，在最短时间内将商品安全送达消费者手中，极大地节省了消费者的时间和精力，为顾客提供了前所未有的便利。

以海尔为例，作为中国家电行业的领军企业，其充分利用了互联网的优势，构建了全球范围内的订单处理系统。通过该系统，海尔能够迅速响应客户需求，将产品的加工周期大幅缩短。同时，海尔还通过内部网络与各大零售商和生产商建立了紧密的合合作关系，确保在客户提出需求后能够第一时间将产品送达生产线或销售终端。这种以顾客便利性为核心的分销渠道，不仅提升了海尔的服务质量，还进一步巩固了其在市场中的领先地位。

4. 从强制式促销转向加强与顾客的沟通和联系

传统的促销方式以企业为主体，通过媒体或工具对顾客进行灌输式宣传，旨在加强顾客对企业和产品的接受度与忠诚度。然而，这种方式缺乏与顾客的沟通和联系，且促销成本高昂。相比之下，网络营销是一对一和交互式的，顾客是主动方，可以参与企业的营销活动。因此，互联网更能加强与顾客的沟通和联系，更深入地了解顾客需求，更易引起顾客的认同。

网络整合营销理论将顾客利益最大化要求与企业利润最大化要求相结合，是对传统营销理论的创造性改进，也是适应现代市场需求特征的新营销理论。

五、数据库营销理论

数据库营销是一种基于企业积累的顾客资料，通过对其进行深入的分析与整理，制定营销策略，并维护与拓展现有顾客资源的关键手段。它融合了计算机信息技术、通信技术以及以客户为中心的整合营销理念，是近年来逐渐兴起并走向成熟的营销推广策略，具有广阔的发展前景。数据库营销不仅代表了一种营销方法、工具、技术或平台，更重要的是，它体现了一种全新的企业经营理念，深刻地改变了企业的营销模式与服务模式，从根本上重塑了企业营销的基本价值观。

通过广泛收集和积累消费者信息，数据库营销能够精准预测消费者的购买意向，为产品提供精准定位，并据此制作有针对性的营销信息，以有效说服消费者购买产品。网络营销的特性进一步强化了数据库营销的优势，使其成为先进营销理念与现代信息技术的完美结合，是企业未来发展的必然选择。

（一）数据库营销的基本作用

（1）深化顾客理解，优化服务体验。通过互动沟通，企业能够深入了解顾客需求，从而提供更加个性化和优质的服务，提升顾客满意度和复购率，为企业创造更高的利润率。

（2）对顾客的价值进行评估。利用数据库中的资料，企业可以评估顾客的生命周期价值，从而对不同顾客采取相应的营销策略，实现资源的最优配置。

（3）分析预测顾客需求行为。基于顾客的历史数据，企业不仅能够预测其需求趋势，还能评估其需求倾向的变化，为市场策略的调整提供科学依据。

（4）市场调查和预测。丰富的顾客资料为市场调查提供了宝贵的信息源，通过分析顾客数据，企业可以挖掘潜在的目标市场，为市场扩张提供方向。

（二）网络数据库营销的独特价值

与传统的数据库营销相比，网络数据库营销的独特价值主要表现在以下几个方面：

1. 动态更新与高效维护

传统数据库营销在获取新顾客信息和跟踪顾客反馈方面存在效率低下、反馈率低、数据更新周期长、维护成本高等问题。而网络数据库营销凭借其数据量大、易于修改、能实现动态数据更新、便于远程维护等优势，显著提升了数据库的时效性和准确性，从而有效提升了营销效果。

2. 顾客主动参与与数据丰富性

仅靠现有顾客资料的数据库是不够的，除不断更新维护现有资料外，还需要不断挖掘潜在顾客的资料，这项工作也是数据库营销策略的重要内容。在没有互联网的情况下，寻找潜在顾客的信息一般比较难，要付出很大代价，比如利用有奖销售或者免费使用等机会要求顾客填写包含个人信息的表格，这不仅需要投入大量资金和人力，也受地域的限制，覆盖的范围非常有限。

在网络营销环境下，收集顾客数据更为便捷，而且往往是顾客自愿加入网络数据库。最新的调查表明，为了获得个性化服务或获得有价值的信息，有超过50%的顾客愿意提供自己的部分个人信息，这对网络营销人员来说，无疑是宝贵财富。请求顾客加入数据库的做法通常是在网站上设置一些表格，在要求顾客注册为会员时填写。但是，网上的信息很丰富，对顾客资源的争夺也很激烈，顾客对企业的要求又很高，并非任何表单都能吸引顾客的注意力和兴趣。因此，企业需要从顾客的实际利益出发，合理地利用顾客的主动性来丰富和扩大客户数据库。数据库营销同样要遵循自愿加入、自由退出的原则。

3. 改善顾客关系，提升服务品质

传统市场环境下，顾客服务是企业能留住顾客的重要手段；在电子商务领域，顾客服务同样是企业取得成功的最重要因素之一。一个完备的客户数据库是网络营销取得成功的重要保证。在互联网上，顾客对个性化服务的需求日益增长，网络数据库营销通过数据分析和精准服务，成为改善顾客关系的有效工具。

网络数据库营销因其独特功能而在网络营销中占据重要地位。企业应从网站规划阶段起就将数据库营销视为网络营销的重要组成部分。此外，数据库营销与个性化营销、一对一营销紧密相关，客户数据库资料也是客户服务和客户关系管理的重要基础。

> **知识链接**
>
> **内容营销的演进：从 1.0 到 3.0 时代的发展**
>
> 详细内容，请扫描二维码阅读。
>
>
>
> 二维码 12-4

第三节　网络营销与传统营销

一、网络营销与传统营销的区别

传统营销是网络营销的基石与起源，两者虽同源却展现出显著的差异性。具体而言，这些差异主要体现在以下几个方面：①关注焦点的转变。②营销战略的升级。③营销策略的创新。④营销研究的深化。详细内容，请扫描二维码阅读。

二维码 12-5

网络营销与传统营销在关注焦点、营销策略及营销研究等多个方面均存在着显著的差异。这些差异不仅反映了市场环境的深刻变化，更体现了企业营销理念的与时俱进和创新发展。

二、网络营销与传统营销的整合

网络营销作为一股新兴的营销力量，依托互联网的独特优势，对传统营销方式产生了深远的冲击。然而，这并不意味着网络营销将全面取代传统营销。相反，网络营销与传统营销正处于一个相互融合、共同发展的动态过程中，展现出一种互补而非替代的关系。

首先，互联网作为一个新兴的虚拟市场，尽管其影响力日益扩大，但仍未能全面覆盖所有消费群体。由于年龄、地域、经济条件以及技术接受度等多种因素的限制，仍有大量群体无法或不愿使用互联网服务。在这些群体中，传统营销策略和手段仍然发挥着不可替代的作用，如电视广告、户外广告、直邮等，它们继续扮演着连接企业与消费者的桥梁角色。

其次，互联网作为营销渠道，具有高效、便捷、互动性强等显著优势。然而，消费者的生活方式和购物偏好却呈现出多样化的特点。部分消费者更倾向于在实体店中体验购物的乐趣，享受与店员的面对面交流，而非仅仅依赖于网络购物。因此，传统实体店与网络营销的结合，成为满足消费者多样化需求的有效途径。企业可以通过线上线下融合的方式，为消费者提供更为丰富、便捷的购物体验。

再次，互联网作为沟通工具，其直接、双向的交流特性极大地提升了企业与消费者之间的互动效率。然而，消费者的沟通偏好同样具有多样性。一些消费者可能更倾向于通过传统的沟通方式，如电话、邮件或纸质信件等与企业进行联系。因此，企业在制定营销策略时，应充分考虑消费者的沟通偏好，灵活运用多种沟通渠道，以实现与消费者的有效沟通。

最后，网络营销虽然强大，但它终究只是营销工具的一种。营销的核心在于人与人之间的互动与连接，而传统营销中那些以人为本、注重情感交流的策略，是网络营销难以完全复制的。这些策略所蕴含的亲和力、信任感和人文关怀，是构建品牌忠诚度和消费者满意度的关键要素。

知识链接

网络营销与传统营销

对比维度	网络营销	传统营销
营销渠道	互联网平台，如网站、社交媒体、电子邮件等	线下渠道，如实体店、报纸、杂志、电视、广播等
受众范围	全球范围，不受地域限制	受地域限制，主要针对特定地区
成本	较低，可降低营销成本	较高，包括广告制作费、投放费、店面租金等
互动性	较强，消费者可随时与企业交流反馈	较弱，消费者反馈相对滞后
精准度	能实现精准定位和个性化营销	较难做到精准定位
效果评估	数据化，效果易于量化和分析	评估相对较难，数据不够精确
传播速度	迅速，信息能在短时间内广泛传播	较慢，信息传播需要一定时间
内容形式	丰富多样，如图片、视频等	相对单一，如平面广告、电视广告等
灵活性	易于调整和修改	调整难度较大，修改周期较长
竞争程度	竞争激烈，市场饱和度高	竞争程度相对较低，但市场进入门槛高

第四节　网络营销市场调研

一、网络营销环境分析

（一）网络营销环境的特征

随着互联网的飞速发展，特别是进入社交媒体主导的网络交互时代，网络营销环境已进化为一个高度集成、实时互动、虚实交融的复杂系统。该系统呈现出以下显著特征：①数据资源的丰富性。②信息沟通的交互性。③营销场景的虚拟性。④交易关系的平等性。详细内容，请扫描二维码阅读。

二维码 12-6

（二）网络营销环境的内容

网络营销环境的内容既广泛又复杂，涉及多个层面的影响因素，这些因素以不同的方式、在不同程度上对企业的网络营销活动产生着影响和约束。下面从理论上深入探讨网络营销环境的构成，并详细解析宏观与微观两个层面的影响因素。

1. 网络宏观营销环境

网络宏观营销环境指的是那些对企业网络营销活动产生间接但深远影响的外部因素，它们通常不直接作用于企业的日常运营，但会通过改变市场环境、消费者行为等方式，对企业的战略规划和营销决策产生重要影响。这些影响因素主要包括政策法律环境、经济环境、社会文化环境和技术环境四个方面。

（1）政策法律环境是企业开展网络营销活动时不可忽视的重要因素。企业必须密切关注并遵守相关的法律法规，以确保其营销活动的合法性和规范性。电子商务相关法律法规的制定和完善，旨在明确企业在网络交易中的法律责任和义务，保障交易双方的合法权益。

例如，《中华人民共和国电子签名法》的出台，为电子商务中的电子签名提供了法律保障，明确了电子签名的法律效力，为网络合同的签订和执行提供了法律依据。《非金融机构支付服务管理办法》等法规的颁布，则规范了非金融机构的行为，保障了消费者的资金安全，促进了电子商务的健康发展。

此外，各国政府还在不断完善网络安全和数据保护方面的法律法规，以应对日益严峻的网络威胁和数据泄漏风险。这些法律法规不仅为企业提供了法律保障，也要求企业在网络营销活动中更加注重数据安全和隐私保护，以赢得消费者的信任和忠诚。

（2）经济环境是影响网络营销活动的另一核心要素，它深刻影响着市场的购买力和消费水平，进而对企业的营销策略及市场表现产生直接影响。首先，收入水平的提升增强了消费者的购买力，促使他们对高品质、高附加值产品的需求增加，为网络营销提供了广阔的市场空间。随着人均国内生产总值和个人可支配收入的不断提高，网络营销迎来了前所未有的发展机遇。

其次，市场价格在消费者购买决策中占据重要地位。网络营销中，企业通过降价促销、限时优惠等价格策略，有效吸引消费者，提升市场竞争力，推动销量增长。

最后，经济规模和发展水平也直接影响网络营销的市场规模和潜力。经济规模越大、发展水平越高的地区，网络基础设施越完善，网民数量越多，网络营销的市场潜力也越大。同时，网络市场的开放程度决定了企业能否自由进入市场参与竞争。一个开放的市场能够吸引更多企业和消费者参与，促进市场繁荣，但也意味着企业需要不断提升竞争力和创新能力，以应对市场的变化和挑战。

（3）社会文化环境是影响网络营销活动的深层次因素，其中网络人口结构尤为关键。不同年龄、性别、受教育水平及职业的网民，其消费习惯和需求各异。企业须深入剖析网络人口结构，明确目标受众的偏好，制定精准的营销策略。例如，针对年轻群体，企业可主推时尚个性化产品，利用社交媒体进行推广；而中老年群体则偏好实用便捷的服务，电视广告、利用电话营销的方式更为合适。

社会习俗和文化传统同样深刻影响着网络营销。各国和地区习俗传统各异,导致消费者的消费习惯和偏好大相径庭。企业需要尊重当地习俗,避免触碰禁忌,同时融入当地文化,如推出礼品包装、定制服务等,满足特定需求。文化营销能增强产品文化内涵,提升附加值。

价值观是消费者行为的核心驱动力。不同价值观导致消费者对产品的认知和评价不同。企业需要洞察目标受众的价值观,以此为导向设计产品和进行营销推广。随着人们环保意识的提升,消费者对产品的环保性能日益关注。企业可推出环保产品或服务,宣传环保理念。这样做不仅满足了消费者需求,还彰显了企业的社会责任感,提升了品牌形象。

(4) 技术环境是网络营销发展的核心驱动力。数字技术的普及,让网络营销的受众范围持续扩大,智能手机和平板电脑等移动设备的普及,为网络营销开辟了更广阔的市场空间。

随着技术的不断进步,网络营销手段也日益多样化。企业可借助搜索引擎优化、社交媒体营销、内容营销和电子邮件营销等多种方式,实现精准推广。每种方式都有其独特优势,企业应根据自身条件和目标受众特点,灵活选择最佳策略。

更重要的是,数字技术让网络营销效果的实时监测与评估成为现实。通过数据分析工具,企业能准确评估营销活动的效果,及时发现问题并调整策略,从而不断优化营销效果,实现更好的市场表现。

2. 网络微观营销环境

网络微观营销环境是指直接影响企业网络营销活动的各种内部和外部因素的总和。这些因素不仅包括企业内部各部门之间的协作与支持,还涵盖了供应商、竞争者、顾客以及营销中间商等多个方面。下面对这些关键要素进行详细分析。

(1) 企业内部因素。网络营销的成功实施,离不开企业内部各部门的协同合作。企业领导者的态度至关重要,他们对网络营销的重视程度直接影响战略部署与资源投入。当领导者高度关注网络营销时,会激励营销团队,推动学习型组织的建立,确保网络营销战略的顺利实施。

企业的财务状况也对网络营销产生了深远影响。资本流动不仅关乎企业运营,还影响投资者信任。网络营销所需的资金、技术设备条件等,都与企业财务状况紧密相关。良好的财务状况能确保网络营销活动的顺利开展,并在生产成本上取得优势。

此外,产品特征或服务质量以及网络营销自有媒体建设也是关键因素。具有竞争力的产品和个性化服务是企业持续发展的源泉,网络营销平台能收集并分析客户反馈,助力新产品或服务的开发。同时,企业网络营销自有媒体,如官方网站、社区和社交媒体账号等的运营效果,取决于资源利用状况、内容推广力度和服务专业化程度。因此,企业应注重自有媒体的建设和管理,提升网络营销的整体效能。

(2) 供应商。在网络化环境下,企业与供应商建立良好关系的重要性日益凸显。

供应商作为生产资源的提供者,对企业网络营销有着深远影响。一方面,随着企业为降低成本、提高效率而将非核心业务外包,其对供应商的依赖性显著增强。面对众多供应商,建立稳定、长期的合作关系成为企业网络营销成功的关键,有助于确保生产资源的稳定供应。

另一方面,网络技术的普及推动了企业与供应商之间合作关系的紧密化。信息共享、共同设计产品和解决技术难题变得更加便捷,促进了双方更深入的合作。这种紧密合作不仅提高了企业的生产效率,降低了运营成本,还增强了企业的市场竞争力,为企业网络营销的成功奠定了坚实基础。

(3) 竞争者。在网络营销环境下,深入分析竞争者是企业制定有效营销策略的核心。这包括对竞争者网络营销目标的了解,以把握其市场定位和发展方向;分析其当前与未来策略,预测市场动向并制定应对策略;评估其资源能力和配置,洞悉竞争优势与劣势;考察其团队管理和创新能力,判断市场适应能力和发展潜力;以及了解其对市场变化的反应模式和速度,以便把握市场机遇并规避风险。这些方面的综合分析,能够帮助企业更全面地认识竞争者,从而制定出更具针对性和竞争力的网络营销策略,确保企业在激烈的市场竞争中立于不败之地。

(4) 顾客。企业的网络营销以客户为中心,满足客户需求是衡量其成功与否的关键。深入分析顾客需求及偏好对于制定精准有效的营销策略至关重要。通过市场调研、数据分析等手段,企业应深入了解顾客的具体需求和偏好,确保产品或服务能够精准对接市场需求。同时,基于消费者购买动机制定营销策略,能够更好地把握市场机遇并提升销售业绩。例如,针对追求性价比的消费者,企业可推出高性价比的产品或服务;而对于注重品牌形象的消费者,企业则需要加强品牌宣传和推广力度。

此外,随着互联网技术的飞速发展,互联网用户的特征也在不断变化,这给企业的网络营销带来了新的挑战和机遇。企业应密切关注互联网用户的数量、群体结构以及上网行为等特征的变化,以便及时调整营销策略并抓住市场机遇。例如,针对年轻用户群体,企业可以推出更加时尚、个性化的产品或服务,以满足他们对新鲜、独特体验的追求;而对于中老年用户群体,企业则须注重产品的实用性和易用性,以更好地满足他们的实际需求。通过紧密关注顾客需求、购买动机及互联网用户特征的变化,企业能够制定出更加符合市场需求的网络营销策略,从而在激烈的市场竞争中脱颖而出。

(5) 营销中间商。在网络营销中,营销中间商起到了连接生产者与消费者的关键桥梁作用。这些中间商形式多样,功能完善,主要包括电商平台、网络拍卖平台、代理商等。电商平台通过整合商家,为买卖双方提供了一个便捷的交易场所,降低了交易成本,提高了交易效率。网络拍卖平台则允许买家在网上竞价购买商品或服务,具有透明度高、竞争性强等特点,有助于企业发现商品或服务的真实市场价值,进而提升销售业绩。此外,代理商作为买卖双方的桥梁,负责商品的采购、储存、分销等工作，在网络营销中，它们通过线上渠道为买卖双方提供了更加高效的服务体验。

物流服务提供商在网络营销中也扮演着不可或缺的角色。它们负责商品的运输和配送工作。随着物流行业的快速发展和数字化、自动化水平的提升，物流服务的质量和效率得到了显著提高，提升了客户体验。

除上述中间商外，网络营销中还包括银行、保险、广告、市场调研、网络服务等多个领域的服务提供商。它们为企业提供了全方位的支持和服务保障，从资金流转、风险管理到市场推广、数据分析等各个环节，都为企业开展网络营销活动提供了有力的支持。这些服务提供商的存在，使得企业能够更加专注于自身的核心业务，提高市场竞争力，从而在网络营销中取得更大的成功。

> **知识链接**
>
> **TikTok 的海外发展：机遇与挑战并存**
>
> 详细内容，
> 请扫描二维码阅读。
>
>
>
> 二维码 12-7

二、网络市场调研

（一）网络市场调研的含义

根据科特勒的观点，市场研究被严谨地界定为企业于特定市场环境内，系统性地规划、搜集、分析及报告必需信息的一系列综合性过程。在这一宏观框架下，市场调研特指营销部门遵循精心预设的信息获取策略与调查方法，广泛且深入地搜集当前市场动态中关于消费者需求演变、购买行为模式、行业及产品服务标准，以及营销绩效评估等多维度数据。通过对这些海量数据的深度剖析与综合研究，企业能够精准预测市场的发展趋势，从而为制定或优化营销策略奠定坚实基础。

网络市场调研，作为市场调研在数字化时代背景下的一种全新表现形式，其定义可明确为：网络营销企业充分利用互联网技术平台，高效且精准地开展市场信息搜集、整理、分析及研究工作，旨在提炼出具有深远战略指导意义的结论，以实现对市场动态的全面、精准把控。相较于传统市场调研，网络市场调研同样聚焦于市场竞争格局的深度洞察、产品差异化特征的精准刻画、消费者需求及购买行为变迁的细致分析、营销策略有效性的客观评估，以及市场机遇与增长潜力的前瞻性预判等核心议题。

在互联网这一开放、高效且透明的平台上，信息的获取与传递速度空前加快，用户交互性显著增强，这极大地提升了网络市场调研的时效性与准确性。互联网环境赋予网络市场调研以信息搜集范围广泛、数据分析兼具深度与广度，以及用户反馈即时响应等独特优势，使其成为现代营销决策过程中不可或缺的重要工具与手段。

（二）网络市场调研的内容和特点

网络市场调研，作为数字时代背景下企业获取市场动态、制定营销策略的关键手段，其调研对象广泛涵盖消费者、竞争者以及其他与企业利益有着密切关联的相关方。此过程旨在深入评估市场开拓的可行性，细致分析营销机会与潜力，并全面探讨影响营销活动的各类因素。然而，这一过程中亦存在调研对象结构偏差、抽样代表性不足、研究深度受限等潜在问题，需要企业在实践中予以高度关注。

1. 网络市场调研的对象

网络市场的多元化特性决定了其面向的消费人群各具特色，因此，调研对象的选择需要紧密贴合企业的市场现状与实际需求。具体而言，企业应围绕客户、竞争者及可能产生直接影响的第三方展开调查，以获取全面且深入的市场洞察。

随着科技的飞速发展与网络购物的日益普及，消费者在做出购买决策前往往会利用搜索引擎查询企业网站、产品名称等相关信息，以全面了解企业的综合实力、产品性价比、售后服务、支付及配送方式等关键要素。在此背景下，企业应充分利用网络平台，对消费者的购买行为进行全程追踪，积极收集其购买意愿、消费体验及评论反馈，并将其分类整理，作为后续营销策略调整的重要依据。同时，企业还应鼓励消费者参与在线调查，以获取更为丰富、真实的消费者声音。

网络营销环境下，企业面临的竞争威胁日益复杂多样，这些威胁主要来源于上下游相关企业（如原料供应商、网络服务商、代理商及利益相关的第三方）、直接竞争者、潜在进入者、产品替代者及网上购买者等。对这些竞争威胁进行深入分析，对于企业把握行业环境、调整网络营销策略具有至关重要的意义。因此，企业应密切关注行业环境中相关方的最新营销动向、产品生产情况、高层人员变动等信息，通过访问竞争者网站、关注展会及公共部门发布的企业信息等多种方式，有选择性地收集数据资料，并深入分析自身可能面临的威胁或机遇，以此为基础制定更具针对性的营销策略。

企业的合作伙伴、供应商、第三方代理及与企业利益无关的中立者所提供的行业评估信息及与企业相关的信息，同样具有重要的参考价值。例如，阿里巴巴等电商平台所提供的商品种类、销量等数据，可为企业制定网络营销战略提供有力支持。企业应积极与这些合作伙伴及中立者建立良好关系，充分利用其资源与信息优势，为企业的营销决策提供有力支撑。

2. 网络市场调研的内容

网络市场调研的内容广泛而深入，其目的是全面了解目标顾客需求、把握市场变化及竞争态势，为企业制定营销决策提供科学依据。具体而言，网络市场调研应涵盖以下几个方面。

（1）把握企业外部环境。企业运用 SWOT 或 PEST 等分析工具对其营销环境进行分析时，须深入研究影响企业营销布局的主要因素。除对竞争者、消费者信息及消费评价进行深入分析外,企业还应密切关注政治、法律、环境、经济、社会和技术等外部环境信息的变化,特别是那些具有导向性的政策,这些信息往往能为企业带来新的商机。通过对这些信息的全面把握,企业可以更加精准地定位自身在市场中的位置,为制定科学合理的营销策略提供有力支持。

(2) 分析消费需求及目标市场。对网上顾客的需求特点进行深入研究,特别是对其需求和变化趋势的准确把握,是企业制定网络营销策略的关键。利用在线市场调查工具,企业可以全面了解消费者的需求状况、需求变化趋势以及个人特征(如性别、年龄、职业等)。消费者的个人特征是影响其需求的重要因素,但企业在研究过程中应严格遵守相关法律法规,确保消费者隐私得到充分保护。目标市场分析则主要围绕市场容量、产品供需状况、市场占有率、市场增长潜力、开拓市场的障碍以及竞争格局等方面展开。这些分析成果可作为企业进入新市场或深耕现有市场的重要决策依据。

(3) 掌握企业产品或服务的相关信息。在新产品或服务推向市场之前,企业需要对其满足顾客需求的程度及潜在缺陷进行深入了解。同时,对于已提供的产品或服务,企业也应持续收集顾客的满意度反馈。为此,企业可以通过发送在线调查问卷等方式,广泛收集顾客的意见和建议。例如,针对新产品外观、性能设计等方面的个性化需求进行调查,或深入挖掘顾客对已有产品或服务的消费体验,以发现产品的不足之处及核心竞争力所在。这些信息对于企业优化产品设计、提升服务质量具有至关重要的意义。

(4) 了解竞争对手及行业竞争状况。在竞争对手分析方面,企业首先应明确其主要竞争对手是谁,然后对其进行全面而深入的分析。分析内容包括但不限于市场份额、企业实力、竞争策略、网络营销战略定位以及发展潜力等。在研究过程中,企业应重点关注行业中处于领先地位和正在快速发展的企业,通过对比分析找出自身的优势和不足,为制定更具竞争力的营销策略提供有力支持。

(5) 分析企业形象。企业形象是企业宝贵的无形资产,对于提升品牌知名度、增强顾客忠诚度具有重要影响。通过网络市场调研,企业可以了解到其自有媒体(如企业网站、微博等)访问者的相关信息,包括个性化需求、兴趣爱好、文化层次、收入状况、婚育状况、年龄及性别等。这些信息有助于企业开展有针对性的营销活动,提升营销效果。同时,通过对访问者反馈信息的收集和分析,企业可以更加清晰地认识到自身在客户心中的形象,从而判断自身在某段时间内的市场价值。这些信息对于企业的新形象宣传及自有媒体的优化具有重要的参考价值。

3. 网络市场调研的特点

互联网以其信息的广泛性、自由性、开放性、平等性和直接性,为市场调研带来了革命性的变革。相较于传统的市场调研方式,网络市场调研在效率和成本上展现出了巨大的优势,其特点具体表现在以下几个方面。

(1) 及时性和共享性。互联网的信息传播速度极快,能够确保调研信息在第一时间触达目标用户。同时,网络调研的开放性打破了时间和空间的限制,使得参与调研的网民能够随时随地贡献自己的见解。这种特性不仅提升了信息的及时性,还促进了信息的广泛共享。在数据处理方面,企业能够轻松运用统计分析软件对网络调研数据进行高效处理,迅速得出调研结果,大大缩短了调研周期。

(2) 深度互动与充分反馈。网络通信的互动性为调研双方提供了充分的交流空间。被调查者可以就问卷中的具体问题发表个人见解,而企业则能据此调整问卷设计,甚至选择特定用户进行深入交流,以挖掘更深层次的市场信息。这种深度互动不仅提升了调研的精准度,还增强了调研的针对性和有效性。

(3) 不受时间和空间的约束。网络市场调研彻底摆脱了传统调研方式在时间和空间上的束缚。企业可以全天候对消费群体进行实时调研,也可以根据需要灵活选择调研时间段,从而更加准确地把握市场动态。这种灵活性使得企业能够迅速响应市场变化,制定更为有效的营销策略。

(4) 便捷性与成本效益的显著提升。传统市场调研通常需要配备专业的研究人员,并投入大量的研究经费。同时,由于时间和地域的限制,研究成果的处理也颇为烦琐。而网络市场调研则大大简化了这一过程。企业只需通过官方网站、问卷调查平台或电子邮件等渠道发送电子调查问卷,然后收集用户填写的问卷,并使用统计分析软件进行分析,即可轻松获得调研结果。这种自动化流程不仅提高了调研的便捷性,还显著降低了调研成本。

(5) 资料质量的可控性与可检查性。网络市场调研在资料收集过程中,能够对资料质量进行有效的检查与控制。通过提供完整规范的指标说明,可以消除口径偏差;采用实名制等身份识别技术,可以减少信息收集中的作弊现象;同时,利用计算机设定的检测条件和检测方法,可以对调查表进行完整的重新检测,从而确保调研结果的公正性和准确性。

(6) 结果的可靠性与客观性。参与企业网络市场调研的用户通常是对企业或产品感兴趣的潜在客户。这些被调查者基于自愿原则参与调研,因此他们所提供的信息既能够反映当前市场的发展状况,又能够揭示消费者的购买意图和行为趋势。这种基于真实意愿的调研结果具有较高的可靠性和客观性,能够为企业制定营销策略提供有力的数据支持。

4. 网络市场调研的过程

与传统市场调研一样,企业从事网络市场调研也有规范的程序,旨在提高调研结果的客观公正性,确保调研质量。其步骤如图12-1所示。

(1) 明确网络调研问题和调研目标。网络市场调研的首要任务是明确调研的核心问题,并据此界定调研目标。企业战略目标以及所处的发展阶段、市场环境均会影响调研内容的确定。例如,若企业旨在提升品牌知名度,则调研问题应聚焦于品牌认知度、产品满意度及品牌形象等方面;若在新产品研发阶段,企业则需要关注客户满意度与市场潜力;若旨在战略转型,企业则需要深入分析产业环境变化。在明确调研问题后,需要进一步细化调研目标,通过深入分析目标群体特征,为后续调研提供坚实

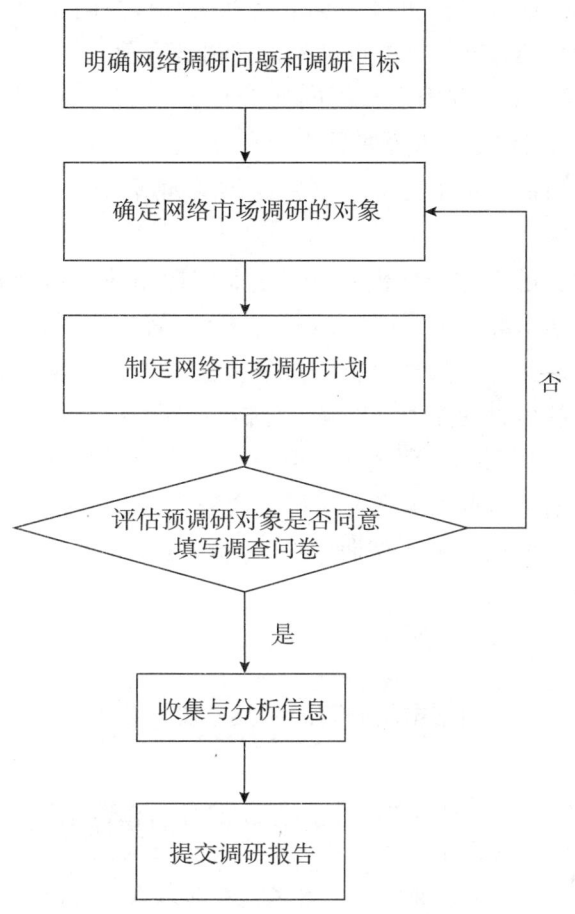

图 12－1 网络市场调研的过程

的数据基础。

(2) 确定网络市场调研的对象。在界定了调研目标后，企业应依据市场现状，设定网络市场调研的对象。这包括对消费者、竞争对手、合作伙伴及行业中立者的全面考察，尤其需要密切关注竞争对手的动态，以便及时捕捉市场变化。通过综合考量各利益相关方的信息，企业能够构建更为全面的市场视图，为后续策略制定提供有力支撑。

(3) 制订网络市场调研计划。明确了调研目标和对象后，接下来需要制订详尽的网络调研计划。该计划应涵盖信息来源、调研方法、抽样策略及联系方式等多个方面。信息来源可包括社交媒体、专业论坛、企业官网等；调研方法可依据调研目标灵活选择，如问卷调查、深度访谈、在线焦点小组等；抽样策略需要确保样本的代表性和广泛性；联系方式则应便于调研对象参与并反馈意见。

(4) 评估预调研对象是否同意填写调查问卷。在调查问卷设计完成后，需要进行预调研以评估问卷的有效性和可行性。预调研中，参与用户会对问卷内容提出宝贵意见，企业应积极收集这些反馈，并据此对问卷进行必要的调整和优化，争取更多预调研对象对问卷的认可。这一过程可能需要重复多次，直至问卷设计完备且合理，且大多数的预调研对象同意填写问卷，方可进入正式调研阶段。

（5）收集与分析信息。利用互联网的便捷性，企业可直接发布调查表，并通过电子邮件、企业网站、社交媒体等多种渠道收集反馈。在此过程中，需要确保信息收集的全面性和准确性，同时建立有效的数据管理系统，以便后续的数据分析和处理。

信息收集完成后，进入数据分析阶段。企业应运用综合指标分析技术、动态趋势分析技术、数据概括技术等方法，结合 SPSS 或 SAS 等统计分析软件，对收集到的信息进行深度挖掘和处理。此外，数据分析人员的专业能力和经验至关重要，他们须具备将数据转化为有价值的信息的能力，以确保分析结果的准确性和实用性。

（6）提交调研报告。最后，研究人员需要将调研成果整理成正式报告，提交给相关部门。报告应简洁明了，逻辑清晰，不仅包含数据分析结果，还应提出基于数据的策略建议。报告内容应聚焦于解决调研问题，为市场决策提供科学依据，助力企业把握市场机遇，应对挑战。

> **知识链接**
>
> **网络市场调研的主要方法与特点**
>
> 1. 网络问卷调查
>
> 定义：利用网络平台设计并发布在线问卷调查，通过受访者填写问卷来获取相关信息。方法：问卷可以通过邮件、社交媒体、企业网站等多种渠道传播，以吸引更多受访者参与。优点：覆盖面广、成本低、数据收集和分析便捷。
>
> 2. 网络数据分析
>
> 定义：通过对公开数据和网络数据（如搜索引擎关键词、竞争对手网站数据、社交媒体数据等）进行分析，了解市场潜在需求和竞争态势。方法：可以使用数据挖掘和机器学习技术，集中挖掘大规模数据中隐藏的信息和规律。优点：能够实时反映市场动态，提供深度洞察。
>
> 3. 在线社区和论坛观察
>
> 定义：通过加入相关的在线社区和论坛，观察消费者的讨论和互动，获取他们的意见和需求。方法：可以借助社交媒体监测工具和专业社交媒体管理软件提高观察和收集的效率。优点：能够直接了解消费者的真实想法和反馈。
>
> 4. 网络用户调研
>
> 定义：通过与目标市场的潜在消费者进行线上访谈、小组讨论等方式交流，了解他们的购买决策过程、消费习惯、品牌认知等信息。方法：可以通过在线视频会议工具、社交媒体私信等方式进行。优点：互动性强，能够深入了解消费者的内心世界。

> 5. 竞品分析
>
> 定义：对竞争对手的品牌和产品进行深入研究，了解他们的市场定位、营销策略、产品特点等。方法：可以通过查阅竞争对手的官方网站、社交媒体账号等渠道进行，也可以借助专业的竞品分析工具。优点：有助于企业制定更具针对性的市场竞争策略。
>
> 6. 专题讨论与邮件问卷
>
> 专题讨论：通过新闻组、电子公告牌或邮件列表讨论组等设置专题讨论，让顾客直接发表意见。
>
> 邮件问卷：将调研问卷制作成电子邮件，并按照已知的电子邮件地址发出，收集反馈。
>
> 7. 社交媒体分析
>
> 定义：利用社交媒体平台上的数据，如点赞、评论、分享等，分析消费者的偏好和行为。优点：能够实时捕捉消费者的情感变化和兴趣点。

三、网络消费者分析

（一）网络消费者类型

网络消费者，作为以互联网为交易平台，进行在线交易活动的主要群体，其行为特征与消费偏好对网络营销策略的制定具有深远影响。依据上网目的的不同，网络消费者可以被细分为多种类型，每种类型都有其独特的消费习惯与需求特点，深入理解这些类型，对于网络营销管理人员而言至关重要。

1. 单纯型网络消费者

单纯型网络消费者追求高效、便捷的在线购物体验。尽管他们每月在网络上的活跃时间可能仅为数小时，但这一群体所带来的在线交易量却占据了总交易量的较大比例。对于这类消费者，零售商应致力于提升网站的易用性与安全性，确保订单处理与支付系统的流畅与可靠。此外，提供个性化的购物建议与便捷的商品检索功能，能够显著提升用户的购物体验，增强其对品牌的忠诚度。例如，建立一个详尽且易于检索的商品数据库，不仅有助于消费者快速找到所需商品，还能通过精准的商品推荐，激发消费者的购买欲望。

2. 冲浪型网络消费者

冲浪型网络消费者约占互联网用户的8%，但在线时长占比高达32%，浏览的网站数量更是普通用户的数倍。这类消费者对新鲜事物充满好奇，更倾向于访问更新频繁、设计新颖、内容丰富的网页。网络营销人员应注重网页设计的创新与互动性，定期更新内容，以吸引并保持冲浪型网络消费者的注意力。同时，利用大数据分析消费者偏好，推送定制化内容，也是提升用户黏性的有效手段。

3. 接入型网络消费者

接入型网络消费者，即互联网新手。这部分消费者对互联网环境相对陌生，更倾向于信任自己熟悉的生活品牌。对于拥有知名传统品牌的企业而言，接入型消费者是拓展线上市场的重要目标群体。因此，企业应优化网站结构，提供详尽的用户指南、常见问题解答与名词解释，以降低消费者的学习成本，提升其对网站的信任度与满意度。此外，通过品牌故事的讲述与线下活动的线上延伸，可以进一步加深消费者对品牌的认知与情感连接。

4. 讨价还价型网络消费者

讨价还价型网络消费者热衷于寻找性价比高的商品，他们往往对价格敏感，享受在交易过程中获得优惠的乐趣。这类消费者在网络购物平台上尤为活跃。为了吸引这类消费者，商家可采取价格促销策略，如设置"限时抢购""大减价""清仓处理"等促销专区，并在网页显眼位置展示，以激发消费者的购买热情。同时，利用会员制度、积分兑换等机制，也可增加消费者的黏性，促进复购。

5. 周期型网络消费者

周期型网络消费者具有定期浏览网页的习惯，他们对网站内容的吸引力有着较高的要求。对于互联网企业而言，持续提供有价值的内容，吸引并留住这类消费者，是提升用户活跃度的关键。因此，企业应注重内容创新与保持更新频率，确保网站内容既符合消费者兴趣，又具有时效性。同时，通过数据分析，了解消费者偏好，提供个性化的内容推荐，也是提升用户体验的有效手段。

6. 运动娱乐型网络消费者

运动娱乐型网络消费者偏爱体育与娱乐相关的网站，他们在这些领域的在线消费支出较高。针对这类消费者，企业可推出与体育、娱乐相关的定制化产品或服务，如体育赛事直播、明星周边商品等。同时，通过社交媒体、论坛等渠道，与消费者建立互动关系，了解他们的需求与反馈，以不断优化产品。

综上所述，网络营销管理人员应深入了解不同类型网络消费者的特点与需求，制定差异化的营销策略，以满足消费者的个性化需求，提升品牌竞争力。通过持续优化网站设计、内容创新、价格策略与用户体验，企业可以在激烈的市场竞争中脱颖而出，赢得消费者的青睐与忠诚。

（二）网络消费者的购物动机分析

购物动机，作为一个内在且复杂的心理过程，虽难以直接测量，但通过观察个体的行为选择、活动持续时间以及语言表达等外在表现，我们可以对其内在机制进行合理的推测。购买动机的本质在于其目的性，它为个人行为提供了明确的指引与强大的驱动力。换言之，购买动机是驱动消费者采取有目的的购买行为的核心要素。

1. 需求驱动购买动机

顾客的购买行为从根本上讲，源于其内在的购买动力，而这种动力则直接源于需求。需求往往产生于对现状的不满，顾客希望通过改变现状以达到更好的生活或生理状态。例如,运动员在完成高强度训练后,会出现口渴这一自然的生理反应。这种对现状的不满(口渴)促使运动员产生了改变现状的需求(补充水分),进而激发了其购买水的动机。在这个过程中,需求成了购买动机的直接来源,推动了购买行为的发生。

2. 网络消费者购物动机的多元化

对于网络消费者而言,其购物动机呈现出多元化的特点,主要可以分为以下四类:

(1) 情感型动机。这类动机源于消费者的情感需求,如追求快乐、满足好奇心、缓解压力等。在网络购物过程中,消费者可能会因为商品的独特设计、有趣的购物体验或是对品牌的情感认同而产生购买欲望。

(2) 感性型动机。感性型动机更多地与消费者的个人喜好、审美观念以及生活方式相关。消费者可能会因为商品的外观、颜色、材质等因素而产生购买冲动,这些因素往往能够引发消费者的情感共鸣。

(3) 理性型动机。理性型动机以实用主义导向与注重成本效益分析为特点。消费者在购买商品时,会综合考虑商品的性能、价格、质量等因素,以做出最优的购买决策。

(4) 惠顾型动机。惠顾型动机则与消费者的忠诚度与信任感紧密相关。消费者可能会因为对某个品牌或商家的信任与依赖,而持续选择该品牌或商家的商品,即使在其他品牌或商家提供更具吸引力的优惠时,也依然保持忠诚。

网络顾客的购物动机是一个复杂而多元的心理过程,它受到需求、情感、理性以及忠诚度等多种因素的影响。深入理解这些动机,能够帮助网络营销人员更精准地把握消费者的需求与偏好,从而制定出更加有效的营销策略。

(三) 网络消费者的购买过程

网络消费者的购买过程包括顾客购买意愿转化为实际行动的过程,其内在逻辑与传统购物过程有着相似之处,但又因其独特的线上环境而展现出新的特性。从初步的需求激发到购买后的评价,网络消费者的购买行为可以被细致划分为五个紧密相连的阶段:需求激发、信息收集、信息筛选、购买决策以及购后评价,具体如图12-2所示。

图12-2 网络消费者的购买过程

1. 需求激发

在传统购物环境中,消费者的需求往往由生理或社会因素直接触发,如口渴引发的饮水需求、社交活动驱动的服装购买需求等。而在网络购物场景下,需求的激发更多依赖于视觉与心理层面的刺激。企业需要精准把握消费者的现实需求与潜在期望,运用富有创意的视觉元素与文案描述,通过社交媒体等渠道,激发消费者的购买欲望。

这些视觉刺激不仅限于产品本身的展示，还包括品牌故事叙述、使用场景构建等情感化表达方式，从而有效促进需求的产生。

2. 信息收集

在信息收集阶段，网络消费者倾向于从多个渠道获取产品信息，以形成全面的认知。搜索引擎、社交媒体、电商平台等成为信息的主要来源。消费者在选择购买时，不仅看重社交圈的推荐，也关注产品的国家标准技术资质、专业评测与专家背书。这些信息构成了消费者信任的基础，影响着他们的购买决策。因此，企业应重视在社交媒体上的口碑传播，加强与消费者的互动，同时，积极寻求第三方认证与专业评测，以提升产品的竞争力。

3. 信息筛选

信息筛选是消费者在购买过程中的重要环节。面对海量的产品信息，消费者需要依据自身的购买力与需求，对产品进行细致的筛选与比较。产品的特性、品牌的理念、售后服务等因素成为消费者权衡的关键。在这一过程中，企业需要明确自身的差异化优势，通过提供详尽的产品信息、用户评价与比较工具，帮助消费者快速识别信息并做出选择。同时，强化品牌故事的传播，以品牌价值与个人价值观的契合度吸引消费者，提升品牌忠诚度。

4. 购买决策

购买决策是消费者在购买过程中的核心环节，其影响因素复杂多样。在特定促销节日如"双11""618"期间，消费者的购买行为往往受到节日氛围与促销活动的强烈影响，情感因素占据主导。而在日常购物中，消费者的决策则更多地基于理性考量，如对产品质量、价格合理性、外观设计等因素的综合评估。此外，消费者的购买决策还受到个人习惯与品牌忠诚度的制约。因此，企业应灵活运用促销策略，同时确保产品或服务的质量，以满足消费者的多样化需求。

5. 购后评价

购后评价是消费者购买行为的延伸，也是企业获取市场反馈、优化产品或服务的重要途径。消费者在购买商品后，会根据自身的使用体验与期望进行比较，形成满意或不满意的评价。这些评价不仅影响着消费者的再次购买意愿，也为企业提供了宝贵的市场洞察。因此，企业应建立有效的顾客反馈机制，鼓励消费者对产品或服务进行评价，并及时响应与改进。通过深入分析顾客评价，企业可以洞察市场趋势，优化产品设计，提升服务质量，从而增强市场竞争力。

知识链接

洞察 Z 世代网络消费行为的特点

Z 世代（通常指出生于 1995 年至 2009 年的人群）的网络消费行为具有以下特点：

（1）追求个性化：他们渴望与众不同，喜欢能够展现自我个性和独特风格的产品或服务。例如，定制化的服装、饰品，以及个性化的手机壳等。依赖社交媒体：

社交媒体对他们的消费决策影响巨大。他们会通过小红书、抖音、微博等平台获取产品信息、参考他人的评价和推荐。

（2）注重体验：相比产品本身，他们更在意消费过程中的体验。比如，线上购物的便捷性、页面设计的美观度，以及售后服务的质量。

（3）即时满足：他们习惯于快速获取信息和服务，对于等待的耐心较低，倾向于选择能够快速送达的产品或服务。

（4）兴趣导向：他们愿意为自己的兴趣爱好投入大量金钱，如动漫周边、电子游戏等。

（5）环保意识较强：他们关注产品的环保属性，更倾向于选择对环境友好的品牌。

（6）数字原生：他们从小就接触互联网和数字技术，熟练使用各种线上支付方式和数字工具进行消费。

（7）品牌忠诚度低：他们容易被新的品牌和产品吸引，不会因为对某个品牌的传统认知而坚持选择。

（8）重视颜值：产品的外观设计和包装往往是吸引他们的重要因素。

（9）社交互动消费：他们喜欢通过消费来参与社交互动，例如与朋友一起购买同款商品或参与团购活动。

案例分享

乘风而上，王小卤的品牌进阶之路

详细内容，请扫描二维码阅读。

二维码 12－8

本章提要

详细内容，请扫描二维码阅读。

二维码 12－9

本章习题与练习

1. 简述互联网技术的哪些属性对营销活动产生了重要影响。
2. 大数据在网络营销中主要发挥哪些作用？

3. 简述网络营销的主要特征及其与传统营销相比的优势。

4. 网络软营销与传统强势营销的主要区别是什么？网络软营销理论包含哪两个重要概念？

5. 网络营销环境包括哪些主要内容？它们如何影响企业的网络营销活动？

6. 列举并简要说明网络市场调研的几种主要方法及其特点。

7. 网络营销中，企业应如何根据不同类型的网络消费者，制定差异化的营销策略？

第十三章 网络营销战略与策略

【学习目标】

1. 熟悉网络营销战略的制定过程。
2. 掌握"4P理论"在网络营销中的应用。
3. 掌握多元化的网络营销策略。

【思政目标】

详细内容,请扫描二维码阅读。

二维码 13-1

当前,网络营销战略与策略已成为企业竞争的核心要素。战略犹如引领企业破浪前行的灯塔,它建立在对市场机遇的深刻洞察以及对内部资源的科学配置之上,为企业清晰地勾勒出发展方向。而策略则是连接战略与目标的桥梁,它要求企业在瞬息万变的网络市场中展现出高度的灵活性与精准性,以采取有效的措施。深入剖析网络营销的战略布局与策略运用,不仅能助力企业更加从容地应对市场变迁,更能激发创新思维,使企业在激烈的市场角逐中独树一帜,实现长远而稳健的发展。

【思维导图】

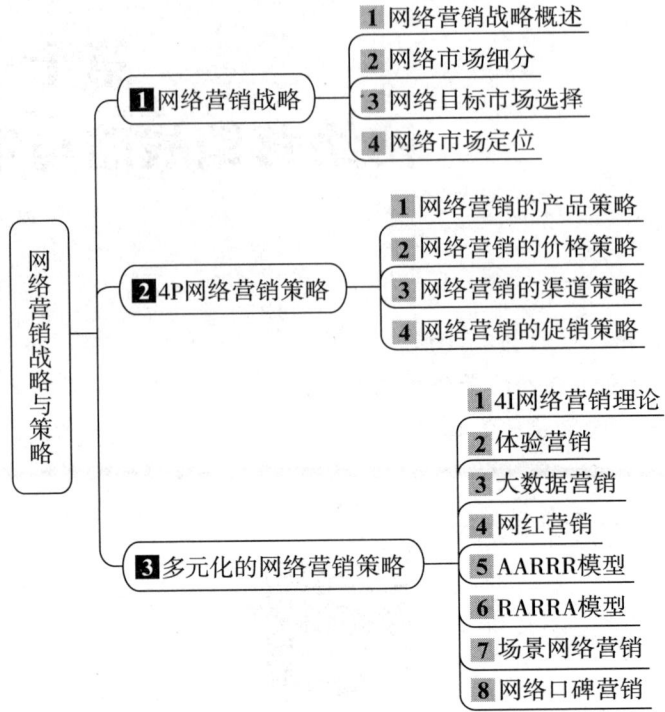

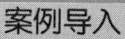

> 逆"市"而上：龙池牡丹的网络营销之路
>
> 详细内容，
>
> 请扫描二维码阅读。
>
>
>
> 二维码 13-2

第一节 网络营销战略

一、网络营销战略概述

营销战略，作为企业总体战略的核心组成部分，是在全面审视外部市场机遇与内部资源禀赋的基础上，明确目标市场定位，精选营销策略组合，并确保其高效执行与灵活调控的动态过程。它不仅是对营销活动全面、长远及方向性的规划，更是实现企业愿景、资源优化配置与市场环境适应性之间动态平衡的关键途径。波特提出的成本领先战略、差异化战略及集中化战略，构成了传统营销战略的理论基石，为企业获取竞争优势提供了理论指导。

成本领先战略侧重于通过构建高效规模化生产体系，深度挖掘成本控制潜力，包括生产、管理、研发、服务、营销等多个维度，力求在行业内树立成本领先地位。差异化战略则强调通过产品特性、品牌形象、技术创新、客户服务或网站体验等方面的独特设计，使企业在市场中脱颖而出，形成难以复制的竞争优势。集中化战略则聚焦于特定的细分市场，通过深度挖掘特定需求，实现精准定位与高效服务（尽管伴随一定风险，如市场份额与盈利能力的潜在冲突及易被模仿的挑战）。

步入网络营销时代，这些传统战略框架被赋予了新的内涵与活力，使企业拥有了更多元化的战略选项。网络营销以其独特的优势，深刻改变了营销生态。

（1）成本控制优势的重塑。网络营销极大地降低了企业的运营成本。一方面，互联网打破了地理界限，使得企业服务范围得以全球化扩展，同时，消费者能便捷地访问企业网站，实现自助查询与订购，借助自动化订单处理系统，企业能高效组织生产与物流配送，减少人工销售依赖，提升销售效率。另一方面，网络媒介的交互性和多媒体特性，使得信息传达更为直观高效。如网络广告相较于传统媒体，不仅成本更低，还能直接促进交易转化，形成成本效益的双重优化。

（2）市场覆盖的无限拓展。互联网的无界性赋予了网络营销跨越时空限制的能力，使得企业能够触及传统营销难以覆盖的细分市场，开辟新的增长点。这不仅为企业创造了前所未有的市场机遇,也加速了全球化市场的融合与竞争。

(3) 定制营销优势。网络营销以消费者为中心,借助大数据与人工智能技术,真正实现了"个性化定制""一对一营销"等理念。企业通过分析消费者行为数据,能够精准把握顾客需求,提供高度个性化的产品或服务,从而建立长期稳定的客户关系。

(4) 整合营销优势。整合营销理论在网络营销环境中得到了充分应用与深化。它强调以消费者为核心,整合营销信息、过程与结果,实现营销活动的统一性与协同性。网络营销通过交互式沟通机制,将顾客深度融入营销流程,确保营销目标与顾客满意度的高度一致,体现了以顾客价值为导向的营销哲学。

总之,网络营销战略的实施是一项系统工程,它关乎企业整体营销方向的调整、营销组织架构的优化,以及营销策略的制定与执行。在制定网络营销目标时,企业需要严谨审视这些目标与自身经营战略、经营方针的契合度,以及与传统营销战略的协同性,确保网络营销不仅作为技术创新的应用,更成为企业战略转型与升级的关键驱动力。因此,网络营销的成功实践,要求企业具备前瞻性的战略视野,灵活的策略调整能力,以及对新技术、新趋势的敏锐洞察力,从而在激烈的市场竞争中保持领先地位。

二、网络市场细分

市场细分理论主张企业应根据消费者需求的差异性,对市场进行精细化划分,识别并聚焦于具有共同需求特征的细分市场,以满足这些特定需求,从而最大化经济效益。在网络经济时代,顾客需求的个性化趋势日益显著,差异性需求成为常态。与此同时,生产技术的飞速进步促使产品种类极大丰富,为企业响应并满足这些多元化需求提供了可能性。面对复杂多变的市场环境和激烈的市场竞争,企业若想保持竞争力并实现持续增长,市场细分策略显得尤为重要。

网络市场细分,特指企业在深入调研的基础上,依据网络消费者的需求特征、购买动机、偏好习惯等维度,将网络消费者划分为不同类别的消费群体。这一过程将庞大的网络市场切割成若干具有鲜明特征的细分市场,每个细分市场内的消费者需求相似,而不同细分市场间的需求则存在显著差异。企业可根据自身资源和能力,精选适宜的细分市场作为目标市场,并据此设计并实施最契合的网络营销策略。

二维码13-3

网络市场,作为一个多元化、多层次的消费需求集合体,其复杂性和多样性决定了任何单一企业都难以实现全面覆盖。网络市场细分的作用主要体现在以下几个方面:①有利于企业发掘市场机会,开拓新市场。②有利于企业优化资源配置,取得最佳营销效果。③有利于准确制订和调整营销方案,增强企业应变能力。详细内容,请扫描二维码阅读。

三、网络目标市场选择

网络目标市场,是基于网络市场细分后,企业根据自身优势与外部环境判断,精心识别、筛选、评估并最终确定的,作为企业网络营销核心方向的特定市场。这一选择过程极为关键,它不仅决定了企业网络营销战略的方向与重点,还直接关系到企业的经营成果、市场占有率甚至生存与发展。因此,网络市场细分后的细致评估与科学选择,是企业网络营销战略中不可或缺的一环。

网络目标市场的恰当选择,是企业网络营销成功的基石。它不仅影响企业的短期业绩,更深远地塑造着企业的长期竞争力与市场地位。在细分后的网络市场中,企业需要对各细分市场进行深度剖析,评估其市场潜力、竞争态势及与企业资源的匹配度,从而筛选出最具开拓价值的细分市场作为目标市场。这一过程要求企业具备敏锐的市场洞察力、精准的策略分析能力以及高效的决策机制。

网络目标市场的选择受多重因素影响,这些因素可大致分为宏观与微观两个层面,涵盖八个具体方面。

(1) 人口因素。网络市场由具备购买欲望和能力的网络用户构成,因此,网络人口的规模、增长趋势、年龄结构、性别比例、职业分布、受教育水平及消费心理特征等,都是评估细分市场潜力的重要参考因素。企业应密切关注网络人口的变化趋势,以及不同群体在网络购物行为上的差异。

(2) 经济因素。在人口规模确定的前提下,网络人口的购买力成为衡量市场规模的另一关键指标。这要求企业深入分析网络市场中不同消费层次的用户消费水平,包括收入水平、消费支出占收入的比例、支出结构及其变化趋势,以便精准定位目标消费群体。

(3) 网络营销环境与趋势。网络营销的基础设施、技术水平、支付手段及相关法律法规的完善程度,直接影响网络营销的应用范围和深度。例如,网络基础设施的可靠性、传输速度、带宽等直接影响用户体验;电子支付系统的成熟度决定了网络交易的便捷性和安全性;而健全的法律法规体系则是保障网络交易秩序、解决纠纷的关键。此外,网络营销的整体发展趋势、市场规模及增长速度也是企业制定策略时必须考虑的因素。

(4) 企业的综合实力。企业在网络技术、管理、资金、人才、设备等方面的实力,直接决定了其网络营销策略的选择空间。实力雄厚的企业可采用无差异或差异化营销策略,覆盖更广泛的市场;而资源有限的企业则应聚焦于特定细分市场,采用集中性营销策略,以集中优势,实现市场突破。

(5) 产品特性。网络产品的相似度或差异性,是决定市场细分策略的重要因素。对于同质化程度高的产品,无差异营销策略可能更为有效;而对于差异化显著的产品,则应采用差异化或集中性营销策略,以满足不同细分市场的需求。

(6) 产品生命周期。网络产品在其生命周期的不同阶段,面临的市场竞争环境和消费者需求均有所不同。在导入期和成长期，市场空白较大，竞争者较少，适合采用无差异营销策略；而进入成熟期和衰退期后，市场竞争加剧，企业需要通过市场细分，实施差异化营销策略，以寻找新的增长点或维持市场份额。

（7）竞争态势。企业在选择网络目标市场时，必须深入分析传统市场及网络市场的竞争状况，包括竞争对手的市场份额、品牌影响力、产品优势及营销策略等，以便结合自身定位，制定差异化的竞争策略。

（8）公众因素。从本质上说，网络是一种媒体，受公众舆论影响非常大。公众不仅包括顾客、网民等广泛用户，也包括政府、中介以及传媒机构等。网络营销活动必将受到公众的关注、监督和制约，企业在选择网络目标市场营销策略时必须充分考虑这些制约因素，因为它们可能会影响网络营销策略的效果。

四、网络市场定位

网络市场定位，是指网络营销企业在激烈的市场竞争中，为其产品或服务精准设定市场位置，旨在塑造独特的品牌形象，从而在目标顾客群体中构建与竞争对手有区别的认知，更好地贴合顾客需求，稳固并深化顾客关系。在同类产品或服务琳琅满目、市场竞争白热化的背景下，企业向目标市场推出的每一项产品或服务均需要找到精准的市场定位。

价格与档次构成了市场定位的基础框架。价格定位不仅关乎产品的售价，更涉及价值感知，即顾客对产品性价比的主观评价。档次定位则侧重于品牌形象的塑造，高品质、高档次的定位，可以提升产品或服务的附加值，满足特定消费群体的尊贵感与独特性需求。

此外，网络市场定位还需要依据不同的产品或服务特性，引入更多元、更具体的参数和技术标准，以实现精准的市场细分与差异化竞争。这些参数可能涵盖使用成本、保值性、质量稳定性、功能多样性、外观设计、使用便捷性、售后服务质量等多个维度。例如，针对高科技产品，企业可能强调其创新技术、高效性能及前沿设计；而对于服务类项目，则可能强调服务的个性化、响应速度及客户体验的优化。

总之，网络市场定位是一个多维度、精细化的战略决策过程，旨在通过精准的市场细分与差异化定位，构建企业独特的竞争优势，满足目标顾客的多元化需求，从而在激烈的市场竞争中稳固并扩大市场份额。

> **知识链接**
>
> 长尾理论：开拓市场新机遇
>
> 详细内容，请扫描二维码阅读。
>
>
>
> 二维码 13-4

第二节 4P 网络营销策略

一、网络营销的产品策略

网络营销时代下的产品，已超越了传统意义上的物质形态，成了一个复杂、多维且整体的概念。企业应紧密围绕市场需求与自身能力条件，灵活调整产品组合，以在激烈的市场竞争中占据有利地位。

（一）延伸到网络市场的传统产品

互联网作为高效的通信媒介，不仅为商业团体提供了营销、广告、订货及顾客服务的新渠道，还极大地改变了传统市场的运作模式。随着数字货币的蓬勃发展，支付结算流程得以简化，单位交易费用降低，交易速度提升，这些变化对传统产品市场产生了深远影响。众多传统产品，如书籍、鲜花、消费电子电器、办公用品、汽车、玩具、服装、体育用品等，纷纷涌入网络市场，借助网络平台进行宣传、订货、支付及客户服务，极大地便利了消费者，促进了商品销售。网络市场打破了时空限制，商业组织和关系也随之重塑。

（二）专门定位于网络市场的产品

在传统环境中，文化产品往往依赖于实物载体进行传播。然而，随着互联网的普及，音乐、书籍及各类多媒体影片等文化产品越来越多地通过网络直接传递给消费者，实物载体的重要性逐渐减弱。当前，市场上涌现出大量专门定位于网络市场的产品，它们以非实物的形式存在，交易过程（包括发价谈判、订购、交货和付款）可通过网络完成。这类产品包括在线报纸、杂志、音乐、教育软件、数据库、咨询服务等。这些商品具有的特点有：其一，同一网络交付品可由同一或不同消费者反复使用；其二，网络交付品易于修改，导致产品变异与定制需求增加；其三，网络交付品快速且低廉的再生能力既引发了规模经济，又带来了版权保护问题。

销售这类产品，关键在于塑造网站及企业的品牌声誉，提供简介、样品展示或使用评价等，以激发消费者的购买欲望。同时，利用网络的强大互动性潜力，提供更精确的定制服务，满足顾客需求。顾客的期望可融入需求引导的产品开发中，促使产品不断创新。对于在线书籍、报刊等，消费者期望获得更多的效用（如数据更新、随时访问）、更灵活的版式（如多媒体剪辑）、更高的透明性与互动性（如用户友好下载、便捷的搜索功能）及更丰富的更新内容。此外，这类产品的销售还涉及版权保护与禁止再销售的问题。

（三）网络营销的产品展示策略

网络营销中，如何将产品完整呈现给购买者是一大挑战。在传统购买中，消费者可通过亲身体验（如看、摸、闻、试）了解产品性能与特点，但在网络购物过程中，消费者只能通过虚拟体验获取信息。因此，网络营销企业必须根据不同产品的特性，选择有效的网络营销产品展示策略，为购买者创造良好的产品体验。

产品特性可根据顾客获取信息的方式分为搜索特性与体验特性。搜索特性（如颜色、形状）易于通过网络传播，顾客通过观察即可了解；而体验特性（如性能、味道、舒适度）则需要顾客亲自接触试用后才能了解。对于不同产品，这两种特性的重要性各异。例如，装饰品的搜索特性更重要，而服装的体验特性则更为关键。当前，网络新技术如三维技术、虚拟现实技术等，可在一定程度上解决体验特性的展示问题。例如，服装品牌 Lee 开发了网络服装试穿软件，顾客可在网络上为虚拟身体试穿各种服装，并进行全方位旋转与观察，从而提升购物体验。

（四）网络营销产品定制化管理策略

网络营销市场环境中，消费者更加追求差异化定制，以彰显个性。然而，差异化定制往往伴随着成本上升与效率降低。为此，大规模定制概念应运而生。大规模定制的基本思想在于，通过重塑产品结构和制造流程，运用现代信息技术、新材料技术及柔性制造技术等高新技术，将产品的定制生产问题部分或全部转化为批量生产，从而实现以大规模生产的成本和速度，为单个客户或小批量多品种市场定制任意数量的产品。

为实现大规模定制，确保个性化定制产品或服务的低成本，企业可根据自身情况，在企业价值链的重要环节选择以下一种或多种策略。

（1）围绕标准化的产品来定制服务。完全标准化的产品在被销售或由交货人员送到客户手里以前，仍然可以被定制。因为这是企业价值链的最后两个环节，并不影响开发和生产。销售和分销可以改变产品，凸显其特征，与其他的产品组合在一起，并提供个性化服务，以满足客户的多样化需求。

（2）创建可定制的产品或服务。定制化产品可以满足客户的特定需求。这不仅增加了企业的服务收入，也是扩展产品线和加强定制化的关键。企业需要不断创新，提供多样化的定制选项，以满足客户的特定需求。

（3）提供交货点定制服务。即在销售或交货点生产产品或完成最终定制，确保产品在交付时完全符合客户的期望和需求。

（4）提升整个价值链的快速响应能力。即缩短产品生产周期，增加产品多样性，确保在客户需要时提供其所需的产品或服务。企业需要加强供应链管理，提高生产效率，以快速响应市场变化，满足客户需求。

（五）网络时代的品牌发展策略

网络时代为品牌的塑造与传播开辟了新的天地。网络的双向沟通特性不仅使企业能够更精准地定位品牌，而且真正实现了消费者对品牌塑造的指导作用，从而将品牌管理逐步转变为"企业-顾客共同体"管理，赋予了品牌更强的生命力。此外，网络以其低成本、快速、大范围的信息传播优势，为企业提供了进行品牌宣传的有效途径。

随着网络市场的蓬勃发展，建立网络品牌已成为企业竞争的关键。众多网站在内容和服务上的同质化加剧了企业间的竞争，迫使企业通过打造独特的网络品牌来形成差异化优势。同时，免费及低价策略的盛行严重压缩了企业的利润空间，为了获取支撑企业持续发展的高额利润，网络品牌的塑造显得尤为重要。对于网络消费者而言，网络品牌不仅是识别不同企业的标志，更是降低网络市场购买风险的重要保障。具有高知名度和美誉度的网络品牌能够显著提升消费者的购买信心和满意度。

然而，传统品牌并不能简单地移植到网络市场。网络市场与传统市场在诸多方面存在显著差异，消费者对品牌的认知态度也有所不同。传统市场中的强势品牌在网络市场中并不一定能保持其优势地位。1999 年，美国咨询企业 Forrester 在一份报告中指出，知名品牌与网站访问量之间并不存在必然的联系。该报告通过对年龄在 16 至 22 岁的青年人的品牌选择倾向和上网行为进行比较，发现尽管这些年轻人仍然青睐可口可乐、耐克等传统品牌，但这些品牌的网站访问量并不高。这一结果表明，企业在网络市场中取得成功，不能单纯依赖传统的品牌优势，而需要积极打造适合网络环境的网络品牌。

网络品牌的塑造不仅是必要的，而且是可行的。网络市场作为一个新兴市场，消费者的兴趣、爱好以及购物习惯等呈现出新的特征，这为网络品牌的诞生提供了广阔的空间。企业应充分利用网络的优势，通过精准的品牌定位、个性化的品牌传播以及优质的客户服务等手段，打造具有独特魅力的网络品牌，从而在激烈的市场竞争中脱颖而出。

（六）用户参与新产品协同开发策略

新产品的构思来源广泛，包括顾客、科学家、竞争者、企业销售人员、中间商和企业高层管理者等，但其中顾客对产品的构思起着至关重要的引导作用。网络营销的交互性使其能够通过信息技术和网络技术记录、评价和控制营销活动，从而准确掌握市场需求情况。

1. 顾客和中间商参与

在网络营销中，顾客可以全程参与新产品从概念形成到研制开发的全过程。这种参与不再是简单地接受测试和表达感受，而是积极主动地参与和协助产品的研制与开发工作。同时，与企业关联的供应商和经销商也可以通过网络直接参与新产品的研制与开发。网络时代企业之间的竞争已转变为合作竞争，只有通过合作才能增强企业的竞争能力，在激烈的市场竞争中立于不败之地。通过互联网，企业可以与供应商、经销商和顾客进行实时沟通和交流，从而极大地提高新产品的研制与开发速度。例如，美国的波音公司在研制波音 777 飞机时，通过其内部的网络 CAD（计算机辅助设计）系统将所有的零件供应商联系在一起，使零件供应商能够按照规格协助设计和开发配套零件，从而大大缩短了飞机的研制周期。

2. 企业协作

值得注意的是，许多产品需要多个企业共同配合才能满足顾客的最终需求。因此，在新产品开发的同时加强与以产品为纽带的协作企业的合作显得尤为重要。例如，计算机产业需要硬件厂商与软件公司的配合才能满足市场需求。为提高新产品的研发速度，提供CPU的英特尔在研究新产品的同时就将其技术指标向协作企业公开，以便它们能够配套开发新产品。同样，提供操作系统的微软也在开发新操作系统的同时将操作系统的标准和规范公开，并与硬件制造商合作测试操作系统的稳定性以及配合硬件的设计和制造。这些协作和支持都可以通过互联网轻松实现，而且成本极低。

3. 网上试销与上市

网络市场作为新兴市场，消费群体通常具有强烈的好奇心和消费领导性，愿意尝试新产品。因此，通过网络营销来推动新产品的试销与上市是一个有效的策略。然而，需要注意的是，网络市场上的消费群体具有消费意向相对单一的局限性。因此，并不是任何一种新产品都适合在网上试销和推广。一般来说，与技术相关的新产品在网上试销和推广的效果较为理想。这种方式不仅可以有效地覆盖目标市场，还可以利用网络与顾客进行直接沟通和交互，帮助顾客了解新产品的性能，并收集关于新产品的宝贵意见。

二、网络营销的价格策略

在工业经济时代，消费者作为需求方，受限于信息不对称、空间距离和时间成本，往往处于被动地位，其个性化需求难以得到满足，且在议价过程中处于劣势地位。然而，互联网技术的崛起彻底改变了这一格局。互联网不仅拓宽了消费者收集信息的渠道，提升了其信息收集能力，还极大地降低了信息获取的成本。随着网络技术的不断进步，市场资源配置正逐步向最优状态发展。

（一）网络营销定价基础

伴随企业发展带来的规模经济，企业产品的生产成本总体呈加速下降趋势。在网络营销战略中，企业一般从降低采购成本、降低库存成本，以及控制生产成本等方面分析网络营销对企业成本的控制和节约。

1. 降低采购成本

信息不对称的存在导致采购过程经常出现问题，利用互联网可以最大限度减少信息不对称的问题，显著降低采购成本。

首先，利用互联网可以将采购信息进行整合和处理，统一向供应商订货，获得最大的折扣。其次，通过互联网实现库存、订购管理的自动化和科学化，可最大限度减少人为因素的干预，实现高效率采购，节省大量人力，避免人为因素造成的不必要损失。最后，通过互联网可以与供应商进行信息共享，帮助供应商按照企业生产的需要进行供应，既不影响生产又不增加库存。

2. 降低库存成本

利用互联网将生产信息、库存信息和采购系统紧密相连，实现实时订购，企业可根据需求订购，最大限度减少库存，趋近零库存管理。这既减少了资金占用和仓储成本，又避免了价格波动对产品的影响。有效管理存货能为客户提供更优质的服务，同时降低企业的经营成本。加快库存核查频率可减少与存货相关的利息支出和储存成本。减少库存量意味着现有加工能力能得到更高效地利用，高效生产可减少或消除企业的额外投资。

3. 控制生产成本

利用互联网不仅可以实现远程虚拟生产，在全球范围内寻求最适宜的生产厂家，而且可以大大缩短生产周期，提高生产效率，从而节省大量生产成本。利用互联网与供货商和客户建立联系，企业可以大幅缩短用于收发订单、发票和运输通知单的时间。比如，部门通过增值网络（Value Added Network，简称 VAN）共享产品规格和图纸，以提高产品设计和开发的速度。互联网的发展和应用扩大了企业联系的范围，有利于不同研究小组和企业进行项目合作，进一步缩短产品的生产时间。

（二）网络营销定价策略

1. 低价定价策略

借助互联网进行销售，比在传统渠道销售的费用低，因此网上的销售价格一般来说比传统市场价格要低。因为网上的信息是公开和易于搜索比较的，所以网上的价格信息对消费者的购买决策起着重要作用。调查研究显示，消费者选择网上购物，一方面是因为网上购物比较方便；另一方面是因为从网上可以获取更多的产品信息，从而可以以最优惠的价格购买商品。

低价定价策略大多采用成本加一定利润，有的甚至是零利润的定价模式，因此这种定价在公开价格时就比同类产品要低。这种方式一般是制造业企业在网上进行直销时采用的，例如，戴尔通过直销模式，其价格通常比同性能的其他品牌产品低 10%~15%。这种定价方式不仅降低了消费者的购买成本，还帮助企业节省了大量的营销和分销费用。

另外一种低价定价策略是折扣策略，即在原价基础上进行折扣定价。这种定价方式可以让顾客直接了解产品的降价幅度以促进顾客的购买。这类价格策略主要用在一些网上商店，它一般按照市面上的流行价格进行折扣定价。如亚马逊的图书价格大多有折扣，有时甚至是流行价格的 3~5 折。

若企业欲拓展网上市场但产品价格不具备竞争优势，可采用网上促销定价策略。鉴于网上消费者群体广泛且购买力强，许多企业为打开网上销售局面和推广新产品，会采用临时促销定价策略，包括折扣、有奖销售和附带赠品销售等。

2. 定制生产定价策略

定制生产定价策略基于现代制造技术和互联网技术的结合，允许消费者根据个人需求选择或设计产品，并支付相应的价格。这种策略的核心在于提供个性化服务，满足消费者的独特需求。

为了实施定制生产定价策略，企业需要具备高度灵活的生产能力和先进的辅助设计软件。此外，企业还需要建立有效的沟通机制，以便及时收集和分析消费者的需求信息，确保定制产品的质量。

3. 使用定价策略

在传统交易关系中，产品买卖是完全产权式的，顾客购买产品后即拥有对产品的完全产权。但随着经济的发展以及人民生活水平的提高，人们对产品的需求增加，但是产品的使用周期变短，许多产品购买后使用几次就被闲置，造成极大浪费。为改变这种情况，可以在网上采用类似租赁的按使用次数定价的方式。

所谓按使用次数定价，就是顾客可以通过互联网直接申请使用某企业的产品，顾客只需要根据使用次数进行付费，而无须将产品全价购买下来。这既减少了企业为完全出售产品而进行的不必要的大量生产和包装浪费，又能吸引过去那些有顾虑的顾客使用产品，从而扩大市场份额。顾客每次只需要根据使用次数付款，减少了购买产品、安装产品、处置产品的烦琐流程，节省了不必要的开销。

按使用次数定价，一般要考虑产品是否适合通过互联网传输，是否可以实现远程调用。目前，比较适合这种定价模式的产品有软件、音乐、电影等。对于软件，如我国用友软件推出的网络财务软件，用户在线上注册后可直接在网上处理账务，无须购买软件和担心软件的升级、维护等烦琐事务；对于音乐产品，用户也可以在网上下载或通过专用软件点播；对于电影产品，用户可以通过现有的视频点播系统实现远程点播，无须购买影片。此外，采用按使用次数定价的策略对企业的网络带宽提出了更高的要求，因为许多信息都需要通过互联网进行传输，带宽不足将影响数据传输效率，进而影响用户的租赁、使用或观看体验。

4. 拍卖竞价策略

经济学理论认为，拍卖竞价是形成市场合理价格的最佳方式之一。在网络营销中，拍卖竞价策略通过消费者在互联网上轮流公开竞价，最终由价高者中标。

国外知名的拍卖网站如 eBay 允许商品在网上公开拍卖，消费者只用在网上注册即可参与竞拍。拍卖方需要将拍卖品的相关信息提交给 eBay 审查，合格后即可上网拍卖。这种策略不仅为消费者提供了更多选择，还为企业带来了额外的销售渠道和利润来源。

根据供需关系，网上拍卖竞价方式有如下三种：其一，竞价拍卖，主要用于 C2C 交易，包括二手商品、收藏品和普通商品。例如，惠普将库存积压产品放到网上拍卖，以清理库存并回收资金；其二，竞价拍买，竞价拍买是一种反向过程，消费者给出价格范围求购商品，由商家出价，出价可以是公开或隐藏的。消费者将与出价最低或最接近的商家成交；其三，集体议价，这种方式出现在互联网兴起之前，在国外主要指多个零售商联合形成采购规模，以此向批发商争取价格优惠。互联网的发展使得普通消费者也能采用这种方式购买商品。集合竞价模式便是一种由消费者集体议价的交易方式，它在国内网络竞价市场中属于一种创新模式。这一模式最初由美国著名的旅游服务网站 Priceline 提出，淘宝率先将这一模式引入其平台，为消费者提供了集体议价的新途径。

5. 个性化定价策略

个性化定价的内在基础是价格歧视。价格歧视的首要条件是存在不同价格弹性的细分市场。细分市场是整个目标市场中的一个分支或一部分，具有独特的需求或成本特征。如商务旅行者一般是公费买票，且受时间限制对航班要求较严格，受机票价格弹性影响较小；度假旅行者一般是自己付费，对航班时刻要求比较灵活，有充裕的时间比较各航班的机票价格，对机票价格比较敏感。

厂商细分市场依据的指标包括：其一，身份，如航空公司对教师和学生给予折扣；其二，性别，如一些娱乐场所根据顾客的性别实施差别化定价；其三，年龄，如学生和老年人的时间成本较低，价格敏感性较高，许多交通工具对学生和老年人实行优惠价格；其四，地点，如国际市场上非常流行根据购买地点制定不同价格的方法。比如美国 UPS 包裹运送服务公司会对发往边远地区或者难以抵达的地区的货物收取延伸区域费；其五，时间，如电力的"高峰－低谷定价"。其六，用户类型，如电信企业将用户电话分成办公电话和家庭电话，电力企业将用户分成工业用户和商业用户，学术期刊将用户分成学术单位和个人用户；其七，购买量，在服务消费中，一种常用的促销手段是消费积分，根据积分返利。

上面几种定价策略是企业在利用网络营销拓展市场时可以考虑的比较有效的策略，但并不是所有的产品或服务都可以采用上述定价策略，企业应根据产品的特性和网上市场发展的状况来确定定价策略。不管采用何种策略，企业的定价策略都应与其他策略配合，以保证企业总体营销策略的实施。

三、网络营销的渠道策略

网络营销渠道是指借助互联网技术将产品从生产者手中有效转移至消费者手中的中间环节。这一环节不仅需要为消费者提供丰富且便于选择的产品信息，还应协助其完成支付及其他交易手续，值得注意的是，支付与收货行为在此模式下并不必然同步进行。

随着互联网技术的日新月异，网络销售的范围日益广泛，网络渠道销售在整个销售额中的占比持续攀升。然而，受制于消费者的购买习惯、地域限制以及产品对网络的适应性等多重因素，企业无法单凭网络营销渠道全面取代传统的营销渠道。对于一些企业，传统营销渠道仍是扩大生产经营的关键路径。那些以传统营销渠道为主的企业，可适当运用互联网，发挥网络营销渠道的辅助功能，以提升品牌知名度并积极抢占市场份额。

（一）网络直接营销

网络直接营销是指生产厂家通过联机网络、计算机通信和数字交互式媒体，绕过传统中间商，直接将网络技术的特性与直销的优势相结合，实现商品销售的一系列市场行为，旨在直接达成营销目标。

作为未来电子商务的重要发展趋势，尽管目前网络直接营销的成效尚未完全达到预期，但其潜在的发展空间不容忽视，其诸多优势将日益凸显：

（1）产需直接对接。网络直接营销的核心特点在于促进了生产商与消费者之间的直接联系。利用互联网的交互性，网络营销渠道从以往的单向信息传递转变为双向直接沟通，极大地加强了生产者与消费者的互动。企业可通过互联网直接发布产品信息，如价格、性能、使用方法等，并在与消费者的互动中收集反馈，进行柔性化生产调整。同时，消费者也能直接通过互联网获取产品信息，做出更加合理的购买决策，这恰好满足了网络消费者追求个性化需求的特点。

（2）买卖双方都会产生直接的经济利益。网上直接营销有效削减了中间分销环节，为消费者提供了详尽的商品信息，使其能够更迅速、更灵活地对比商品特征和价格，从而在交易中占据主动地位。对企业而言，网上直接营销简化了与众多分销商的联系流程，极大地降低了营销成本，加快了信息传递和交易完成速度，提高了资金流转效率。因此，企业能够以更低的价格分销产品，而消费者也能获得性价比更高的商品，实现了买卖双方的利益共赢。

（3）互动性的显著提升。营销人员可充分利用电子邮件、社交媒体、在线论坛等网络工具，根据用户的实际需求，灵活开展各类促销活动，迅速提升产品的市场占有率。企业能够通过网络即时获取用户对产品的意见和建议，并针对这些反馈提供技术支持，解决疑难问题，从而不断改进产品质量，优化经营管理。此外，这种一对一的销售模式有助于企业与消费者建立稳固的关系，增强消费者的品牌忠诚度。

（4）销售效率提高。网络直接营销渠道提供了更为便捷的产品或服务，显著提升了销售效率。网络营销企业不仅可通过互联网提供安全的支付服务，方便顾客在线订货和付款，还能通过网络直接营销渠道为客户提供售后服务和技术支持。特别是对于信息技术等技术密集型行业，提供网上远程技术支持和培训服务不仅极大地方便了顾客，还使企业能够以最低的成本为顾客提供服务。

当然，网络直接营销也存在一定的劣势。随着建立网站的企业激增，面对数以万计的企业站点，普通消费者往往无所适从。顾客要访问所有企业的主页是不可能的，而且他们也难以用专业的眼光区分各有利弊的产品。特别是对于一些不知名的中小企业，大部分消费者不愿意在其网站上浪费时间。从网络直接营销长远发展的角度来讲，要解决这个问题，必须从两个方面入手：一方面，需要尽快组建高水平的专门服务于商务活动的网络信息站点；另一方面，需要从网络间接营销渠道中寻找出路。其中，网络信息站点是网络直接营销未来发展的核心方向。

（二）网络间接营销

网络间接营销是指生产者通过融入互联网的中间机构把商品销售给最终用户。它一般适合小批量商品和生活资料的销售。

得益于互联网的海量数据资源和实时信息处理能力,网络服务极大地便捷了网络消费者对产品的搜索过程,然而其在产品(除信息、软件产品外)实体分销方面却难以发挥作用。目前出现了许多基于网络的具备信息服务中介功能的新型中间商,也称网络中间商。

与传统间接营销渠道的职能类似,网络间接营销渠道也承担着沟通买卖双方,帮助完成商品所有权转移的作用。结合整个渠道链条上的订货、结算和配送三大系统,网络间接营销渠道,尤其是网络中间商主要承担交易、物流和促进职能。

(1)交易职能。交易职能是指与网络顾客接触,利用各种营销沟通手段让购买者了解产品,包括寻找符合购买者需求的产品、商议价格和完成交易环节的各项工作。这是网络间接营销渠道最基本的职能。

(2)物流职能。物流职能涵盖产品的运输、储存、收集和拣选等任务。物流配送作为一个全新的研究领域,在现代网络商业管理中扮演着越来越重要的角色。网络中间商需要与物流合作伙伴紧密协作,确保商品能够准时、安全地送达消费者手中。

(3)促进职能。渠道成员所发挥的促进职能主要包括市场调研和支付保障,这是网络营销渠道不可或缺的重要组成部分。网络中间商需要定期进行市场调研,了解市场动态和消费者需求,为企业提供有价值的市场信息。同时,还需要提供安全可靠的支付服务,保障交易双方的权益。

四、网络营销的促销策略

(一)网络促销的概念

促销策略,作为营销组合的基本策略之一,涵盖人员推销、广告、公共关系和营业推广等多种手段,旨在向消费者或用户传递产品信息,引发其注意与兴趣,进而激发购买欲望并促成购买行为。网络促销,则是这一策略在数字化时代的延伸与创新,它利用先进的网络技术,在虚拟市场中传递产品或服务的相关信息,旨在激发消费者的需求,引导其产生购买意愿并采取行动。

网络促销具备三大鲜明特征:第一,它依托于网络这一虚拟平台展开;第二,它通过网络技术高效传递产品或服务的性能、功效及特性等信息;第三,其目标市场覆盖全球,打破了地域限制。相较于传统营销的强制性特点,如广告的单向灌输和人员推销的强势介入,网络营销更注重尊重顾客的意愿,使顾客成为互动过程中的主动参与者。

(二)网络促销策略

在网络营销的广阔舞台上,网络广告以其广泛的覆盖面和高效的传播力,成为企业首选的促销方式,并已发展成为一个颇具影响力的产业。网络广告形式多样,包括旗帜广告、电子邮件广告、电子杂志广告、新闻组广告、公告栏广告等,它们各具特色,共同构成了网络促销的丰富图景。

网络促销的核心在于吸引消费者，提供具有吸引力的商品信息，并通过直接销售的网络营销站点，运用价格折扣、有奖销售、拍卖销售等多种销售促进手段，宣传和推广产品。下面介绍几种常见的网络促销策略。

（1）网上折价促销。折价促销，又称打折或折扣，是当前网络促销中最常见且有效的方式之一。尽管高额折扣可能影响企业的短期利润，但在市场培育阶段，它被视为一种具有前瞻性的投资策略。网上商品的价格普遍低于传统销售渠道，旨在吸引消费者尝试在线购物。然而，由于网络购物无法提供商品的全面直观展示，以及配送和支付的复杂性，消费者的购买积极性可能受到影响。因此，大幅折扣成为激励消费者尝试网购并做出购买决策的有效手段。折价促销形式多样，如限时折扣、满减优惠等，旨在通过价格优势吸引消费者。

（2）网上抽奖促销。网上抽奖促销通过提供超出参与成本的奖品，吸引消费者参与，通常与用户调查、产品销售、用户扩展、庆典活动或特定推广相关联。消费者通过填写问卷、注册账号、购买产品或参与网络活动等方式获得抽奖机会。在策划抽奖活动时，企业应重视奖品的吸引力，明确抽奖规则和流程，维护抽奖结果的公正性和透明度，以提升活动的可信度和参与度。

（3）网上积分促销。与传统营销相比，网上积分促销因其易于通过编程实现自动化管理而更具操作性和可信度。积分促销通过累积消费积分，鼓励消费者增加访问网站和参与活动的次数，提高其忠诚度，并提升活动知名度。此外，虚拟货币作为积分促销的一种创新形式，允许会员在网站内使用虚拟货币购买商品，享受额外优惠。

（4）网上赠品促销。网上赠品促销目前应用得不算太多，通常，在新产品试销、对抗竞争品牌、开辟新市场的情况下利用赠品促销可以达到比较好的促销效果。网上赠品促销具有如下优点：可以提升品牌和网站的知名度；鼓励人们经常访问网站以获得更多的优惠信息；能根据消费者索取赠品的热情程度总结分析营销效果等。

网上赠品促销应注意：不要选择次品、劣质品作为赠品，这样做只会适得其反；明确促销目的，选择适当的能够吸引消费者的产品或服务；注意时间和时机，如冬季不要赠送夏季才能用的物品，在危机公关等情况下也可考虑开展不计成本的赠品活动以挽回品牌和企业形象；注意预算和市场需求，赠品要在企业能接受的预算范围内，不可因过度发放赠品而造成营销困境。

（5）网络文化促销。网络文化促销将网络文化与产品广告巧妙融合，借助网络文化的独特魅力吸引消费者。例如，将广告植入网络游戏中，使玩家在娱乐中逐渐接受促销信息；组建用户俱乐部，为对网络文化有共同兴趣的用户提供交流平台，同时潜移默化地传递企业品牌与产品信息，实现精准营销。网络俱乐部作为专业爱好者的聚集地，为企业提供了与目标消费者高效沟通的渠道。

（6）网上联合促销。联合促销是指不同商家合作开展的促销活动，以通过优势互补提升各自价值，实现共赢。例如，线上商家与传统商家合作，提供线上无法实现的线下服务；汽车销售网站与润滑油企业联合促销等。非竞争关系的厂商可以组建线上促销战略联盟，通过联网的线上资料库，增加与潜在消费者的接触机会，拓宽消费群体，同时避免产品间的直接竞争。

（7）网络聊天促销。这一方式是指利用网络聊天的功能开展消费者联谊活动，通过沟通交流增进感情并开展在线产品展销活动和推广活动。网络聊天促销是一种调动消费者情感因素、促进情感消费的方式，对消费者吸引力较大。

此外，网络营销者在实践中还探索出了一系列创新的促销策略，如会员制、一对一营销、事件营销等。为了使促销活动取得良好效果，企业应事先进行市场分析、竞争对手分析以及活动实施的可行性评估，结合整体营销计划，创造性地组织实施促销活动。

> **知识链接**
>
> **Insta360 影石的海外 4P 网络营销之道**
> 详细内容，
> 请扫描二维码阅读。
>
>
>
> 二维码 13－5

第三节　多元化的网络营销策略

一、4I 网络营销理论

美国营销大师舒尔茨基于整合营销理论，提出了 4I 网络营销理论（简称"4I 理论"）。"4I 理论"在移动互联网时代被应用于众多领域。4I 指趣味性原则（Interesting）、利益性原则（Interests）、互动性原则（Interaction）、个性化原则（Individuality）。"4I 理论"强调营销应借助现代互联网渠道，深入了解用户体验和消费需求，强调由以"传者"为中心到以"受众"为中心的转变，是对以生产者为导向的"4P 理论"和以消费者为导向的"4C 理论"的有益补充。

"4I 理论"强调营销传播以"受众"为中心，致力于更贴近消费者、了解消费者，构建一套完全以消费者为核心，产品或服务随消费者需求动态调整的营销体系。紧跟消费者步伐，通过多渠道多维度动态收集其需求，并及时反馈给企业，确保产品或服务的设计与消费者需求保持同步，在营销互动中实现价值共创。这四个基本要素完美契合了移动互联网时代客户追求趣味性、利益性、互动性、个性化的特点。

(一) 趣味性原则

趣味性是"4I 理论"所倡导的营销内容建设原则。营销主体应设计具有吸引力和趣味性的营销内容，使营销形式能够满足消费者的娱乐需求，将生硬的营销手段软化加入趣味性情节中，吸引受众对产品的持续关注。趣味性原则要求营销主体借助别具一格、标新立异的内容创造，强化目标受众的消费认知，从而推动消费行为转化。运用趣味性原则所形成的创意营销内容，可以激发消费者对产品的探索欲望，在一定程度上也能够使受众自发地分享和传递产品信息，从而实现产品内容的裂变式推广传播。

(二) 利益性原则

利益性原则基于人性的趋利性展开，强调在营销活动开展过程中要注重受众的综合价值获得感。消费者的多元利益需求，不仅包括物质层面的经济利益所得，也包括受众所能获得的服务、心理满足、自我表达、情感认同等精神层面的诉求。利益性原则的核心在于满足消费者物质价值和精神价值需求，以实现消费者与品牌营销者的双赢。提升目标受众的综合价值获得感，会使他们对企业营销内容的接受度更高，一定程度上能够提高营销的效率。

(三) 互动性原则

互动性是互联网营销时代的一个重要特征。互动性原则重视与目标受众的交流沟通过程，通过构建多元化的营销渠道，打通消费者与营销主体的互动通路，增强营销行动的影响力和辐射力。企业与目标受众的良性互动，一方面使得企业可以在互动沟通过程中收集用户的产品偏好、体验反馈、消费倾向等信息，从而更有针对性地改进产品。另一方面这种动态的互动过程，能够不断拉近营销主体与消费者之间的距离，构建消费者与产品之间的情感连接，实现二者的良性互动

(四) 个性化原则

在传统营销模式中，个性化营销存在难度大、成本高等问题，而数字技术的快速发展使得营销主体能够高效收集目标消费群体的个性化诉求，并依托数据分析挖掘其中的潜在价值信息，从而更好地进行有针对性、定制化的营销。个性化原则要求营销主体在构建用户画像的基础上，运用差异化竞争打造自身品牌定位，根据目标受众的个性化诉求及时调整运营流程，并采取定制化的营销策略解决用户需求痛点。

二、体验营销

(一) 体验营销的概念

消费者体验，作为消费者在消费全过程中与产品或服务互动所形成的整体感知，涵盖了感官、情感、思考、行动及关联等多个维度。这一综合性的体验感受，构成了消费者评价产品或服务的关键依据。体验营销，作为一种新兴的营销策略，正是基于这一消费趋势而兴起的，它不再局限于产品或服务的功能性描述，而是将重心转移至

消费者在消费过程中的感受、情感共鸣与认知深化。

在网络环境中，体验营销充分利用互联网和数字技术的优势，通过视觉、听觉、触觉等多感官刺激，以及互动参与、情感共鸣等手段，深度挖掘并满足消费者的多元化需求。这一策略突破了传统营销模式的局限，不再仅仅依赖于产品或服务的直接推销，而是通过创造独特且富有吸引力的消费体验，来吸引消费者的兴趣。

体验营销的核心在于从消费者的角度出发，全面审视并重新定义营销理念。它要求品牌方深入理解消费者的期望与需求，通过构建独特的消费场景、提供个性化服务、激发情感共鸣、引导深度思考、促进实际购买行为以及建立长期关联关系，来全面提升消费者的整体体验。随着生活品质的提升和消费者需求的日益多样化，体验营销在现代营销中的重要性愈发凸显。它不仅能够满足消费者在心理层面的深层次需求，还能有效提升品牌的认知度与忠诚度，为品牌的持续发展和市场竞争力提升注入强劲动力。

（二）体验营销的核心要素

体验营销围绕消费者，关注其在消费过程中的整体感受，主要由感官、情感、思考、行动和关联五个核心要素构成，它们共同作用于消费者，形成独特的消费体验，如图13-1所示。

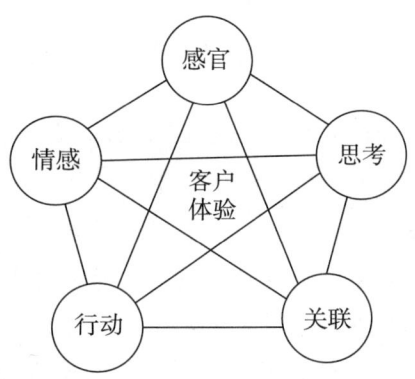

图 13-1　体验营销的五大核心要素

感官体验是体验营销中最直观、最基础的一环。它利用视觉、听觉、嗅觉、味觉、触觉等感官刺激，为消费者创造引人入胜的感官体验。通过精心设计的包装、色彩、声音、气味等元素，产品或服务能够迅速吸引消费者的注意力，激发其兴趣与购买欲望。例如，一家咖啡店通过温馨的灯光、舒适的木质家具以及浓郁的咖啡香，营造出一种令人难以抗拒的感官享受，进而吸引顾客驻足品尝，提升消费体验。

情感体验是体验营销中更为深入且持久的部分。它旨在触动消费者的内心情感，建立品牌与消费者之间的深厚情感连接。通过讲述品牌故事、制作情感化广告、提供个性化服务等手段，企业能够引发消费者的共鸣与认同，使其在情感层面对品牌产生强烈的依赖与偏好。这种情感连接不仅能够增强消费者对品牌的记忆与忠诚度，还能在无形中提升品牌的形象与口碑。例如,一些品牌通过分享创始人的奋斗历程或产品的创新故事,激发消费者的敬佩与共鸣,从而赋予品牌更深层次的情感价值。

思考体验强调通过有启发性的内容引导消费者进行深入思考,提升其对品牌的认知与理解。这要求企业提供有趣且有深度的信息或活动,如品牌理念阐述、产品知识普及、互动问答等,以激发消费者的好奇心与求知欲。通过思考体验,企业能够加深消费者对品牌价值的认同与信任,同时提升其品牌忠诚度并促进口碑传播。例如,一些高科技品牌通过举办科技论坛、发布创新产品白皮书等方式,引导消费者关注行业动态与技术趋势,从而提升其对品牌的认知度。

行动体验是体验营销中促进消费者实际购买行为的关键环节。通过提供试用机会、互动体验、优惠促销等方式,企业能够鼓励消费者积极参与并亲身体验产品或服务,从而激发其购买欲望与行动意愿。行动体验不仅有助于提升销售额与市场份额,还能通过消费者的实际体验与口碑传播为品牌带来更多的潜在客户与市场份额。例如,一些零售商在店内设置试衣间或体验区供消费者试用商品,同时通过折扣优惠或赠品等促销手段,以吸引消费者购买。

关联体验是体验营销中层次最高且最复杂的部分。它强调建立品牌与消费者之间以及消费者彼此之间的长期关联关系。通过会员计划、品牌社群等方式,企业能够与消费者建立持续的联系,了解其需求与反馈,并提供更加个性化和贴心的服务。同时,消费者也可以通过社交媒体等平台分享经验与感受,找到有共同的兴趣爱好与价值观的社群。这种关联体验不仅有助于提升消费者的忠诚度与满意度,还能为企业创造更多的品牌价值。例如,一些品牌通过建立粉丝俱乐部等方式与消费者建立紧密联系,并通过举办线下活动、提供专属福利等方式增强消费者的归属感与忠诚度。

(三) 体验营销的特点

(1) 高度互动性。体验营销通过视觉、听觉、触觉等多种感官刺激,结合看、听、用等多种手段,为消费者提供情感、行为、思想等多维度的全方位体验。在这一过程中,消费者不再是被动接受者,而是成为营销活动的积极参与者。这种高度的互动性不仅加深了消费者对品牌的认知和印象,还激发了他们的情感共鸣,增强了他们对品牌的认同感和忠诚度。通过互动,消费者能够更深入地了解和体验企业的产品或服务,从而与企业建立更紧密的联系。

(2) 深度个性化。在产品高度饱和、竞争激烈的市场环境中,消费者逐渐掌握了市场话语权。随着个性化消费时代的来临,消费者对产品的需求已经超越了单纯的功能性,更加注重产品所能带来的个性化体验。体验营销作为一种以消费者为中心的营销方式,通过为消费者量身打造独特、个性化的体验,满足他们的个性化需求。这种深度个性化的营销策略不仅符合个性化消费时代的发展要求,还有助于提升产品销量,塑造品牌形象。

(3) 场景多元化。受个体发展差异的影响,不同消费者对同一营销情景的体验各不相同。这决定了体验营销具有多元化的特点。与传统营销模式相比,体验营销不仅要寻找大多数消费者的情感共通点，还要充分考虑消费者的感官、情感等多方面需求。通过不断突破传统营销方式的局限性，为消费者创造出丰富多样的消费场景和独特的产品价值，以满足消费者多元化的需求，进而提升品牌的市场份额和影响力。

（四）体验营销的实施策略

体验营销作为一种深度触达消费者、强化品牌印象的营销方式，其成功实施依赖于一系列精心策划的策略。以下是对体验营销实施策略的详细阐述。

（1）场景化设计。场景化设计是体验营销策略的基础，旨在根据品牌特色与消费者需求，精心构建独特的消费场景。这些场景不仅涵盖实体环境，如店铺装潢、产品展示、照明与音乐氛围的营造，还延伸至虚拟领域，包括线上平台的界面布局、交互逻辑及购物流程的优化。通过深度洞察目标消费者的生活方式、购物习惯及情感需求，企业能够精准打造既符合品牌形象，又能激发消费者共鸣的消费场景。场景化设计旨在营造一种沉浸式的购物体验，使消费者在享受购物乐趣的同时，深刻感知品牌的独特魅力与价值主张。

（2）个性化服务。个性化服务是体验营销策略的核心，它强调基于消费者的个体差异与需求，提供量身定制的产品或服务。这要求企业具备强大的数据收集、分析与处理的能力，以便精准捕捉消费者的偏好与需求变化。通过建立完善的客户关系管理系统，企业能够实现与消费者的个性化互动，提供定制化推荐，提升消费者满意度与忠诚度。个性化服务不仅增强了消费者的参与感与归属感，还有助于构建长期的消费者忠诚，提升品牌的市场竞争力。

（3）互动营销。互动营销作为体验营销的重要手段，旨在通过线上线下活动、社交媒体互动、用户生成内容等多种方式，鼓励消费者积极参与品牌互动，增强其参与感与归属感。精心策划的互动活动不仅能吸引消费者的注意力，还能通过趣味性的内容，深化消费者对品牌的认知与情感连接。同时，积极回应消费者的反馈与建议，构建开放的沟通渠道，是企业不断优化产品、提升服务质量的关键。互动营销通过增强消费者的参与感，为品牌的口碑传播与忠诚度的提升奠定了坚实基础。

（4）情感共鸣。情感共鸣是体验营销策略的关键所在，它要求企业通过讲述品牌故事、创作情感化广告等手段，触动消费者的内心情感，建立深厚的情感连接。深入挖掘品牌背后的文化、历史与价值观，并将其巧妙融入营销活动中，是触发消费者情感共鸣的关键。通过讲述引人入胜的品牌故事，展现品牌的人性化一面，企业能够与消费者建立超越产品本身的情感纽带，提升品牌形象。情感共鸣策略的成功实施，依赖于企业对目标消费者情感需求与价值观的深刻理解，以及在此基础上的创意表达。

（5）持续创新。持续创新是体验营销策略的动力源泉，它要求企业不断推出新产品、新服务，以满足消费者日益变化的需求。技术创新、设计创新、营销创新等多维度的创新实践，共同构成了企业持续发展的基石。密切关注市场动态与消费者需求的变化，及时调整与优化产品或服务，是企业保持市场竞争力的关键。同时，还要加大研发投入，探索新技术与设计趋势，以创新驱动产品升级，提升市场吸引力。持续创新不仅有助于企业巩固现有市场份额，更能引领行业潮流，开辟新的业务增长点。

三、大数据营销

（一）大数据营销的概念

大数据营销，作为现代营销领域的革新力量，依托先进的大数据技术，深度挖掘与分析海量消费者数据，旨在精准洞察消费者行为模式、偏好及潜在需求，进而策划并实施更为精湛且高效的营销策略。此模式超越了传统营销对消费者基本属性的单一关注，全方位、多维度地审视消费者的社交互动、购买流程、在线行为轨迹等，以此推动营销活动的个性化与智能化转型。在信息技术日新月异的今天，海量的数据已成为企业重要的战略资源。大数据营销凭借其强大的数据分析能力，助力企业精准把握市场动态，洞悉消费者心声，优化产品或服务，提升营销效能，压缩营销成本，从而在激烈的市场竞争中稳操胜券，抢占先机。

（二）大数据营销的核心要素

1. 数据收集与整合

大数据营销的首要步骤在于广泛收集并有效整合多渠道、多格式的消费者数据。这些数据涵盖了消费者的基础信息、历史购买记录、社交媒体足迹、网页浏览行为等多个层面。数据的全面性与准确性对于后续分析工作的深入展开及营销决策的精准制定具有至关重要的作用。企业需要构建完善的数据采集机制，确保数据的实时更新与高质量整合，为后续分析奠定坚实基础。

2. 数据分析与挖掘

收集到的数据需要经过深度分析与挖掘，以提炼出有价值的商业洞察。这一过程依赖于机器学习等先进技术，旨在揭示消费者的行为规律及偏好变化。通过细致入微的数据分析，企业能够科学预测市场趋势，精准定位目标消费群体，为制定高效营销策略提供有力支持。

3. 精准营销与个性化推荐

基于数据分析和挖掘的结果，企业可以实施精准营销，即针对不同类型的消费者制定个性化的营销策略。这包括个性化的广告、定制化的产品推荐、差异化的促销活动等。精准营销能够提升消费者的满意度和忠诚度，同时提高营销活动的转化率。

4. 实时反馈与优化

大数据营销还强调实时反馈和优化。通过监测营销活动的实时数据，企业可以及时调整营销策略，优化广告投放等环节。实时反馈机制有助于企业快速适应市场变化，抓住稍纵即逝的市场机会。

（三）大数据营销实施策略

1. 数据治理与基础设施建设

实施大数据营销的首要任务是构建健全的数据治理体系，确保数据的准确性、完整性与安全性。企业需要制定严格的数据管理制度，加强数据质量控制，同时建设高效的大数据基础设施，包括高性能的数据存储、处理与分析平台，以支撑大规模数据的深度挖掘与分析。

2. 消费者画像构建

基于收集到的消费者数据，企业需要构建详细的消费者画像。这包括消费者的基本信息、购买行为、社交媒体活动、兴趣爱好等多个维度。通过消费者画像，企业可以更加深入地了解目标消费者群体，制定更加精准的营销策略

3. 实时数据分析与决策支持

实施大数据营销需要建立实时数据分析系统，对营销活动进行实时监测和分析。通过实时数据分析，企业可以快速发现市场趋势和消费者行为变化，及时调整营销策略以应对市场变化。同时，实时数据分析还可以为企业的其他决策提供数据支持。

4. 跨渠道营销与数据整合

大数据营销强调跨渠道营销与数据整合的重要性。企业可以通过多元化的营销渠道与消费者建立紧密联系，并将这些渠道的数据进行整合与分析。通过跨渠道营销与数据整合，企业能够更全面地洞察消费者行为，制定协同一致的营销策略，提升营销活动的整体效果。

5. 隐私保护与合规性管理

在实施大数据营销过程中，企业必须高度重视隐私保护与合规性问题。严格遵守相关法律法规与行业标准，确保消费者个人信息的合法收集、安全存储与合规使用。同时，企业应建立透明的数据使用政策，增强消费者对品牌的信任感，维护良好的品牌形象。通过加强隐私保护与合规性管理，企业能够在保障消费者权益的同时，稳健推进大数据营销战略的实施。

四、网红营销

（一）网红类型及其特点

在数字营销领域，网络红人（简称"网红"）营销作为一种高效的品牌推广手段，其核心在于精准识别具有影响力的网红并与他们合作，以最大化营销效果。网红根据其属性与功能的不同，主要分为 KOL、KOS（Key Opinion Sales，关键意见销售）以及 KOC 三大类型，每种类型均展现出独有的特征与价值。

1. KOL

KOL 是在特定领域或行业内拥有显著影响力和深厚专业知识的个人或机构。他们凭借丰富的行业经验和独到的见解，通过社交媒体平台积累了庞大的粉丝群体。KOL 的特点在于：其一，影响力广泛。他们在社交媒体上的声音能够迅速扩散，覆盖大量潜在消费者；其二，专业知识深厚。KOL 在特定领域内具备权威性，能够提供有价值的见解和建议；其三，高信任度。长期积累的专业形象和粉丝基础使得 KOL 的推荐具

有较高的可信度，能够对消费者购买决策产生重要影响。通过与 KOL 合作，品牌可以借助 KOL 在社交媒体上的影响力，快速提升品牌知名度和用户转化率，如邀请 KOL 进行产品试用、测评或代言，有效传递品牌价值。

2. KOS

KOS 则是指那些既具备专业知识又拥有强大销售转化能力的网红博主或品牌方专门销售人员。他们不仅能够深入解读产品特性，还能通过专业的销售技巧说服消费者购买。KOS 的特点在于：一是销售转化能力强。他们擅长将专业知识转化为实际的销售成果。二是专业知识与销售技能结合。通过精准的产品介绍和高超的说服技巧，KOS 能够有效引导消费者购买。三是品牌忠诚度高。作为品牌的重要合作伙伴，KOS 对品牌有较高的忠诚度，愿意为品牌贡献自己的力量。品牌利用 KOS 进行直播带货、产品推荐等销售活动，可以显著提升产品的销售转化率，快速吸引并转化潜在消费者。

3. KOC

KOC 是指具有一定影响力和忠诚度的普通消费者，他们在社交媒体上分享个人购买体验和使用感受，对其他消费者的购买决策产生影响。KOC 的特点包括：首先，口碑传播有效。通过真实的购买体验和使用感受，KOC 为品牌提供了可信的口碑宣传。其次，精准影响受众。虽然粉丝基数可能不大，但 KOC 的内容更加垂直，受众更加精确，销售转化率较高。最后，互动性强。KOC 与粉丝保持密切互动，通过回复评论、参与讨论等方式增强影响力。品牌鼓励 KOC 分享真实体验，利用口碑传播吸引潜在消费者，同时利用社群管理工具监控用户互动和反馈，提高用户满意度和忠诚度。

（二）不同网红营销策略的选择

在传播渠道上，由于内容矩阵不同，企业应选择不同的传播渠道，以传播不同的内容，比如 KOL 一般广泛分布在公众号、抖音、知乎等平台；KOC 则在小红书、抖音平台上更活跃。

在影响力度上，KOL 主打快速建立品牌（产品）知名度，而 KOC 则通过拉近和普通消费者的距离，增强用户黏性。

在成本角度上，KOL 的成本较高，合作费用从几万元到几十万元都有可能，而 KOC 的成本则比较低，合作费用通常为几十元到几千元。针对不同网红类型的特点，品牌需要制定差异化的营销策略，以实现最佳营销效果。

1. KOL 策略选择

适用场景：新品牌或新产品上市，需要快速打造知名度。

传播渠道：选择公众号、抖音、知乎等 KOL 活跃的社交媒体平台。

影响力：利用 KOL 在特定领域的影响力，快速获得目标受众的关注和认可。

成本：预算较高，因为 KOL 的合作费用通常较高，但相应的回报也可能更大。

策略优势：能够快速提升品牌或产品的知名度，吸引大量潜在消费者。

2. KOC 策略选择

适用场景：品牌希望拉近与普通消费者的距离，进行深度渗透，增强用户黏性。

传播渠道：选择小红书、抖音等KOC活跃的社交媒体平台。

影响力：通过KOC的真实体验和分享，传递品牌或产品的价值，形成口碑传播。

成本：预算较低。因为KOC的合作费用通常较低，但需要通过数量来累积影响力。

策略优势：能够形成真实的口碑传播，增强用户黏性，提高品牌忠诚度。

3. KOS策略选择

适用场景：品牌在进行重要促销活动、新品上市或需要快速提升销售业绩时，可以选择此策略。KOS不仅能提供专业的产品介绍，还能通过直播带货等形式直接促进销售。

传播渠道：根据KOS的特点和粉丝基础，选择适合的社交媒体平台或电商平台进行直播带货、产品推荐等销售活动。

影响力：利用KOS的专业销售能力和品牌知识储备，引导消费者做出购买决策。

成本：预算根据KOS的知名度和合作深度而定，通常介于KOL和KOC之间。

策略优势：能够直接促进产品销售转化，提高销售业绩，同时借助KOS的专业形象和粉丝基础增强品牌信任度。

（三）网红营销带来的启发和思考

网红营销作为一种新兴的营销方式，正逐渐改变着传统营销的格局。它不仅为消费者带来了更加多元、有趣的购物体验，也为品牌和商家提供了新的销售和推广渠道。

1. 个人品牌IP的构建：情感共鸣与差异化定位

在网红营销中，个人品牌IP的构建是成功的基石。例如李子柒，她以温婉恬静的形象和文艺清新的生活方式，精准触达并吸引了大量粉丝，构建了独特的个人魅力。而李佳琦则通过男性身份试用口红的反差策略，迅速赢得广泛关注。这些案例揭示出，成功的个人品牌IP需要基于精准的自我定位，结合情感共鸣的元素，以差异化内容吸引并锁定目标受众，增强粉丝黏性并提升品牌忠诚度。

2. 创意内容：网红营销的核心驱动力

直播与短视频作为网红营销的主要载体，其本质是创意内容的传播媒介，旨在构建人与人、人与社会的深度连接。优质、创新的内容是吸引观众、提升影响力的关键。李子柒的内容创作不仅紧贴热点，还融入了历史元素，如复古手工艺展示，这些内容跨越时间界限，能持续吸引人们关注。因此，创意内容的持续产出与创新，是网红营销保持竞争力的核心所在。

3. 专业团队与资本赋能：规模化与可持续性的保障

网红营销的成功往往依托于专业团队的运作与资本的助力。专业团队能够精准挖掘网红潜力，实现线上线下互动，构建多元化盈利模式。资本的注入则为网红营销提供了更广阔的发展空间，加速其规模化、商业化进程。两者结合，为网红营销的可持续发展奠定了坚实基础。

4. 用户洞察与价格策略：精准营销的关键

深入了解用户需求是网红营销成功的关键。李佳琦的迅速崛起，正是因为他精准把握了女性消费者在购买美妆产品时的心理需求。同时，价格优势也是吸引消费者的重要因素。通过提供独家优惠、限时折扣等，网红能够有效聚集粉丝，形成正向循环。因此，将深度用户洞察与合理价格策略相结合，是实现精准营销、提升销售转化率的有效途径。

5. 销售话术与互动技巧：提升转化率的艺术

网红在直播带货过程中，需要掌握高超的销售话术与互动技巧。比如李佳琦通过精炼、富有感染力的语言，以及设计巧妙的互动环节（如趣味实验、抽奖等），有效激发消费者的购买欲望，提升销售效果。学习与应用这些技巧，对于提升网红营销的整体销售转化率具有重要意义。

6. 长尾市场激活：网红带货的溢出效应

网红营销还具有激活长尾市场、推动小众产品销售的潜力。头部 KOL 凭借其强大的影响力和带货能力，能够带动长尾品类市场的销售，创造惊人业绩。对于中小企业而言，与头部 KOL 合作虽效果显著，但门槛较高。因此，探索多元化合作模式，如与腰部、尾部 KOL 合作，或是通过精细化运营提升自身品牌影响力，成为中小企业在网红营销中寻求突破的关键。

五、AARRR 模型

AARRR 模型，由美国硅谷著名风险投资人戴夫·麦克卢尔（Dave McClure）于 2007 年首次提出，是一个基于用户行为深度分析与结果导向构建的流量转化指标漏斗模型，亦被业界称为"海盗模型"。AARRR 模型旨在全面追踪产品生命周期内的营销决策流程与销售绩效管理，通过五个关键环节——用户获取（Acquisition）、用户激活（Activation）、用户留存（Retention）、获取收入（Revenue）、推荐传播（Referral），系统性地优化用户生命周期管理。

1. 用户获取

用户获取，即我们通常所说的推广与拉新，是 AARRR 模型的首要环节，在整个用户生命周期管理中有着举足轻重的作用。市场与渠道运营团队需要根据产品特性与目标用户群体，精准选择投放渠道，实现产品与潜在用户的精准匹配。这一过程的关键在于深入了解每个渠道的推广量级与用户质量，通过数据驱动的方式，对不同渠道或用户类型进行精细化运营，从而降低获客成本，提升获客效率。有效的用户获取策略不仅要求精准定位，还要求持续优化投放策略，以应对市场变化与竞争态势。

2. 用户激活

用户激活是指用户开始深入了解并真正使用产品的过程，其核心在于通过优化用户体验，使用户对产品形成良好印象，进而促进潜在用户向真实用户的转化。激活率是衡量这一环节成功与否的关键指标，它直接影响用户后期的活跃度与变现潜力。为了提升激活率，产品团队需要从用户使用（安装）产品的那一刻起，就尽可能简化操作流程，减少用户流失。同时，明确用户激活的标准至关重要，这有助于团队聚焦核心目标，避免无效努力。增长黑客理念中的"Aha Moment"（"啊哈时刻"，即用户在使用产品时获得强烈满足感或愉悦体验的时刻）是实现高效激活的关键。产品需要迅速触及用户的这一时刻，让用户在使用初期就感受到产品的核心价值，从而激发其持续使用的兴趣。

3. 用户留存

用户留存，即我们通常所说的用户黏性，是用户激活后的核心目标。通过培养用户的使用习惯，增强其对产品的依赖度与忠诚度，是实现用户长期留存的关键。留存率（Retention Rate）是衡量这一环节成效的核心指标，它反映了某段时间内新增用户中，经过一段时间后仍在使用产品的用户比例。留存率不仅关乎用户获取渠道的合理性，还反映了产品功能是否满足用户需求，以及用户规模的增长潜力。同时，流失率（Churn Rate）同样重要，它能揭示出用户放弃产品的原因，从而为产品优化提供重要反馈。在稳定用户规模的基础上，老用户的流失会直接导致产品收入的大幅下滑，因此，留存率与流失率的双重关注，是实现用户生命周期价值最大化的关键。

4. 获取收入

获取收入是 AARRR 模型的最终目标，它要求产品团队明确产品的变现模式或盈利模式。在互联网领域，常见的变现方式包括产品或服务变现与流量变现。产品或服务变现通过向用户提供有价值的产品或服务，满足其特定需求或解决其面临的问题，进而通过收费形式实现盈利。为了提升产品或服务的变现能力，产品团队需要不断优化产品功能，提升用户体验，增强品牌价值。同时，流量变现也是一种重要的商业模式，它基于庞大的用户群体，通过广告投放实现广告变现，将流量转化为直接的广告收入。此外，基于用户行为数据的深度挖掘与利用，企业还能实现数据变现，进一步提升盈利能力与市场竞争力。

5. 推荐传播

推荐传播是指用户之间自发进行的传播行为，它利用社交网络的传播力量，以低成本、高效率的方式提升品牌影响力与扩大用户规模。在 AARRR 模型中，推荐传播是贯穿全流程的必需环节，它不仅能够促进用户增长，还能形成良性增长循环。值得注意的是，推荐传播并非仅发生在用户留存成为忠诚用户之后，实际上，从用户获取、激活、留存到变现的各个环节，都可能产生推荐行为。当每个环节都能通过推荐传播获取新客户时，就能有效扩大各个环节的漏斗口，从而带动整体用户规模的快速增长。为了实现高效的推荐传播，产品团队需要设计合理的激励机制，鼓励用户分享与推荐，同时，利用社交媒体与 KOL 的影响力，扩大传播范围，提升传播效果。

六、RARRA 模型

2019 年，美国学者托马斯·珀蒂（Thomas Petit）与加博尔·帕普（Gabor Papp）

基于对用户生命周期管理的深刻理解,创新性地提出了用户价值增长(RARRA)模型。这一模型沿用了 AARRR 模型的五个核心阶段——用户获取、用户激活、用户留存、获取收入、推荐传播,并通过对这些阶段的重新排序,以反向漏斗的形式呈现,更加凸显了用户留存的核心地位。这一转变标志着企业用户增长策略的重心,从单纯追求用户数量的增长,转向了更为精细化的用户运营与价值管理。

在 RARRA 模型中,每个阶段都被赋予了新的内涵与重要性。

1. 用户留存

其被置于模型的首位,强调了确保用户持续使用产品并创造价值的重要性。企业需要通过不断优化产品体验、提供个性化服务等方式,增强用户黏性,提升用户对品牌的忠诚度。

2. 用户激活

用户激活紧随其后,意味着在用户留存的基础上,通过产品特性和服务的精准匹配,使用户充分体验到产品的核心价值,从而激发他们的兴趣。

3. 推荐传播

当用户对产品产生兴趣并广泛使用后,企业应鼓励他们进行分享、讨论和评价,利用社交网络的传播力量,扩大产品的影响力。

4. 获取收入

随着用户活跃度的提升与口碑的积累,企业通过合理的定价策略与商业模式,实现商业价值的持续增长。

5. 用户获取

在 RARRA 模型中,用户获取被置于最后,但这并不意味着其重要性降低。相反,它强调了在保障老用户留存与活跃的基础上,通过老用户的推荐与口碑传播,以较低的成本吸引新用户,实现用户规模的稳步增长。

RARRA 模型的提出,为企业提供了用户增长与价值管理的新视角。然而,值得注意的是,仅依赖 RARRA 模型并不足以满足企业所有的增长需求。在实践中,企业应结合自身产品或服务的特性,灵活运用 AARRR 与 RARRA 模型中的策略,既要注重用户获取,也要注重用户留存,以实现用户生命周期价值的最大化。

七、场景网络营销

(一)场景网络营销的概念

场景,作为人与周遭环境相互作用的综合体现,能够触发个体深层次的情感共鸣与心智反应。无论是日常浏览网页、查看微信消息、等待公交、漫步街头,还是工业生产中机器设备的稳定运行、物流港口的繁忙作业,无一不构成独特的场景。在这些多样化的场景中,消费者对同一商品的需求展现出显著的差异性。企业若能深入研究并优化这些场景,便能有效激发消费者的购买意愿。

传统场景营销侧重于场景与产品的完美融合,而互联网时代的场景网络营销则更进一步,它聚焦于分析消费者在不同场景下的需求特征,并据此精准传播营销信息。这一转变体现了营销理念从以产品为中心向以用户为中心的深刻跃迁。

(二)场景营销的模式

与以往的营销方式不同,场景营销实现了线下与线上的即时连接,促进了用户与企业的即时互动。其本质在于通过连接与互动实现价值交换。然而,由于技术水平和应用范围的限制,场景营销目前仍处于初步发展阶段,连接与互动的水平受到一定限制。我们可以根据线上与线下连接和互动的强弱程度,将场景营销划分为体验场景主导型、虚拟场景主导型和连接与互动主导型三种模式,如图13-2所示。

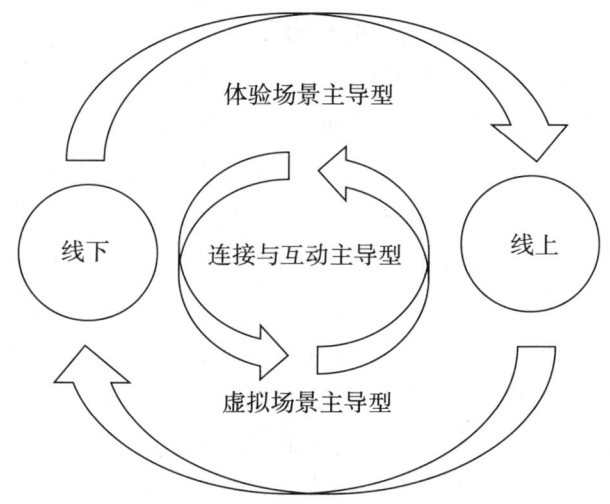

图 13-2 场景营销的三种应用模式

1. 体验场景主导型

该模式强调线下与线上的弱连接与互动,其营销刺激源主要来自线下场景。该模式突出线下体验的重要性,通过提供独特的线下体验来吸引消费者。其优势在于利用现有的手机设备和技术水平即可实现连接,降低了技术成本,同时便于高效地进行数据收集与挖掘。然而,线下场景的地理限制可能导致传播范围和速度受限,且企业与消费者的互动可能不及时。

2. 虚拟场景主导型

该模式同样表现为线下与线上的弱连接与互动,但其营销刺激源主要来自线上虚拟场景。该模式利用云端数据的跨平台使用和大数据技术,对网络行为数据进行量化分析,为企业提供有价值的参考。同时,网络传播的低成本使得营销信息能够精准推送,并借助社交分享实现大范围、高效率的传播。然而,该模式需要用户进行特定操作才能激活场景,与消费者的生活融合度不高,限制了更贴心、更主动的营销。

3. 连接与互动主导型

该模式强调线下与线上的紧密融合与高效互动,它深入消费者的日常生活场景,实现营销信息与消费者需求的实时匹配,旨在提升消费体验,满足消费者的即时需求。在移动互联网技术蓬勃发展的今天,这种模式已成为众多企业竞相探索与实践的主流方向。它不仅需要企业具备强大的数据处理与分析能力,还要求其树立创新意识并不断提升市场应变能力,以适应不断变化的消费者需求与市场环境。

八、网络口碑营销

(一) 网络口碑营销的概念及新特点

网络口碑营销是一种营销策略,通过消费者在网络平台对品牌、产品或服务进行的讨论及分享的多媒体信息内容,有效提升产品销量。随着科技的飞速进步,互联网及其衍生新媒体形态已深刻改变了人们的行为习惯。

当前,众多网络用户倾向于通过博客、论坛、社交媒体等网络渠道,分享个人心得与对特定品牌、产品或服务的评价,进而催生了网络口碑营销。网络口碑,即网民借助网络平台,与其他网民共同交流分享的关于企业、产品或服务的文字描述及各类多媒体信息。

网络口碑不仅具备传统口碑信息的高可信度与强说服力,还展现出了一系列新兴特征。其传播主体具有匿名性,传播形式丰富多样,能够突破时间和空间的限制,实现高效快速的传播。此外,网络口碑还具备即时互动的优势,使得信息传播更为灵活便捷。同时,相较于传统媒体,网络口碑的传播更具可控性,且传播成本相对较低廉。

这些新兴特征使得网络口碑营销成为企业提升品牌形象、扩大市场影响力的重要手段。企业可以通过监测网络口碑,了解消费者需求与反馈,进而调整营销策略,优化产品或服务。同时,企业还可以利用网络平台,主动发起口碑营销活动,引导消费者参与讨论与分享,进一步提升品牌知名度与美誉度。

(二) 网络口碑营销的"5T模型"

"5T模型"是由口碑营销专家安迪·塞诺威兹(Andy Sernovitz)提出的,它全面概括了口碑传播的关键要素,包括谈论者(Talkers)、话题(Topics)、工具(Tools)、参与(Taking Part)以及跟踪(Tracking)。这一模型不仅适用于传统的口口相传,更在网络口碑营销中发挥着重要作用。

1. 谈论者

交流作为一种社会性的信息传达过程,其主体——谈论者,在口碑传播中扮演着至关重要的角色。在网络口碑营销中,谈论者主要包括以下几类:

顾客。作为一种产品或服务的亲身经历者,消费者通常会在网络上与他人进行沟通和交流,并对产品或服务的优缺点进行评价。

崇拜者。这部分人群虽然可能并未直接购买过产品或服务,但他们对特定品牌或产品抱有浓厚的兴趣。例如,法拉利、路易·威登、香奈儿等奢侈品品牌的忠实粉丝,他们即使无法负担购买费用,也会在网络上积极参与相关讨论,分享自己的喜好和见解。

意见领袖。科特勒将意见领袖定义为在特定领域内具有影响力的人物。在网络环境中，意见领袖通常是具有广泛粉丝基础和影响力的名人、权威人士及有丰富经验的普通人。他们的观点和态度能够影响大量粉丝，是口碑传播的重要推动者。

全职评论人。包括媒体记者、专业博客作者和专栏作者等第三方讨论者。他们通过撰写评论、发布文章等方式，为产品或服务提供客观的评价和建议。

其他利益相关者。在口碑传播中，各利益相关方也会积极参与讨论，以维护自身利益。他们可能通过发布信息、引导舆论等方式，促进品牌形象的塑造和传播。

2. 话题

话题是口碑传播的核心内容，也是引发讨论和关注的关键因素。在互联网上，任何能够引起人们兴趣或情感共鸣的话题都可能成为口碑传播的对象。这些话题可能源于优美的广告音乐、精致的包装设计，甚至是一家企业创始人的八卦等。

话题的选择和传播需要遵循一定的原则。首先，话题应具有吸引力和趣味性，能够激发人们的好奇心和讨论欲望。其次，话题应与产品或服务紧密相关，能够体现品牌的核心价值和特点。最后，话题的传播应真实可信，避免虚假宣传和夸大其词。

3. 工具

不断涌现的新媒介为网络口碑传播提供了丰富的渠道。当前，网络口碑的传播工具主要包括互联网媒介和移动媒介两大类。具体而言，这些工具包括：

电子邮件、即时通信工具。用户可以通过这些工具进行直接的交流和沟通，分享信息和心得。

微博、微信等社交媒体。这些平台提供了各种信息的传播渠道，用户可以在上面发布文章、图片、视频等内容，与他人分享自己的见解和体验。

贴吧、论坛等交流社区。用户可以在这些平台上交流信息、经历、看法，形成口碑传播的社群效应。

大众点评、口碑、豆瓣等点评类站点。这些平台为用户提供了对产品或服务的评价和反馈渠道，用户可以通过查看他人的评论和评分来了解产品或服务的优劣。

电商平台。例如，淘宝、京东、拼多多等，用户可以在购买产品后发表评论和评分，为其他消费者提供参考。

4. 参与

网络口碑传播是一个说话者和接受者之间相互影响、相互沟通的过程。为了实现积极的口碑传播，并使其在互联网上不断扩散，企业需要积极参与并引导讨论过程。具体而言，企业可以采取以下措施。

（1）提供有趣的话题。通过发布有趣、有吸引力的内容，激发用户的讨论欲望和参与度。

（2）即时沟通和互动。通过即时通信工具、社交媒体等渠道与用户进行实时互动，解答疑问、收集反馈，提升用户的归属感和忠诚度。

(3) 发掘和培养意见领袖。在对话中发掘出对品牌有较高忠诚度的意见领袖,并通过与他们的合作和互动,引导更多用户参与讨论。

5. 跟踪

网络口碑真实地反映出了品牌在消费者心中的形象。通过对口碑传播的跟踪和收集,企业可以更好地了解消费者的想法和需求,掌握消费者的实际消费心理和行为习惯。这些信息为产品研发、服务改进以及营销策略的制定提供了宝贵的实证依据。企业应建立完善的口碑监测体系,及时收集和分析用户反馈,不断优化产品或服务质量,提升品牌形象和市场竞争力。

(三) 网络口碑营销的策略技巧

1. 制造好的口碑话题

口碑营销的核心在于话题的创造与传播。一个优质的话题能够迅速吸引公众关注,成为口碑传播的起点。为了制造优质的口碑话题,企业可以采取以下策略。

(1) 用服务创造口碑。企业可以通过提供超出客户期望的服务来赢得口碑。例如,一家餐厅不仅提供美味的食物,还提供个性化服务,如记住常客的喜好,并在特殊日子给予小惊喜,这样的服务能够使顾客感到被重视,从而愿意向朋友和家人推荐这家餐厅。

(2) 用情感与故事创造口碑。通过富有传奇色彩的故事情节、引人入胜的故事内容等,创造话题。例如,通过挖掘品牌背后的历史故事、创始人发家传奇等,打造具有吸引力的品牌故事,激发消费者的情感共鸣,进而实现口碑传播。

(3) 用公益创造口碑。公益活动是企业树立良好形象、提升社会声誉的有效途径。企业应积极参与公益活动,通过捐赠、志愿服务等方式回馈社会,同时创造口碑话题。例如,一家运动品牌发起了"跑一步,捐一元"的活动,每卖出一双跑鞋,就为贫困地区的学校捐赠一部分资金,这样的公益活动不仅帮助了需要帮助的人,也提升了品牌形象。

(4) 用新闻事件创造口碑。重大新闻事件往往能够迅速吸引公众关注。企业应善于抓住新闻事件的机会,将产品或品牌与新闻事件相结合,创造口碑话题。例如,一家环保公司在世界地球日发起了"绿色挑战",鼓励人们在社交媒体上分享自己的环保行为,这样的活动与当前的环保趋势相结合,能够吸引大量关注。

(5) 用产品体验创造口碑。通过产品试用活动让顾客体验品牌魅力。例如,一家电子产品公司在商场设置体验区,让消费者亲身体验最新型号的智能手表,通过直观的产品体验,消费者更有可能成为品牌的忠实粉丝。

(6) 用广告创意创造口碑。优质的广告能够迅速吸引公众关注,成为口碑传播的话题。企业应注重广告创意的策划与执行,通过独特的广告形式、引人入胜的广告内容等,创造口碑话题。例如,一家饮料公司制作了一支幽默的广告,展示了人们在不同场合享受其产品的欢乐时刻,这支广告因其创意和幽默感在社交媒体上广泛传播。

(7) 用互动与参与创造口碑。互动活动能够增强消费者的参与感和归属感。企业应注重互动活动的策划与执行，通过设计具有趣味性、参与性的互动活动，创造口碑话题。例如，一家化妆品品牌在社交媒体上举办了一场"最美妆容"比赛，邀请用户上传自己的妆容照片，这种互动活动不仅增加了用户参与度，也提高了品牌的曝光率。

（8）用免费信息与服务创造口碑。免费信息能够迅速吸引消费者的关注。企业应利用免费信息的吸引力，创造口碑话题。例如，一家健康食品公司提供免费的健康饮食指南和食谱，这些有价值的信息吸引了许多对健康生活感兴趣的消费者，使他们更愿意尝试公司的产品。

（9）用品质与创新创造口碑。优质的产品或服务是企业开展口碑营销的基础。企业应注重提升产品或服务的质量，通过卓越的品质赢得消费者的信赖。例如，一家智能手机制造商不断推出具有创新功能的手机，如更先进的拍摄技术，这些创新引发了消费者的热烈讨论和购买欲望。

（10）用特色与差异化创造口碑。特色是企业区别于竞争对手的重要标志。企业应注重打造具有特色的产品或服务，通过独特的品牌定位、产品特点等，创造口碑话题。例如，一家服装品牌以其环保材料和可持续生产过程为特色，这样的差异化定位吸引了许多注重环保的消费者，使品牌在市场中独树一帜。

2. 发掘顾客的真实需要，寻找好的口头交流话题

产品的特性众多，而消费者真正在意的方面往往难以一眼看出。因此，企业需要深入了解消费者，挖掘他们行为背后的心理因素，找出他们真正的需求和偏好，进而有针对性地创造出口碑话题，并集中引爆。为了更好地了解顾客需求，企业应加强对顾客信息的追踪：一是加大用户信息和评论的收集力度，可安排专人负责网络信息的收集，关注用户最常光顾的社交网站等，以便及时了解用户动态；二是鼓励顾客进行反馈，如果条件允许，可以增加对顾客反馈的奖励；三是注重建立企业官方互动平台，增加与顾客的交流次数，使顾客能更容易地得到企业的反馈；四是通过分析用户行为和搜索结果，确定顾客最为关注的商品和品牌特征，以此为基础创造口碑话题。

3. 口碑传播途径的广度测验和重点培育

为了确保口碑话题的有效传播，企业需要对口碑传播途径进行广度测验和重点培育，具体做法包括：

（1）广度测验。在推广初期，企业可以尝试多个评价关键词和口碑话题，通过对比不同关键词和话题的传播效果，找出最具潜力的口碑话题和传播途径。

（2）重点培育。在广度测验的基础上，企业应集中资源对最具潜力的口碑话题进行重点培育。通过加大宣传力度、优化传播渠道等方式，提升口碑话题的知名度和影响力。同时，注重与意见领袖的合作和互动，借助其影响力和粉丝基础，扩大口碑传播的范围。

4. 赢得意见领袖的认同与支持

意见领袖在口碑传播中发挥着重要作用。企业应积极寻求与意见领袖的合作与互动，赢得其认同与支持，具体做法如下。

（1）寻找目标意见领袖。企业应在目标顾客群体中寻找具有影响力的意见领袖，并与其进行合作。通过提供有价值的信息、产品或服务等方式，赢得其认同和支持。

（2）利用意见领袖影响力。企业应充分利用意见领袖的影响力和粉丝基础，通过其传播品牌理念和口碑话题。例如，企业可邀请意见领袖参与品牌活动、撰写产品评测等方式，借助其影响力和粉丝基础扩大口碑传播的范围。

5. 整合媒介资源

在口碑传播过程中，企业应结合自身需求和特点，综合利用各种网络口碑传播平台。具体做法如下。

（1）选择快速便捷的媒介。在选择口碑传播工具时，企业应注重快速性和便捷性。通过选择具有广泛覆盖面和影响力的媒介平台，如微博、微信等，实现口碑话题的快速传播和广泛覆盖。

（2）优化媒介组合。企业应根据口碑话题的特点和传播目标，优化媒介组合和资源配置。通过综合运用多种媒介平台和传播方式，实现口碑话题的多元化传播和精准定位。

6. 改善交互的频率和质量

交互频率与质量是影响口碑传播效果的重要因素。企业应注重提升与顾客的交互频率和质量，具体做法如下。

（1）加强顾客沟通。企业应注重与顾客的沟通和联系，通过建立与用户沟通的多元化渠道、提供个性化服务等方式，提升顾客满意度和忠诚度。同时，通过加强与顾客的互动和交流，了解顾客需求和偏好变化，为口碑话题的创造和传播提供有力支持。

（2）解决不良口碑。企业应聆听用户的反馈和建议，及时发现并处理不良口碑；通过积极回应和解决消费者的问题和投诉，消除误解和负面印象，提升品牌形象和优化口碑传播效果。

知识链接

蜜雪冰城的口碑营销策略

详细内容，

请扫描二维码阅读。

二维码 13-6

案例分享

东方甄选：营销转型之战

详细内容，

请扫描二维码阅读。

二维码 13-7

本章提要

详细内容,请扫描二维码阅读。

二维码 13-8

本章习题与练习

1. 影响网络营销宏观环境和微观环境的因素有哪些？
2. 影响网络目标市场营销策略选择的因素有哪些？
3. 网络营销策略有哪些？
4. 如何实施网络营销产品定制化管理策略？
5. 网络营销定价策略有哪些？
6. 网络中间商的主要职能是什么？
7. 强化顾客关系的策略有哪些？
8. 简述"5T模型"在网络口碑营销中的具体内容及作用。

第十四章
网络营销工具与平台

【学习目标】

1. 了解电子邮件营销的主要优势及关键实施步骤。
2. 掌握搜索引擎营销的特点与价值。
3. 掌握并运用用户体验、运营数据分析工具。
4. 了解网络视频营销、社交网络营销、LBS营销等新型网络营销方式的优势。
5. 掌握趋势分析工具在洞察市场动态和用户行为中的应用。
6. 熟悉企业平台工具在优化营销策略、提升品牌影响力中的作用。

【思政目标】

详细内容，请扫描二维码阅读。

二维码 14-1

在数字化浪潮汹涌的今天，网络营销已成为企业竞争的关键战场。本章深入剖析了网络营销的精髓，涵盖搜索引擎营销、网络视频营销、直播带货等多元推广手段，以及社交网络、LBS等前沿营销模式。本章详细介绍了各类网络营销工具与平台的特征与运作机制，以及趋势分析工具，旨在指导企业精准捕捉市场动态与用户行为；强调企业平台工具的运用，以提升网站曝光度与优化搜索排名，为品牌建设铺设坚实基石；还强调了铭记网络安全与道德规范，培养正确的网络营销伦理观的重要性，以创新思维和增强社会责任感，顺应数字化营销的浪潮，推动企业与社会共同发展。

【思维导图】

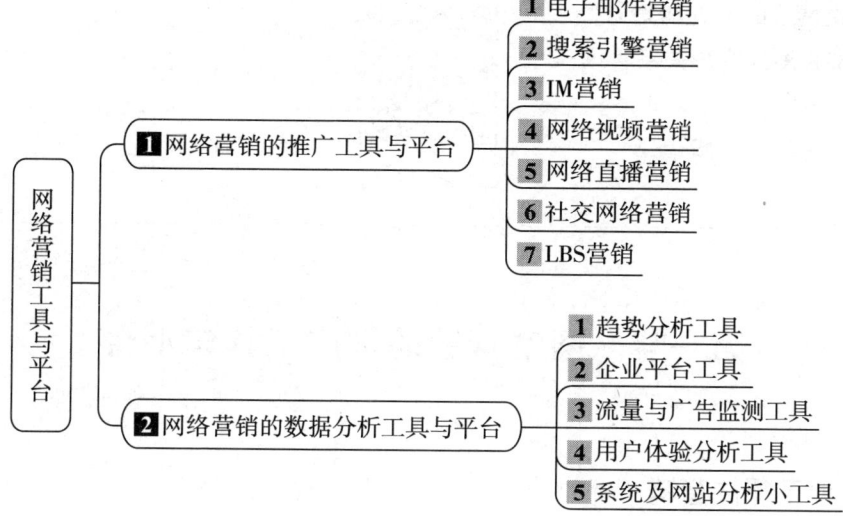

> **案例导入**
>
> 突发疫情下的"逆势增长":
> 辰赟的 B2B 海外客户关系管理
>
> 详细内容,
> 请扫描二维码阅读。
>
>
>
> 二维码 14-2

第一节 网络营销的推广工具与平台

一、电子邮件营销

自1972年电子邮件诞生以来,这一革命性的通信工具已深深融入人们的日常生活,成为不可或缺的信息交流手段。从最初的电子沟通媒介,到如今成为企业营销战略中的重要一环,电子邮件的演变见证了数字营销领域的飞速发展与变革。

(一)电子邮件营销的主要优势

相较于传统的直邮方式,电子邮件营销展现出显著的优越性,尤其在构建一对一顾客沟通桥梁方面表现突出。

首先,企业能够利用电子邮件将产品或服务信息直接传递给对此感兴趣并愿意接收的顾客。这种有针对性的信息传递方式,确保了信息传播的有效。其次,深化顾客关系。通过收集并分析顾客需求信息,企业能够定制化发送邮件,介绍符合顾客兴趣的产品或服务。这种主动且个性化的营销策略,不仅满足了顾客需求,还在无形中加强了企业与顾客之间的情感纽带。再次,成本效益显著。电子邮件营销的成本远低于传统直邮方式。据美国数据统计平台 Gartner 的统计,每千封电子邮件营销的费用约为 5~7 美元,而邮递广告的成本则高达 500~700 美元。这一成本优势促使许多传统直邮企业转向电子邮件营销。最后,高效快捷。Gartner 的分析指出,电子邮件营销活动的执行周期显著短于邮递广告。从制作到获得市场反馈,电子邮件营销的时间成本仅为邮递广告的 1/10 左右。

值得一提的是,许可电子邮件营销活动能够实时跟踪营销效果,测试不同列表来源、受众选择、创意方法、发送时机、产品吸引力等因素对营销效果的影响。这种灵活性使得企业能够快速调整策略,优化营销效果。另外,相较于其他在线广告和传统直接营销方式,许可电子邮件营销活动的市场反馈更为积极。据美国多家调查平台统计,许可电子邮件的点击率可达 3.2%~15%,远高于横幅广告的 0.3%~0.6%,以及传统直邮 1% 的反馈率。

（二）电子邮件营销的步骤

将许可电子邮件融入企业营销策略，有助于构建稳固的顾客关系。实施电子邮件营销主要有以下五个关键步骤。

第一步，明确营销目标。企业需要评估电子邮件营销在达成整体营销目标中的作用，并认识到其作为测试工具的强大功能。明确的目标将为后续步骤提供方向。

第二步，确定目标受众。根据营销目标，企业需要确定何种许可水平的电子邮件最为关键。利用兴趣、人口统计、地理等变量对邮件列表数据库进行细分，确保邮件内容与受众的营销沟通目标相契合。

第三步，设计创意内容。基于营销活动的目标，企业应决定采用何种形式的电子邮件（如纯文本、HTML 或富媒体），并设计独特的信息表达创意。若缺乏内部设计资源，可考虑寻求专业机构的帮助。

第四步，选择邮件列表服务商。高质量的邮件列表服务商是许可电子邮件营销活动成功的关键。企业在选择时，应综合考虑邮件列表的质量、服务水平、定向能力、追踪和报告反馈的能力以及市场信誉等因素。

第五步，测试、度量与优化。成功的电子邮件营销策略建立在持续的测试、度量与优化之上。企业需要利用追踪、报告和分析工具，评估以往营销活动的表现，并根据结果进行调整和改进。

（三）电子邮件营销的形式

电子邮件营销以其灵活性和多样性，满足了不同企业的营销需求。下面介绍几种常见的电子邮件营销形式。

顾客关系电子邮件。顾客需要明确选择加入许可电子邮件关系，以避免因误解或强制加入而产生的负面体验。长期来看，许可电子邮件营销在反应率和成本效益方面均优于其他形式。

企业新闻邮件。企业新闻邮件应加大个性化服务力度，不仅限于在邮件中添加客户姓名，而应创建更多个性化的许可电子邮件活动。通过收集更详细的客户信息，建立与产品或服务相关的数据库，有助于维持许可列表的忠诚度并提高回应率。

定制提醒计划。许多领先营销人员已尝试实施提醒服务和定制提醒计划，如生日提醒、补充提醒（如替换、升级）和服务备忘录（如预定维护）。研究表明，约33%的电子邮件用户注册了提醒服务。

许可邮件列表。在发送的每封邮件中，都应包含加入或退出营销关系的信息，尊重顾客的自主权。模块化电子营销服务能够更好地满足顾客需求，如提供新闻邮件、特定产品信息、降价信息等，使顾客能够选择最符合其需求的服务。

传播营销邮件。利用已建立的顾客信任关系，实施鼓动性实验计划（如病毒式营销）。研究表明，超过75%的顾客曾收到过熟人的推荐，而50%的成功营销人员利用这一策略产生了杠杆效应。此外，20%的电子邮件用户通过熟人的口碑宣传发现并浏览新网站。

赞助讨论列表。与合作伙伴共同实施营销战略是电子邮件营销实践的一部分。这些计划有助于建立与核心顾客社区的高度信任，影响新顾客社区，并建立营销杠杆，迅速扩展许可电子邮件活动的范围和价值。

鼓动性营销。营销活动应关注特定计划的总体反应率（如点击率和转化率），并跟踪顾客反应，以顾客过去的行为作为未来细分的依据。然而，值得注意的是，近70%的营销人员在电子邮件营销中未测试点击率或转化率。因此，企业应将投资的绩效评价和回报分析纳入营销计划的核心内容。

伙伴联合营销。电子邮件的发送频率应与顾客的期望和需求相匹配，这取决于具体环境和顾客偏好。提供与顾客需求相符的内容和服务至关重要。长期发送不符合顾客期望的信息可能导致他们取消订阅，损害已建立的营销关系。企业应谨慎选择合作伙伴，确保联合营销活动的内容和服务与顾客需求相符。

二、搜索引擎营销

搜索引擎，作为互联网信息检索的核心工具，依据特定的策略与程序，广泛搜集并处理网络信息，为用户提供精准的检索服务，将相关信息精准地呈现给用户。其运作流程大致划分为三个阶段：

第一，爬取阶段。搜索引擎爬虫通过跟踪互联网中的链接访问网页，获得网页的HTML代码并存入数据库中。

第二，预处理阶段。索引程序对爬取到的页面进行分词、索引等处理。

第三，排名阶段。当用户输入搜索关键词后，排名程序调取被索引的数据，通过计算相关性并排序后将结果呈现给用户。

搜索引擎营销，则是基于搜索引擎这一平台，充分利用网民使用搜索引擎检索信息的习惯，精准地将营销信息传递给目标顾客。它不仅仅是一种网络营销手段，更利用了人们对搜索引擎的高度依赖，在检索信息的瞬间，将搜索引擎营销企业的产品或服务信息精准送达人们手中。搜索引擎营销的核心思想在于，通过搜索引擎的引导，让用户主动发现并点击进入网站，进一步深入了解所需信息，从而促成交易或提升品牌知名度。

（一）搜索引擎营销的特点

搜索引擎营销通过搜索引擎这一强大工具，向用户精准传递营销信息，其特点鲜明。

在用户主动性方面，搜索引擎营销与其他网络营销方式最大的不同在于，用户在此过程中扮演了主动角色，创造了营销机会。数据显示，高达44%的网民利用搜索引擎进行购物调研，以做出最优购物决策。例如，关键词广告在用户输入关键词后才出现，虽然广告内容并非由用户决定，但用户会感觉自己主动参与了营销过程，这种主动性极大地提升了营销效果。

在高效便捷性方面,激烈的市场竞争促使企业寻求更快速、更高效的营销方式。搜索引擎营销以其高效性脱颖而出。传统营销方式需要投入大量时间、人力、物力和财力,且活动覆盖范围有限,效果难以控制。而搜索引擎营销只需要编辑好广告内容、选择好关键词,即可快速购买排名。整个过程简便快捷,只需要数小时甚至几分钟即可完成。同时,企业可以实时获取相关数据,对营销效果进行精准分析,不断优化营销策略。

截至 2023 年 12 月,中国网民规模已达 10.92 亿人,如此庞大的用户群体为搜索引擎营销提供了广阔的潜在市场。在广泛覆盖性与精准匹配方面,搜索引擎能够覆盖海量信息,并将这些信息有效聚合,精准匹配用户需求。由于搜索引擎的固有特性,它能够高度精准地满足搜索者的需求,使企业能够迅速与目标客户建立联系。此外,搜索引擎营销的受众准确性远高于传统营销方式,用户会主动搜索相关信息,因此更有可能转化为消费者,这正是搜索引擎营销的价值所在。

在高度可控性方面,搜索引擎营销的可控性体现在广告内容、广告时间和广告成本三个方面。首先,广告内容完全由广告商掌控,它们有权修改和优化广告内容,以适应市场变化。这大大提高了广告的反馈效率和投放效果。其次,广告商可以根据产品或服务的周期性特点,选择最合适的投放时间,以节约成本并提升广告效果。最后,广告成本主要通过每次点击付费模式控制。广告商可以清晰地了解每次点击的成本,并根据预算灵活调整广告投放策略。

(二)搜索引擎营销的实现方法

搜索引擎营销的实现方法多种多样,包括但不限于搜索引擎登录、搜索引擎优化、关键词广告、竞价排名等。

(1)搜索引擎登录。搜索引擎登录是企业为了扩大宣传,将网站信息提交给搜索引擎,以便被其数据库收录,从而增加与潜在用户通过互联网建立联系的机会。登录方式分为免费与付费两种。

免费登录是传统的网站推广方式,目前大多数搜索引擎仍提供此功能。但需要注意,免费登录的网站不一定会被收录,且收录的及时性也无法保证。随着搜索引擎营销的发展,免费登录的效用在逐渐减弱。

付费登录指通过支付一定费用,网站可获得被搜索引擎收录的资格。部分搜索引擎还提供固定排名服务,具体排名取决于费用支付情况。付费登录后,网站一般能被及时收录,且可根据需求调整在搜索结果中的排名。搜索引擎要求的内容通常包括网站名称、网址、关键词、描述及联系信息等。登录后,企业应定期查看排名变化,必要时重新优化信息并提交。

(2)搜索引擎优化。搜索引擎优化是指针对搜索引擎的检索特点,对网页设计进行优化,使其符合搜索引擎的搜索原则及搜索方法,从而获得被搜索引擎收录并在排名中靠前的机会,最终达到网站推广的目的。网站在搜索引擎中的收录与排名和网站质量密切相关，因此进行搜索引擎优化设计至关重要。搜索引擎优化包括网站内容优化、关键词优化、外部链接优化、内部链接优化、代码优化、图片优化等。

搜索引擎优化的核心在于以客户为导向，为用户提供有价值的信息和服务。因此，在进行搜索引擎优化时，不仅要考虑搜索引擎的规则，更要注重用户体验。一个能够持续为用户提供有价值信息的网站，自然会在搜索引擎中获得良好的排名。这表明搜索引擎优化是以客户为导向的网站优化效果的自然体现。

搜索引擎优化工作通常包括以下几个步骤：

首先，关键词确定。由申请者向搜索引擎网站提供所需要的关键词；对所要优化的网站进行受众分析；根据申请者提供的网站情况，搜索引擎网站进一步分析浏览对象的搜索习惯和搜索心理；确定网站主要营销关键词及辅助营销关键词。

其次，竞争网站分析。根据已经确定的营销关键词，申请者所在的营销网站应对同行业领域网站进行网站优化结构分析、搜索引擎优化情况分析、网站优化情况分析和搜索引擎数据情况分析。

最后，网站结构优化。遵照相关标准，通过网站结构的调整优化自身网站的整体环境，使企业网站更符合用户的浏览习惯和搜索引擎的收录标准。并使网站具备良性的、独立的"造血功能"，长期保持网站在所属领域内处于领先地位。

（3）关键词广告。关键词广告是充分利用搜索引擎资源开展网络营销的一种重要手段，属于付费搜索引擎营销的主要形式。企业购买关键词广告后，当用户在搜索结果页面搜索相关关键词时，广告内容将出现在显著位置，实现精准投放。企业可以根据需要更换关键词，相当于在不同页面轮换投放广告。

关键词广告具有形式简单、显示方式合理、采用点击付费计价模式、可随时查看流量统计及方便管理等特点。由于其针对性非常高，被认为是性价比较高的网络推广方式。然而，关键词广告也存在不足之处，如恶意点击问题。恶意点击可能来自竞争者或搜索引擎广告联盟网站，旨在消耗广告商的预算费用或获取广告佣金。这导致广告商的广告投入增加，但效益并未明显提升。

（4）竞价排名。竞价排名是客户为自己的网页购买关键词排名，并依据点击次数计费的一种服务。在付费后，客户的网页有机会出现在搜索结果页面的前列。但应注意，排名不仅取决于付费多少，还受到广告质量得分（如点击率、广告与搜索关键词的相关性等因素）的影响。客户可以通过调整每次点击的付费价格来控制自己在特定关键词搜索结果中的排名，并设定不同的关键词以吸引不同类型的目标访问者。

百度、谷歌、搜狗等是最流行的点击付费搜索引擎。竞价排名作为一种按效果付费的网络推广方式，能够以较低的投入为企业带来大量潜在客户，有效提升企业的销量和品牌知名度。它按照实际给企业带来的潜在客户访问量计费，使企业能够灵活控制网络推广的投入并获得最大的市场回报。

值得注意的是，即使已经进行了点击次数计费形式的广告投放和竞价排名，企业仍应重视对网站进行搜索引擎优化设计，并使网站被各大免费的搜索引擎所收录。这样做可以全方位提升网站的可见度和用户体验，进一步提升营销效果。

三、IM 营销

IM 营销（Instant Messaging Marketing，即时通信营销），指企业利用 IM（即时通信）工具进行产品与品牌推广的一系列营销活动。这一策略不仅增强了企业与消费者之间的直接互动，还为企业开辟了新的营销渠道。IM 营销的主要形式包括网络在线交流与广告投放两大类。

（一）IM 工具的类别与应用

（1）个人 IM 工具。个人 IM 工具主要服务于个人用户，以满足用户的日常聊天、交友及娱乐需求。代表性软件有 QQ、微信、网易 POPO、百度 Hi 等。这些工具通常以免费使用为基础，辅以网站服务，提供多样化的增值服务，如个性化装扮、游戏娱乐等，吸引了庞大的用户群体。

（2）商务与企业 IM 工具。这类 IM 工具专为商务交流与企业内部工作沟通设计，旨在降低企业的沟通成本，提高沟通效率。它们不仅是电商平台上的交易沟通工具，也是企业间或企业内部的工作交流平台，有效促进了商业合作的达成。商务与企业 IM 工具可以分为两种：一是以企业内部办公用途为主，旨在建立员工交流平台；二是以即时通信为基础，系统整合各种实用功能，如企业通。这类 IM 工具一般只作为通信工具，不具有营销功能。

（3）行业 IM 工具。行业 IM 主要局限于某些行业或领域使用的 IM 软件，不为一般大众熟知，例如盛大圈圈，主要在游戏圈内盛行。行业 IM 也包括行业网站所推出的 IM 软件，如化工类网站推出的 IM 软件。行业 IM 工具主要为行业内企业购买或定制。这类 IM 工具一般作为行业的交流工具，主要具备通信功能，营销特点不突出。

（二）IM 营销的优势

随着互联网的发展，IM 工具的使用频率已超过电子邮件，成为仅次于网站浏览器的第二大互联网应用工具。尽管 IM 已成为互联网广告的重要载体，但企业在 IM 营销领域仍有巨大的发展空间。

首先，IM 工具的互动性强。IM 工具拥有庞大的用户基础，企业可以通过即时交流方式主动向消费者展示品牌信息，摆脱传统营销中的被动地位。这种主动性并非简单的广告推送，而是通过 IM 的互动功能，如虚拟形象、聊天表情等，将品牌信息巧妙融入，使消费者在享受互动乐趣的同时，自然加深对品牌的认知与好感，进而产生购买意愿。

其次，IM 工具的营销效率高。IM 工具提供了丰富的用户数据，包括年龄、职业、性别、地区、兴趣爱好等，企业可以基于这些数据对目标人群进行精准定位，定向发送相关信息。此外，通过分析用户的兴趣群组，企业能够引导用户在日常沟通中主动传播信息，实现营销效果的最大化。同时，IM 不受地域限制，能够迅速将促销、折扣等消费者感兴趣的信息传达给目标用户，极大提升了营销效率。

最后，IM 工具的传播范围广。IM 工具构建了庞大的社交网络，好友间存在高度的信任关系。企业利用这一特点，可以在 IM 平台上进行精准而广泛的传播，信息在好友间快速扩散，形成强大的口碑效应。相较于传统媒体，IM 营销的传播范围更广，传播形式更丰富，且能够精准触达目标用户，其蕴含的营销价值已被越来越多的企业所认可。此外，随着 IM 工具功能的不断完善与创新，其营销潜力将得到进一步释放，为企业带来更加显著的营销效果。

四、网络视频营销

随着网络技术的飞速发展，网络视频已成为全球传媒行业不可忽视的重要力量。它不仅吸引了大量电视观众，特别是年轻群体，还与传统电视形成了激烈的竞争格局。网络带宽等基础条件的显著改善，使得网络视频播放更加流畅无阻，进一步增强了其在社会重大事件中的影响力。展望未来，随着网民对视频内容需求的持续增长，网络视频将形成更具商业潜力的顾客群体，并日益成为企业不可或缺的营销利器。

（一）网络视频营销的优势

网络视频营销凭借其"有趣、有用、有效"的"三有"原则与传播速度快的特性，吸引了众多企业将其作为关键的营销手段。具体而言，网络视频营销展现出以下显著优势。

（1）成本低廉。相较于传统广告高昂的制作与投放成本，网络视频营销以其低廉的投入成为众多企业的优选。一支高质量的电视广告的制作成本动辄几十万元乃至上千万元，而制作一个网络视频短片可能仅需要几千元，甚至更低。一个富有创意的团队，凭借有限的资源，就能创作出一个富有吸引力的视频，并通过视频网站免费传播。根据相关统计，高达 56.3% 的在线视频观众能够回忆起视频中的广告内容，这证明了网络视频营销的高性价比。

（2）目标精准。网络视频营销能够精准地触及企业的目标顾客。例如，YouTube 的"群组"（Group）功能，将具有相似视频兴趣的网民聚集在一起，形成了高度细分的受众群体。企业可以通过精准的目标锁定，识别并影响这些特定受众，发掘并培养他们的兴趣点。内容的吸引力是维系受众的关键，而受众的积极反馈、回复与内容上传又进一步丰富了内容生态。这种一传一受的交互模式，促进了群组社区的形成，使得在特定群组中投放广告，如将汽车广告投放在汽车群组中，能够取得显著效果。

（3）强互动性与主动传播。网络视频营销的一大亮点在于其互动性。网民不仅可以对视频发表评论，还可以对其他评论进行回复，形成热烈的讨论氛围。高回复率的视频往往能吸引更多点击，而网民也会主动将他们认为有趣的视频转发到博客、论坛等社交平台，实现"病毒式传播"。这种主动传播模式无须企业投入额外的推广费用与精力，是电视广告所不具备的优势。

(4)传播速度快。网络视频的传播速度之快，在中国企业案例中显而易见。2023年，一家知名餐饮连锁企业因食品安全问题被消费者拍摄视频并扩散至社交媒体。视频迅速传播，直观展示了食品制作过程中的卫生隐患，引发公众愤怒和不满。企业声誉因此严重受损，品牌形象大打折扣，日常运营也受到影响。此事件迫使企业紧急采取危机公关措施，力图挽回消费者信任。这充分显示了网络视频在信息传播方面的巨大威力。

(5)效果可测。网络视频营销的效果可以通过一系列数据指标进行精确测量，包括视频网站的访问量、视频的点击次数与点击率、用户停留时间、转载量与转载率、评论数及评论情感倾向等。这些数据为企业提供了宝贵的决策依据，有助于企业评估视频营销的效果，并据此制定进一步的营销策略。

（二）网络视频营销的表现形式

网络视频作为电视视频短片与互联网的完美结合，既继承了电视短片的诸多优点，如感染力强、形式多样、创意空间广阔等，又融入了网络营销的优势，如互动性强、主动传播、传播速度快、成本低廉等。随着多媒体技术的不断进步和网络的广泛普及，网络视频营销的表现形式也在不断创新与发展。

(1)传统影视节目二次传播。在互联网时代，一次传播的时效性并未对传统媒体形成绝对优势，但二次传播却呈现出截然不同的景象。正如美国学者尼古拉斯·尼葛洛庞帝（Nicholas Negroponte）在其著作《数字化生存》中所言："在网络上，每个人都是没有执照的电视台。"在高度发达的互联网环境下，每个互联网用户都有可能成为一个小型的新闻发布中心。著名社会学家、传播学奠基人保罗·拉扎斯菲尔德（Paul Lazarsfeld）的二次传播理论认为，在大众媒体将信息传递给受众后，受众中的意见领袖会对信息进行整理、收集并进行二次传播。网络视频网站对传统电视观众的分流，使得许多具有新闻性、观赏性的电视节目被视频网站、网民或意见领袖主动发布到视频网站上进行二次传播。与传统电视传播相比，网络视频的二次传播能够与公众进行更深入的交流。传统媒体与新媒体从竞争走向合作，互为补充、相互拓展、共同延伸，实现了从"一次传播"到"二次传播"的跨越。

(2)网络视频短剧。网络视频短剧以其轻松的剧情、年轻化的演员与导演团队，以及时尚、简洁、幽默、贴近生活的整体风格，深受年轻一代的喜爱，成为行业新的增长点。视频短剧符合互联网的传播风格，制作灵活，软性宣传效果好，逐渐受到广告主的青睐。其优势在于能够充分与网民进行互动沟通，在保证品牌曝光度的同时，提升用户黏性与喜好度，有助于用户与品牌保持紧密、良好的关系。

(3)视频病毒营销。视频病毒营销是一种通过网民的口碑传播，使信息像病毒一样迅速扩散的营销方式。它利用快速复制的方式，将信息传递给数以千计，甚至数以百万计的受众。企业需要通过提供有价值的信息，激发网民的主动传播意愿，实现"营销杠杆"的作用。网络短视频作为视听合一的多媒体传播工具，特别适合开展病毒式营销。企业需要找到与品牌诉求相契合的"视频病毒"，并辅以有效的推广手段。在视频病毒营销中，融入幽默、新奇等元素，能够更好地吸引网民的注意力。

（4）用户生成内容。用户生成内容是指终端顾客通过互联网平台展示或分享其原创内容（包括文字、图片、音频、视频等）的行为。用户生成内容模式充分调动了民间力量参与视频创作的积极性，鼓励用户主动创作作品，如征集与企业相关的视频作品。这种模式超越了传统的单向浏览模式，让用户与品牌进行高度互动，将品牌传播方式提升到了用户参与创造的高度。这不仅增强了用户黏性，还深化了广告效果。

五、网络直播营销

网络直播营销作为一种融合了直播技术与电子商务的新型营销模式，正逐渐成为现代商业领域的一股强劲力量。在该模式中，主播通过实时的视频直播，向观众直观展示商品，并分享其特点、使用感受或进行试用演示，以激发观众的兴趣并促进购买。相较于传统的电商图文展示，直播带货不仅形式更为生动，还通过即时互动极大地增强了消费者的购物体验。

（一）网络直播营销的特点与特征

（1）实时互动性。在网络直播营销中，观众能够在直播过程中实时提问、发表评论，与主播进行即时互动。这种反馈机制不仅提高了购物的趣味性和用户参与感，还使得主播能够迅速解答观众的疑问，从而有效促进销售转化。

（2）直观展示性。直播带货通过视频直播的形式，能够更直观地展示商品的细节、使用效果及搭配方式。这种直观的展示方式相较于图文或视频介绍，更能帮助消费者全面了解商品信息，从而做出更明智的购买决策。

（3）情感连接性。主播能通过个人魅力、专业知识及真诚推荐，与观众建立起深厚的情感连接。这种情感连接不仅增加了观众对商品的信任度，还提高了他们的购买意愿，使得直播带货成为一种极具感染力的营销方式。

（4）高效转化性。直播过程中，主播通过实时弹出购买链接和提供限时优惠等促销手段，使得观众可以立即下单购买。这种即时的购买机制缩短了购买决策路径，大大提高了销售转化率，使得直播带货成为电商平台提升销量的重要途径。

（二）直播带货的营销策略

（1）商品策略。商品策略涵盖精准选品与组合销售两大方面。精准选品意味着直播平台或主播在深入剖析目标受众需求的基础上，运用市场调研与数据分析工具，精确筛选出具有差异化竞争优势且能满足受众特定需求或解决其痛点的商品，同时确保商品的高品质，以获取消费者的信赖。此外，平台需要紧跟市场趋势，敏锐捕捉热门商品并及时引入新品，以保持商品的新鲜度和吸引力。而组合销售则基于商品间的关联性，巧妙设计如"套装优惠""买一送一"等组合套餐，旨在提升客单价与购买率，并通过大数据分析用户购买行为，实现个性化商品推荐，从而进一步促进销售转化率的提升。

（2）主播策略。主播策略注重人设打造与专业培训。首先，为主播量身定制独特的人设，涵盖其性格特点、兴趣爱好及专业背景，通过社交媒体、短视频平台等多渠道广泛宣传，以增强粉丝的认同感和归属感，并根据品牌调性灵活调整主播风格，确保与品牌形象和谐统一。通过构建全面的培训体系，定期对主播实施产品知识、销售技巧、法律法规等方面的专业培训，邀请行业专家与资深主播进行经验交流与实操指导，可以强化主播的专业能力与应变能力。此外，应鼓励主播主动学习，持续提升个人魅力与直播效果，实现综合能力的全面跃升。

（3）内容策略。内容策略聚焦于创意策划与互动环节的精心设计。平台或主播围绕商品特性与目标受众兴趣，策划富有创意与趣味性的直播内容，通过故事化叙述、场景化展示及产品对比测试等手段，生动展现商品优势与使用效果，并结合热点话题、节日庆典等契机，推出特色直播活动，吸引大量观众关注。设置多样化的互动环节，如抽奖、问答、投票及"猜价格赢好礼""弹幕接龙"等游戏化元素，能够增强观众参与感与黏性，并及时响应观众反馈与评论，营造积极健康的互动氛围。

（4）促销策略。促销策略涵盖限时优惠与赠品策略两大方面。根据直播节奏及观众购买意愿，灵活设置限时折扣、秒杀、满减等优惠活动，通过限时抢购营造紧迫感，激发观众快速下单，并结合大数据分析用户购买行为，精准推送个性化优惠信息，以提升转化率。同时，依据商品特性及购买金额，设计富有吸引力的赠品方案，赠品需要与商品相关且实用，以增强购买价值感，还应注重赠品的包装与展示，提升观众期待值与满意度。此外，还可推出"积分兑换""会员专享"等长期促销活动，旨在增强用户黏性及忠诚度。

（三）直播带货的优劣势分析

1. 优势

（1）提升购物体验。直播带货通过实时视频互动，为消费者创造了一个身临其境的购物环境。主播的生动讲解、现场试用和实时互动，让购物过程不仅仅是简单的商品浏览，而变成了一种娱乐和社交体验。这种沉浸式的购物方式极大地提升了消费者的参与感和满足感，从整体上优化了购物体验。

（2）高效转化。直播带货的即时互动性使得消费者能够迅速获取商品信息、解答疑问并做出购买决策。同时，直播中直接提供的购买链接和限时优惠等促销手段，进一步缩短了购买决策路径，降低了消费者的购买门槛。这种高效的转化机制使得直播带货成为电商平台提升销量的重要手段。

（3）品牌传播。主播作为直播带货的核心角色，其个人魅力和专业能力对于品牌传播具有重要影响。通过主播的推荐和粉丝的口碑传播，品牌的曝光度能够迅速提高，品牌认知度和美誉度也将提升。同时，直播带货也为品牌与消费者建立了更加直接和紧密的联系，有助于增强品牌忠诚度和用户黏性。

2. 劣势

（1）依赖主播。直播带货的效果在很大程度上依赖于主播的能力和影响力。一个优秀的主播能够吸引大量观众并促进销售转化,而一个表现欠佳的主播则可能导致直播效果不达预期甚至影响品牌形象。因此,电商平台需要投入大量资源来引进和培养优秀主播,同时也要承担主播流失的风险。

(2) 产品质量风险。直播带货中涉及的商品种类繁多,质量参差不齐。商品质量不达标或存在虚假宣传等问题,将直接损害消费者的利益和信任度,进而对主播和电商平台的形象造成负面影响。因此,电商平台需要建立完善的商品审核和质量监控机制,确保销售的商品符合相关标准和法规要求。

(3) 竞争激烈。随着直播带货的普及和市场规模的扩大,越来越多的电商平台和主播加入这个领域。这导致市场竞争日益激烈,价格战、流量争夺等现象屡见不鲜。为了在众多竞争对手中脱颖而出,电商平台和主播需要不断创新和优化策略,提升直播内容的质量和吸引力,同时加强品牌建设和用户运营等方面的工作。然而,这些努力往往需要投入大量的人力、物力和财力,对于中小企业和新兴主播来说是较大的挑战。

(四) 直播带货的未来发展趋势与面临的挑战

1. 未来发展趋势

(1) 技术融合。随着科技的飞速发展,虚拟现实和增强现实等前沿技术将更深入地融入直播带货领域。这些技术不仅能够为消费者提供更加沉浸式的购物体验,让消费者仿佛置身于真实的购物场景中试穿衣物、试用化妆品,还能通过互动游戏等方式增加趣味性和互动性。此外,人工智能技术也将进一步优化推荐算法,根据消费者的历史行为和偏好,精准推送个性化的商品信息,提升购物效率和满意度。

(2) 内容多元化。直播带货将不再局限于传统的商品展示和销售,而是会融合更多元化的内容元素。一方面,娱乐元素如才艺表演、明星互动、趣味挑战等逐渐成为直播中的亮点,吸引更多年轻观众的关注;另一方面,教育元素如产品知识讲解、使用技巧分享、行业趋势分析等也正在成为直播带货的重要组成部分,提升消费者的购物体验和知识获取感。这种多元化的内容生态将有助于构建更加丰富的直播场景,满足不同消费者的需求。

(3) 国际化拓展。随着全球化进程的加速和跨境电商的兴起,直播带货也将迎来国际化的新机遇。跨境电商直播带货将打破地域限制,让中国品牌和商品能够直接触达全球消费者。通过与国际知名主播和平台的合作,中国品牌可以借助其影响力和渠道优势,快速提升国际知名度和市场份额。此外,跨境电商直播带货还将推动跨境电商物流、支付等基础设施的完善和优化,为全球消费者提供更加便捷、高效的购物体验。

2. 面临的挑战

(1) 监管挑战。随着直播带货行业的快速发展,政府应加强对该领域的监管力度,以规范市场秩序和保护消费者权益。未来,监管政策可能会进一步收紧,对主播的资质审核、商品质量把关、广告宣传合规性等方面提出更高要求。这将促使直播带货行业加快规范化进程,但同时也可能增加企业的运营成本和合规难度。

（2）消费者信任问题。产品质量问题、虚假宣传、售后服务不佳等因素都可能引发消费者信任危机，对直播带货行业造成负面影响。为了重建消费者信任，直播带货行业需要建立完善的信任体系，包括加强商品质量监管、提升主播职业素养、完善售后服务机制等。同时，行业内的龙头企业还应积极发挥示范作用，引领整个行业向更加健康、可持续的方向发展。

（3）技术创新压力。在激烈的市场竞争中，直播带货行业需要不断创新技术和模式以满足消费者不断变化的需求。然而，技术创新并非一蹴而就，需要投入大量的人力、物力和财力。此外，随着技术的不断迭代和升级，企业还需要保持敏锐的市场洞察力和快速响应能力以跟上技术发展的步伐。这将对企业的创新能力和战略眼光提出更高要求。

六、社交网络营销

社交网络，旨在通过互联网应用服务帮助个体构建社会化网络。随着网络社区的蓬勃发展，社交网络营销作为一种新兴的营销方式应运而生。虽然社交网络在中国的发展历史并不悠久，但它已迅速成为广大用户青睐的网络交际模式。社交网络营销充分利用社交网站的共享功能，基于六度分隔理论，通过病毒式传播手段，使产品广泛传播，被更多人知晓。

社交网络作为一种延时的通信工具，其传播效应理论上可以覆盖整个社交网站，从一个社交圈扩展到另一个社交圈。然而，尽管社交网络营销具有巨大潜力，它仍属于新型的营销模式，在实际传播过程中仍面临诸多挑战与盲点。在情感表达层面，社交网络营销相较于其他营销手段展现出更深和更广的特点，成为增强用户亲密度的有效工具。

（一）社交网络的三层广义含义

第一层含义是社交网络服务（Social Network Service），即社会性网络服务或社会化网络服务，它提供了构建、维护和扩展个人社交网络的平台。

第二层含义是社交网络软件（Social Network Software），指社会性网络软件，该软件基于六度分隔理论，帮助用户通过认识朋友的朋友来扩展自己的人脉网络。这种无限扩张的人脉网络使得用户在需要时能够随时获得帮助。

第三层含义是社交网站（Social Network Site），即依据六度分隔理论建立的网站，旨在帮助用户扩展和运营自己的社交网络。这些网站为用户提供了丰富的社交功能和工具，以促进用户之间的互动与交流。

（二）社交网络营销的特点及优势

社交网络营销的特点主要包括资源丰富、用户依赖性强以及互动性极高。无论是综合性的社交网络还是垂直领域的社交网络，都没有特定的用户群体限制，用户分布广泛，涵盖了全国各地的各行各业人士。这种广泛的用户群体为社交网络积累了丰富的资源，而用户本身就是这些资源的核心。

丰富的资源构成了社交网络的最大价值所在。用户在使用社交网络的过程中，逐渐积累了丰富的资源和信息。这些资源满足了不同用户的需求，如结交新朋友、推广网站或 APP 以及利用人脉找到工作等。这些都充分体现了社交网络的价值和潜力。

具体来说，社交网络营销还展现出以下特有的优势。

（1）满足企业多样化的营销策略。作为一个不断创新和发展的营销模式，社交网络吸引了越来越多的企业尝试施展拳脚。无论是开展线上活动、产品植入还是市场调研等，都可以在社交网络上实现。这种灵活性使得企业能够根据不同的市场环境和用户需求，制定个性化的营销策略。

（2）降低企业的营销成本。社交网络的"多对多"信息传递模式具有更强的互动性，能够吸引更多人的关注。随着网民网络行为的日益成熟，用户更乐意主动获取信息和分享信息。这种高度的参与性、分享性与互动性使得社交网络营销传播的主要媒介成为用户本身，主要方式则是"众口相传"。因此，与传统广告形式相比，社交网络营销无须大量的广告投入，却能够实现高效传播。

（3）实现目标用户的精准营销。社交网络中的用户通常是相互认识的朋友，用户注册的数据相对真实。这使得企业在开展网络营销时能够很容易地对目标受众进行筛选，按照地域、收入状况等因素选择适合自己的用户群体。这种精准营销的方式使得企业能够有针对性地与这些用户进行互动，从而提高营销效果。

（4）符合网络用户的真实需求。社交网络营销模式的迅速发展恰恰符合网络用户的真实需求——参与、分享和互动。它代表了网络用户的特点，也符合网络营销发展的新趋势。没有任何一个媒体能像社交网络这般深度重构人际关系。人们能通过社交网络实时了解好友动态，无论是日常记录、视频推荐、活动参与还是新朋友添加，人们均可即时知晓并互动分享。这种符合网络用户需求的营销模式能够在网络营销中帮助企业发挥更大的作用。

（三）营销的模式及实施策略

（1）分享。社交网络营销中的分享内容可以涵盖店铺、行业资讯以及与商品相关的各种信息。企业可以通过分享这些内容来吸引用户的关注并产生二次传播。例如，肯德基为了提升品牌影响力而推出的"疯狂星期四"活动，通过官方在社交网络上与用户互动、玩梗，引发这一活动的持续火爆。这种分享模式使得活动在短时间内获得了广泛的曝光，有效提升了品牌知名度和产品销量。

（2）转发。转发是社交网络营销中另一种重要的传播方式。企业可以通过自己转发或付费找他人转发来提高话题的曝光度和扩大信息传播范围。例如，在红牛"朝焕新能量"的营销话题下，企业通过创意协作和赠饮体验来提醒目标受众群体关注自己早上的能量状态，并使他们在需要能量的时刻联想到红牛产品。这种转发模式使得红牛能够给目标受众留下深刻的印象，从而提高产品销量和市场份额。

（3）评论。评论是社交网络营销中的重要一环。企业可以在评论中留下自己的联系方式寻求合作，也可以用第三方的身份给自己的产品做出正面评价。这种评价方式能够引起参与评论或看到评论的人对自己产品的关注，从而提高产品的知名度和美誉度。例如，一些企业在自己的官方账号下发布产品介绍或活动信息后，会积极回复用户的评论和提问，通过互动来增强用户的参与感和忠诚度。

（4）私信。私信是社交网络营销中一种相对私密且直接的沟通方式。通过私信的方式向用户发送营销信息需要讲究一定的技巧和策略。例如，企业需要明确私信的内容和目标对象，避免盲目海量私信导致用户反感。同时，私信的内容也应该具有吸引力和针对性，以激发用户的兴趣和购买欲望。

（5）粉丝积累。在社交网络上，粉丝数量是衡量企业影响力的一个重要指标。因此，积累粉丝是社交网络营销中的一项重要任务。企业可以通过发布有价值的内容、参与热门话题讨论、举办线上活动等方式来吸引用户的关注和促进粉丝量的增加。同时，企业也需要定期与粉丝进行互动和沟通，以维持粉丝的活跃度和忠诚度。例如，一些品牌会定期举办粉丝见面会或线上直播活动，通过与粉丝的面对面交流来增强品牌亲和力和用户黏性。

七、LBS 营销

（一）LBS 技术概述

LBS（Location-Based Services），即基于位置的服务，是互联网技术、移动通信技术和空间数据库技术等多学科交叉融合的产物。在本书中，LBS 被定义为企业借助移动通信运营商提供的网络服务（例如 GSM 网络）支持，运用定位技术（如 GPS）获取用户的位置信息，并在地理信息系统（GIS）的辅助下，为用户提供多样化增值服务的一种新型服务模式。LBS 的核心在于，它能够为用户提供基于其位置信息的各类增值服务。例如，用户可以通过安装在移动设备上的 APP，搜索并查找当前位置附近 500 米内的餐馆、购物中心、银行等场所信息，从而做出更加明智的消费决策。

LBS 的运作流程通常包括两个主要步骤：第一，通过技术手段定位用户地理位置，可采用 GPS 定位、基站定位、无线 AP 定位等多种方式，并将位置信息返回给用户设备；第二，根据用户的地理位置信息，向用户提供相关的增值服务。用户将 ID、时间、地理位置信息发送至 LBS 服务器，以获取所需的服务，如图 14 – 1 所示。

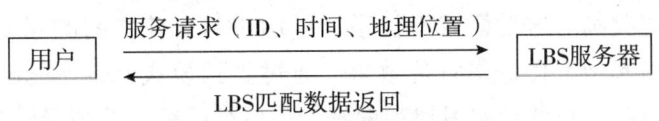

图 14 – 1　LBS 服务提供过程

（二）LBS 营销的概念

LBS 营销是指在移动互联网环境下，企业充分利用位置信息对目标受众实施精准营销的一种策略。LBS 营销的诞生，一方面得益于移动互联网和移动电子商务的迅猛发展，另一方面也源于精准营销理念在商业实践中的深入应用。LBS 营销具备精准度高、有助于培养用户习惯以及注重保护用户隐私等特点。随着移动技术和互联网的持续进步，越来越多的移动端设备能够便捷地接入移动网络。在云计算和大数据技术的推动下，LBS 营销展现出广阔的发展前景。

在 LBS 营销中，企业能够基于用户的位置信息，推送更加贴近用户需求的产品或服务信息，从而优化营销效果。同时，LBS 营销还注重用户体验和隐私保护，通过合理的权限设置和信息加密技术的使用，确保用户位置信息的安全性和隐私性。此外，LBS 营销还能够培养用户的使用习惯，使用户逐渐习惯于通过位置信息来获取相关服务和信息。

（三）LBS 营销的具体模式

依照 LBS 营销应用的领域，可将以移动电子商务为基础的 LBS 营销模式划分为签到模式、LBS + 地图模式、LBS + O2O 模式、LBS + SNS 模式及 LBS + 广告模式 5 种类型，如表 14-1 所示。

表 14-1 LBS 营销模式分类

分类	特点	应用实例
签到模式	早期以签到活动为主，后期逐步与 SNS 融合	街旁
LBS + 地图模式	实现精确、连续的地理位置定位，以地图导航为核心	谷歌地图、百度地图
LBS + O2O 模式	基于位置的线上预订与线下消费	各类打车 APP、旅游预定规划 APP、"饿了么" APP
LBS + SNS 模式	地点交友、以地理位置为基础构建小型社区	微信、陌陌
LBS + 广告模式	以本地商家广告信息推送为核心	大众点评、美团

（1）签到模式。签到（Check-in）模式是指用户到达某个地点后，利用移动终端设备进行地理定位，并在企业 APP 中记录该位置信息，以此达到签到的目的，并获取如积分、优惠券等奖励。这种模式不仅增加了用户与企业之间的互动，还促进了用户之间的交流，同时起到了良好的宣传效果。通过签到模式，企业能够收集用户的地理位置数据，进而分析用户的消费习惯和偏好，为后续的精准营销提供有力支持。

（2）LBS + 地图模式。在移动端市场中，地理位置服务占据重要地位，而移动地图则是最具代表性的应用之一。LBS + 地图模式结合了地理位置服务和地图功能，为用户提供位置搜索、导航以及位置标注等服务。随着用户对地理信息依赖程度的加深，LBS + 地图模式已成为一种生活服务型的营销模式，具有广阔的发展前景。例如，百度利用地理位置服务和云计算技术，对交通状况进行实时智能分析，为用户提供更加准确、顺畅的出行路径。此外，其在导航过程中融入实时定位和主动推荐的生活服务和商业信息，进一步提升了用户的出行体验。

（3）LBS + O2O 模式。O2O（Online to Offline，线上到线下）模式是一种将线上与线下相结合的经营方式。LBS + O2O 模式不仅拓展了传统网络购物的边界，还依托于移动网络使人们能够随时随地使用手机进行访问和交易。通过 LBS 技术，企业能够迅速将商户与用户联系在一起，缩短了商户与消费者之间的距离。消费者可以查看店铺信息，并立即与商户建立联系进行消费。这种模式的出现，推动了线上与线下资源的深度融合，促进了商业生态的多元化发展。

（4）LBS + SNS 模式。LBS + SNS 模式将地理位置服务和社交网络服务相结合，为用户提供更加丰富多样的社交体验。其中，LBS 主要提供位置信息，而 SNS 则提供社交功能。这种模式不仅具备网上约会的功能，还融合了网上聊天的特点。与微博等相比，LBS + SNS 更注重通过地理定位提供用户当前的位置信息，并据此展开社交活动。这种模式有助于增强用户之间的互动性，促进社交关系的建立和发展。

（5）LBS + 广告模式。LBS + 广告模式是一种更加贴近用户和市场需求的营销方式。无论企业规模、资金状况或所处行业如何，都可以利用该模式传播营销信息。LBS + 广告的模式紧密连接了众多商家与用户，搭建了"商户"与"用户"之间的沟通桥梁。以大众点评为例，商家可以利用大众点评提供的地理位置信息进行营销推广；同时，用户可以通过大众点评 APP 获取所需产品推荐，实现精准营销。这种模式不仅提高了广告的投放效率，还降低了企业的营销成本，为商家和用户带来了双赢。

> **知识链接**
>
> "直播带货一哥"李佳琦
> 详细内容，
> 请扫描二维码阅读。
>
>
>
> 二维码 14 - 3

第二节　网络营销的数据分析工具与平台

一、趋势分析工具

在当今数字化时代，趋势分析工具对于企业和营销人员而言至关重要。它们能够帮助企业洞察市场动态，把握用户行为，从而制定出更加精准有效的营销策略。趋势分析工具分为四种：以百度、360为主的搜索引擎指数；以淘宝、京东为主的购物平台指数；以微信、微博为主的社交平台指数；以SimilarWeb、Web Insights为主的竞争对手数据监控平台指数。

（一）搜索引擎指数

搜索引擎指数是基于用户搜索行为的数据分析工具，能够反映用户对特定关键词或话题的关注程度。根据央视市场研究（CTR）发布的《2023年中国搜索引擎行业研究报告》，百度和360搜索在中国搜索引擎市场中占据领先地位。

（1）百度指数。百度指数以用户在百度搜索引擎上的搜索数据为基础，通过科学系统的分析，得出各个关键词在百度搜索引擎中的搜索频率加权和。它分为PC搜索指数和移动搜索指数，能够全面反映用户在不同设备上的搜索行为。

百度指数的优势在于其庞大的用户基础和丰富的搜索数据，使得分析结果具有较高的准确性和参考价值。营销人员可以通过百度搜索引擎指数了解用户对特定产品或服务的关注度，从而调整营销策略，提高市场响应速度。

（2）360趋势。360趋势的数据来源于360公司的多款产品，包括360搜索、360浏览器、360安全卫士等，以及众多知名咨询公司的公开数据。这使得360趋势在数据源上具有多样性和广泛性。

与百度指数类似，360趋势也能够反映用户对特定关键词的搜索频率和关注度。不同的是，360趋势更注重用户在不同场景下的搜索行为，能够为营销人员提供更加细致入微的市场洞察。

（二）购物平台指数

购物平台指数是电商购物平台提供的数据分析工具，能够帮助营销人员了解用户在购物平台上的行为特征和消费趋势。其中，淘宝和京东是知名度较高的电商购物平台。

生意参谋是阿里巴巴为淘宝商家打造的一站式数据服务平台。依托该平台，商户可获取标准化统计、多维度的店铺运营数据及行业市场洞察，其核心功能涵盖以下模块：

（1）实时数据获取。实时监控流量、交易、地域分布，支持热门商品排行及客户行为追踪，配备动态数据大屏，助力快速决策。

（2）经营分析。包括全店流量分析、商品表现分析、交易数据多维度拆解分析、资金回流策略支持，以及营销工具效果分析等。

（3）市场行情分析。具体包括行业整体洞察、多维度排行分析、关键词搜索表现分析，以及买家/卖家/搜索人群特征的人群画像分析等功能。

（4）自助取数。用户能够自定义时间段（自然天/周/月）与维度（店铺/商品）的数据提取工具，灵活支持分析需求。

（5）专题工具运用。涵盖竞品定位分析、PC/无线端搜索词效果对比、关键词策略指导、商品未来销量预测及智能库存管理等功能。

（6）帮助中心。包含功能指南、视频课程、数据指标详解等，系统性提升商家数据化运营能力。

京东同样提供了官方的数据分析平台——京东商智，帮助营销人员了解用户在京东平台上的购物行为。京东商智是京东平台面向商家构建的数据智能决策系统，其核心功能包括：

（1）实时数据监测。品牌类目实时数据汇总，支持动态可视化追踪与异常诊断。

（2）商业智能分析。对商品表现数据进行全方位展示，同时全面监控关注、加购、异常商品，助力商业运营。

（3）用户画像构建。构建标签化画像（如人口属性、消费偏好），分析客户行为，利用精准营销实现拉新留存。

（4）决策支持优化。结合商品诊断，如爆款预测、关键词优化等，驱动从数据洞察到策略执行的闭环优化。

（三）社交平台指数

社交平台指数是指基于社交平台用户行为的数据分析工具，能够帮助营销人员了解用户在社交平台上的关注热点和互动趋势。其中，微信指数和微博指数是最具代表性的社交平台指数之一。

1. 微信指数

微信指数是微信官方提供的移动端指数工具，能够反映微信用户对特定关键词的关注度。营销人员可以通过微信指数查询功能，了解某个词语在一段时间内的热度变化。那么，营销人员如何进行微信指数查询？第一步，打开微信，在搜索框输入"微信指数"四个关键字。第二步，点击"微信指数"进入小程序主页面，然后在搜索框中输入关键词，就可以得出想要的数据。

微信指数的作用主要体现在以下几个方面。

首先，它可以帮助企业捕捉热词。微信指数清楚记录了微信用户的浏览行为数据，通过对海量数据的分析，将"关键词"动态指数制成动态变化图，方便营销人员知晓某个词在一段时间的热度变化。

其次，它可以帮助营销人员研究社会动向。营销人员通过微信指数可以实时了解互联网用户目前最关注的社会问题、舆论焦点等，方便其对用户关注点进行研究，从而形成有效的营销方案。

最后，它可以帮助营销人员洞察用户兴趣。利用微信指数的关键词热度变化，营销人员可以洞察用户兴趣变化情况，例如日常消费、娱乐方式等，从而为精准营销提供决策依据。

例如，为了提高公众号的微信指数，营销人员需要做好以下工作：

（1）优化公众号名称。公众号名称是核心。对公众号来说，名称取得好，热度就高，这里有两个关键点：一是名称中一定要带有产品或品牌的目标关键词，例如"舌尖上的零食""健康养生之道"等；二是加上行业词可以让名称简单易记，例如阿芙精油、八马茶叶等。最后需要注意的是，取好名称之后营销人员要尽快为公众号取得相关认证，这样可以提高平台权重，有利于用户查找添加。

（2）完善公众号说明。公众号相关说明和网站描述类似，营销人员要说清楚公众号能给用户提供什么服务或者是带来什么价值，这样有利于发展有针对性的用户群。

（3）发布原创内容。公众号的内容最重要，在搜索引擎优化时代内容为王，在微信上也不例外，如果微信公众号文章都是网上复制过来的，相信看的人一定不多，公众号的内容一定要有原创性，营销人员可以结合企业服务范围，根据用户喜好去发布内容信息，当然这需要时间去优化和反复尝试。营销人员在发布图文内容时一定要注重图片的尺寸、质量和相关性，群发消息前一定要预览查看。内容发送一定要选择好时间段，如中午 12 点左右、晚上 7 点及 10 点左右。

（4）优化推广和传播。营销人员要优化公众号，做好推广和传播工作。在这方面，营销人员可以利用企业官网推广公众号，也可以与一些相关推广平台合作，借助主流平台的影响力来推广公众号。

（5）注重功能开发和接口利用。微信公众平台的自定义规则设置相对复杂，且有一定限制，因此采用接口模式可以更好地完善官方的微信功能。

2. 微热点

微热点，又称微舆情，是实时监测网络热点事件与话题传播动态的舆情分析工具。它通过多维度数据追踪与分析，为舆情研判和决策提供精准支持，助力用户全面掌握舆论动向。其核心功能涵盖如下。

（1）热度指数。反映全网事件或话题的网络传播热度，考量多方因素，而非单一指标。

（2）微博情绪指数。量化微博平台中用户对特定事件的情感倾向分布。

（3）微博事件分析。对某一事件在微博上的传播情况进行传播路径、热门信息、意见领袖等多个维度的分析。

（4）微博传播分析。对单条微博的传播情况进行分析，还原其全生命周期传播网络，量化传播穿透力。

（5）全网事件分析。突破单一平台局限，整合新闻站点、微信、短视频平台等跨渠道数据，按照传播路径、关键词云、发展态势、媒体观点和网民观点等多个维度进行分析。

（6）竞品分析。对同类事件、人物、品牌或地域进行多维度分析，展示热度值、正负面词频、地域分布等维度的对比分析结果。

（四）竞争对手数据监控平台指数

在互联网时代，了解竞争对手的数据对于营销人员而言至关重要。通过监控竞争对手的数据，营销人员可以发现市场机会和潜在威胁，从而制定出更加有效的竞争策略。营销人员在分析竞争对手时，可以使用以下工具：

1. SimilarWeb

SimilarWeb 是一款功能强大的网站流量分析工具,能够帮助营销人员查看网站流量来源、网站排名等信息。它的主要功能包括:

(1)多种流量来源分析。将网站流量来源分为直接来源、推荐网站、搜索等多个类型,提供多维度分析。

(2)分析任何网站。它能够分析营销人员想要了解的任何网站,且分析界面清晰直观。

(3)行业分析。通过对营销人员所处行业的海量数据分析,提供客观的发展趋势信息。

(4)数字广告分析。列出广告中的竞争对手,并洞察市场动向。

SimilarWeb 的优势在于其庞大的数据源和准确的分析结果,能够为营销人员提供全面、深入的市场洞察。

2. Web Insights

Web Insights 是一个搜索引擎优化管理平台,提供了竞品对比功能,能够帮助营销人员查询竞争对手网站的相关信息。通过对比数据概览,营销人员可以了解自己网站与竞争对手网站在搜索引擎权重、关键词排名数量、外链数量等方面的差异。

Web Insights 的主要作用如下所示:

(1)提高网站搜索引擎排名。通过搜索引擎优化策略,提高网站在搜索引擎上的可见度。

(2)增加网站流量。通过提高搜索引擎排名和吸引更多用户点击,增加网站流量。

(3)提升企业知名度和影响力。通过提高网站曝光率和用户参与度,提升企业知名度和影响力。

(4)监测竞争对手。通过竞品对比功能,监测竞争对手的关键词市场份额和关键词分布,为制定竞争策略提供参考。

除 SimilarWeb 和 Web Insights 外,营销人员还可以借助其他工具,如首页导入链接、导出链接等对竞争对手数据进行分析。这些工具能够提供更加细致入微的数据支持,帮助营销人员更加全面地了解竞争对手的情况。

综上所述,趋势分析工具在营销人员的日常工作中发挥着重要作用。通过合理利用这些工具,营销人员能够更加准确地把握市场动态和用户行为,从而制定出更加精准有效的营销策略。

二、企业平台工具

在当今数字化营销的时代,企业平台工具扮演着举足轻重的角色,它们不仅是企业与用户之间的桥梁,更是优化营销策略、提升品牌影响力的关键。接下来将深入探讨搜索引擎站长平台与双微分析平台这两大类企业工具的优势、功能及使用方法。

（一）搜索引擎站长平台

搜索引擎站长平台，作为网站与搜索引擎之间的纽带，对于提升网站曝光度、优化搜索排名具有重要意义。主要平台包括百度站长平台、360 站长平台、搜狗资源平台以及谷歌站长平台。

（1）百度搜索资源平台（https://ziyuan.baidu.com）。它是一个集数据提交、网站管理于一体的综合平台。其核心功能——资源提交，允许网站主动向百度推送新内容，有效缩短了搜索引擎发现新链接的时间，提升收录效率。然而，值得注意的是，尽管百度搜索资源平台提供了便捷的提交渠道，但并不能保证所有提交的链接都会被收录，这取决于内容的质量与网站的权重。

（2）360 站长平台（https://zhanzhang.so.com/）。360 站长平台则侧重于满足营销人员对搜索引擎信息的获取需求，通过 360 网站地图（360 Sitemap）提交与官网直达等功能，加强与搜索引擎的交互，提升网站的可见性和搜索排名。这一平台为营销人员提供了一个直接与搜索引擎对话的窗口，有助于优化网站结构，提高抓取效率。

（3）搜狗资源平台（https://zhanzhang.sogou.com）。搜狗资源平台是搜狗搜索引擎与网站管理者之间的桥梁。其主要功能包括资源提交、官网认证、数据统计等。该平台允许企业、开发者及内容创作者通过验证网站后管理资源，确保内容能被搜狗搜索快速收录。平台还提供收录查询工具、抓取诊断工具等功能，能够帮助营销人员监控网站在搜狗搜索的表现。

（4）谷歌站长平台。作为全球领先的搜索引擎，谷歌站长平台为营销人员提供了丰富的网站数据和分析工具，帮助营销人员优化网站结构，提升谷歌的抓取效率。通过该平台，营销人员可以获取关于网站在谷歌搜索结果中的表现数据，从而制定更有针对性的营销策略。

（二）双微分析平台

微信与微博作为两大社交媒体平台，其强大的后台数据分析系统为营销人员提供了宝贵的用户洞察。

（1）微信公众平台。微信公众平台能够全面统计公众号的关注人数、性别分布、地域分布以及浏览端口等信息，为营销人员提供了详尽的用户画像。通过图文分析，营销人员可以了解 7 天内用户的浏览习惯，包括手机端和 PC 端的访问情况；菜单分析则揭示了用户对不同菜单项的点击偏好；消息分析则有助于评估微信推广活动的效果。

（2）微博。微博通过数据助手功能，为营销人员提供了全面的粉丝数据分析。在"数据助手"中，营销人员可以清晰地看到粉丝数量的变化趋势、粉丝类型及其比例分布等信息。这些信息对于制定精准的微博营销策略至关重要。

三、流量与广告监测工具

在数字营销领域，流量与广告监测工具是评估营销效果、优化策略的关键。下面将从两大维度——网站/APP 流量分析系统与广告监测分析系统，深入探讨百度统计、GA 统计、友盟统计以及秒针系统等主流工具的功能与应用。

(一) 网站/APP 流量分析系统

网站/APP 流量分析系统不仅能够用来分析用户流量，还可以对用户市场进行研究。它能够有效记录用户访问路径，从而给市场趋势预估提供重要依据。

1. 百度统计

百度统计作为一款综合性的流量分析工具，不仅覆盖网站，还深度支持移动端应用。其核心优势在于：

（1）全面监控业务数据。通过详尽的报表系统，营销人员可实时监控 APP 的核心业务指标，如用户趋势、活跃用户分布等，为决策提供即时数据支持。地域分布、版本分析等功能则从不同维度揭示了用户构成，助力精准营销。

（2）高效漏洞提醒与修复。错误报表功能实时反馈 APP 的系统漏洞及其影响范围，助力营销人员迅速定位并修复问题，同时提供错误指标的手机类型排行，为机型与系统适配策略提供数据参考。

（3）深入洞悉用户特征。结合用户管理与人群画像功能，百度统计帮助营销人员细分用户群体，理解其行为差异，通过渠道分析与转化分析挖掘用户增长潜力，为定制化营销策略提供科学依据。

（4）科学优化 APP 功能。基于页面浏览、流量路径转化等数据，营销人员可直观了解用户对 APP 功能的反馈，为迭代优化提供量化依据。例如，通过分析用户使用时长、访问完成度等指标，精准定位优化方向。

2. GA 统计

在网站/APP 流量分析工具中，谷歌的 GA（Google Analytics）统计占据了全球 70% 以上的网站统计市场份额，世界五百强中有 45% 的公司网站使用 GA 统计。作为全球领先的网站/APP 流量分析工具，GA 统计占据了市场主导地位，其特色功能包括：

（1）强大的数据分析工具。提供实时访问报告、自定义报告、可视化大屏等，支持 API 接入与定制化内容分析，满足多样化分析需求。

（2）深入的站内分析工具。热力图分析、响应速度分析、事件跟踪等功能，帮助营销人员优化网站布局、提升用户体验。

（3）全面的媒体分析工具。评估社交媒体平台对网站流量的贡献，如谷歌、推特、脸书等，为社交媒体营销策略提供数据支撑。

（4）专业的 APP 分析。针对移动应用，GA 统计提供详尽的访问情况分析，助力移动营销优化。

3. 友盟统计

友盟是国内商家较为熟悉的移动应用数据统计分析平台，它提供的统计分析功能多样，包括用户分享数据、用户反馈数据、应用平台数据等，营销人员可按需选择。在平台支持方面，友盟覆盖苹果 iOS、安卓等系统。作为国内知名的移动应用数据统计分析平台，友盟统计以其丰富的功能模块和广泛的平台支持著称：

（1）多样化的统计分析功能。涵盖用户分享、反馈、平台数据等，营销人员可按需选择，实现精准分析。

（2）清晰的模块设计。从基本情况到用户情况、事件监控、转化分析，友盟统计遵循逻辑清晰的流程，帮助营销人员逐步深化对应用表现的理解。

（3）活跃用户分析。通过日活跃、周活跃、月活跃用户数量及活跃率等指标，评估 APP 用户留存情况，反映功能吸引力与渠道推广效果。

（二）广告监测分析系统

秒针系统作为中国领先的广告监测分析平台，依托云计算、云存储与人工智能技术，提供了一系列创新广告产品，助力营销人员高效评估与优化广告活动。

（1）Admonitor。广告测量产品，提供互联网媒体广告监测服务，基于大数据计算技术，在合规框架内为广告主提供数字营销效果评估依据。

（2）Admonitor OOH。户外全媒体监播，可根据不同的广告主需求和媒介形式，提供人工监播、数字屏监播解决方案，产出监播报告。

（3）Admonitor LiveTV。直播电视广告监播，监测直播电视广告投放是否按计划执行，确保品牌权益，有效降低投放风险。

（4）MediaInsight。媒介趋势洞察，市场上首个包含媒体形象的综合评估系统。利用大小数据结合分析的方式，帮助企业选择媒介触点，优化投资策略。

（5）MixReach。跨屏预算分配工具，实现线上与线下广告的预算智能分配，以提升目标受众触达效率为核心目标，有效提高用户投资回报率。

（6）秒针分析。全域流量分析平台，覆盖 PC 网站、H5、小程序、APP 等私域触点，可与 Admonitor 广告监测系统深度打通，支持全链路流量溯源，评估媒体转化效果，优化公域投放策略，实现公域私域互哺，打通全域营销闭环，提高用户留存度。

四、用户体验分析工具

在数字化时代，用户体验与运营数据分析已成为企业提升竞争力、优化产品或服务的核心手段。下面将深入探讨 Ptengine、DataDeck、Contentsquare 等用户体验分析工具，以及 Growing IO 等运营数据分析工具的功能与优势，为企业提供数据驱动的决策支持。

（一）用户体验分析工具

（1）Ptengine。Ptengine 作为一款可视化的用户体验分析平台，以其全面的功能赢得了市场的广泛认可。它不仅能够综合分析流量来源、用户站内行为以及终端特征，还能通过热力图直观展示用户的点击、滚动、停留等行为，帮助营销人员深入了解用户偏好，优化网页设计。此外，Ptengine 的事件监测功能支持长期观测与深度细分，让营销人员能够聚焦与事件相关的信息，优化用户体验。其实时能力更是达到了秒级，让营销人员能够实时掌握网站/APP 上的用户行为，如同面对面观察用户，从而快速响应市场变化。最后，Ptengine 的转化漏斗功能，能够帮助营销人员识别并改善用户转化流程中的不完善点，提升用户转化率。

（2）DataDeck。DataDeck 以其集中化的数据管理与简洁的操作功能，为企业提供了高效的数据分析工具。它不仅能够整合数据，产生更多价值，还提供了丰富的预制资源，让营销人员能够通过一键关联开始使用，大大降低了操作难度。DataDeck 的灵活性也是其一大亮点，从查询到展现，全方位灵活选择，满足企业多样化的分析需求。此外，基于数据分享与协作的功能，DataDeck 让每个人都能够以数据为驱动，共同推动企业的发展。

（3）Contentsquare。Contentsquare 作为一款用户体验分析工具，通过记录并分析网站访问者的浏览行为，为营销人员提供了优化布局、提升用户体验的宝贵数据。其热力图功能包括点击热图、悬停热图、注意力热图和滚动深度热图，这些可视化图表能够直观展示用户的交互模式，帮助营销人员精准定位用户关注点并优化页面设计。通过该平台的记录与分析，营销人员能够深入了解用户行为，优化体验，从而提升用户满意度和忠诚度。

（二）运营数据分析工具

在移动互联网增长红利期逐渐消失的背景下，越来越多的企业开始尝试数据分析业务，希望通过技术手段实现运营效率和收入的指数级提升。Growing IO 作为国内领先的运营数据分析工具，以其无埋点数据采集、实时数据收集、一键出图等功能，为企业提供了定制分析解决方案。

Growing IO 适用于 Web 页面、H5 页面、苹果/安卓客户端的数据分析，能够大幅缩短安装与调试时间，减少工作量。其无埋点技术更是将数据分析流程缩短至数小时，让企业能够快速获取并分析用户数据，优化产品或服务。此外，Growing IO 还为客户提供专业培训的服务，帮助企业培养数据驱动决策的能力。

值得注意的是，Growing IO 以客户数量为标准进行收费，相比企业建立基础数据分析团队的成本，采用 Growing IO 更加经济实惠。这使得更多的企业能够负担得起数据分析的成本，享受数据驱动决策带来的红利。

五、系统及网站分析小工具

在数字营销领域，系统及网站分析小工具是营销人员不可或缺的得力助手，它们能够帮助营销人员深入洞察网站表现，优化用户体验，提升营销效果。下面将重点介绍站长应用类小工具和 API 数据提供平台这两大类系统及网站分析小工具。

（一）站长应用类小工具

站长应用类小工具主要包括站长之家与 5118 网站等。

（1）站长之家。站长之家是国内权威的互联网行业门户及工具服务平台，专注于为网站管理者、网络营销人员及开发者提供综合性行业资讯、专业数据工具和资源对接服务。其核心功能涵盖：实时更新前沿行业政策解读、市场趋势分析及技术动态；深度整合SEO优化工具，助力用户优化搜索引擎排名表现；设立软件下载专区，提供广告任务分发、网站交易中介等商业化支持；同时开放技术交流论坛与开发者文档库，打造开放型网络技术知识共享生态。

（2）5118网站。5118网站同样是一款功能丰富的站长应用类小工具，它涵盖了查排名词、关键词挖掘、搜索引擎优化等多个方面的内容。在关键词挖掘方面，5118网站与爱站网有着异曲同工之妙，但它在相关词挖掘功能上更具特色。5118网站不仅能够展示各搜索引擎的关键词指数，还能够详细列出百度PC端与移动端的搜索量，以及关联的长尾词数量。此外，5118网站还以图表形式直观展示关键词的优化难易度，为营销人员提供更加精准的关键词优化建议。

（二）API数据提供平台

在云计算和大数据时代，API数据提供平台成了企业获取高质量数据资源的重要途径。百度API商城作为领先的第三方API分发平台，其接口分类较细，数据更新高效稳定。同时支持个人开发者发布标准化API，并为企业用户提供数据定制服务。营销人员可以通过调用百度API商城服务所开发的软件工具包，快速上手，实现数据的快速获取和处理。

聚合数据平台则专注于小贷机构、金融科技等领域，提供了包括身份核验、失信名单、缴费等在内的多项接口服务。该平台接口大多依靠自主开发，质量上乘，部分接口支持实时数据验证，覆盖旅游、金融、咨询等多个领域。虽然接口申请流程相对严格，但这正是对双方权益的双重保障，确保了数据的安全性和准确性。

> **知识链接**
>
> **营销自动化：融合数据、技术与策略的网络营销前沿**
>
> 营销自动化是一种基于数据分析和技术驱动的前沿理论，旨在通过自动化流程和智能算法，优化网络营销活动的策划、执行和监测。其核心原理是利用大数据和机器学习技术，对用户的行为数据、偏好数据、购买历史等进行深度挖掘和分析，从而实现精准的客户细分和个性化的营销推送。
>
> 例如，通过收集用户在网站上的浏览行为、购买记录等数据，运用机器学习算法测算用户的购买意向和生命周期价值。然后，根据这些测算结果，自动触发相应的营销动作，如发送个性化的电子邮件、推送定制化的广告、提供个性化的优惠等。
>
> 营销自动化能够显著提高营销效率和效果，主要体现在以下几个方面：
>
> （1）提高营销精准度：根据用户的实时行为和偏好，及时调整营销策略，确保每个用户都能接收到最相关和最有价值的营销信息。
>
> （2）优化营销流程：自动执行重复性的任务，如邮件发送、社交媒体发布等，

节省人力成本，同时确保营销活动的及时性和一致性。

（3）提升客户体验：提供个性化的服务和内容，满足客户的个性化需求，提高客户满意度和忠诚度。

（4）实时监测和优化：实时跟踪营销活动的效果，根据数据分析结果及时调整策略，实现持续优化。

（5）整合多渠道数据：能够整合来自不同渠道（如网站、社交媒体、电子邮件、线下活动等）的数据，形成统一的客户视图，实现全渠道的营销协同。

案例分享

酱香拿铁爆火：瑞幸的
社交网络营销生态圈构建

详细内容，
请扫描二维码阅读。

二维码 14-4

本章提要

详细内容，
请扫描二维码阅读。

二维码 14-5

本章习题与练习

1. 简述常见的网络营销推广工具及其主要形式。
2. 分析并比较不同网络营销推广工具（如电子邮件营销、搜索引擎营销、IM 营销等）的异同点。
3. 搜索引擎营销有哪些主要的实现方法？其运作原理是什么？
4. IM 营销相较于其他网络营销方式有哪些显著的优势？
5. 网络视频营销的主要表现形式有哪些？这些形式如何增强营销效果？
6. 常见的网络营销趋势分析工具有哪些？它们在企业营销活动中扮演了什么角色？
7. 购物平台指数主要包含哪些内容？如何利用购物平台指数指导企业的营销活动？
8. 社交平台指数对营销活动有何作用？如何利用社交平台指数进行精准营销？
9. 企业在进行网络营销时，应如何利用搜索引擎站长平台和流量/广告监测分析工具来提升营销效果？

第十五章
流量运营体系与生成式人工智能技术应用

【学习目标】

1. 掌握公域流量与私域流量的定义、特点及其在网络营销中的优势。
2. 掌握私域流量的运营策略,实现用户生态系统的稳定与高效。
3. 探索生成式人工智能技术在网络营销中的应用,理解其对数字营销新时代的影响。
4. 识别并讨论生成式人工智能在营销应用中可能涉及的伦理与法律挑战,确保技术应用符合合规性与道德底线。

【思政目标】

详细内容,请扫描二维码阅读。

二维码 15-1

本章将深入剖析网络营销领域的两大核心流量支柱——公域流量与私域流量,细致阐述它们各自的特点与优势。特别是私域流量,我们将探讨其如何通过深度链接用户信任与切身利益,巧妙构建长期稳定的用户关系,从而实现用户黏性的显著提升。与此同时,鉴于生成式人工智能技术的迅猛发展,本章还将着重分析其在内容创作、客户服务等方面的应用潜力,探索其战略应用路径,为企业在数字营销新时代的转型升级提供全面、深入且操作性强的策略支持,助力企业在激烈的市场竞争中脱颖而出。

第十五章
流量运营体系与生成式人工智能技术应用

【思维导图】

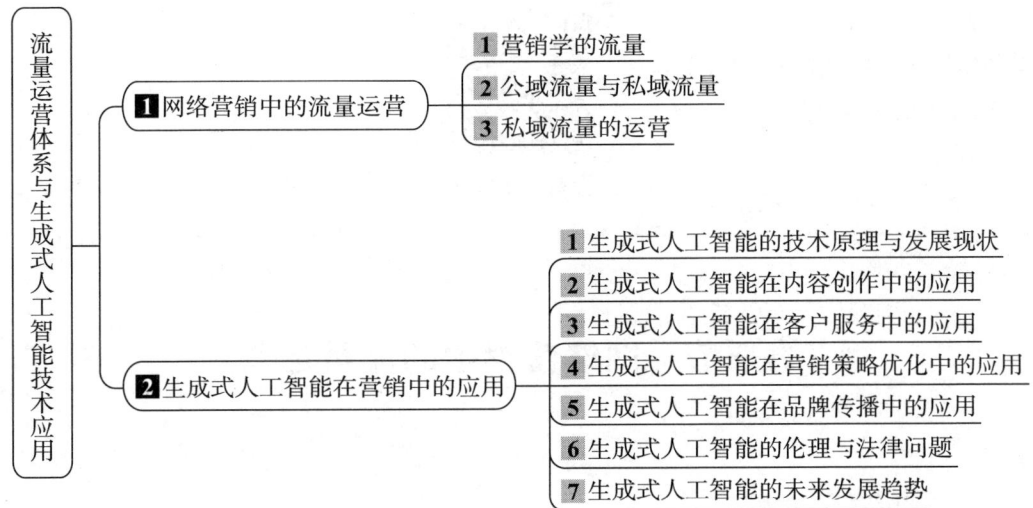

> **案例导入**
>
> 从亏 1.9 亿到赚 5.9 亿,美图创始人：生成式人工智能让美图"浴火重生"
>
> 详细内容,请扫描二维码阅读。
>
>
>
> 二维码 15–2

第一节 网络营销中的流量运营

一、营销学的流量

流量，在营销学中特指网站或在线商店的访问频次，是衡量网站或在线商店人气与活跃度的核心指标。流量通常以日、周、月为单位进行计量，反映了目标受众对网站或在线商店的关注程度与互动水平。高流量不仅意味着品牌能够覆盖更广泛的受众群体，还直接关系着品牌知名度的提升、销售机遇的增长以及销售转化率的优化。在线营销策略往往聚焦于流量的增长，通过一系列手段吸引更多访问者，提高在线影响力，进而达成商业目标。

为了实现流量的增长，企业采取了多种在线营销策略。其中，搜索引擎优化是一种通过优化网站结构和内容，提高网站在搜索引擎结果页面上的排名，从而吸引更多自然流量的方法。社交媒体营销则利用社交媒体平台的广泛影响力，通过内容创作、互动营销等手段，提升品牌曝光度和用户参与度。此外，广告投放也是增加流量的有效手段，企业可以在搜索引擎、社交媒体、视频平台等渠道投放广告，吸引潜在用户的关注。

流量池概念在营销领域同样具有重要意义。它指的是一个汇聚了具有潜在商业价值的、尚未充分挖掘的用户群体集合。这个集合可能囊括企业的现有客户和潜在顾客等。构建并管理流量池，旨在通过系统化的数据收集与分析，深化对用户行为模式、消费习惯及偏好的理解。这一过程不仅有助于提升营销策略的精准度与个性化水平，还能有效促进用户转化率和购买频率的提高以及客户流失率的降低。

具体而言，流量池的运用涉及深度的数据挖掘与分析。企业可以利用大数据技术和人工智能技术，对用户数据进行挖掘和分析，揭示用户群体的深层次特征，如购买偏好、消费习惯、兴趣爱好等。这些特征为制定更具针对性的营销策略提供了科学依据。通过持续优化营销策略，企业能够更有效地引导流量，提升用户参与度和忠诚度，最终实现流量向商业价值的高效转化。

二、公域流量与私域流量

（一）公域流量的本质

公域流量，顾名思义，指的是企业在开放的互联网平台上，通过主动或被动方式吸引的外部流量。这些平台包括但不限于电商平台（如淘宝、京东）、信息平台（如今日头条）、社交网络平台（如知乎、微博）以及短视频平台（如抖音、快手）。企业要在公域流量中脱颖而出，主要依赖两种策略：一是通过直接购买流量，如广告投放、竞价排名等方式；二是依据平台算法机制优化内容，以获取平台的推荐，提高曝光度和用户参与度。

公域流量的核心特征在于其垄断性和付费性。平台作为流量的集中管理者，掌控着所有流量入口，入驻商家需要按照平台设定的规则与价格购买流量。这种模式下，流量成了商品，商家需要支付费用才能获取。此外，公域流量的获取往往具有一次性特点，即大部分通过购买获得的流量难以转化为长期稳定的用户群体。商家在享受平台带来的曝光机会的同时，也面临着流量成本高、用户黏性低、竞争激烈的挑战。

在公域流量中，企业之间的竞争尤为激烈。由于平台资源的有限性，企业需要通过不断优化内容、提升服务质量、加强品牌建设等手段，才能在众多竞争者中脱颖而出，吸引用户的关注。同时，企业还需要密切关注平台政策的变化，及时调整营销策略，以适应不断变化的市场环境。

（二）私域流量的兴起

私域流量，作为与公域流量相对应的概念，近年来在企业营销中扮演着愈发重要的角色。私域流量是指基于信任与利益关系，由企业或个人自主构建并管理的封闭性流量池。它不仅是一种能够自主控制、免费推广、重复使用的用户接触渠道，更是现代互联网营销不可或缺的工具。

私域流量的构建基础在于信任和利益。消费者之所以愿意进入私域流量池，是因为他们信任企业或个人的专业能力，或是期待从中获得有价值的信息、优惠或服务。这种信任关系为私域流量的持续运营打下了坚实的基础。同时，私域流量池中的用户通常具有相似的兴趣爱好和消费习惯，这使得企业能够更精准地开展营销活动，提高销售转化率和用户满意度。

私域流量的封闭性是其一大特点。与公域流量的共享性不同，私域流量是专属于企业或个人的，具有高度的排他性和稳定性。这意味着企业可以更有效地锁定目标客户群体，实现精准营销并提供深度服务。此外，私域流量的自主控制性使得企业无须依赖外部平台，能够更自由地制定营销策略，降低获客成本。

随着互联网的快速发展和消费者行为的变化，私域流量的优势愈发凸显。它不仅能够降低营销成本，提高营销效率，还能够提升企业的品牌影响力和市场竞争力。因此，越来越多的企业开始重视私域流量的构建与运营，将其作为未来互联网营销的重要趋势和方向。

（三）私域流量的优势

私域流量的优势主要体现在以下几个方面：

（1）免费推广与重复使用。一旦私域流量池建立，企业即可免费发布新信息、推广新产品，无须持续支付高昂的流量费用。同时，私域流量的重复使用性使得客户复购率提升，降低了营销成本。企业可以通过定期推送有价值的内容、优惠活动等方式，保持用户的互动性和黏性，促进用户的再次消费。

（2）高用户黏性。基于信任和利益关系的私域流量，能够提升用户的忠诚度。通过持续提供有价值的内容和服务，企业可以深化与用户的连接，提升用户满意度和忠诚度。这种高黏性的用户群体不仅能够为企业带来稳定的收益，还能够成为品牌口碑传播的重要力量。

（3）直接触达用户。私域流量的封闭性和稳定性，使得企业的信息传播和渠道渗透更加高效。企业可以直接与用户沟通，了解用户需求和反馈，实现精准营销和个性化服务。这种直接触达用户的能力有助于企业更好地把握市场动态和用户需求变化，及时调整营销策略和服务内容。

（4）增强品牌影响力。私域流量的运营有助于提升企业的品牌影响力和市场竞争力。通过持续输出高质量的内容，企业能够在用户心中树立良好的品牌形象。这种品牌形象的提升不仅能够吸引更多潜在用户的关注，还能够为企业带来更多的商业机会和合作伙伴。

（5）数据驱动决策。在私域流量的运营过程中，企业可以收集和分析用户数据，了解用户行为模式和消费习惯。这些数据为企业提供了宝贵的决策支持，有助于企业更精准地制定营销策略。同时，通过对用户数据的深入挖掘和分析，企业还能够发现新的商业机会和市场趋势，为企业的未来发展提供有力支持。

三、私域流量的运营

私域流量的运营，作为现代企业数字营销的核心组成部分，旨在构建一个稳定、高效且互动性强的用户生态系统。这一过程的成功实施，不仅依赖于初始流量池的构建，更在于后续的引流、数据分析与反馈、用户黏性与销售转化率的提升、社群运营与文化建设、创新技术应用与体验升级以及风险评估与合规管理。以下是对私域流量运营各环节的深入剖析与策略建议。

（一）建立私域流量池

私域流量池的建立是私域流量运营的首要任务。它涉及多渠道用户资源的积累与整合，旨在构建一个稳定且高质量的用户基础。这一步骤的关键在于精准定位目标客户群体，并通过高质量的内容吸引他们形成稳定的用户群体。

（1）私域建站。企业可以利用品牌APP、微信小程序、企业官网等私域平台，构建企业专属的线上阵地。这些平台不仅提供了展示品牌形象和产品的窗口，还能够通过定期发布新品预告、开展促销活动等手段，增强用户黏性，促进用户转化。同时，随着短视频平台的兴起，抖音商城、快手商城等也为品牌提供了直接触达消费者的新渠道。企业可以通过短视频和直播等形式展示产品特点和优势，吸引用户关注和购买。

（2）线下流量整合。线下实体店铺作为品牌与用户接触的重要场景，同样承载着私域流量积累的重任。企业可以通过门店导购二维码、收银台台卡、易拉宝等手段，引导线下流量向私域流量池转化。例如，在门店设置导购二维码，用户扫描后即可加入品牌会员群或关注品牌公众号，从而进入私域流量池。此外，企业还可以通过开展线下活动等方式扩大私域流量池的规模。例如，在举办线下活动时设置签到环节，用户扫码签到后即可加入私域流量池。

（二）公域流量引流

公域流量引流是将外部流量转化为私域流量的关键步骤。企业可以通过以下方式实现公域流量向私域流量的有效转移。

（1）社交媒体营销。利用社交媒体平台进行品牌宣传与互动。企业可以通过发布有价值的内容、参与话题讨论、举办线上活动等方式提升品牌曝光度，吸引用户关注，从而将公域流量转化为私域流量。例如，在微信公众号上发布行业资讯、产品评测等内容；在微博平台上参与热门话题讨论，与粉丝互动；在抖音平台上发布短视频展示产品特点和优势等。

（2）内容营销。通过提供有价值、有深度的内容来吸引和留住用户。内容营销可以通过视频、图文等形式提供有价值的内容，满足用户的消费与知识需求。精准的内容投放能够撬动用户的情绪价值，深度挖掘用户潜在消费能力，从而引导其加入私域流量池。例如，撰写行业报告、发布产品使用教程、举办线上讲座，制作短视频展示产品特点和优势；举办直播活动与用户进行实时互动等。

（3）广告投放。广告投放是快速获取公域流量的有效手段之一。企业可以在各大公域平台上利用大数据技术实现广告的精准投放。通过精准定位目标用户群体，提高广告的曝光率与转化率，将潜在用户引入私域流量池。例如，在淘宝、抖音、哔哩哔哩、小红书等公域平台上进行精准广告投放。

（三）用户互动与维护

用户进入私域流量池后，企业需要通过一系列互动与维护策略，深化与用户的连接，增强用户黏性。

（1）个性化服务。企业可以基于用户画像与行为数据，为用户提供个性化的产品推荐与服务。通过多渠道、多场景的触点获取用户流量，并进行数据沉淀，为后续的精准营销与个性化服务提供坚实基础。

（2）定期互动。定期互动是通过周期性的沟通活动，如发送生日祝福短信、小程序新品推送等，来提升用户的参与感与归属感。这种互动不仅基于用户画像，也是个性化服务的一部分，旨在通过定期的用户接触，加强用户与品牌之间的联系。

（3）内容输出。持续的内容输出是个性化服务的延伸，涉及定期发布高质量、有价值的信息，如行业动态、知识分享等，以满足用户的多样化需求。通过内容更新与优化，根据用户反馈进行调整，企业能与用户建立长期的信任关系，这也是维护用户关系的重要方面。

（四）数据分析与反馈

数据分析与反馈，是私域流量运营中不可或缺的一环。企业可通过深入分析用户行为与需求，不断优化与调整运营策略，提升用户体验与满意度。

（1）用户画像构建。企业可利用大数据技术与人工智能技术，对存量消费用户进行自动化识别及汇总，形成详细的用户画像。

（2）行为分析。通过分析用户的行为数据，企业可以更好地了解用户的购买习惯、偏好及潜在需求。行为分析能够揭示用户在不同场景下的行为模式，为营销策略的制定提供科学依据。

（3）反馈机制建立。通过建立有效的用户反馈机制，企业可以及时收集用户的意见与建议。通过用户反馈，企业可以了解用户对产品或服务的真实看法，进行有针对性的改进与优化。

（五）提高用户黏性与转化率

提高用户黏性与转化率，是私域流量运营的最终目标。通过建立会员制度、持续价值输出、精准营销等手段，企业能提升用户对品牌的忠诚度，提高用户的购买意愿。

（1）会员制度。企业建立会员体系，通过会员积分、会员专属优惠等方式，激励用户进行更多的消费与互动。会员制度能够提升用户的忠诚度与归属感，增强用户黏性。

（2）持续价值输出。不断为用户提供有价值的产品或服务，能够提升用户对品牌的认可度与忠诚度。企业通过持续的价值输出，增强用户对品牌的信任与依赖。

（3）精准营销。企业基于用户画像与行为数据进行精准营销，能够提高销售转化率。通过个性化的营销内容与策略，满足用户的个性化需求，促进用户的再次消费与主动推广。

（六）社群运营与文化建设

社群运营是私域流量维护中增强用户凝聚力的重要手段，即通过构建积极向上的社群文化，进一步加深用户与品牌之间的情感连接。

（1）社群规则设定。即明确社群的行为规范和价值导向，确保社群内的交流与互动积极健康。设定合理的规则不仅能维护社群秩序，还能促进高质量的内容产出。

（2）KOL与用户代表培养。即在社群中发掘并培养KOL和用户代表，利用他们的言论和行为影响其他成员，带动社群氛围，促进用户间的高频互动与信任关系建立。

（3）线上线下活动结合。即定期举办线上直播、问答、挑战赛等活动，以及线下见面会、体验活动等，增加用户的参与感和社群凝聚力。线上线下联动能够打破虚拟与现实的界限，深化用户与品牌的关系。

（七）创新技术应用与体验升级

利用创新技术，不断优化用户体验，是保持私域流量活力的关键。

（1）人工智能客服。企业通过引入人工智能客服系统，提供 7×24 小时的即时响应服务，解答用户疑问，提高服务效率。人工智能客服还能通过了解用户历史数据，提供更加个性化的服务体验。

（2）增强现实/虚拟现实。利用增强现实或虚拟现实技术，企业可以为用户创造沉浸式体验场景，如虚拟试衣、产品模拟使用等，提升购物乐趣和决策效率。

（3）个性化推荐系统。通过持续优化个性化推荐算法，企业可以根据用户的实时行为和偏好，动态调整推荐内容，实现"千人千面"的个性化购物体验。

（八）风险评估与合规管理

在私域流量运营过程中，必须重视风险管理与合规性，确保业务健康发展。

（1）数据隐私保护。企业应严格遵守相关法律法规，确保用户数据的安全，公开数据处理流程，争取用户同意，从而建立用户信任。

（2）合规营销。企业须避免过度营销和误导性宣传，确保所有营销活动符合相关法律及行业规定，维护品牌形象。

（3）危机管理预案。通过制订应对负面舆论、用户投诉等危机的管理预案，企业可以实现迅速响应，有效沟通，最小化负面影响。

通过上述策略的综合运用，企业不仅能有效提升私域流量的运营效率，还能在激烈的市场竞争中构建独特的竞争优势，实现用户增长与业务发展的良性循环。

知识链接

公域流量与私域流量的对比

对比维度	公域流量	私域流量
流量归属	属于平台	属于企业或个人
获取方式	依赖平台规则和算法，可能需要付费	通过自身运营积累
用户黏性	较低	较高
用户触达	间接，受平台限制	直接，自主性强
运营成本	相对较高	相对较低
流量稳定性	不稳定，易受平台政策影响	稳定
用户数据掌握	有限	全面且深入
营销精准度	相对较低	相对较高
用户忠诚度	较低	较高
品牌可控性	低	高
增长空间	受平台整体流量限制	取决于自身运营能力
联系	可以相互转化，公域流量可导入私域，私域流量能为公域引流	

第二节 生成式人工智能在营销中的应用

一、生成式人工智能的技术原理与发展现状

生成式人工智能，作为人工智能领域的一颗璀璨新星，正逐步重塑营销行业的面貌。其核心在于通过深度学习算法对海量数据进行高效分析，进而生成全新的、具有实用价值的内容。这一特性显著区别于传统的判别式人工智能，后者主要聚焦于数据的识别、分类与预测，而生成式人工智能则更进一步，实现了从无到有的内容创造，展现了人工智能技术的无限潜力。

生成式人工智能的技术基础架构坚实而多元，主要包括生成对抗网络（Generative Adversarial Networks，GANs）、变分自编码器（Variational Autoencoders，VAEs）以及近年来风靡全球的 Transformer 架构（特别是以 GPT 系列为代表的模型）。GANs 通过生成器与判别器之间的不断博弈，优化生成数据的质量，使其在纹理、色彩等方面趋近于真实样本；VAEs 则侧重于通过变分推断，将高维数据映射到低维潜在空间，实现数据的有效压缩与生成；而 Transformer 架构的崛起，特别是 GPT 系列模型的成功，得益于其强大的自注意力机制，该机制使得文本生成更加流畅、连贯，甚至具备了初步的上下文理解与推理能力。

在我国，生成式人工智能的发展同样迅猛，众多科技巨头与初创企业纷纷布局，推动了技术的快速迭代与应用场景的拓展。例如，阿里巴巴、腾讯等互联网巨头利用生成式人工智能技术，在电商推荐、内容创作、客户服务等方面取得了显著成效。特别是在内容创作领域，生成式人工智能不仅能够快速生成商品描述、营销文案，还能根据用户偏好进行个性化定制，极大地提升了内容的吸引力和销售转化率。

众多品牌与营销机构已经开始探索生成式人工智能的应用，以期在激烈的市场竞争中脱颖而出。例如，某知名电商平台利用 GPT 系列模型，对用户评论进行智能分析，自动生成产品优化建议，有效提升了用户体验与满意度。同时，生成式人工智能在智能客服领域的应用也日益广泛，通过模拟人类对话，提供 7×24 小时的全天候服务，不仅降低了人力成本，还显著提升了服务效率与质量。

此外，生成式人工智能在音频与视频生成方面的进步同样不容忽视。通过训练特定领域的模型，其可以生成高质量的音频片段或短视频内容，为品牌营销提供更加丰富多样的形式。例如，某汽车品牌利用生成式人工智能技术，快速生成了一系列创意广告视频，不仅节省了制作成本，还通过个性化推荐算法，实现了精准营销，大幅提升了品牌知名度与销售业绩。

二、生成式人工智能在内容创作中的应用

在数字化营销时代，内容创作是连接品牌与消费者的关键桥梁。随着生成式人工智能技术的飞速发展，其在内容创作领域的应用正逐步改变着营销的面貌。以下将深入探讨生成式人工智能在自动化内容生成、个性化内容推荐以及多模态内容创作三个方面的具体应用。

（一）自动化内容生成

生成式人工智能的核心能力之一在于其能够根据预设规则或用户输入条件自动生成高质量的内容。在网络营销中，这一技术极大地提升了内容创作的效率。以社交媒体营销为例，传统的内容创作往往需要人工撰写文案、设计图像，不仅耗时费力，而且难以保证内容的一致性和专业性。而生成式人工智能则能够基于品牌调性、目标受众特征以及营销活动主题，自动生成符合要求的广告文案等。

在我国，许多企业已经开始利用生成式人工智能进行自动化内容生成。例如，某知名电商平台通过引入生成式人工智能技术，实现了商品描述的自动化生成。人工智能系统能够根据商品的属性、功能以及用户评价等信息，自动生成详细、生动且富有吸引力的商品描述，不仅大幅提高了内容更新的速度，还有效提升了用户的购买意愿。此外，一些新闻媒体也利用生成式人工智能技术自动生成新闻报道摘要、体育赛事比分预测等内容，进一步拓宽了内容创作的边界。

自动化内容生成的优势在于其能够大幅降低人力成本，同时确保内容的一致性和专业性。然而，值得注意的是，尽管生成式人工智能在内容创作方面展现出了强大的能力，但人工审核与调整仍然是必不可少的环节。毕竟，人工智能生成的内容可能缺乏人类独有的情感与创意，因此，在内容创作过程中，应将人工智能视为辅助工具，而非人类创作者的完全替代。

（二）个性化内容推荐

生成式人工智能不仅能够自动生成内容，还能够通过分析用户的历史行为和偏好，生成高度个性化的内容推荐。这一技术在电商平台、社交媒体以及在线视频平台等领域具有广泛的应用前景。

以电商平台为例，传统的推荐系统往往基于用户的历史购买记录、浏览行为以及商品属性等信息进行推荐。然而，这种方法往往只能捕捉到用户的显性需求，而忽略了其潜在的购物兴趣。而生成式人工智能则能够通过分析用户的文字评论等信息，深入挖掘用户的隐性需求，从而生成更加精准的个性化推荐。

在我国，一些领先的电商平台已经开始利用生成式人工智能技术进行个性化内容推荐。例如，某电商平台通过引入生成式人工智能技术，实现了基于用户评论的商品推荐。人工智能系统能够分析用户的评论内容，识别出用户对商品的关注点、喜好以及潜在需求，进而为用户推荐符合其需求的商品。这种基于用户评论的个性化推荐方

式不仅提高了推荐的精准度，还提升了用户的购物体验。

此外，生成式人工智能还能够根据用户的实时反馈动态调整推荐内容。例如，在在线视频平台中，人工智能系统可以根据用户的观看时长、点赞、评论等行为，实时调整推荐列表，为用户提供更加符合其兴趣的视频内容。这种动态调整的能力使得个性化推荐更加智能化、人性化。

（三）多模态内容创作

生成式人工智能在内容创作领域的另一个重要应用是多模态内容创作。传统的内容创作往往局限于单一的文本、图像或视频形式，而生成式人工智能则能够打破这一限制，实现文本、图像、视频等多种内容形式的自动生成与融合。

以广告设计为例，传统的广告设计往往需要设计师根据品牌调性、目标受众以及广告主题等信息进行创意构思与制作。这一过程不仅耗时费力，而且难以保证设计的一致性和创新性。而生成式人工智能则能够根据广告文案、产品图片等信息，自动生成符合要求的广告图像或视频内容。这种多模态内容创作能力不仅提高了广告设计的效率与灵活性，还丰富了广告的表现形式，使得广告更加生动、有趣。

在我国，一些品牌已经开始利用生成式人工智能进行多模态内容创作。例如，某品牌通过引入生成式人工智能技术，实现了广告图像的自动化生成。人工智能系统能够根据广告文案、产品图片以及品牌调性等信息，自动生成符合要求的广告图像。这些图像不仅具有高度的创意性和视觉冲击力，还能够与广告文案完美融合，形成统一、协调的广告风格。

此外，生成式人工智能在多模态内容创作方面的应用还体现在虚拟主播、智能客服等领域。例如，一些直播平台已经开始利用生成式人工智能技术生成虚拟主播形象，为用户提供更加生动、有趣的直播体验。同时，一些企业也开始利用生成式人工智能技术进行智能客服系统的开发与部署，通过生成式对话模型实现与用户的实时互动与问题解答。

三、生成式人工智能在客户服务中的应用

在数字化时代，客户服务已成为企业竞争的关键要素之一。生成式人工智能技术的兴起，为客户服务带来了革命性的变革。通过自然语言处理、情感分析以及个性化推荐等先进技术，生成式人工智能不仅提高了服务效率，还极大地提升了用户体验，推动了客户服务向智能化、个性化的方向发展。

（一）智能客服系统

生成式人工智能在智能客服系统中的应用，无疑是客户服务领域的一大亮点。通过自然语言处理技术，人工智能能够准确理解用户意图，实现与用户的实时交互，为用户提供即时、准确的解决方案。在我国，众多企业已经开始利用生成式人工智能构建智能客服系统，以提高服务效率，降低人力成本。

以某知名电商平台为例,该平台引入了基于生成式人工智能的智能客服系统,能够自动处理用户的常见问题,如订单查询、退换货流程等。人工智能客服不仅能够快速响应,还能根据用户的提问,提供详细、准确的解答。此外,该系统还具备学习能力,能够不断优化自身表现,提高服务质量和用户满意度。通过智能客服系统的应用,该电商平台不仅大幅提升了服务效率,还优化了用户的购物体验,提升了品牌忠诚度。

(二) 情感分析与用户反馈

生成式人工智能在情感分析与用户反馈方面的应用,为企业提供了更加深入、精准的用户洞察。通过分析用户的语言和情感,人工智能能够判断用户的情绪状态,并相应调整服务策略,以满足用户的个性化需求。在我国,一些领先的企业已经开始利用生成式人工智能进行情感分析,以优化客户服务体验。

例如,某电信运营商引入了基于生成式人工智能的情感分析系统,能够实时监测用户的通话记录和社交媒体评论,分析用户的情绪状态。当发现用户表达不满或疑问时,人工智能系统会自动触发预警机制,将相关信息推送给客户服务团队,以便及时跟进处理。此外,该系统还能够自动生成用户反馈报告,帮助企业深入了解客户需求,为改进服务提供有力支持。

通过情感分析与用户反馈的应用,企业不仅能够及时发现并解决潜在问题,还能更加精准地把握用户需求,提升服务质量。这种基于数据的决策方式,不仅提高了企业的运营效率,还提升了用户的满意度和忠诚度。

(三) 个性化营销互动

生成式人工智能在个性化营销互动方面的应用,为企业提供了更加精准、高效的营销手段。通过分析用户的购买历史、浏览行为以及社交互动等数据,人工智能能够生成定制化的营销互动内容,如个性化的促销信息等。这种个性化的营销方式不仅能够提升用户体验,还能有效优化营销效果。

例如,一些品牌利用人工智能生成与用户兴趣相关的互动内容,如个性化的挑战、问答或投票,以此提高用户参与度和品牌互动率。通过这种方式,企业能够更深入地了解用户需求,从而在未来的营销活动中提供更加个性化的体验。

个性化营销互动的应用,不仅符合数字化营销的发展趋势,也为企业带来了更加显著的竞争优势。通过不断优化和创新个性化营销互动策略,企业能够在竞争激烈的市场中脱颖而出,实现可持续的增长。

四、生成式人工智能在营销策略优化中的应用

随着数字化时代的到来,营销领域正经历着前所未有的变革。生成式人工智能作为新兴技术的代表,正在深刻改变着营销策略的制定与执行。通过强大的数据分析、内容生成和实时反馈能力,生成式人工智能为营销策略的优化带来了前所未有的机遇。

（一）数据驱动的营销决策

在数字化营销时代，数据已成为企业决策的重要依据。生成式人工智能通过先进的算法和模型，能够从海量数据中挖掘出有价值的信息，为营销决策提供强有力的支持。

在我国，众多企业已开始利用生成式人工智能进行数据驱动的营销决策。例如，某知名电商平台通过引入生成式人工智能技术，对消费者行为、市场趋势以及竞争对手动态进行全面分析。人工智能系统能够基于历史销售数据、用户浏览记录以及社交媒体反馈，生成精准的预测模型，帮助企业预测未来市场需求和消费者偏好。基于此，该平台能够提前调整商品结构、优化库存配置，并制定更有针对性的营销策略。

此外，生成式人工智能还能通过模拟不同营销方案的效果，为企业提供资源配置和预算分配的建议。在开展大型促销活动前，某平台利用人工智能系统对多种营销方案进行模拟评估，包括广告投放渠道、促销力度以及活动时间等。人工智能系统综合考虑了成本效益、用户响应以及市场竞争等因素，最终推荐了一套最优的营销方案。该方案在实际执行中取得了显著成效，不仅提升了销售额，还增强了用户黏性。

（二）实时营销优化

在瞬息万变的市场环境中，实时营销优化已成为企业保持竞争力的关键。生成式人工智能通过实时监控营销活动的效果，并根据反馈数据动态调整策略，确保了营销活动的持续优化。

在我国，实时营销优化已成为众多企业的营销实践。以某大型连锁超市为例，该超市通过引入生成式人工智能技术，对线上线下的营销活动进行实时监控和优化。人工智能系统能够实时分析广告点击率、转化率以及用户反馈等关键指标，快速识别出表现不佳的营销内容或渠道。一旦发现问题，人工智能系统会立即触发预警机制，并自动调整广告投放策略、优化营销内容或调整活动时间等。

（三）跨渠道整合营销

在数字化营销时代，跨渠道整合营销已成为企业提升品牌影响力和市场份额的重要手段。生成式人工智能通过统一的数据分析和内容生成能力，确保了品牌信息在不同渠道的一致性传播。

在我国，跨渠道整合营销已成为众多企业的营销战略。以某知名汽车品牌为例，该品牌通过引入生成式人工智能技术，实现了线上线下的跨渠道整合营销。人工智能系统能够基于用户在不同渠道的行为数据（如浏览记录、购买历史、社交互动等），生成统一的营销内容和策略。无论是在线上社交媒体平台、电商平台还是线下门店活动中，用户都能接收到一致的品牌信息和营销内容。

这种跨渠道整合营销不仅提高了营销效率，还增强了品牌的整体影响力。在一次新车发布活动中，某品牌利用人工智能系统对线上线下的营销活动进行统一策划和执行。通过精准化用户画像和个性化营销内容推送，该品牌成功吸引了大量潜在客户的关注和参与。活动结束后，该品牌的知名度和美誉度均得到了显著提升。

此外，生成式人工智能还能通过实时分析用户在不同渠道的行为数据，优化营销内容的推送方式和频率。在一次会员日活动中，该品牌利用人工智能系统对会员在不同渠道的互动数据进行分析，成功识别出了会员在不同渠道的偏好和需求变化，并自动调整了营销内容的推送方式和频率。最终，该活动获得了良好的会员参与度和销售业绩。

五、生成式人工智能在品牌传播中的应用

在数字化营销时代，品牌传播已成为企业塑造形象、提升价值的关键。生成式人工智能技术的引入，为品牌传播带来了前所未有的创新机遇。通过品牌故事创作、社交媒体营销以及危机公关管理等功能，生成式人工智能正深刻改变着品牌传播的方式与效果。

（一）品牌故事创作

品牌故事是连接品牌与消费者的桥梁，是品牌传播的核心要素之一。生成式人工智能凭借其强大的自然语言处理能力和创意生成能力，能够根据品牌的历史、价值观以及目标受众的偏好，创作出富有感染力和吸引力的品牌故事。

在我国，已有不少企业开始尝试利用生成式人工智能进行品牌故事创作。例如，某知名白酒品牌，其历史悠久，文化底蕴深厚。为了在新一代消费者中树立更加鲜明的品牌形象，该企业引入了生成式人工智能技术，根据品牌的历史传承和核心价值，创作了一系列以"匠心酿造，传承经典"为主题的品牌故事。这些故事不仅展现了品牌的历史渊源和工艺精髓，还融入了现代消费者的审美和情感需求，成功激发了消费者的共鸣和认同感。

生成式人工智能在品牌故事创作中的应用，不仅提升了品牌的认知度和美誉度，还提升了消费者的忠诚度。人工智能生成的品牌故事，能够使消费者更加深入地了解品牌的理念和价值观，从而建立起更加牢固的品牌信任。

（二）社交媒体营销

社交媒体作为数字化营销的重要渠道，凭借用户基数庞大、互动性强、传播速度快的特点，成为品牌传播不可或缺的一环。生成式人工智能能够根据社交媒体的特点和用户兴趣，生成适合传播的内容，从而提高用户的参与度和分享率。

在我国，社交媒体已成为众多品牌争夺用户注意力的主战场。某时尚品牌利用生成式人工智能技术，根据热门话题和用户兴趣，生成了一系列个性化的社交媒体内容。这些内容不仅贴合了用户的审美和兴趣，还融入了品牌的时尚元素和核心价值，成功吸引了大量用户的关注。同时，人工智能还能够通过分析社交媒体数据，实时洞察用户的情感倾向和关注点，为品牌提供更加精准的营销策略建议。

此外，生成式人工智能还能够根据社交媒体平台的算法机制，优化内容的发布时

间和形式，从而提高内容的曝光率。在一次新品发布活动中，某品牌利用人工智能技术对社交媒体内容进行了智能优化，成功将新品信息推送给了大量潜在消费者，实现了品牌传播效果的最大化。

（三）危机公关管理

在品牌传播过程中，危机公关管理是一项至关重要的任务。面对突发的品牌危机事件，如何迅速、准确地做出应对，减少负面影响，维护品牌形象，是每一个品牌都需要面对的挑战。生成式人工智能技术的引入，为危机公关管理提供了更加高效、智能的解决方案。

例如，某知名食品品牌曾遭遇过产品质量问题引发的舆论风波。面对这一危机事件，该企业迅速引入了生成式人工智能技术，根据危机的性质和影响范围，生成了一系列应对策略。人工智能不仅能够快速生成符合品牌形象和公关策略的声明内容，还能够根据舆论动态实时调整声明的内容和语气，从而有效引导舆论走向，减少危机对品牌的负面影响。

同时，生成式人工智能还能够通过分析社交媒体舆论和新闻报道热点等，实时监测危机的发展态势和公众情绪变化，为品牌提供更加精准舆论的危机应对策略建议。在一次品牌危机事件中，某企业利用人工智能技术实时监测了舆论动态和公众情绪变化，及时调整了危机应对策略和公关声明的内容，成功稳住了舆论局势，维护了品牌形象。

六、生成式人工智能的伦理与法律问题

随着生成式人工智能在营销领域的广泛应用，一系列伦理与法律问题逐渐浮现，这些问题不仅关乎企业的道德责任，也直接影响其法律合规性。在我国，随着相关法律法规的不断完善，企业对于生成式人工智能的使用需要更加谨慎，以确保在享受技术红利的同时，不触碰法律和伦理的红线。

（一）数据隐私与安全

生成式人工智能的运作依赖于庞大的数据集，这些数据往往涉及用户的个人隐私信息。而《中华人民共和国个人信息保护法》等法律法规对数据收集、处理和使用提出了严格要求。企业在利用生成式人工智能时，必须确保数据的合法获取，遵循最小化数据收集原则，且需要获得用户的明确同意。例如，电商平台在利用人工智能分析用户购物行为以推送个性化广告时，须确保用户数据的收集和使用符合相关法律法规，同时向用户说明数据使用规则，保障其知情权与选择权。

此外，生成式人工智能生成的内容也可能无意间泄露敏感信息，如个人身份、交易细节等。因此，企业须建立完善的内容审核机制，利用系统自动审核与人工审核相结合的方式，确保所有公开或推送的内容均经过严格审查，不包含敏感或隐私信息。

(二) 算法偏见与公平性

算法偏见是生成式人工智能应用中一个不容忽视的问题。由于训练数据的局限性或算法设计的不完善，生成式人工智能可能产生带有歧视性的内容。《中华人民共和国反垄断法》及相关法规强调算法的公平性和透明度，要求企业不得利用算法进行不公平竞争或歧视性操作。

为应对这一问题，企业应对算法进行持续的测试和优化，确保其内容生成过程公正无偏。例如，社交媒体平台在利用生成式人工智能推荐内容时，须定期评估算法是否存在性别、年龄、地域等歧视性倾向，及时调整算法参数，确保推荐内容的多样性和公平性。同时，企业应建立透明的算法机制，向用户公开算法逻辑和决策依据，增强用户对人工智能生成内容的信任感。

(三) 知识产权与版权问题

生成式人工智能生成的内容，尤其是创意性文本、图像或音频，可能涉及知识产权和版权问题。《中华人民共和国著作权法》明确规定了作品的原创性和版权受到保护。企业在使用生成式人工智能生成的内容时，须确保内容的原创性，避免直接复制或模仿他人作品，以免侵犯知识产权。

此外，对于人工智能生成内容的版权归属问题，目前法律界尚存争议。企业应明确人工智能生成内容的版权归属，通过合同条款或内部政策，界定人工智能开发者、使用者和内容最终受益者之间的权益关系。例如，广告公司在利用生成式人工智能创作广告文案时，需要在合同中明确人工智能生成文案的版权归属，确保在后续使用或授权他人使用时，不会因版权争议而影响业务运营。

生成式人工智能在营销中的应用虽带来了诸多便利和创新，但同时也伴随着一系列伦理与法律挑战。企业应积极响应法律法规要求，建立健全的数据隐私保护、算法公平性和知识产权管理制度，以确保生成式人工智能在合法、合规的轨道上运行，为企业的可持续发展奠定坚实基础。

七、生成式人工智能的未来发展趋势

随着技术的不断进步和应用场景的持续拓展，生成式人工智能在营销领域正展现出越来越广阔的发展前景。从技术融合与创新、人机协同与智能化，到个性化与定制化，生成式人工智能正引领着网络营销的新一轮变革。

(一) 技术融合与创新

在未来，生成式人工智能将与其他前沿技术深度融合，共同推动营销技术的革新。其中，区块链、物联网和5G技术将成为生成式人工智能的重要合作伙伴。

区块链技术以其去中心化、透明化和可追溯性的特点，为生成式人工智能的内容生成和分发提供了新的解决方案。在我国，已有一些电商平台开始尝试利用区块链技术来确保商品信息的真实性和交易的透明度。未来，生成式人工智能与区块链技术的结合，不仅可以生成更加真实可信的营销内容，还能确保这些内容的来源和流转过程可追溯，从而增强用户对营销信息的信任度。

物联网技术的快速发展为生成式人工智能提供了丰富的数据源和智能化的应用场景。在我国，智能家居、智慧城市等领域已经取得了显著进展。未来，生成式人工智能可以通过分析物联网设备收集的大量数据，深入了解用户的行为习惯和偏好，进而生成更加精准和个性化的营销内容。同时，人工智能还可以与物联网设备实现智能联动，为用户提供更加便捷和智能的营销体验。

5G技术的普及将大幅提升数据的传输速度和容量，为生成式人工智能提供更加强大的技术支持。在我国，5G网络已经覆盖多个城市和地区，为高清视频、虚拟现实等多媒体内容的传播提供了有力保障。未来，生成式人工智能可以利用5G技术生成更加流畅和生动的多媒体营销内容，从而吸引更多用户的关注和参与。

（二）人机协同与智能化

生成式人工智能的发展将推动人机协同的进一步深化，促进营销效率的显著提升。在我国，已有一些企业开始尝试将人工智能应用于营销流程中，如智能客服、自动广告投放等。然而，这些应用往往局限于简单的重复性任务。未来，随着生成式人工智能技术的不断进步，人工智能将能够承担更多复杂和创新的营销任务。

在人机协同方面，生成式人工智能可以负责数据分析和内容生成等繁琐工作，而营销人员则专注于策略制定和创意设计等高阶任务。例如，人工智能可以通过分析用户数据和市场趋势，为营销人员提供有价值的洞察和建议。同时，人工智能还可以根据营销人员的创意需求，生成符合品牌形象和营销目标的营销内容。这种人机协同的模式不仅可以提高营销效率，还能充分发挥人类的创造力和人工智能的计算能力，实现营销效果的最大化。

（三）个性化与定制化

生成式人工智能将推动营销向更加个性化和定制化的方向发展，满足用户的多元化需求。在我国，随着消费者需求的不断升级，个性化营销已经成为企业提升竞争力的关键手段之一。然而，传统的个性化营销往往依赖于人工分析和判断，难以实现对每个用户的精准定制。

未来，生成式人工智能将能够通过深度学习等技术手段，深入挖掘用户的个性化需求和偏好。在此基础上，人工智能可以生成高度定制化的营销内容，如个性化的产品推荐、定制化的广告文案等。这种个性化的营销内容不仅能够提升用户的购物体验和满意度，还能有效提升用户对品牌的忠诚度。同时，通过持续收集和分析用户的反馈数据，生成式人工智能还可以不断优化和调整营销策略，实现更加精准的营销。

案例分享

算法驱动下的跨境电商 SHEIN：
不确定性下找寻确定性

详细内容，
请扫描二维码阅读。

二维码 15-3

本章提要

详细内容，
请扫描二维码阅读。

二维码 15-4

本章习题与练习

1. 公域流量与私域流量的定义及特点是什么？
2. 简述私域流量运营的关键环节及其策略。
3. 生成式人工智能在内容创作中有哪些应用？
4. 生成式人工智能在客户服务中有哪些应用？
5. 简述生成式人工智能在营销策略优化中的作用。
6. 在数字化营销时代，企业如何利用生成式人工智能进行品牌传播？

本书资源

读者资源

本书附有数字资源，获取方法：

第一步，关注"博雅学与练"微信公众号；

第二步，扫描右侧二维码标签，获取上述资源。

一书一码，相关资源仅供一人使用。

读者在使用过程中如遇到技术问题，可发邮件至 em@pup.cn。

教辅资源

本书配有教辅资源，获取方法：

第一步，扫描右侧二维码，或直接微信搜索公众号"北京大学经管书苑"，进行关注；

第二步，点击菜单栏"在线申请"—"教辅申请"；

第三步，准确、完整填写表格上的信息后，点击提交。